macOS Ventura

macOS Ventura

Schritt für Schritt einfach erklärt

Philip Kiefer

Markt+Technik

ISBN 978-3-95982-529-0

Produktmanagement Christian Braun, Burkhardt Lühr
Lektorat, Herstellung Jutta Brunemann
Covergestaltung David Haberkamp
Coverfotos © Aron Visuals – Unsplash.com; Tanja Binder
Satz inpunkt[w]o, Haiger (www.inpunktwo.de)
Druck Himmer GmbH Druckerei & Verlag
Printed in Germany

Foto: Tanja Binder

Liebe Leserin, lieber Leser,

Macs erreichen bei ihren Nutzern sehr hohe Zufriedenheitsquoten. Dennoch beträgt ihr weltweiter Marktanteil lediglich rund ein Fünftel im Vergleich mit Windows-Computern. Das mag nicht zuletzt am relativ hohen Preis der Apple-Produkte liegen.

Nein, MacBook, iMac und Co. sind wahrlich keine Schnäppchen. Aber bei diesen Geräten stimmt einfach vieles: das ansprechende Design, die stramme Leistung, die intuitive Bedienung, die erhöhte Sicherheit sowie das perfekte Synchronisieren mit einem iPhone oder iPad. Unter macOS Ventura stehen Ihnen außerdem fast alle wirklich benötigten Apps bereits zur Verfügung, sodass Sie von Anfang an gut ausgestattet sind.

Zählen auch Sie zu den Ein- oder Umsteigern in die Welt des Macs? Dann halten Sie das perfekte Praxisbuch in Ihren Händen. Mit seiner Hilfe werden Sie sich rasch und einfach mit Ihrem Mac und dessen aktuellem Betriebssystem – macOS Ventura – vertraut machen.

Lernen Sie in den folgenden Kapiteln alle wichtigen und nützlichen Funktionen Ihres MacBooks, iMacs oder sonstigen Macs Bild für Bild in leicht verständlichen Schrittanleitungen kennen. Sie profitieren von der Lektüre am meisten, wenn Sie die einzelnen Schritte direkt an einem Mac nachvollziehen.

Ich wünsche Ihnen viel Freude beim Erarbeiten der Buchinhalte!

Ihr Autor Philip Kiefer

Hell
Dunkel
Verwende ein dunkles Erscheinungsbild für Tasten, Menüs und Fenster.
Mehrfarbig

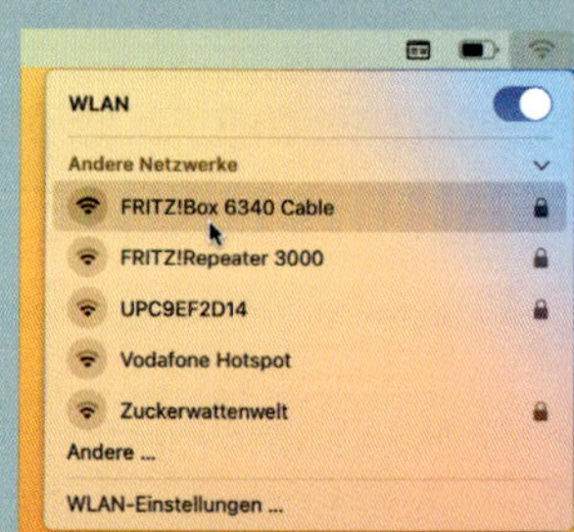

WLAN
Andere Netzwerke
FRITZ!Box 6340 Cable
FRITZ!Repeater 3000
UPC9EF2D14
Vodafone Hotspot
Zuckerwattenwelt
Andere ...
WLAN-Einstellungen ...

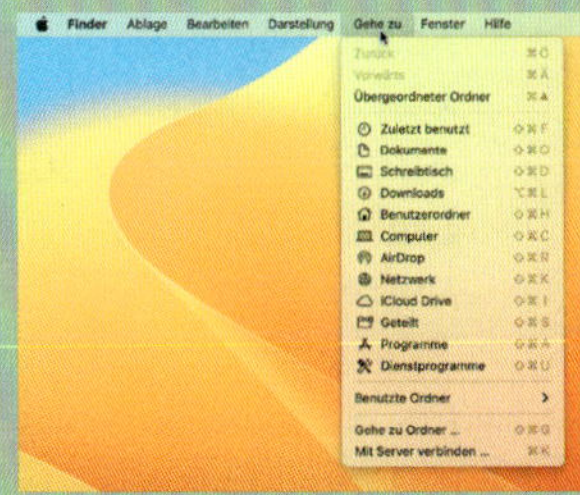

Andere
Endel
Firefox

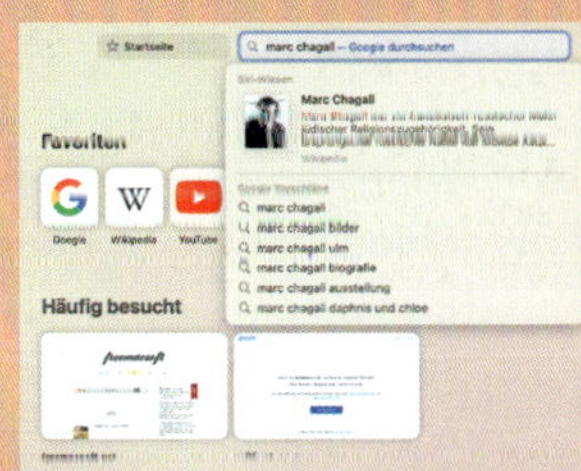

iCloud
Microsoft Exchange
Google
yahoo!
Aol.
Anderen Account hinzufügen ...
?
Abbrechen

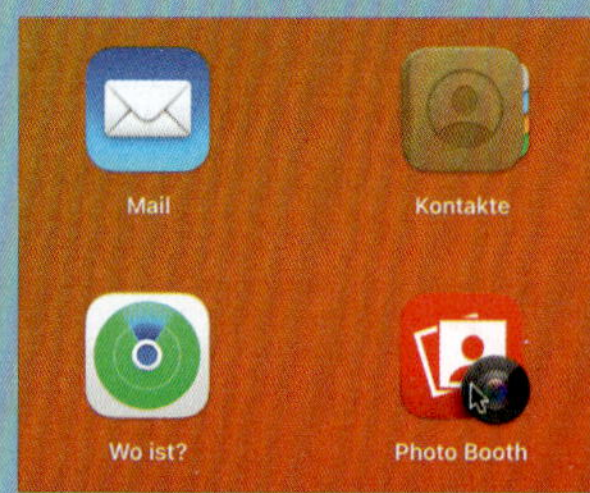

Mail
Kontakte
Wo ist?
Photo Booth

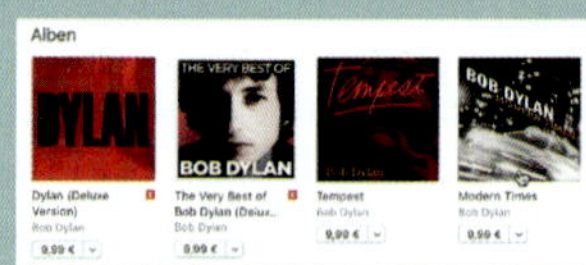

Alben
DYLAN
THE VERY BEST OF
BOB DYLAN
Tempest
BOB DYLAN
Dylan (Deluxe Version)
The Very Best of Bob Dylan (Delux...
Tempest
Modern Times

Aa

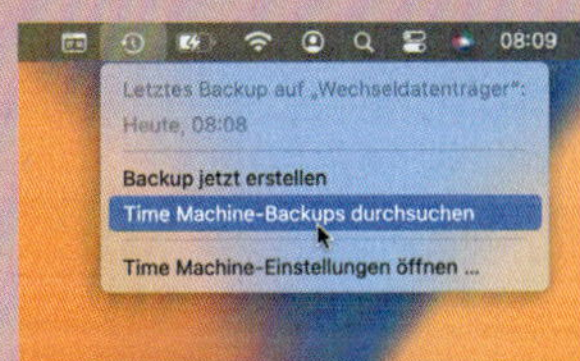

08:09
Letztes Backup auf „Wechseldatenträger":
Heute, 08:08
Backup jetzt erstellen
Time Machine-Backups durchsuchen
Time Machine-Einstellungen öffnen ...

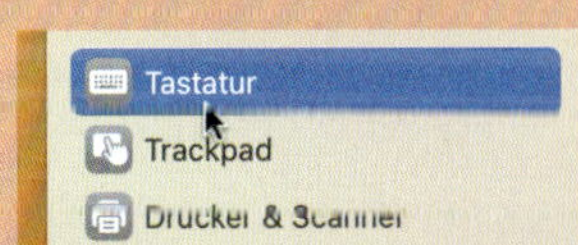

Tastatur
Trackpad
Drucker & Scanner

garfunkel – Cecilia
Siri Website-Vorschläge
Art Garfunkel – Wikipedia
Simon & Garfunkel – Wikip
Art Garfunkel Official Webs
Filme
Simon and Garfunkel: Konz
Musik
Cecilia
Zugehörige Suchen
Websuche
Mit Finder suchen
14 Cecilia.m4a
Öffnen mit Musik
Cecilia
Künstler:in: Simon & Garfunkel
Album: Simon & Garfunkel's Greatest Hits
Dauer: 2:53

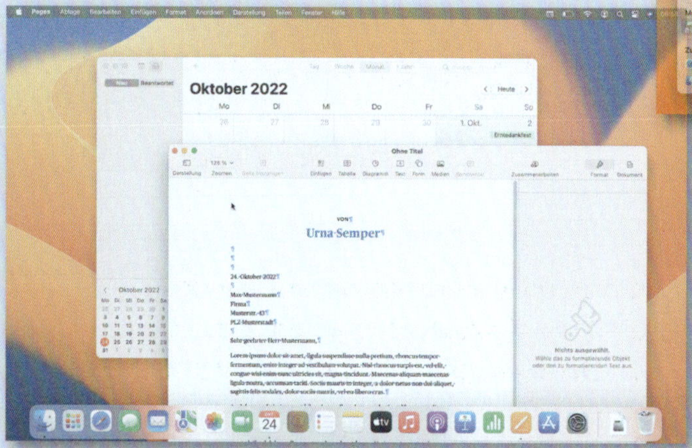
Oktober 2022
Heute
Mo
Di
Mi
Do
Fr
Sa
So
1. Okt.
Ohne Titel
Urna·Semper
24. Oktober 2022
Sehr geehrter Herr Mustermann,

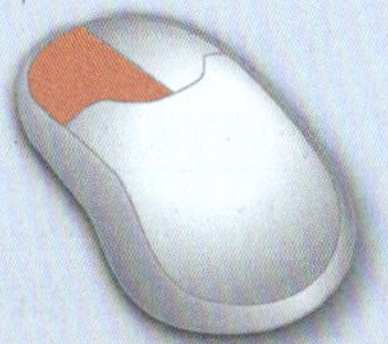

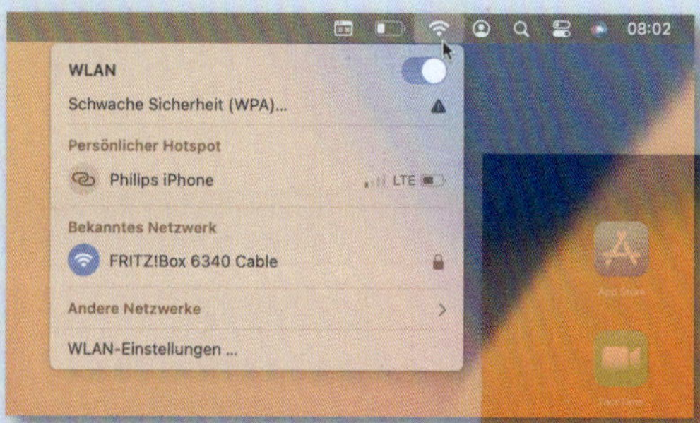
08:02
WLAN
Schwache Sicherheit (WPA)...
Persönlicher Hotspot
Philips iPhone
LTE
Bekanntes Netzwerk
FRITZ!Box 6340 Cable
Andere Netzwerke
WLAN-Einstellungen ...

17
Safari
Mail
Kontakte
Kalender
Erinnerungen
Notizen
Karten
Wo ist?
Photo Booth
Fotos
Vorschau
Musik
Podcasts
TV
Sprachmemos
GarageBand
iMovie
Numbers
Keynote
Pages
Aktien
Bücher
Lexikon
Rechner
Home
Siri
Mission Control
Nachrichten
Systemeinstellungen
Andere

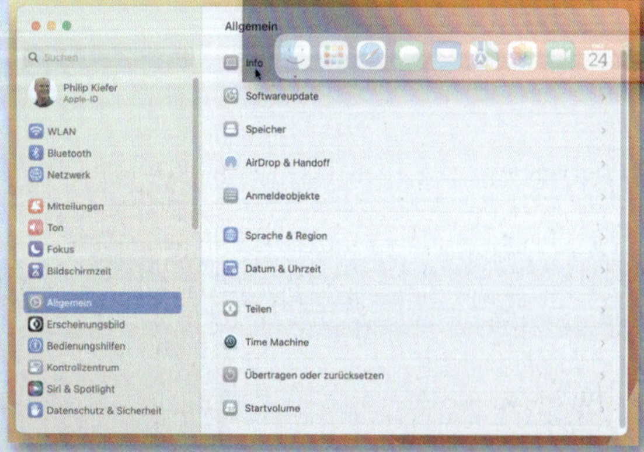
Suchen
Philip Kiefer
Apple-ID
WLAN
Bluetooth
Netzwerk
Mitteilungen
Ton
Fokus
Bildschirmzeit
Allgemein
Erscheinungsbild
Bedienungshilfen
Kontrollzentrum
Siri & Spotlight
Datenschutz & Sicherheit
Allgemein
Info
Softwareupdate
Speicher
AirDrop & Handoff
Anmeldeobjekte
Sprache & Region
Datum & Uhrzeit
Teilen
Time Machine
Übertragen oder zurücksetzen
Startvolume

1

Los geht's mit Ihrem Mac

Egal, ob Ihr Mac Ihr erster Computer sein mag oder ob Sie von einem Windows-PC auf den Mac umsteigen: An die neuen Bedienfunktionen auf dem Mac werden Sie sich erst mal gewöhnen müssen. Dieses Kapitel nimmt Sie hierzu bei der Hand.

Machen Sie sich in kleinen Schritten mit der Benutzeroberfläche und den Bedienfunktionen Ihres Macs ausführlich vertraut. Sie erlernen unter anderem, wie Sie Ihren Mac starten und sich anmelden, wie Sie eine App aufrufen und mit einem App-Fenster umgehen, wie Sie Ihren Mac durchsuchen, clevere Bedienungshilfen einsetzen und sich in den Systemeinstellungen zurechtfinden.

Nehmen Sie einen neuen Mac in Betrieb, werden Sie zunächst durch einen Einrichtungsprozess geführt, in dem Sie unter anderem Ihre Sprache auswählen, eine Verbindung mit dem Internet herstellen sowie ein Benutzerkonto einrichten. Folgen Sie dazu einfach den Hinweisen auf dem Bildschirm.

Falls Sie von einem Windows-Computer auf einen Mac umsteigen, wird zu Beginn einiges ungewohnt sein. Unter anderem kommen plötzlich andere Tastenkombinationen – aber auch andere Tasten – zum Aufrufen verschiedener Funktionen zum Einsatz. Erhalten Sie deshalb auf dieser Doppelseite einen Überblick über besonders wichtige Änderungen bei Tasten und Tastenkombinationen.

Andere Tasten beim Mac

Die Verwendung der Tasten auf dem Mac ist nicht immer identisch mit der Tastenverwendung auf einem Windows-Computer, aber für spezifische Windows-Tasten lassen sich auf einem Mac in vielen Fällen die folgenden Tasten oder Tastenkombinationen einsetzen. Jedoch klappt das nicht immer, z. B. wird manchmal die unter Windows verwendete [Strg]-Taste auf dem Mac durch die [command]-Taste ersetzt und nicht durch die [control]-Taste, wie in der folgenden Tabelle vermerkt.

Taste auf einer Windows-Tastatur	Entspricht auf einer Mac-Tastatur ungefähr der ...
[Strg]	[control]-Taste oder [ctrl]-Taste
[Alt]	[option]-Taste oder [⌥]-Taste
[⊞]	[command]-Taste oder [⌘]-Taste, auch »Befehlstaste«
[Alt Gr]	[control]+[option] gleichzeitig drücken
[Entf]	[fn]+[←] bzw. zum Löschen von Dateien [command]+[←]
[Pos 1]	[command]+[←]
[Ende]	[command]+[→]
[Druck]	[shift]+[command]+[3] (nimmt Bildschirmfoto auf)

Für Windows-Umsteiger wichtig zu wissen: Standardmäßig wird auf dem Mac kein Rechtsklick verwendet. Stattdessen wird die linke Maustaste bei gedrückter [control]-Taste geklickt. Dies lässt sich jedoch, wie Sie noch sehen werden, in den Systemeinstellungen anpassen.

Windows-Tastenkombinationen auf dem Mac

Auf die meisten liebgewonnenen Tastenkombinationen müssen Sie auch auf dem Mac nicht verzichten, wobei allerdings bei vielen Tastenkombis ein wenig Umlernen gefragt ist. In der Tabelle habe ich besonders wichtige Tastenkombinationen für Sie zusammengestellt. Eine umfangreichere Sammlung von Tastenkombis für den Mac finden Sie in Kapitel 12.

Funktion	Windows-Tastenkombi	Mac-Tastenkombi
@-Zeichen erzeugen	AltGr+E	option+L
Alles markieren	Strg+A	command+A
In die Zwischenablage kopieren	Strg+C	command+C
In die Zwischenablage ausschneiden	Strg+X	command+X für Text; bei Dateien erfolgt Kopieren mit command+C und dann Einfügen mit command+option+V
Aus der Zwischenablage einfügen	Strg+V	command+V
Rückgängig	Strg+Z	command+Z
Speichern	Strg+S	command+S
Speichern unter	F12	command+⇧+S
Drucken	Strg+P	command+P
Programm beenden	Alt+F4	command+Q
Task-Manager aufrufen	Strg+⇧+Esc	command+option+esc
Suchfunktion aufrufen	⊞+S	command+F
Programm im Vollbildmodus darstellen bzw. Vollbildmodus wieder beenden	F11	command+control+F
Fenster aktualisieren	F5	command+R
Dateimanager aufrufen	⊞+E	command+N (sofern kein anderes Fenster aktiv ist)

Tastenkombination bedeutet, dass Sie mehrere Tasten auf der Tastatur gleichzeitig drücken bzw. nacheinander, während Sie die bereits gedrückten Tasten gedrückt halten. Das englische Wort für Tastenkombination lautet »Shortcut«.

Start

1

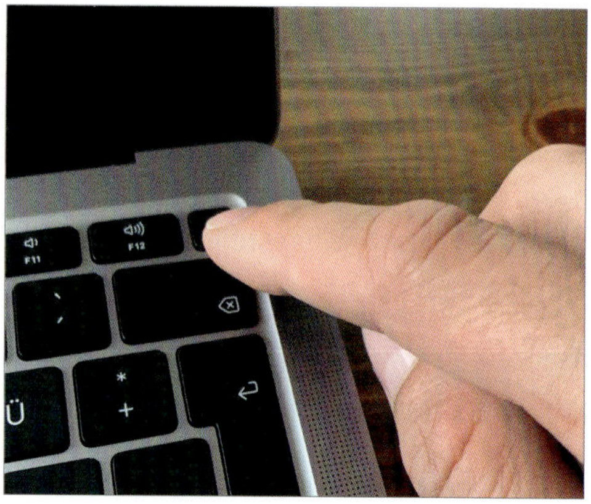

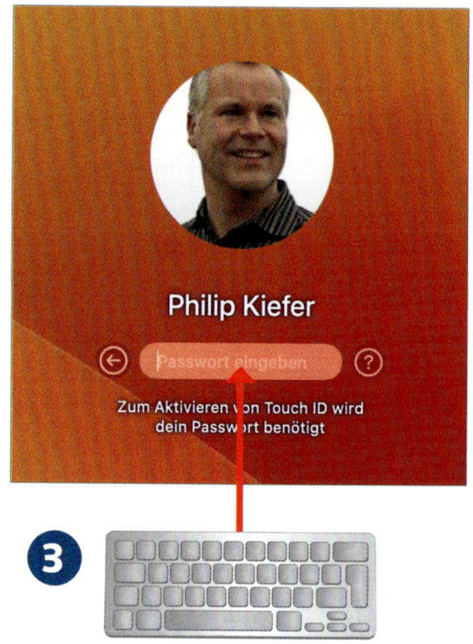

3

2

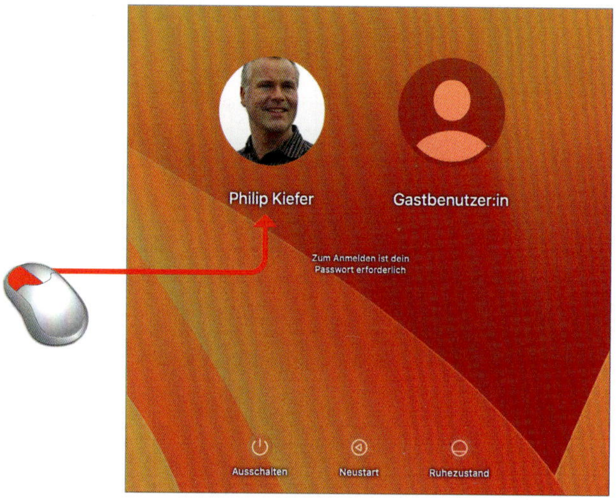

1. Betätigen Sie den Ein-/Ausschalter an Ihrem iMac, MacBook oder einem anderen Mac. Bei einem MacBook können Sie zum Einschalten auch einfach den Bildschirm aufklappen oder auf das Touchpad tippen. Der Mac wird nun »hochgefahren«.

2. Wurden mehrere Benutzerkonten angelegt (vgl. Kapitel 11), klicken Sie einen Benutzer an, um ihn auszuwählen.

3. Geben Sie das zum Benutzerkonto gehörende Passwort ein.

WISSEN

Nach dem Einschalten Ihres Macs melden Sie sich mit einem Benutzerkonto an. In einem Benutzerkonto werden jeweils die persönlichen Einstellungen und Dateien gespeichert. So hat jeder einen eigenen Schreibtischhintergrund, eigene Internetlesezeichen etc.

4

5

6

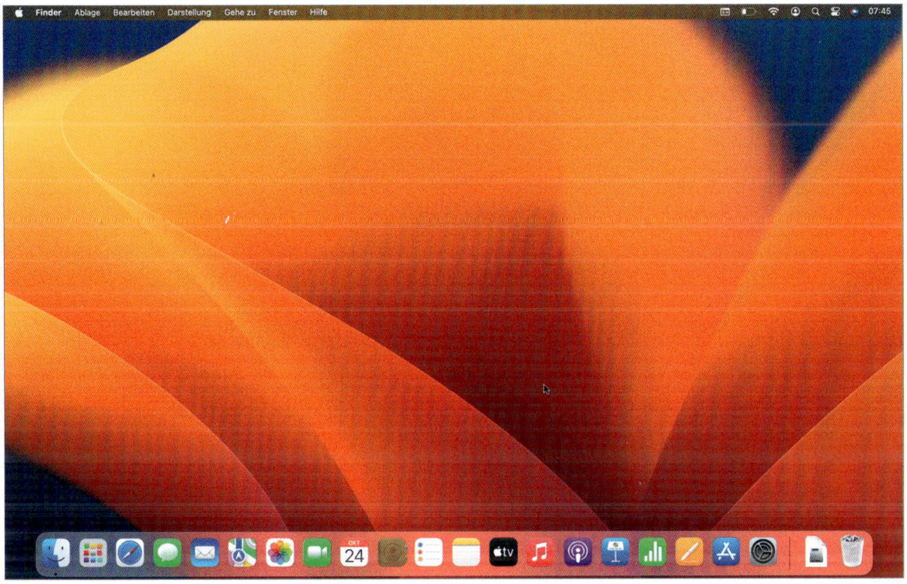

4 Bestätigen Sie die Passworteingabe mit einem Mausklick auf das Symbol ➡. Alternativ drücken Sie zur Bestätigung die ↵-Taste.

5 Das Passwortfeld wird ausgeblendet und die Anmeldung erfolgt.

6 Schließlich wird Ihnen die Benutzeroberfläche des Macs angezeigt, die ich Ihnen gleich noch näher vorstellen werde.

Ende

HINWEIS

Auch eine automatische Anmeldung lässt sich ggf. einrichten. Dies erfolgt in den *Einstellungen* unter *Benutzer:innen & Gruppen* im Menü *Automatisch anmelden als*.

TIPP

Ihnen ist das zum Benutzerkonto gehörende Passwort entfallen? Klicken Sie rechts neben dem Anmeldefeld auf das Fragezeichen, um eine Merkhilfe zu erhalten.

Start

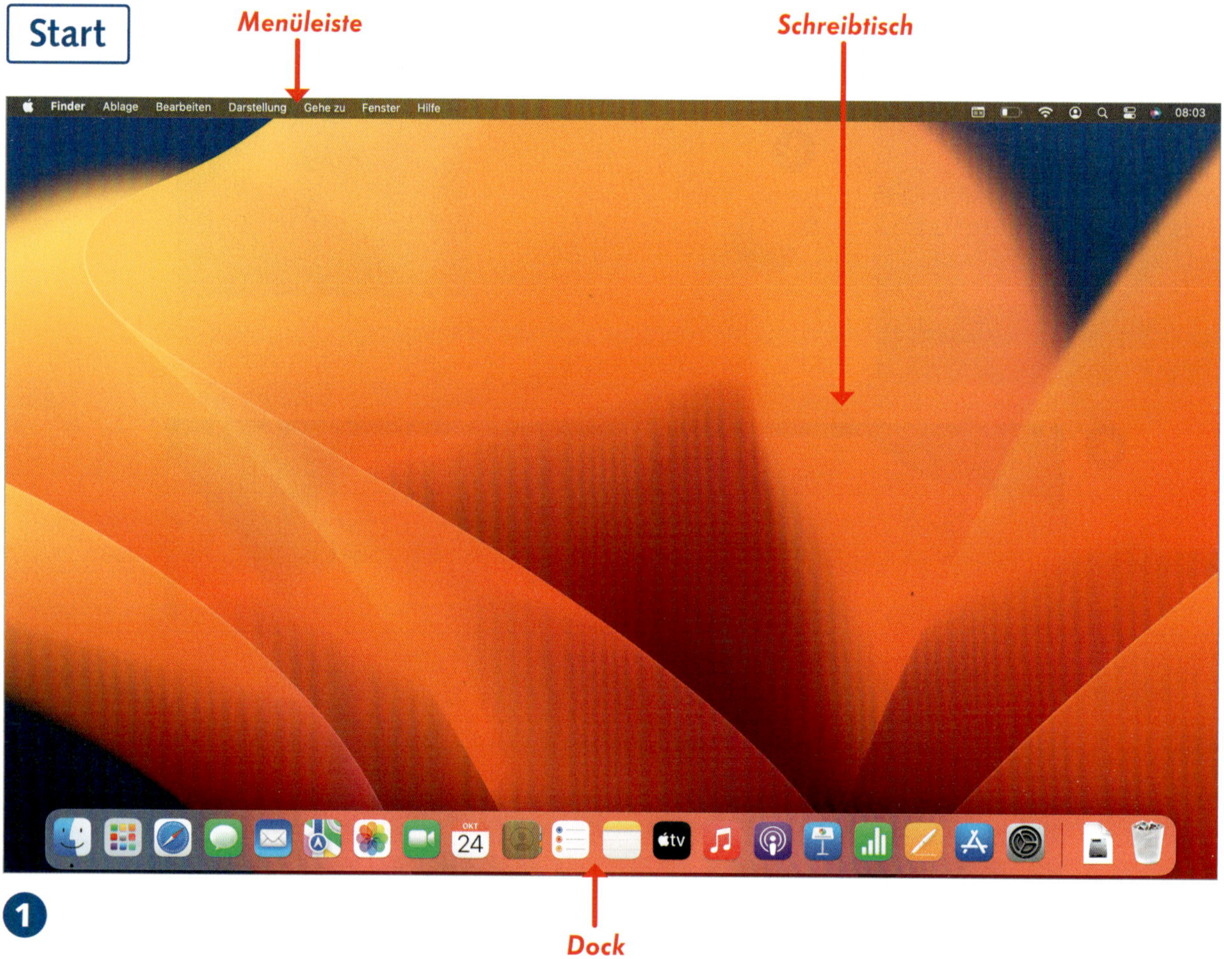

1 Den größten Teil der Benutzeroberfläche Ihres Macs nimmt der Schreibtisch ein, der ein Bild zeigt, das Sie später ändern können. Am unteren Bildschirmrand sehen Sie das Dock, das den schnellen Zugriff auf die wichtigsten Apps ermöglicht.

Am oberen Bildschirmrand wird die Menüleiste eingeblendet, die sich der jeweils geöffneten App anpasst. Ganz links sehen Sie das Apfel-Symbol zum Öffnen des Apfel-Menüs. Rechts in der Menüleiste sehen Sie sogenannte Menulets, unter denen sich verschiedene Systemfunktionen verbergen. Außerdem werden Tag und Uhrzeit eingeblendet.

WISSEN

Die Benutzeroberfläche des Macs besteht zunächst mal nur aus einem großen leeren »Schreibtisch« und wenigen weiteren Elementen, deren Namen und Funktion Sie auf dieser Doppelseite erfahren. Um ein Element auszuwählen, verwenden Sie weiterhin die Maus bzw. das Trackpad. Wer bereits einmal einen anderen Computer oder einen Tablet-PC verwendet hat, entdeckt deutliche Parallelen.

2

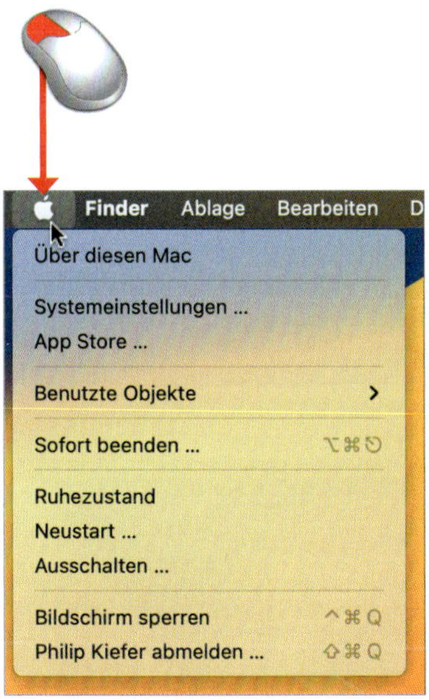

3

4

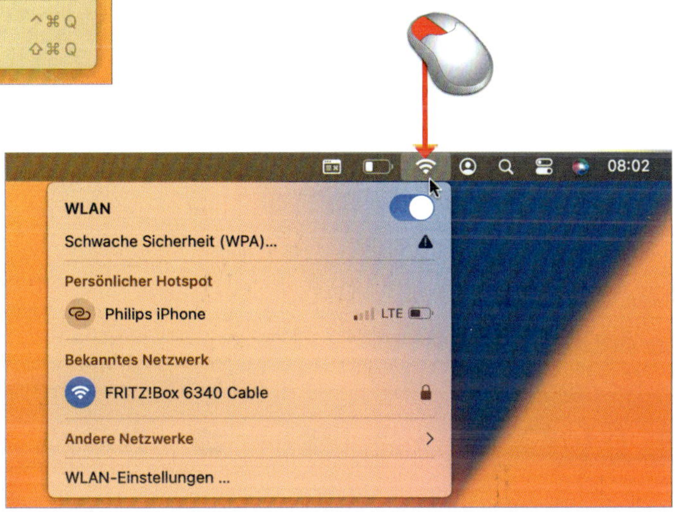

2 Hier wurde – unter dem Symbol – das Apfel-Menü geöffnet, in dem wichtige Funktionen ausgewählt werden können.

3 In der Menüleiste wird die Menüleiste der gerade aktiven App angezeigt. Der Finder – er dient der Dateiverwaltung auf Ihrem Mac – ist stets aktiv. Hier wurde ein Menü des Finders geöffnet.

4 Auch unter den Menulets verbergen sich Menüs oder Funktionen. Hier habe ich beispielhaft das WLAN-Menulet angeklickt, um das verfügbare Menü aufzurufen.

Ende

TIPP

Sollten Sie zum ersten Mal einen Computer nutzen, machen Sie sich zu Beginn mit der Bedienung der Maus vertraut, indem Sie den Mauszeiger auf verschiedene Menüs bewegen und diese per Mausklick aufrufen. Ein erneuter Mausklick schließt das geöffnete Menü wieder.

HINWEIS

Den gleichen Zweck wie eine Maus erfüllt ein Trackpad, wie es in ein MacBook bereits integriert ist. Hier wird in eine Richtung gestrichen und dann durch Antippen die Auswahl getroffen.

Start

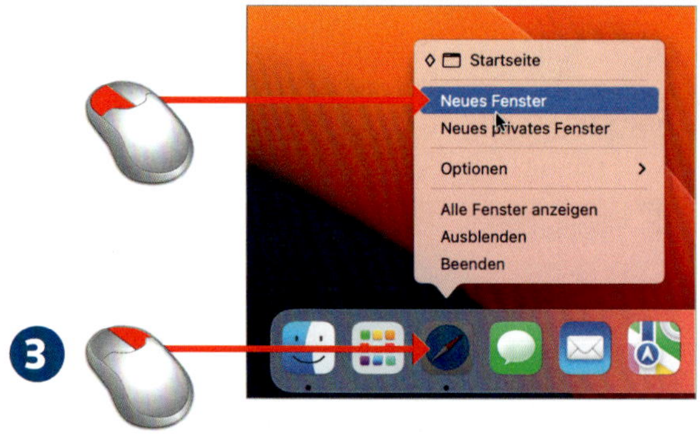

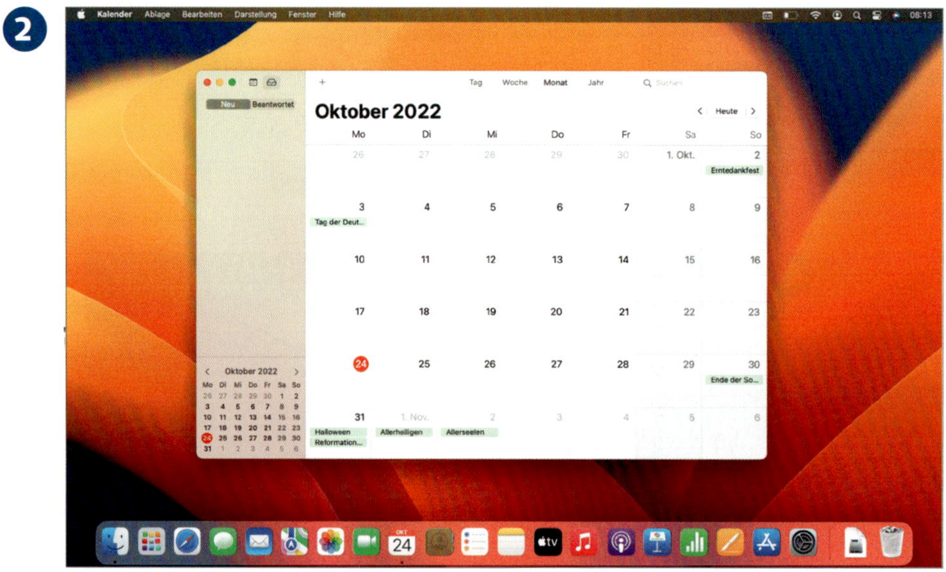

1. Um eine App zu öffnen, deren Symbol sich im Dock befindet, bewegen Sie den Mauszeiger auf die entsprechende App. Klicken Sie die App mit der Maus an.

2. Es öffnet sich ein entsprechendes App-Fenster auf dem Schreibtisch. Die Art des Fensters richtet sich nach der geöffneten Anwendung.

3. Bei einigen Apps, beispielsweise Safari, lassen sich mehrere App-Fenster gleichzeitig aufrufen. Klicken Sie die App dazu mit der rechten Maustaste bzw. bei gedrückter *control*-Taste an und wählen Sie im sich öffnenden Kontextmenü den Eintrag *Neues Fenster*.

WISSEN

Auf dem Schreibtisch Ihres Macs lassen sich unterschiedliche Apps aufrufen und im App-Fenster anzeigen. Das Wort »App« hat sich in den letzten Jahren als alternative Bezeichnung für Programme eingebürgert, mit denen die verschiedensten Funktionen auf dem Computer genutzt werden können: Briefe schreiben, im Internet surfen etc. Auf dieser Doppelseite machen Sie erste Bekanntschaft mit den Apps.

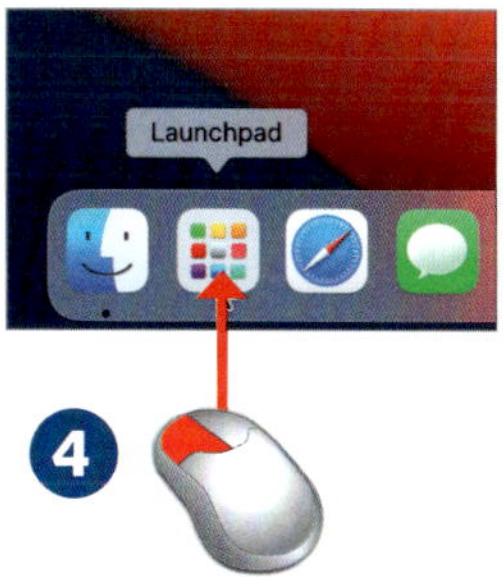

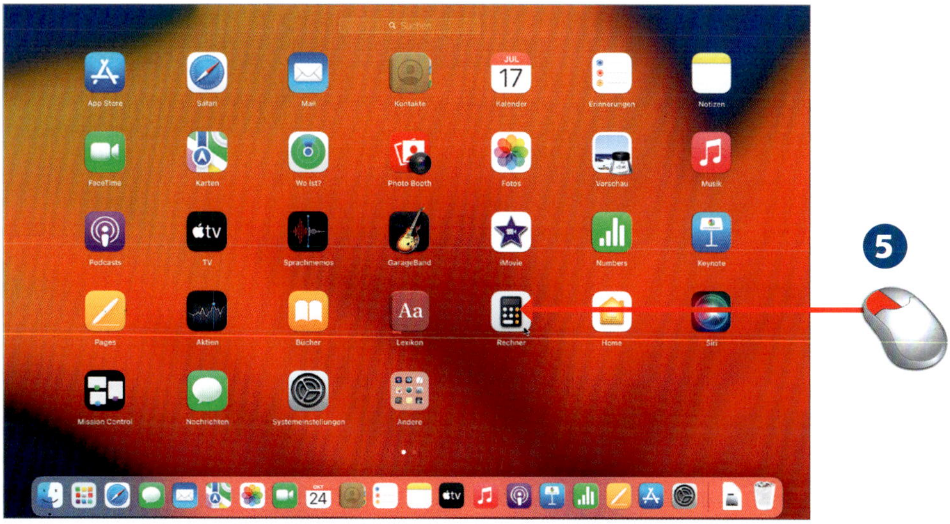

4 Im Dock finden Sie nicht alle Apps, die auf Ihrem Mac zur Verfügung stehen. Um die vollständige Übersicht zu erhalten, rufen Sie im Dock das Launchpad auf, indem Sie auf das Symbol mit den neun bunten Quadraten klicken.

5 Klicken Sie eine App im Launchpad an, um diese in einem Fenster auf dem Schreibtisch zu öffnen.

6 Einige Apps befinden sich im Launchpad in einem Ordner. Klicken Sie in diesem Fall zunächst den Ordner an, um eine im Ordner befindliche App öffnen zu können.

Ende

FACHWORT

Das englische Wort »to launch« bedeutet in diesem Zusammenhang einfach »starten«.

TIPP

Zum Ein- und Ausblenden des Launchpads kann auch die Taste F4 auf Ihrer Mac-Tastatur dienen.

HINWEIS

Das Launchpad kann aus mehreren Seiten bestehen. Darüber informiert gegebenenfalls eine kleine Seitenanzeige oberhalb des Docks.

Start

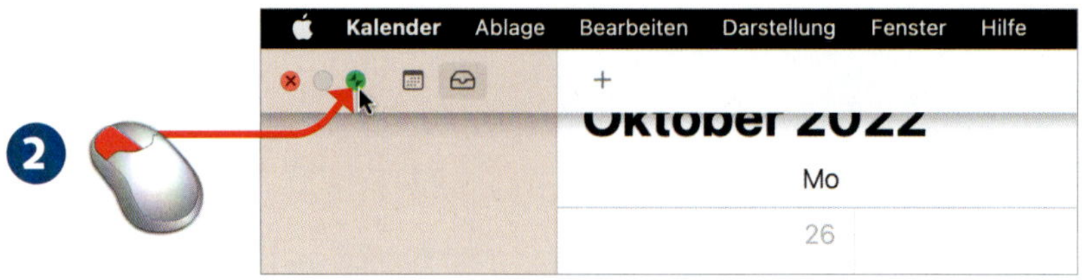

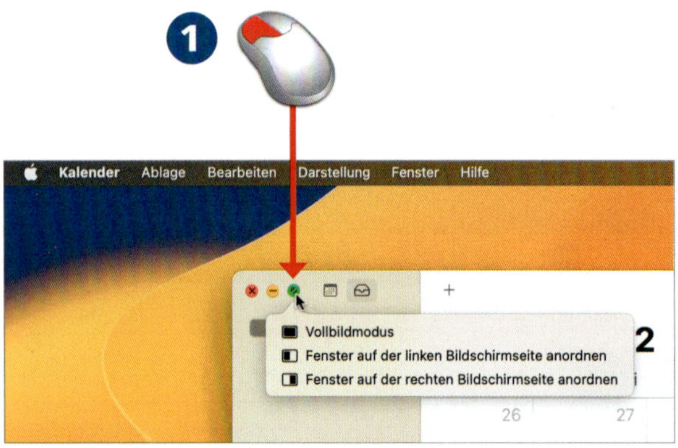

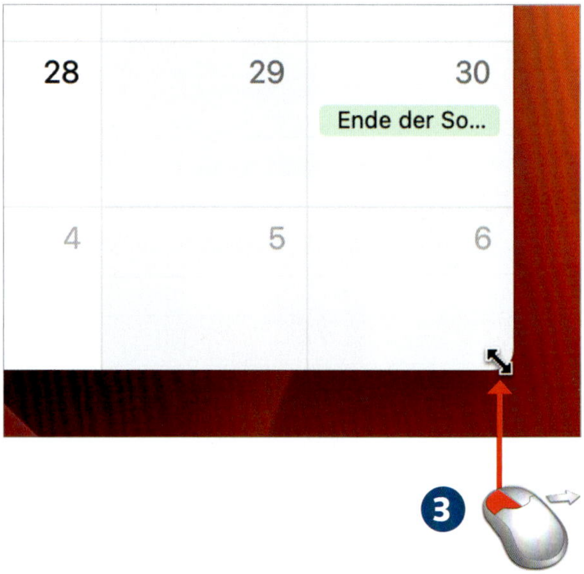

1. Sie finden in den meisten App-Fenstern links oben drei Symbole. Klicken Sie das grüne Symbol ● an, um das Fenster auf den gesamten Bildschirm auszudehnen.

2. Um wieder zum Schreibtisch zurückzugelangen, bewegen Sie den Mauszeiger bei maximiertem Fenster an den oberen Bildschirmrand. Klicken Sie nun erneut auf das eingeblendete grüne Symbol ●.

3. Ein App-Fenster lässt sich auch manuell vergrößern oder verkleinern. Bewegen Sie den Mauszeiger in eine Ecke oder an den Rand des Fensters. Der Mauszeiger verwandelt sich in einen Doppelpfeil ⤡. Nun können Sie die Fenstergröße durch Ziehen bei gedrückter Maustaste ändern.

WISSEN

Die App-Fenster bieten Ihnen einige Basisfunktionen, mit denen Sie sich vertraut machen sollten, bevor Sie an die Nutzung der eigentlichen Funktionen der Apps herangehen. Dass sich die Menüleiste dem gerade aktiven Fenster anpasst, wissen Sie bereits. Auf dieser Doppelseite lesen Sie nun, wie Sie auf Ihrem Mac Fenster vergrößern, verschieben, ausblenden oder schließen.

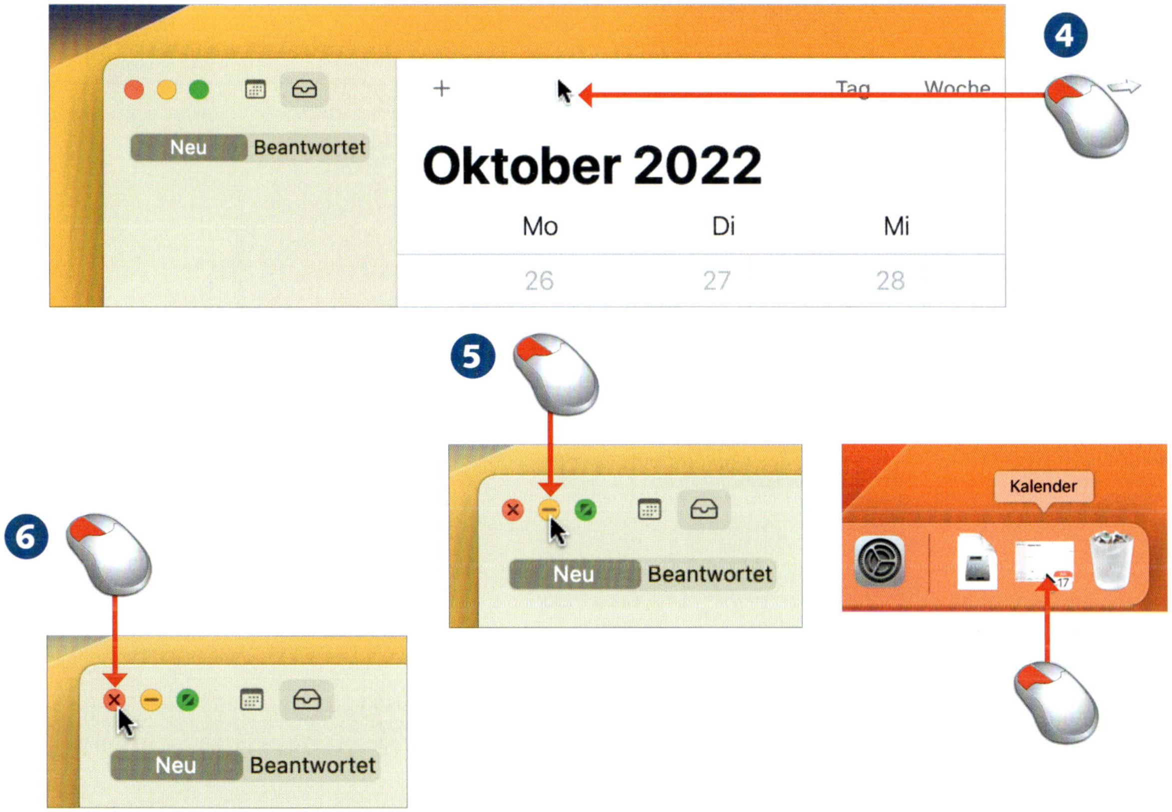

4 Sie möchten ein App-Fenster auf dem Schreibtisch verschieben. Klicken Sie dazu auf den oberen Rand des Fensters und ziehen Sie es bei gedrückter Maustaste in die gewünschte Position.

5 Ein Fenster lässt sich ausblenden, ohne die App zu beenden. Klicken Sie links oben im Fenster auf das gelbe Symbol ●, um das Fenster im rechten Bereich des Docks abzulegen. Es kann dort per Mausklick jederzeit wieder aufgerufen werden.

6 Um ein App-Fenster zu schließen und damit in den meisten Fällen die App zu beenden, klicken Sie links oben auf das rote Symbol ●.

Ende

HINWEIS

Um eine App mit mehreren geöffneten Fenstern zu beenden, klicken Sie in der Menüleiste auf den Namen der App und wählen ganz unten im Menü den *Beenden*-Eintrag.

HINWEIS

Wenn eine App im Hintergrund geöffnet ist, wird Ihnen dies standardmäßig im Dock durch einen Punkt unterhalb des App-Symbols angezeigt.

TIPP

Apps noch schneller beenden: Verwenden Sie zum Beenden der gerade aktiven App die Tastenkombination *command*+*Q*.

Start

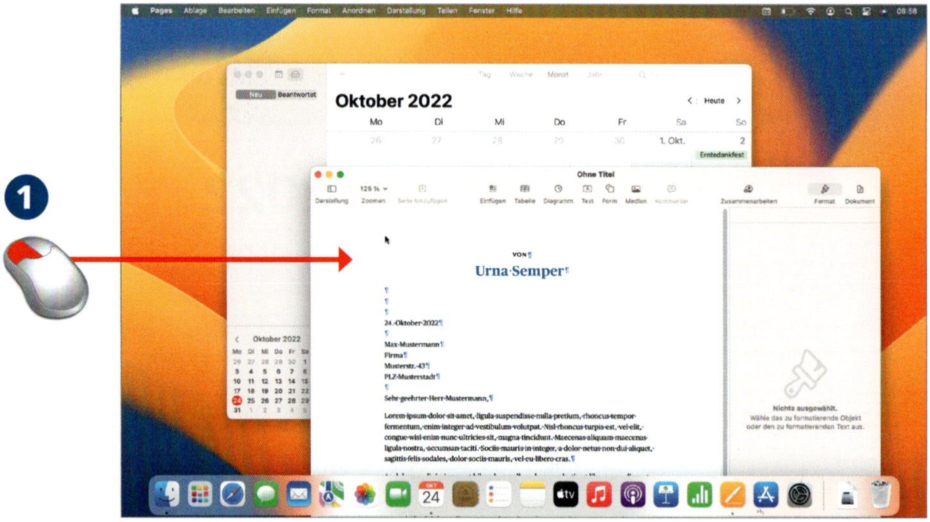

2

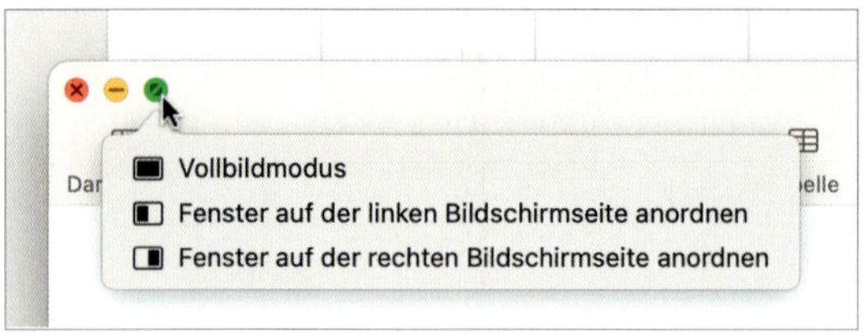

3

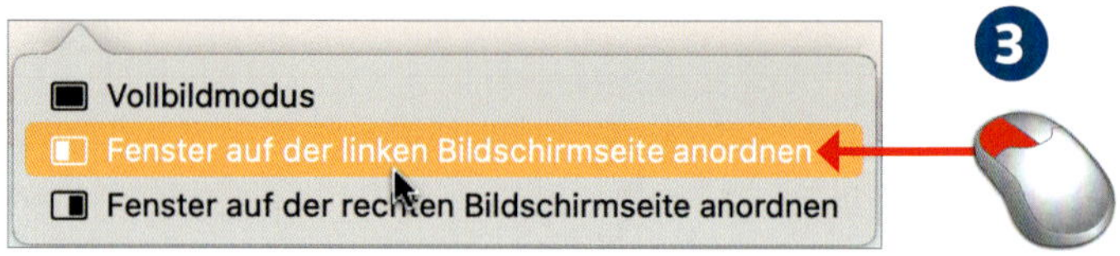

1. Auf dem Schreibtisch Ihres Macs sind mindestens zwei Fenster geöffnet. Klicken Sie ein Fenster, das Sie mit der Split-Ansicht verwenden möchten, mit der Maus an.
2. Bewegen Sie nun den Mauszeiger auf das grüne Fenstersymbol ●.
3. Es öffnet sich ein Menü, in dem Sie auswählen, auf welcher Bildschirmhälfte Sie das Fenster platzieren möchten.

WISSEN

Wenn Sie auf Ihrem Mac mit zwei Apps parallel arbeiten, ist die Split-Ansicht (die »geteilte Ansicht«) der perfekte Darstellungsmodus dafür. Damit lassen sich mehrere Fenster auf dem Bildschirm platzieren und parallel verwenden. Die Split-Ansicht lässt sich einfach nutzen, wie Ihnen diese Doppelseite beweist.

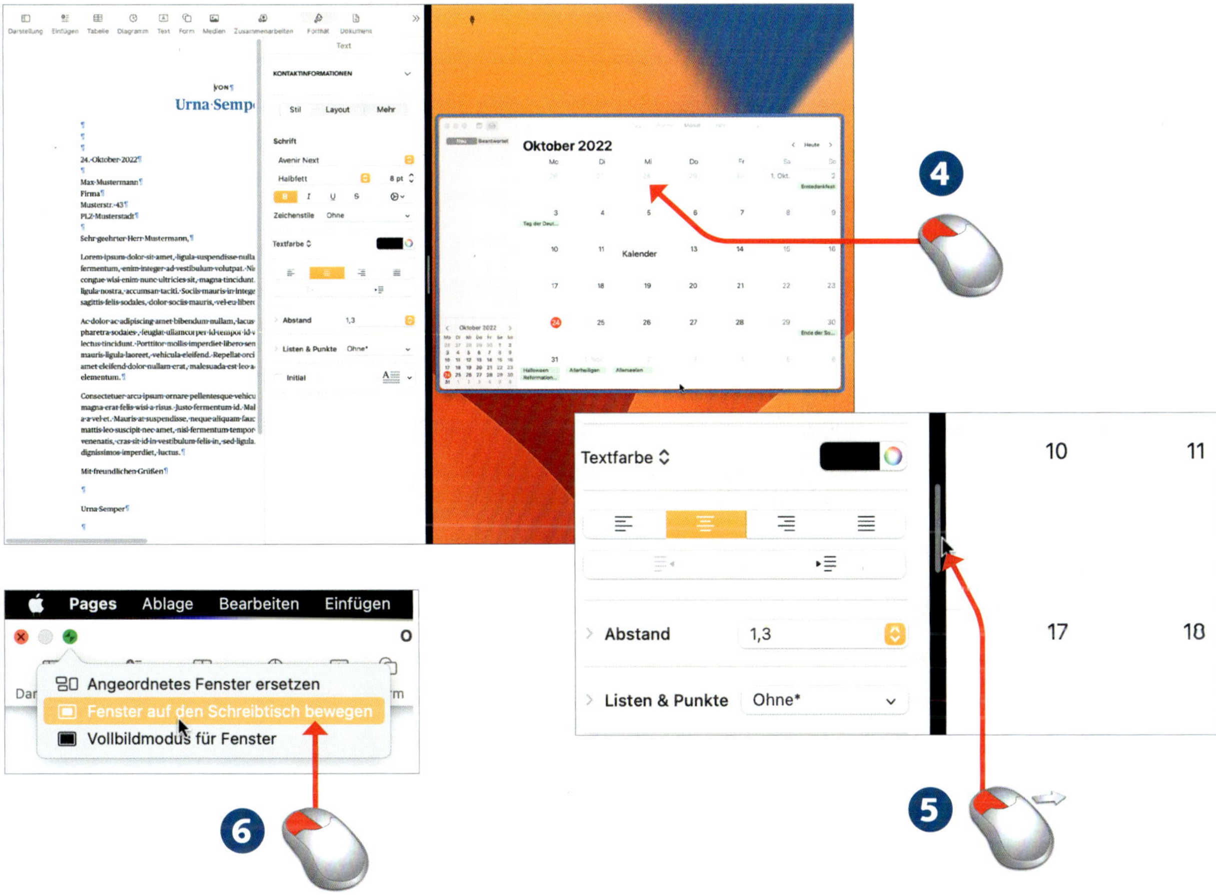

4 In der anderen Bildschirmhälfte werden Ihnen die anderen auf dem Schreibtisch geöffneten Fenster angezeigt. Klicken Sie ein Fenster an, um es auch mit der Split-Ansicht zu verwenden.

5 Das eine Fenster soll mehr Platz bekommen als das andere? Bewegen Sie den Mauszeiger auf den Balken zwischen den beiden Fenstern und ziehen Sie ihn bei gedrückter Maustaste nach rechts bzw. nach links.

6 Um ein Fenster wieder in der normalen Ansicht anzuzeigen, bewegen Sie den Mauszeiger am oberen Bildschirmrand wiederum auf das grüne Fenstersymbol und wählen im Menü den gewünschten Eintrag aus, etwa *Fenster auf den Schreibtisch bewegen*.

Ende

TIPP

Bei ausreichend großem Bildschirm können Sie mehrere Apps alternativ auch dadurch parallel nutzen, dass Sie die Fenster entsprechend verkleinern und auf dem Bildschirm nebeneinander schieben.

TIPP

Die Split-Ansicht lässt sich auch in der Mission Control anwenden, die Sie auf der folgenden Doppelseite kennenlernen: Ziehen Sie dort ein Fenster von einem Schreibtisch auf ein bereits maximiertes Fenster, um es auf einer Bildschirmhälfte anzuordnen.

24 Alle Fenster einblenden

Start

1

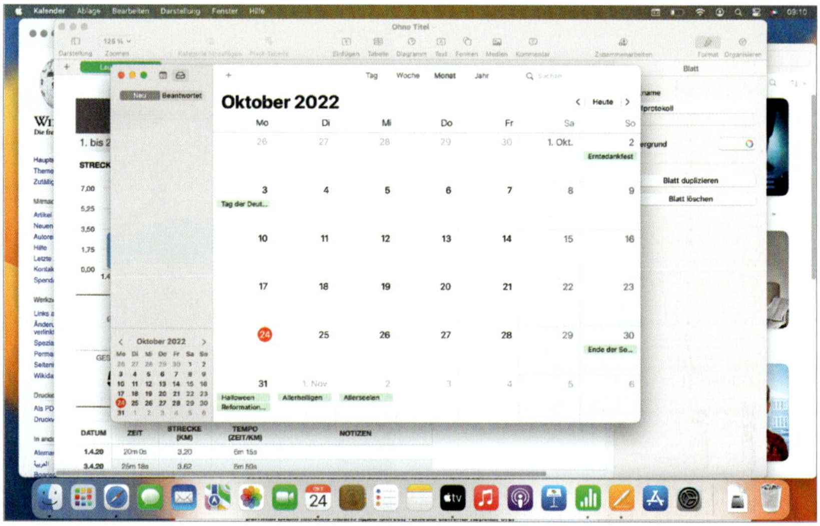

2

1 Das sieht ganz schön chaotisch aus! Hier habe ich eine ganze Reihe von Apps geöffnet – und keine Übersicht mehr. Um das zu ändern, drücken Sie die Taste F3 oder alternativ control + ↑.

2 Die geöffneten App-Fenster werden Ihnen in der Mission Control im Kleinformat angezeigt. Klicken Sie ein Fenster an, um dieses auf dem Schreibtisch in den Vordergrund zu holen.

WISSEN

Ein Mac ist sehr leistungsstark, sodass problemlos mehrere Apps parallel geöffnet werden können. Wenn Ihnen dabei mal die Übersicht verloren gehen sollte, helfen Ihnen die Fensterfunktionen, die ich Ihnen auf dieser Doppelseite vorstelle: das Anzeigen aller geöffneten App-Fenster sowie das Anzeigen mehrerer Fenster einer App.

3

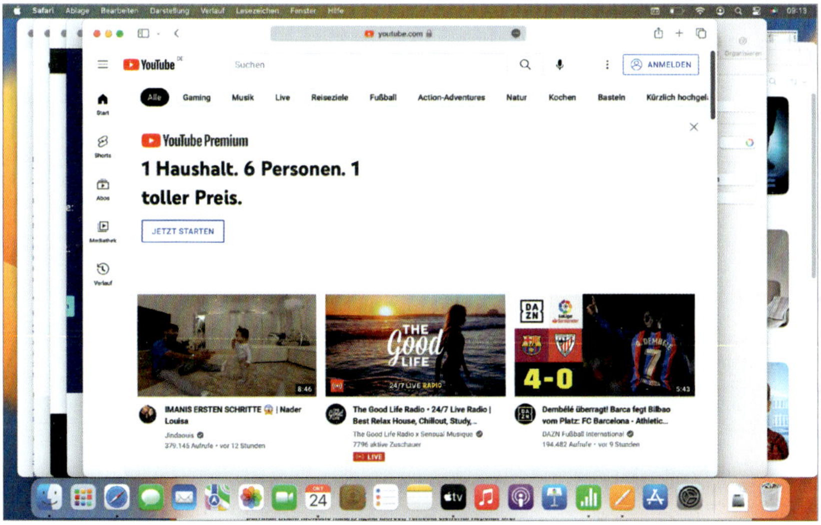

4

3 Auf ähnliche Weise lassen sich auch die Fenster der gerade aktiven App in einer Übersicht anzeigen, beispielsweise der App *Safari*. Drücken Sie hierzu die Tastenkombination control + ↓.

4 Schon erhalten Sie die gewünschte Übersicht über die geöffneten Fenster. Wiederum klicken Sie ein Fenster an, um es auf dem Schreibtisch in den Vordergrund zu holen.

Ende

TIPP

Freier Blick auf den Schreibtisch: Verwenden Sie die Tastenkombination command + F3, um sämtliche App-Fenster aus- und auch wieder einzublenden.

TIPP

So geht's auch: Klicken Sie ein App-Symbol mit der rechten Maustaste bzw. bei gedrückter control-Taste an. Im Kontextmenü wählen Sie dann *Alle Fenster anzeigen*.

Start

2

1

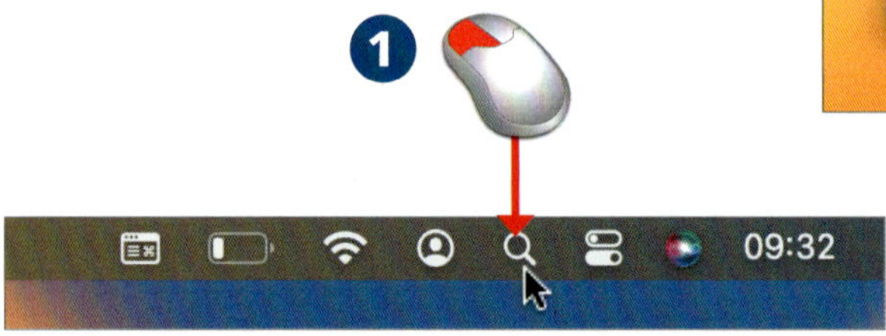

3

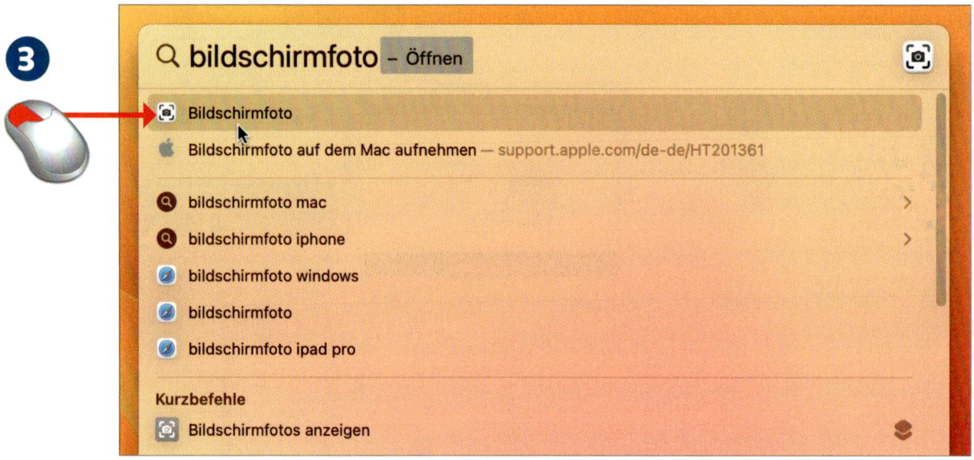

1. Um das Spotlight-Suchfenster aufzurufen, klicken Sie rechts oben auf dem Bildschirm auf das Lupensymbol.
2. Das Eingabefeld im Suchfenster ist nach dem Öffnen aktiviert. Tippen Sie einfach ein, wonach Sie suchen.
3. Klicken Sie einen Treffer an, um diesen zu öffnen, egal ob eine App, eine Webseite oder eine Datei.

WISSEN

Ihr Mac verfügt über eine leistungsstarke Suchfunktion, die sich Spotlight nennt. Das ist Englisch für »Suchscheinwerfer«. Damit lassen sich Apps aufspüren und öffnen, aber auch weitere Quellen durchsuchen – sogar eine Internetsuche ist mit Spotlight möglich. Die Funktionsweise der Suchfunktion ist denkbar einfach, wie Ihnen diese Doppelseite zeigt.

TIPP

Auch die Spotlight-Suche lässt sich per Tastenkombination einsetzen: Drücken Sie command + Leer.

4

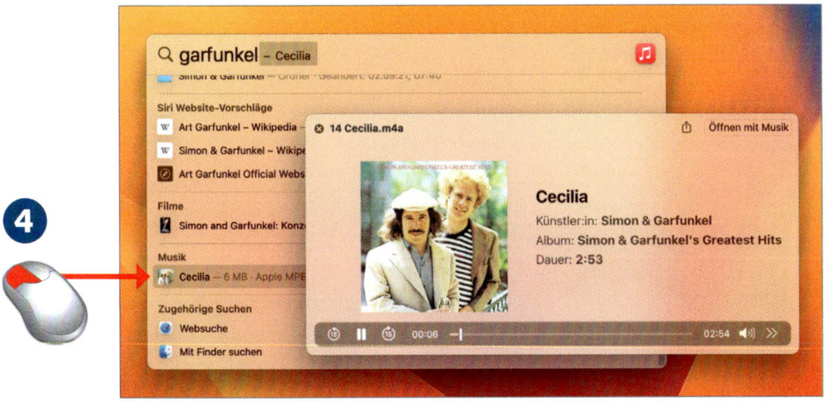

5

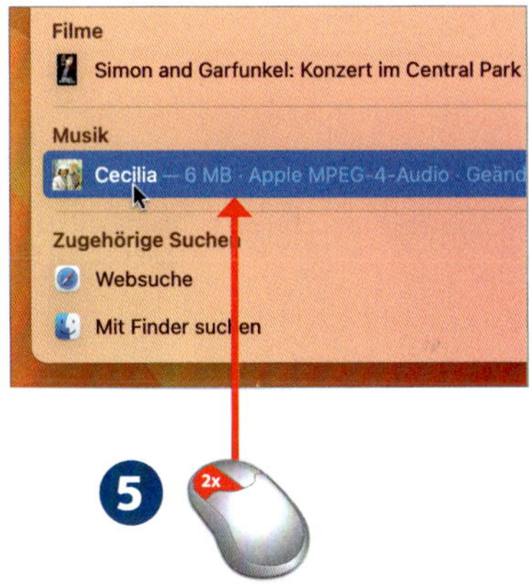

6

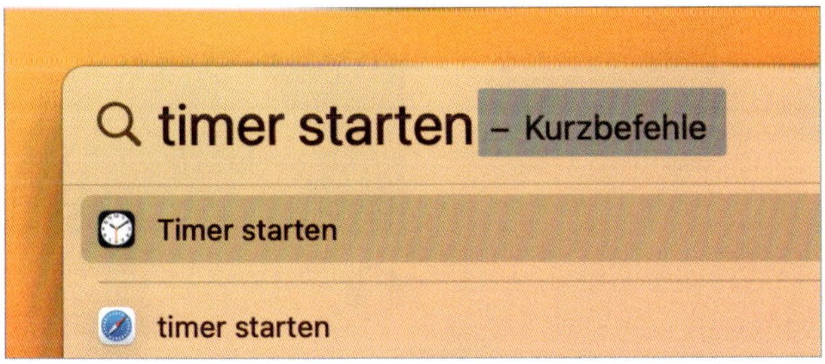

4 Um zunächst eine Vorschau der Datei zu erhalten, wählen Sie diese aus und drücken die *Leer*-Taste.

5 Um die Datei direkt mit der dafür vorgesehenen App zu öffnen, führen Sie einen Doppelklick auf den Eintrag aus.

6 In macOS Ventura ebenfalls möglich: Sie können Ihrem Mac in Spotlight – alternativ zu Siri – Kurzbefehle erteilen, z. B. das Starten des Timers.

Ende

HINWEIS

Welche Treffer in der Spotlight-Suche angezeigt werden sollen, bestimmen Sie selbst, und zwar per Kontrollkästchen in den *Einstellungen* unter *Siri & Spotlight*. Als Kontrollkästchen werden Kästchen bezeichnet, die der Auswahl von Optionen dienen. Das Aktivieren bzw. Deaktivieren erfolgt per Mausklick in das Kästchen.

HINWEIS

Mit Spotlight suchen Sie ganz ähnlich wie bei einer Internetsuchmaschine, so werden beispielsweise mehrere Begriffe mit einem unsichtbaren **Und** verknüpft.

Start

1

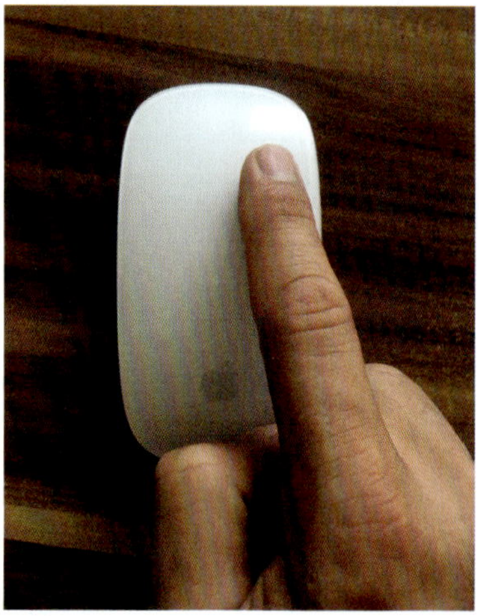

2

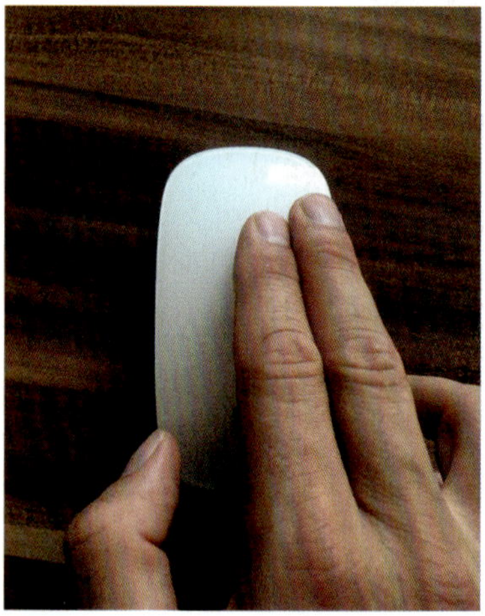

3

1 Streichen Sie auf der Magic Mouse mit einem Finger bzw. auf dem Trackpad mit zwei Fingern nach oben oder unten, um sich innerhalb eines App-Fensters nach oben oder unten zu bewegen.

2 Streichen Sie auf der Magic Mouse mit einem Finger bzw. auf dem Trackpad mit zwei Fingern nach links oder rechts, um die Fensterinhalte in die entsprechende Richtung zu bewegen oder durch die Fensterinhalte zu blättern.

3 Streichen Sie auf der Magic Mouse mit zwei Fingern bzw. auf dem Trackpad mit drei Fingern nach links oder rechts, um zwischen mehreren Schreibtischen bzw. maximierten Apps zu wechseln.

WISSEN

Ihren Mac bedienen Sie in der Regel nicht mit einer herkömmlichen PC-Maus, sondern mit einer Magic Mouse oder einem Trackpad. Gegenüber den einfachen Bedienfunktionen der Marke Mausklick, Rechtsklick und Doppelklick bieten sich Ihnen bei der Nutzung dieser Geräte weitere nützliche Funktionen. Die wichtigsten davon möchte ich Ihnen hier vorstellen.

4

5

6

4 Doppeltippen Sie (aber klicken Sie nicht!) mit einem Finger auf die Magic Mouse bzw. mit zwei Fingern auf das Trackpad, um die Inhalte in einigen App-Fenstern zu vergrößern und auch wieder zu verkleinern. Das gilt beispielsweise für Webseiten in der App *Safari*.

5 Doppeltippen Sie (aber klicken Sie nicht!) mit zwei Fingern auf die Magic Mouse, um die Mission Control aufzurufen. Auf dem Trackpad streichen Sie dazu mit drei Fingern nach oben.

6 Auch bei der Magic Mouse oder beim Trackpad ist ein Rechtsklick möglich, indem rechts oben bzw. bei einem Trackpad mit zwei Fingern geklickt wird. Alternativ führen Sie bei gedrückter control-Taste einen Linksklick durch.

Ende

TIPP

Sollte eine der Bedienfunktionen nicht funktionieren, aktivieren Sie diese zunächst in den *Einstellungen* unter *Maus* bzw. *Trackpad*. Die Maus bzw. das Trackpad muss dazu verbunden sein.

HINWEIS

Ein Trackpad wartet mit noch weiteren Bedienfunktionen auf, die Trackpads der neueren MacBooks können außerdem unterschiedliche Druckstärken erkennen. In den *Systemeinstellungen* unter *Trackpad* lassen sich Druckstärken und Co. festlegen.

Start

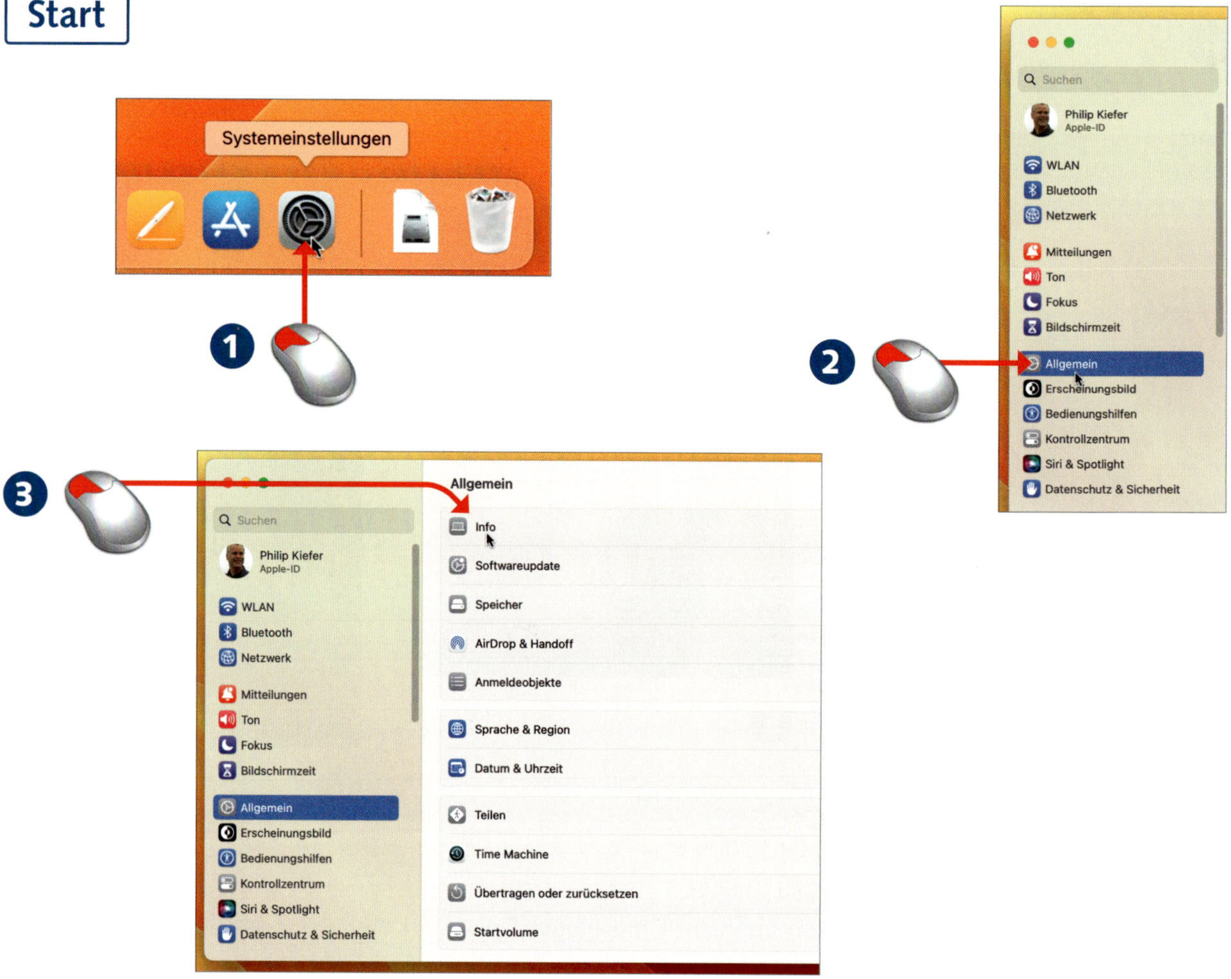

1. Klicken Sie im Dock auf das graue Zahnradsymbol, um die *Systemeinstellungen* aufzurufen.

2. Sie erhalten eine Übersicht über die verfügbaren Einstellungen, wobei diese nach Kategorien sortiert sind. Klicken Sie in der Leiste links eine Kategorie an, um die entsprechenden Einstellungen aufzurufen, hier etwa *Allgemein*.

3. Innerhalb einer Kategorie werden Ihnen Unterkategorien zur Auswahl angeboten. Wählen Sie per Mausklick einen Eintrag aus, z. B. *Info*.

WISSEN

Die Einstellungen rund um das Betriebssystem Ihres Macs legen Sie in den *Systemeinstellungen* (kurz: *Einstellungen*) fest. Mit macOS Ventura haben die Systemeinstellungen des Macs ein neues Gesicht bekommen. Sie ähneln jetzt mehr den Einstellungen auf einem iPhone oder iPad. Lernen Sie die Systemeinstellungen hier ganz allgemein kennen, bevor Sie in späteren Workshops spezielle Einstellungen anpassen.

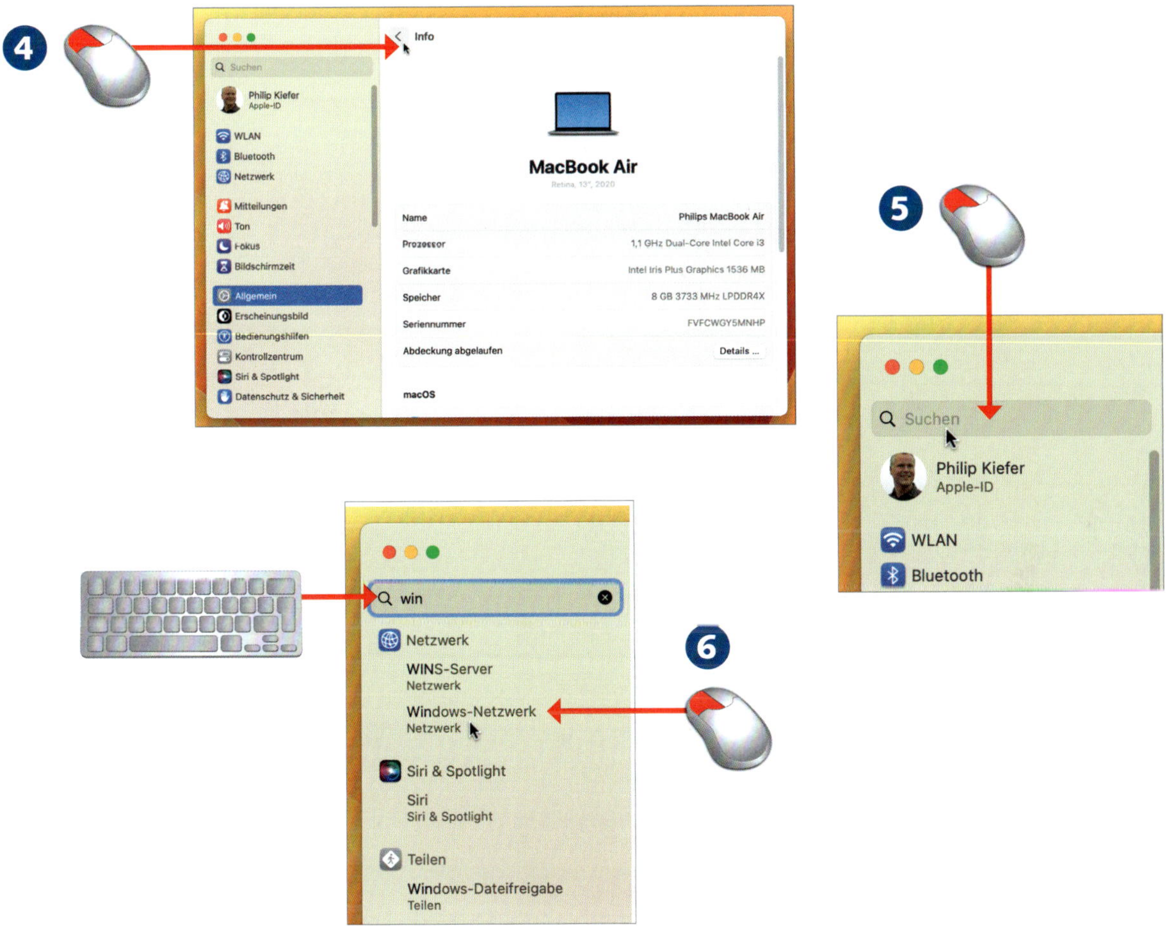

4 Die entsprechenden Inhalte werden Ihnen angezeigt. Per Mausklick auf das Pfeilsymbol < gelangen Sie zurück zu den Unterkategorien.

5 Sie wissen nicht, wo eine bestimmte Einstellung zu finden ist? Dann klicken Sie in das Suchfeld oberhalb der Kategorienliste.

6 Bereits während des Eintippens eines Suchbegriffs werden mögliche Treffer aufgelistet und Sie treffen Ihre Auswahl wie gewohnt per Mausklick.

Ende

TIPP

Den Menüpunkt *Systemeinstellungen* finden Sie auch im Apfel-Menü, das Sie über das Symbol aufrufen.

HINWEIS

Die Kategorienauswahl können Sie bei geöffneten *Systemeinstellungen* auch in der Menüleiste unter *Darstellung* treffen.

Start

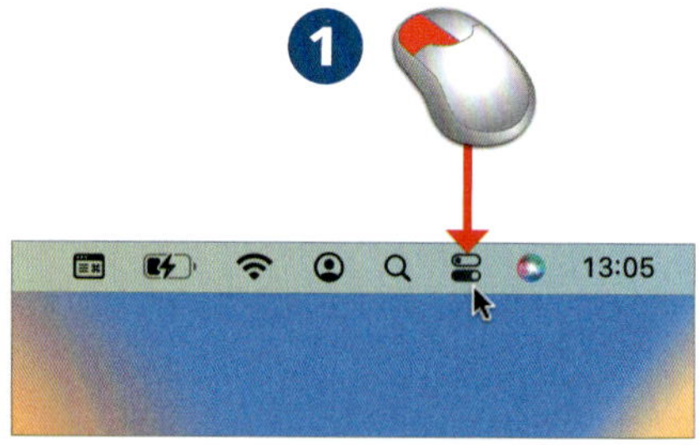

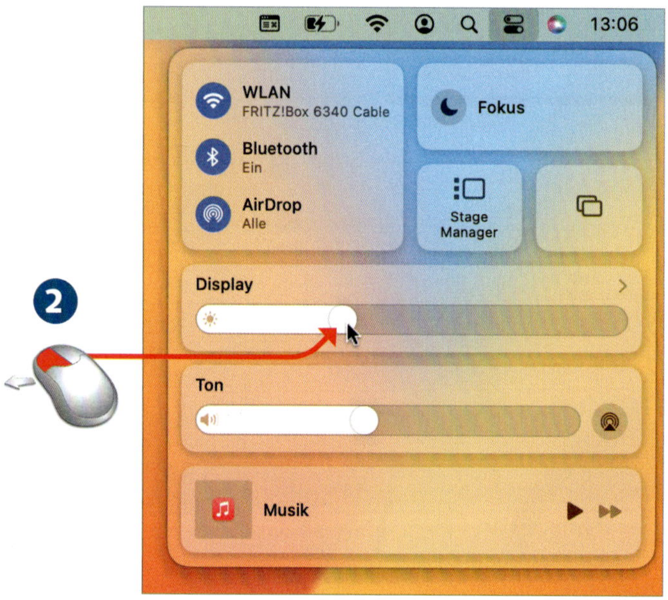

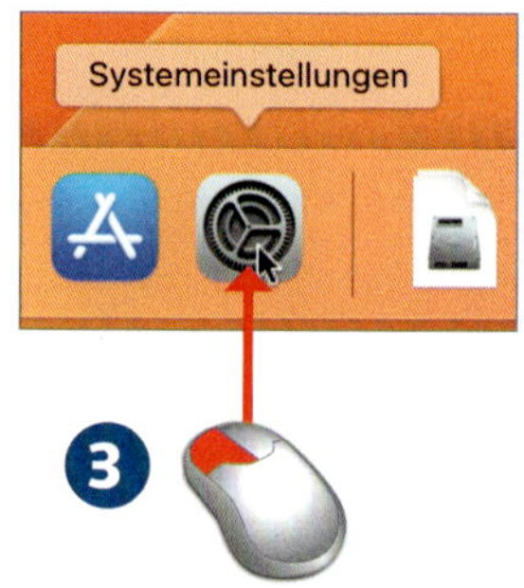

1. Klicken Sie rechts in der Menüleiste des Macs auf das Menulet, um das Kontrollzentrum zu öffnen.
2. In diesem Fall verringere ich die Displayhelligkeit, indem ich den Schieberegler bei gedrückter Maustaste nach links ziehe.
3. Möchten Sie einzelne Funktionen direkt als Menulets aufrufen? Dann öffnen Sie im Dock die *Systemeinstellungen*.

WISSEN

Die Menulets rechts oben auf dem Bildschirm Ihres Macs erlauben den schnellen Zugriff auf wichtige Funktionen. Mit einem dieser Menulets rufen Sie das Kontrollzentrum auf, eine Schaltzentrale für weitere wichtige Funktionen. Hier zeige ich Ihnen, wie Sie das Kontrollzentrum nutzen sowie gegebenenfalls weitere Menulets hinzufügen.

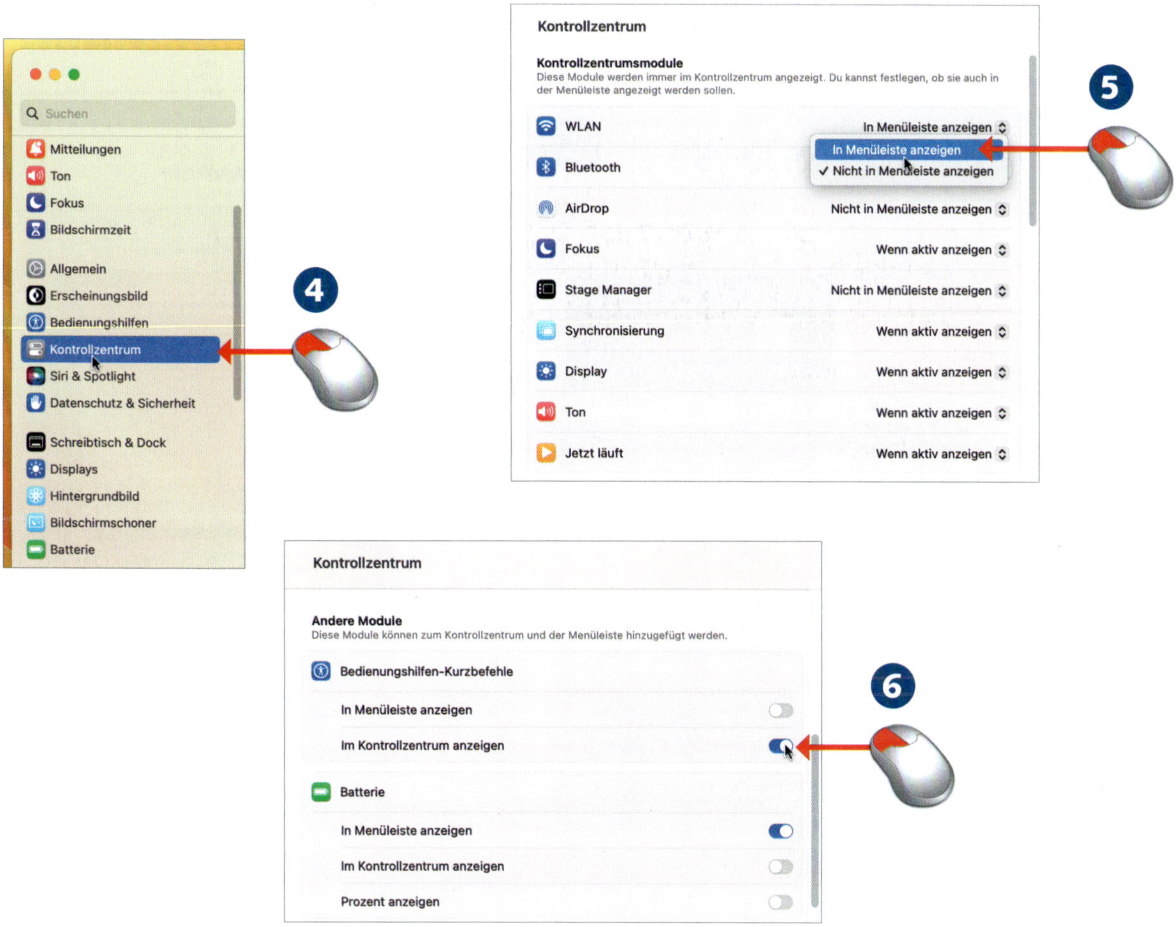

4 Wählen Sie die Kategorie *Kontrollzentrum*.

5 Bestimmen Sie nun jeweils per Menü, welche Menulets angezeigt werden sollen und welche nicht.

6 Dem Kontrollzentrum weitere Module hinzufügen: Dazu aktivieren Sie im Abschnitt *Andere Module* den jeweiligen Schalter.

Ende

HINWEIS

Das Kontrollzentrum wurde schon 2013 mit iOS 7 auf iPhones und iPads eingeführt, hielt aber erst 2020 mit macOS Big Sur, dem Vorvorgänger von macOS Ventura, Einzug auf dem Mac.

TIPP

Das Kontrollzentrum lässt sich auch mit der Tastenkombination fn+C öffnen bzw. wieder schließen.

Start

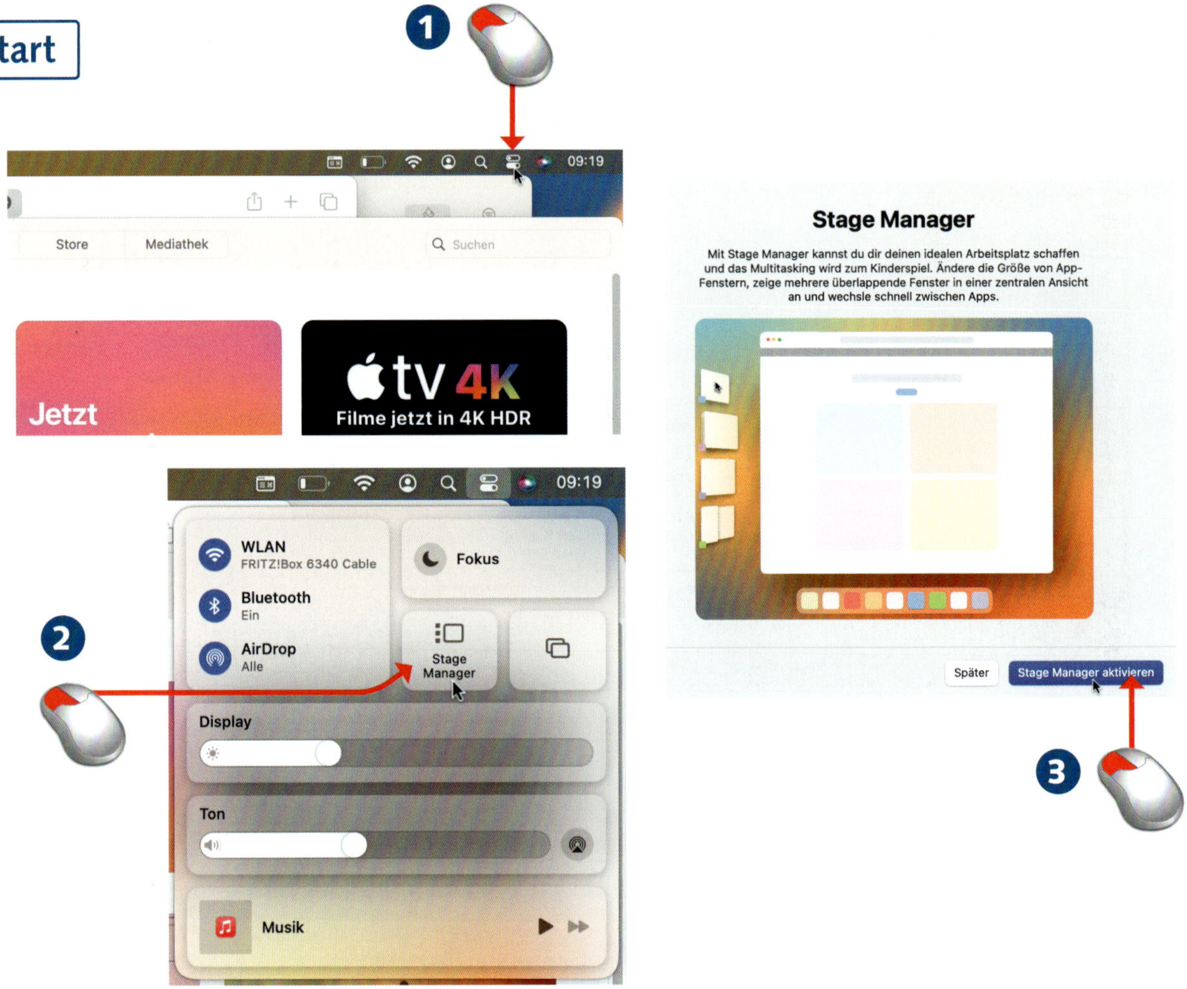

1. Es sind mehrere App-Fenster geöffnet. Klicken Sie auf das Menulet, um das Kontrollzentrum aufzurufen.

2. Entscheiden Sie sich im Kontrollzentrum für die Schaltfläche *Stage Manager*.

3. Beim ersten Mal müssen Sie die Nutzung des Stage Managers zunächst bestätigen, indem Sie auf die Schaltfläche *Stage Manager aktivieren* klicken.

WISSEN

Sie haben in diesem Kapitel bereits die Mission Control kennengelernt, mit der Sie mehrere geöffnete App-Fenster übersichtlich einblenden können. Mit macOS Ventura wurde für den gleichen Zweck zusätzlich der Stage Manager eingeführt, mit dem Sie sich auf dieser Doppelseite vertraut machen.

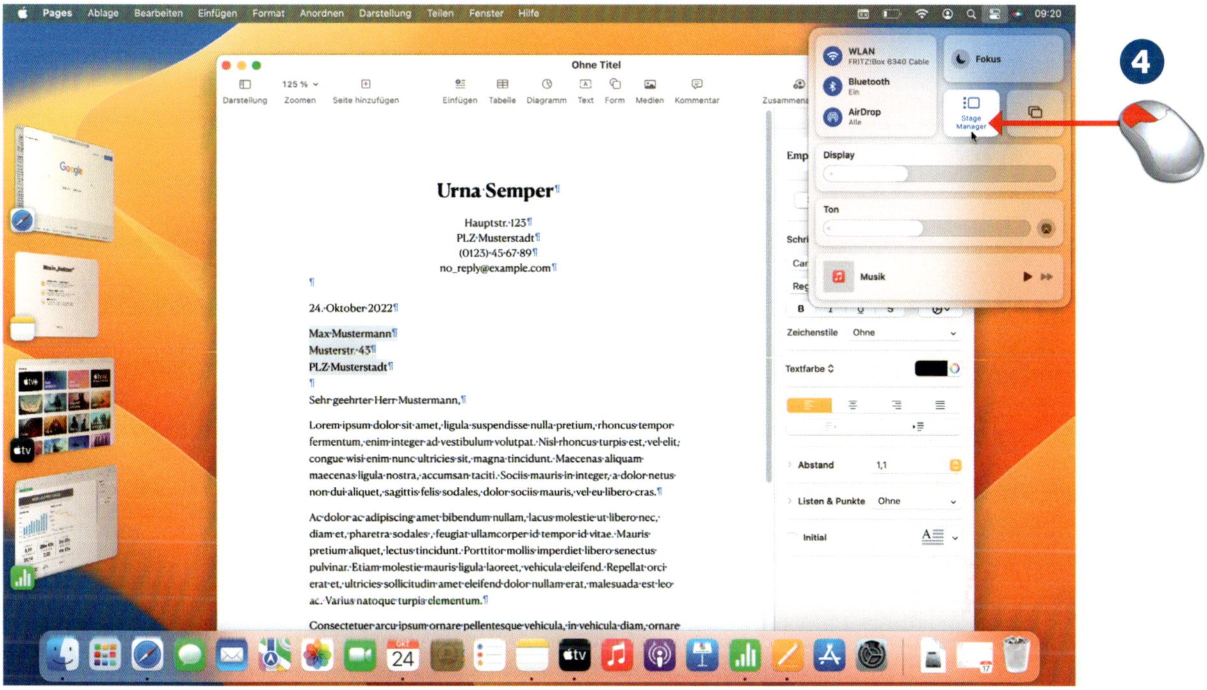

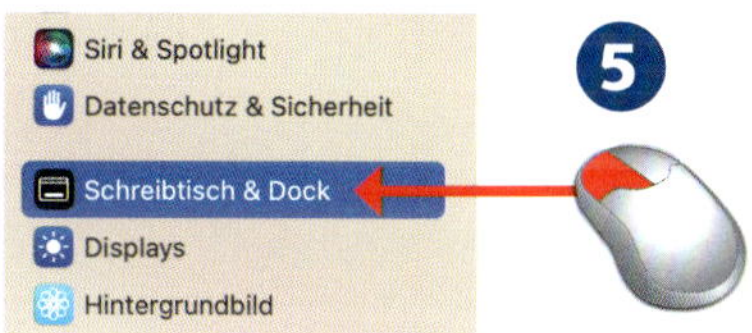

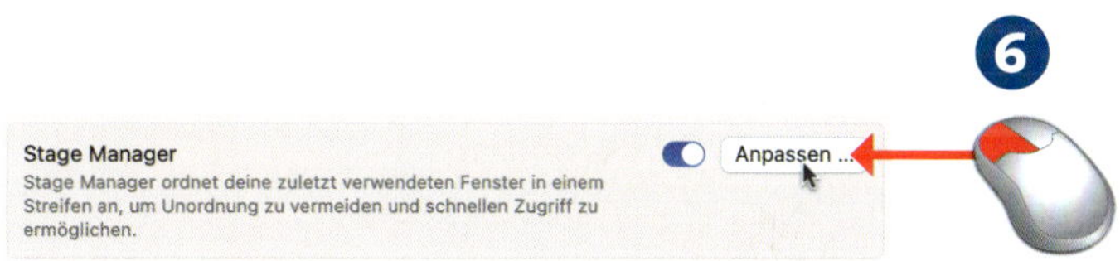

4 Bei aktiviertem Stage Manager werden die geöffneten Apps links auf dem Bildschirm gruppiert und zur Auswahl angeboten. Ein erneuter Mausklick auf die Schaltfläche *Stage Manager* beendet diesen wieder.

5 Für den Stage Manager gibt es einige Einstellungsmöglichkeiten. Wählen Sie dazu in den *Einstellungen* die Kategorie *Schreibtisch & Dock*.

6 Klicken Sie bei *Stage Manager* auf die Schaltfläche *Anpassen* und bestimmen Sie, welche Elemente vom Stage Manager angezeigt werden sollen.

Ende

HINWEIS

Auch den Stage Manager können Sie als Menulet direkt verfügbar machen. Wählen Sie dazu in den *Einstellungen* die Kategorie *Kontrollzentrum* und entscheiden Sie sich bei *Stage Manager* für die Option *In Menüleiste anzeigen*.

TIPP

Der Stage Manager zeigt standardmäßig die zuletzt genutzten Apps jeweils oben in der Liste an.

Start

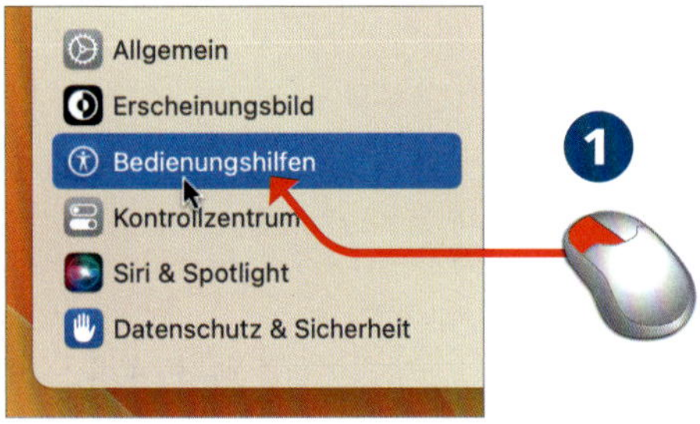

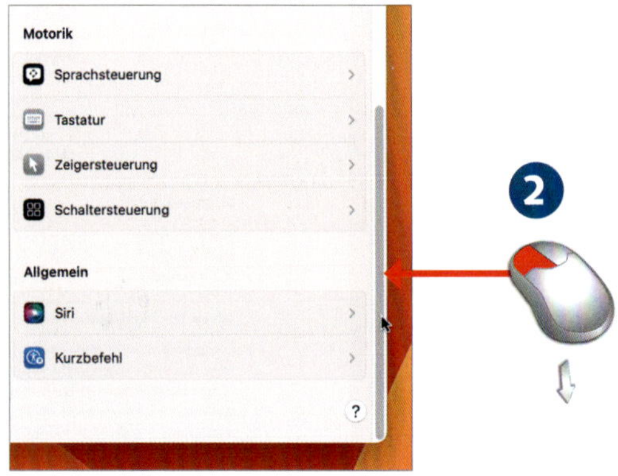

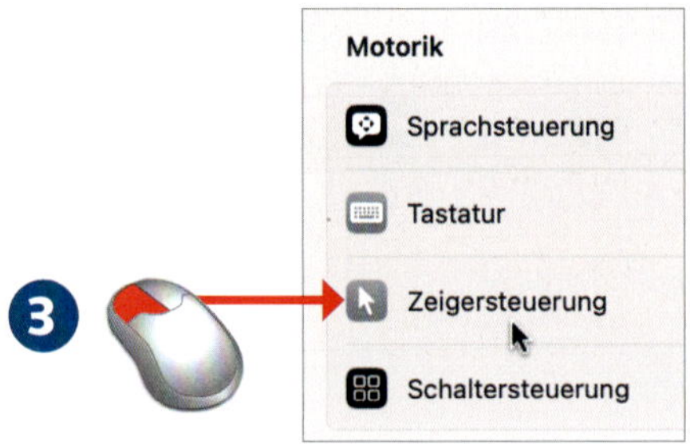

1. Wählen Sie in den Einstellungen die Kategorie *Bedienungshilfen*.

2. Scrollen Sie ggf. nach unten, um die nicht sichtbaren Bedienungshilfen einzublenden.

3. Klicken Sie eine Bedienungshilfe an, um die zugehörigen Optionen zu erhalten.

WISSEN

Ob Sie eine körperliche Einschränkung haben oder nicht – die Bedienungshilfen, die Ihnen Ihr Mac bietet, können in jedem Fall hilfreich sein. So können Sie beispielsweise die Farben umkehren, um auch bei starker Sonneneinstrahlung den Durchblick zu behalten, oder Kleingedrucktes per Zoomfunktion vergrößern. Lassen Sie mich Ihnen auf dieser Doppelseite die Bedienungshilfen im Allgemeinen und ein paar interessante Bedienungshilfen im Speziellen vorstellen.

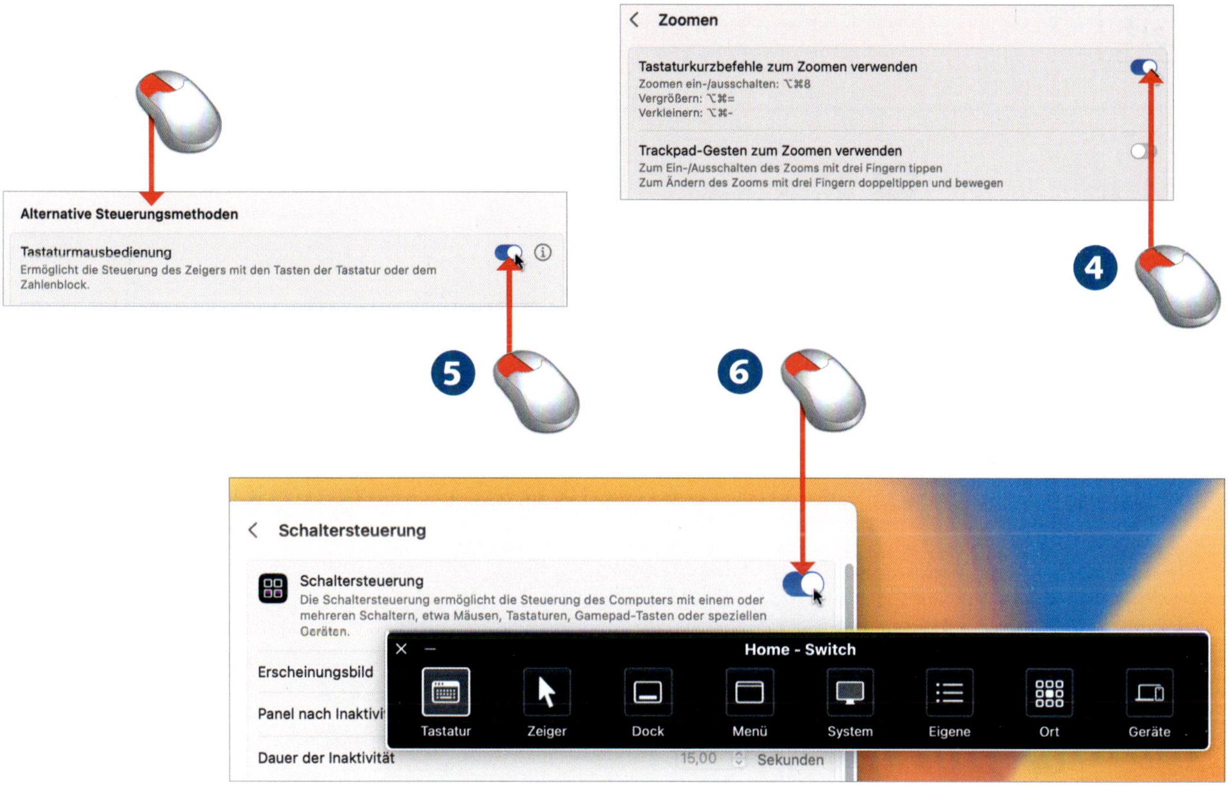

4 Möchten Sie mithilfe von Tastenkombinationen zoomen? Dann wählen Sie links *Zoomen* und aktivieren anschließend den Schalter *Tastaturkurzbefehle zum Zoomen verwenden*. Die verfügbaren Tastenkombinationen werden Ihnen angezeigt.

5 Um den Mauszeiger mithilfe der Tastatur zu bewegen, aktivieren Sie unter *Zeigersteuerung* und dort unter *Alternative Steuerungsmethoden* die Option *Tastaturmausbedienung*. Die Mausbedienung erfolgt mit den Tasten 0–9 auf dem Zifferblock bzw. alternativ mit fn und I, J, K, L, M, O, U, 7, 8, 9.

6 Spannend ist auch die *Schaltersteuerung*. Aktivieren Sie diese, werden die einzelnen Bildschirmbereiche gescannt und mit verschiedenen Schaltern – standardmäßig beispielsweise der Leer-Taste – ausgewählt.

Ende

HINWEIS

Sie können sich von Ihrem Mac auch Texte vorlesen lassen. Markieren Sie dazu den gewünschten Text, z. B. auf einer Webseite. Klicken Sie ihn mit der rechten Maustaste bzw. bei gedrückter control-Taste an und wählen Sie im Kontextmenü *Sprachausgabe/Sprachausgabe starten*.

TIPP

Einstellungen zur Sprachausgabe nehmen Sie in den *Bedienungshilfen* unter *Gesprochene Inhalte* vor.

Start

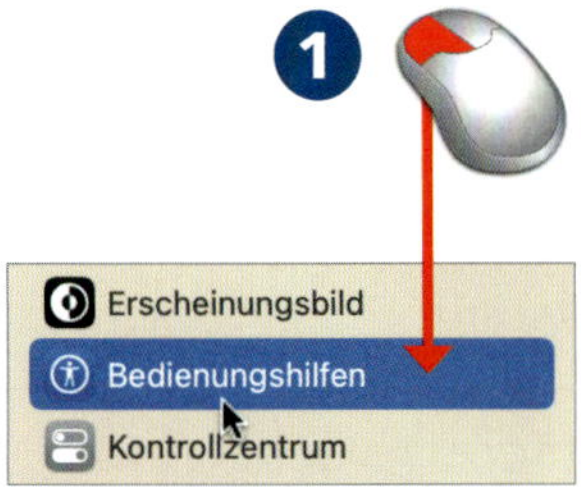

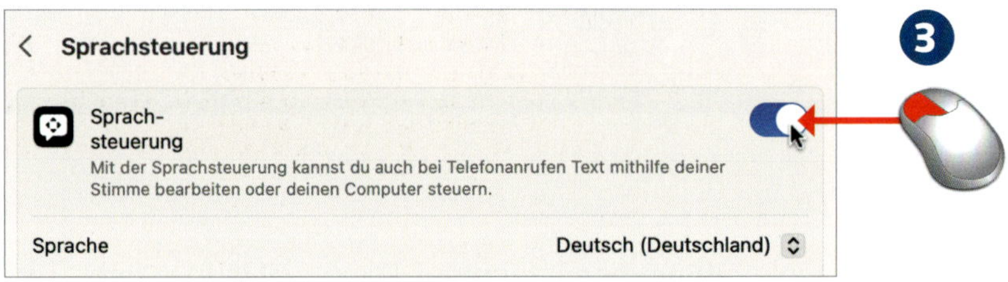

1. Entscheiden Sie sich in den *Systemeinstellungen* für die Kategorie *Bedienungshilfen*.

2. Wählen Sie nun im Abschnitt *Motorik* den Eintrag *Sprachsteuerung*.

3. Aktivieren Sie den Schalter *Sprachsteuerung*.

WISSEN

Eine weitere nützliche Bedienungshilfe ist die Sprachsteuerung, die es ermöglicht, den Mac allein mit Sprachbefehlen zu steuern. Das erfordert natürlich eine gewisse Einarbeitung, ermöglicht es dann aber auch motorisch gehandicapten Personen, den Computer zu nutzen. Die Einrichtung und Anwendung der Sprachsteuerung stelle ich auf dieser Doppelseite vor.

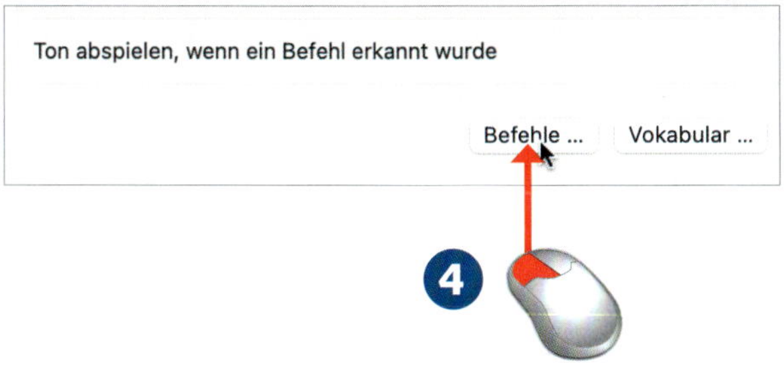

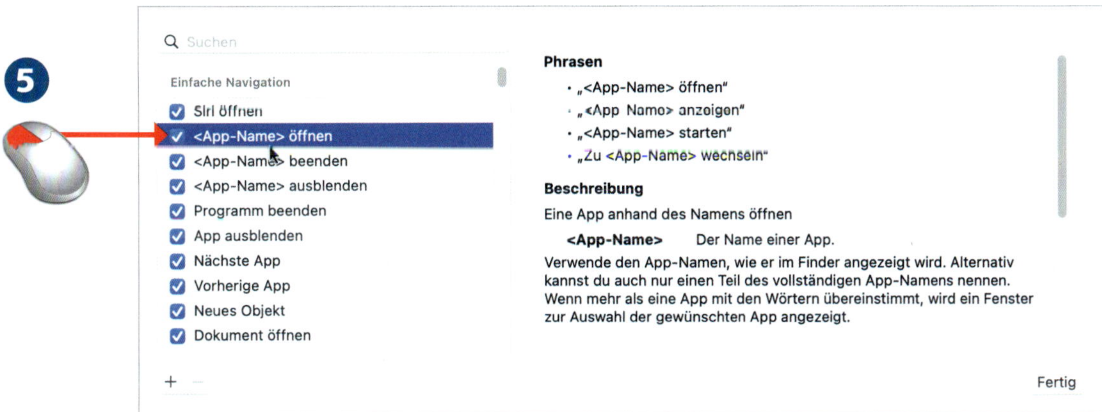

4 Um sich einen Überblick über die verfügbaren Sprachbefehle zu verschaffen, klicken Sie auf die Schaltfläche *Befehle*.

5 Klicken Sie einen Eintrag an, um sich verschiedene Befehlsvarianten anzusehen.

6 Wenn Sie einen Befehl sprechen, wird Ihnen dieser jeweils in einem kleinen Fenster der Sprachsteuerung angezeigt.

Ende

TIPP

Sie können auch eigene Sprachbefehle definieren. Dazu klicken Sie im Fenster aus Schritt 5 auf das Plussymbol +.

TIPP

Das Fenster der Sprachsteuerung lässt sich bei gedrückter Maustaste auf jede beliebige Position des Bildschirms ziehen.

Start

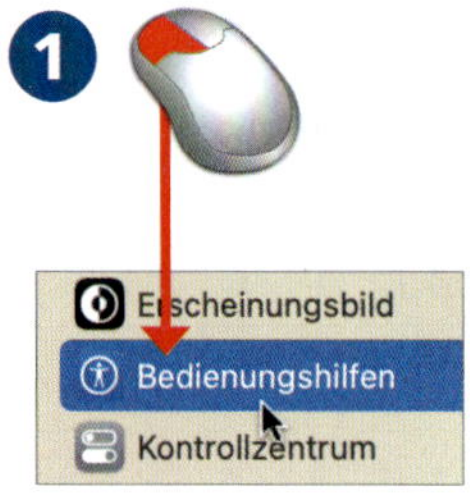

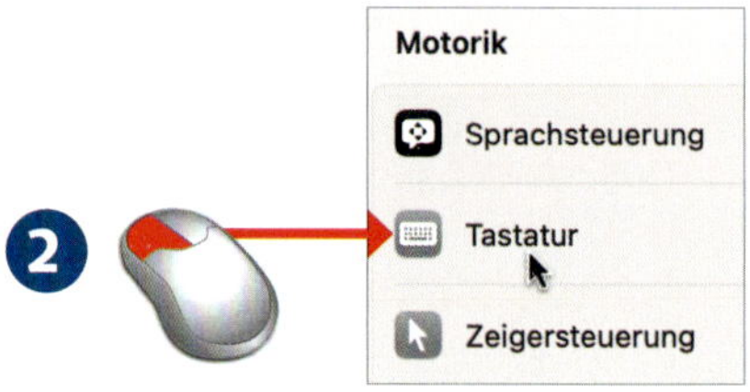

1. Wählen Sie in den *Systemeinstellungen* erneut die Kategorie *Bedienungshilfen*.

2. Klicken Sie im Abschnitt *Motorik* auf den Eintrag *Tastatur*.

3. Nun aktivieren Sie den Schalter *Bedienungshilfentastatur*.

WISSEN

Falls die Tastatur mal kaputt oder die Batterien leer sein sollten, tippen Sie Ihre Texte einfach mit einer Tastatur auf dem Bildschirm ein. Dabei werden die Zeichen mithilfe der Maus über eine Tastatur eingegeben, die auf dem Bildschirm Ihres Macs eingeblendet wird. Wie Sie genau vorgehen, lesen Sie hier.

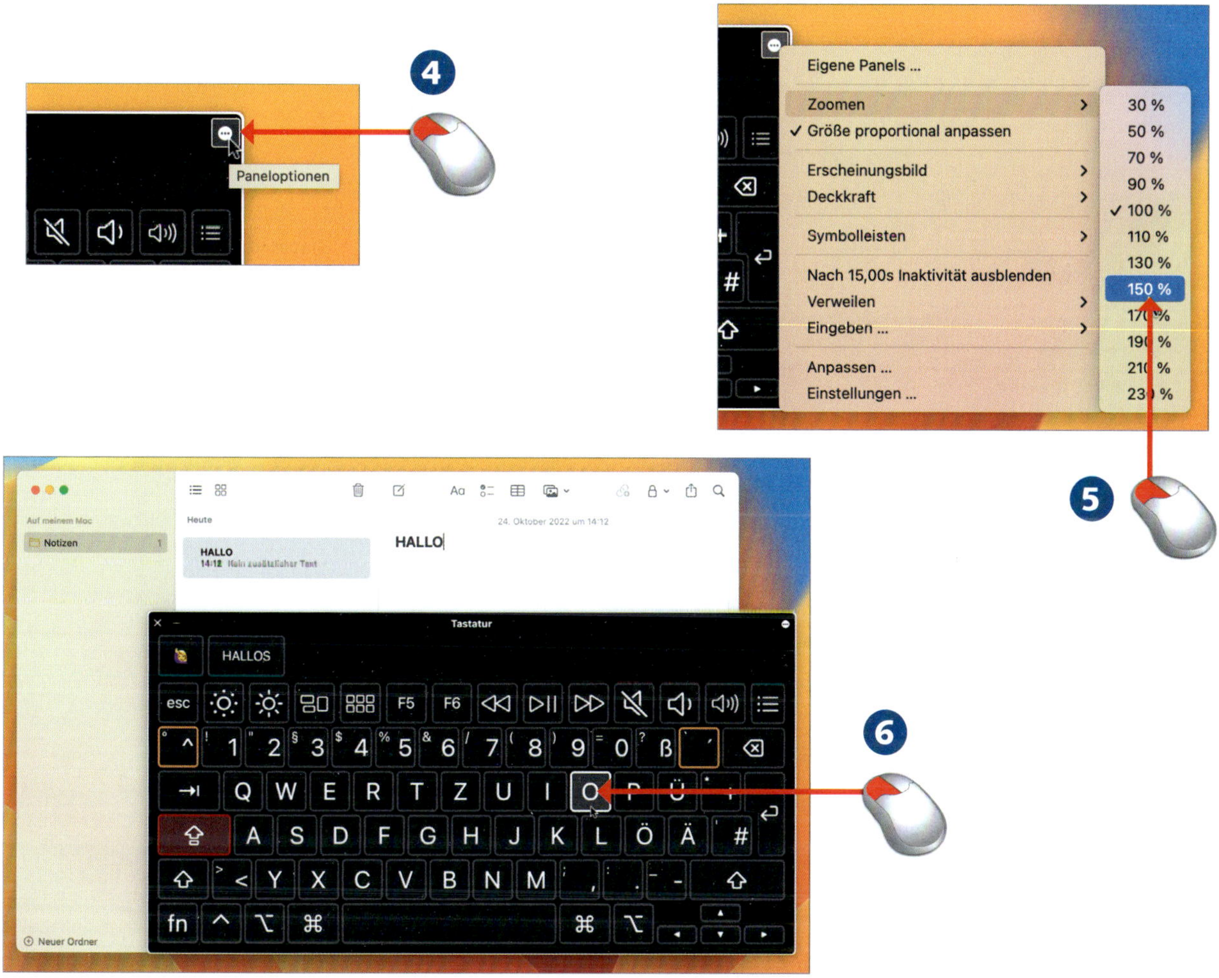

4 Die Bedienungshilfentastatur wird prompt eingeblendet. Um diese anzupassen, etwa was die Fenstergröße betrifft, klicken Sie rechts oben im Fenster der Tastatur auf das Symbol ⊖.

5 Nehmen Sie im sich öffnenden Menü die gewünschten Anpassungen vor.

6 Klicken Sie jeweils eine Taste an, um mit der Bedienungshilfentastatur etwas zu schreiben.

Ende

TIPP

Auch unter dem Menulet ⌨ lässt sich – per Auswahl *Tastaturübersicht einblenden* – eine Bildschirmtastatur aufrufen. Oder benötigen Sie Emoticons? Dann wählen Sie unter dem Menulet ⌨ den Eintrag *Emoji & Symbole einblenden.*

TIPP

Um auf wichtige Bedienungshilfen ebenfalls per Menulet zugreifen zu können, aktivieren Sie in den *Systemeinstellungen* unter *Kontrollzentrum* bei *Bedienungshilfen-Kurzbefehle* den Schalter *In Menüleiste anzeigen.*

Start

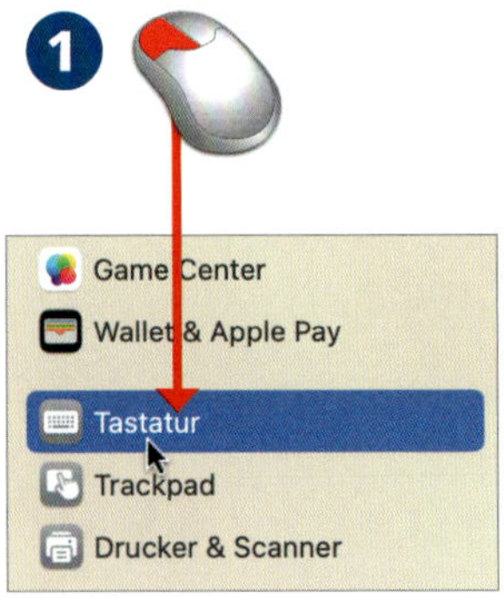

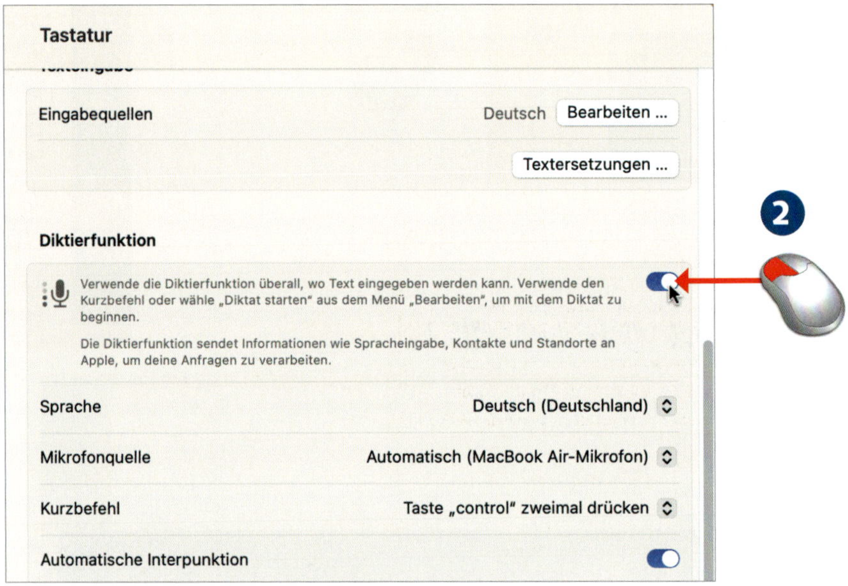

1. Öffnen Sie die *Systemeinstellungen* und entscheiden Sie sich diesmal für die Kategorie *Tastatur*.
2. Aktivieren Sie per Schalter die *Diktierfunktion*.
3. Entscheiden Sie dann per Schalter bei *Automatische Interpunktion*, ob Sie Ihrem Mac das Setzen von Satzzeichen automatisch zutrauen oder nicht. Falls nicht, sprechen Sie Satzzeichen und Co. beim Diktat einfach mit.

WISSEN

Neben der Eingabe per Tastatur lassen sich Ihrem Mac auch Texte diktieren. Hierfür ist allerdings eine Internetverbindung erforderlich, da die Spracheingaben jeweils übers Internet verschickt werden. Wenn Sie das nicht stört, bietet die Diktierfunktion eine tolle Möglichkeit, sich viel Tipparbeit zu ersparen.

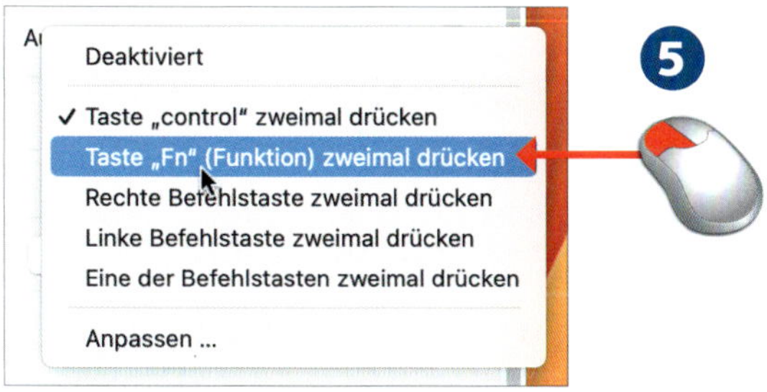

6

4 Welchen Kurzbefehl möchten Sie zum Aktivieren der Diktierfunktion verwenden? Um das festzulegen, klicken Sie die aktuelle Tastenkombination an.

5 Bestimmen Sie im Menü den gewünschten Kurzbefehl.

6 Öffnen Sie ein Dokument, z. B. einen Notizzettel, den Sie in der rechten unteren Ecke des Bildschirms aufrufen. Drücken Sie auf der Tastatur zweimal schnell hintereinander die in den Einstellungen gewählte Taste und sprechen Sie Ihren Text in das Mikrofon. Satzzeichen und Absatzanweisungen sprechen Sie ggf. einfach mit – in Kapitel 12 erhalten Sie eine Übersicht über die wichtigsten Sprachbefehle.

Ende

TIPP

Standardmäßig wird für das Diktat das in den Mac integrierte Mikrofon eingesetzt. Wenn Sie ein anderes Mikrofon verwenden möchten, wählen Sie dieses im Fenster aus Schritt 2 unter *Mikrofonquelle* aus.

TIPP

Das Diktieren muss nicht unbedingt auf Deutsch erfolgen. Im Menü *Sprache* lässt sich auch eine andere Sprache einrichten.

Start

1

2

3

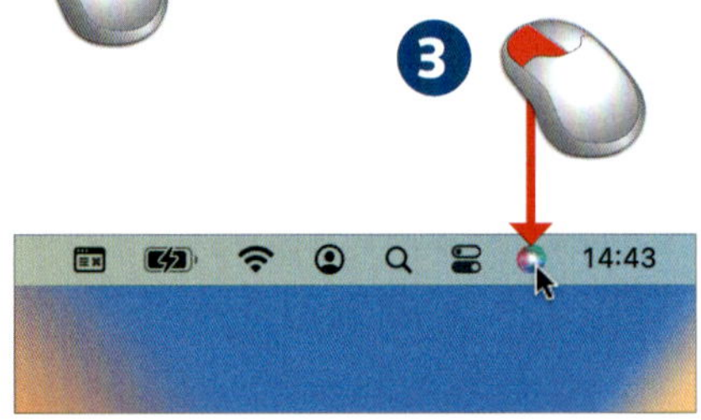

1. Prüfen Sie zunächst die Siri-Einstellungen. Dazu klicken Sie in den *Systemeinstellungen* auf die Kategorie *Siri & Spotlight*.
2. Achten Sie darauf, dass Siri aktiviert ist, und entscheiden Sie unter anderem, ob Sie eine weibliche oder eine männliche Siri-Stimme bevorzugen usw.
3. Nun machen Sie Siri empfangsbereit, beispielsweise, indem Sie rechts oben auf dem Bildschirm auf das Menulet klicken.

WISSEN

Ihnen steht auf Ihrem Mac die Sprachassistentin Siri zur Verfügung, die Ihnen unterschiedliche Fragen beantworten und verschiedene Aufgaben erledigen kann. Wie einfach Sie Siri verwenden, erklärt Ihnen diese Doppelseite.

4

5

6

4 Rechts oben wird das Siri-Symbol eingeblendet. Sie können Siri nun alles fragen oder befehlen. Ein orangefarbener Punkt in der Menüleiste signalisiert, dass das Mikrofon aktiv ist.

5 Geben Sie Siri z. B. den Befehl, an einen bestimmten Kontakt eine Nachricht zu schreiben.

6 Die Nachricht wird erstellt, und Sie können diese auch gleich noch diktieren.

Ende

TIPP

Siri per Tastenkombination aktivieren: Standardmäßig halten Sie hierzu die command-Taste sowie die Leer-Taste einen Moment lang gedrückt.

HINWEIS

Siri kann Termine erstellen, Musik abspielen, Sportergebnisse ermitteln, eine Wettervorhersage liefern, Aktienkurse herausfinden und noch vieles mehr. Stellen Sie Siri mit einigen Befehlen auf die Probe.

Start

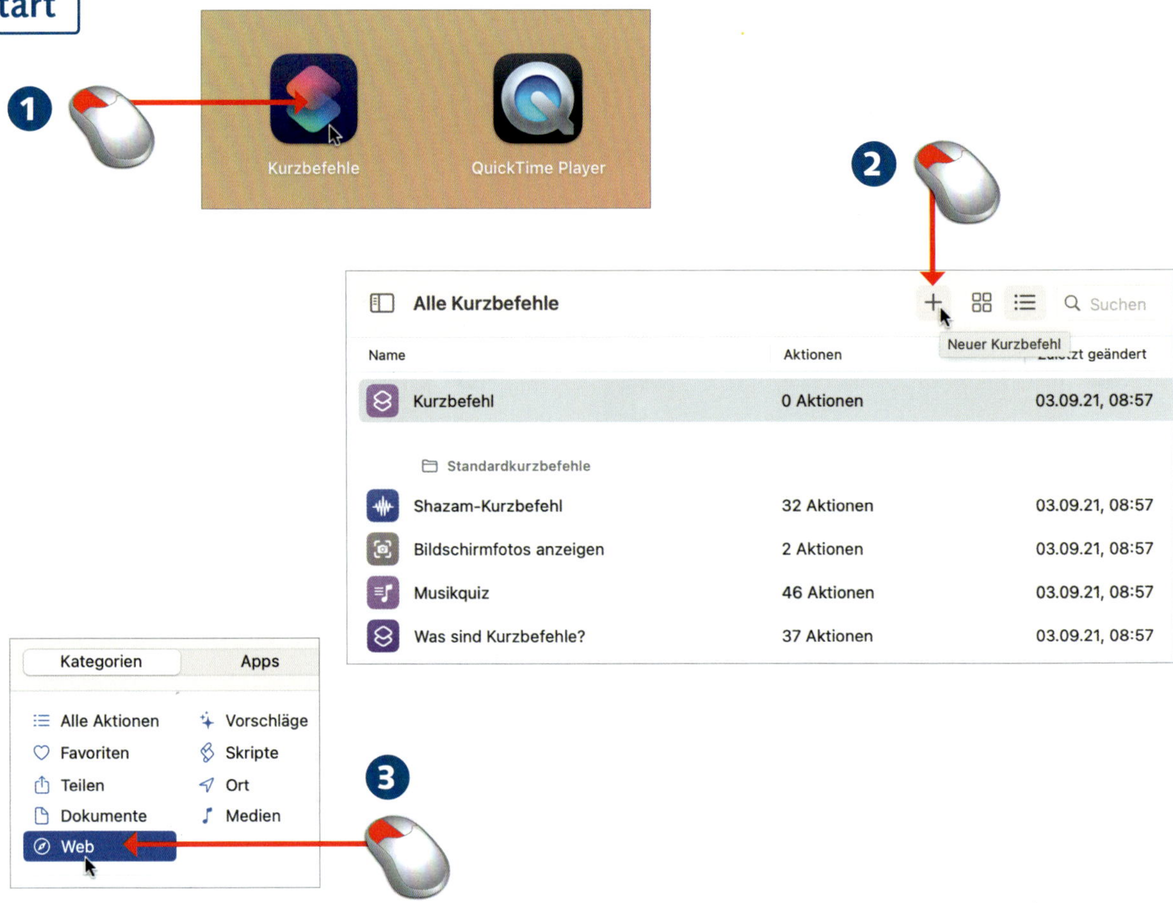

1. Öffnen Sie die App *Kurzbefehle* im Launchpad, in diesem Fall im Ordner *Andere*.

2. Um einen neuen Kurzbefehl zu erstellen, entscheiden Sie sich in der Symbolleiste der App für das Plussymbol +.

3. Wählen Sie in der Leiste rechts eine Kategorie oder eine App aus, für die Sie einen Kurzbefehl anlegen möchten. Hier wähle ich die Kategorie *Web*.

WISSEN

Die auf der vorherigen Doppelseite kennengelernte Siri-Funktion können Sie mit eigenen Kurzbefehlen erweitern. Hierfür steht Ihnen auf Ihrem Mac die App *Kurzbefehle* zur Verfügung, die ich Ihnen nun vorstellen möchte. Erstellen Sie damit z. B. einen Befehl zum Öffnen Ihrer Lieblingswebseite.

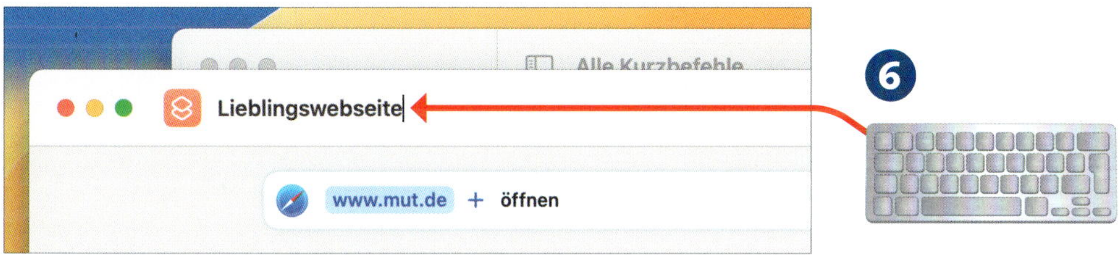

4 Doppelklicken Sie auf eine Aktion, die Sie ausführen möchten, etwa *URLs öffnen*.

5 Machen Sie nähere Angaben zur Aktion. Hier wird die zu öffnende URL eingetippt.

6 Zum Schluss überschreiben Sie noch den automatisch generierten Befehl durch einen eigenen Kurzbefehl und bestätigen mit der *return*-Taste.

Ende

TIPP

Sie können auch mehrere Aktionen gleichzeitig mit einem Befehl ausführen. Fügen Sie dazu einfach mehrere Aktionen in Schritt 4 hinzu.

HINWEIS

Ein weiteres nützliches Tool zum Automatisieren von Prozessen auf Ihrem Mac ist der *Automator*, den Sie standardmäßig ebenfalls im Launchpad im Ordner *Andere* finden.

Start

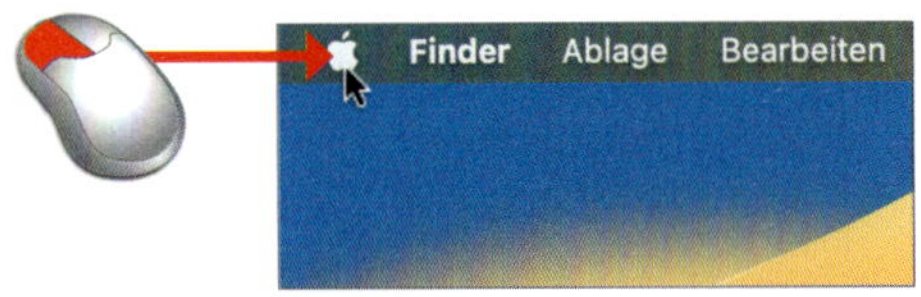

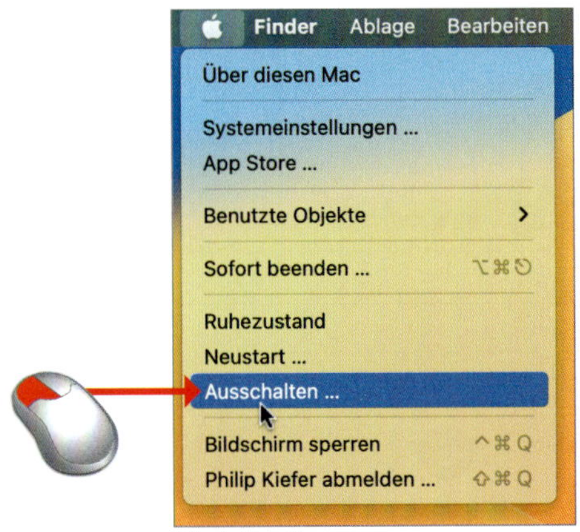

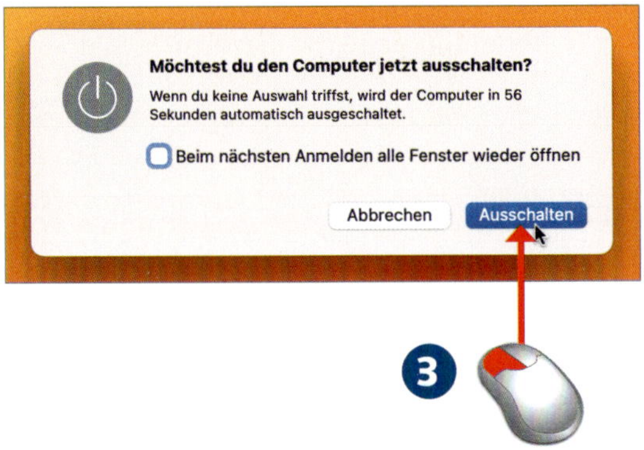

1. Um den Mac nach einer Sitzung wieder auszuschalten, klicken Sie links oben auf der Benutzeroberfläche auf das Apfel-Symbol . Sie öffnen dadurch, wie Sie bereits wissen, das Apfel-Menü.

2. Im sich öffnenden Menü klicken Sie auf den Eintrag *Ausschalten*.

3. Bestätigen Sie im folgenden Hinweisfenster mit *Ausschalten*. Per Kontrollkästchen bestimmen Sie, ob die geöffneten Fenster beim nächsten Start wieder zur Verfügung stehen sollen oder nicht.

WISSEN

Ihnen bieten sich mehrere Möglichkeiten, um auf Ihrem Mac eine Sitzung zu beenden, nämlich das Ausschalten (Herunterfahren), der Ruhezustand sowie das Abmelden des Benutzers. Lassen Sie mich Ihnen die Optionen auf dieser Doppelseite vorstellen.

TIPP

Oder soll der Computer, beispielsweise für eine Installation, neu gestartet werden? Dazu wählen Sie im Apfel-Menü den Eintrag *Neustart*.

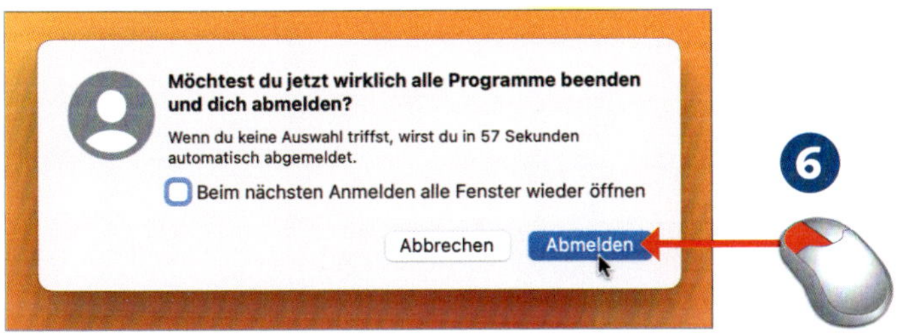

4 Wenn Sie lediglich eine Pause einlegen möchten, wählen Sie im Apfel-Menü den Eintrag *Ruhezustand*. Aus dem Ruhezustand lässt sich der Mac blitzschnell wieder aufwecken, indem Sie die Maus bewegen oder eine Taste drücken.

5 Soll lediglich der Benutzer gewechselt werden? Dann entscheiden Sie sich im Apfel-Menü für den ... *abmelden*-Eintrag. Wie Sie weitere Benutzerkonten auf dem Mac einrichten, zeige ich Ihnen in Kapitel 11.

6 Auch in diesem Fall öffnet sich ein Hinweisfenster. Bestätigen Sie mit *Abmelden*.

Ende

TIPP

Ohne Hinweisfenster abmelden mit einer Tastenkombination: Drücken Sie dazu auf der Tastatur die Tastenkombination ⇧ + *option* + *command* + *Q*.

TIPP

Den Mac während einer kurzen Abwesenheit gegen unbefugte Zugriffe schützen: Wählen Sie im Apfel-Menü *Bildschirm sperren* bzw. drücken Sie die Tastenkombination *control* + *command* + *Q*.

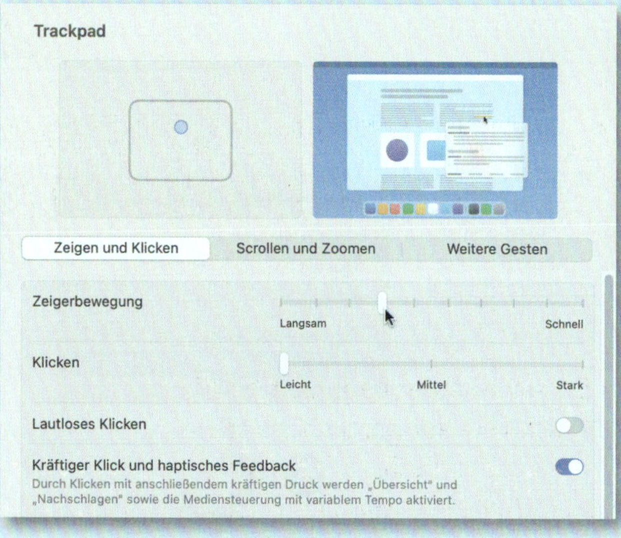
Trackpad
Zeigen und Klicken
Scrollen und Zoomen
Weitere Gesten
Zeigerbewegung
Langsam
Schnell
Klicken
Leicht
Mittel
Stark
Lautloses Klicken
Kräftiger Klick und haptisches Feedback
Durch Klicken mit anschließendem kräftigen Druck werden „Übersicht" und „Nachschlagen" sowie die Mediensteuerung mit variablem Tempo aktiviert.

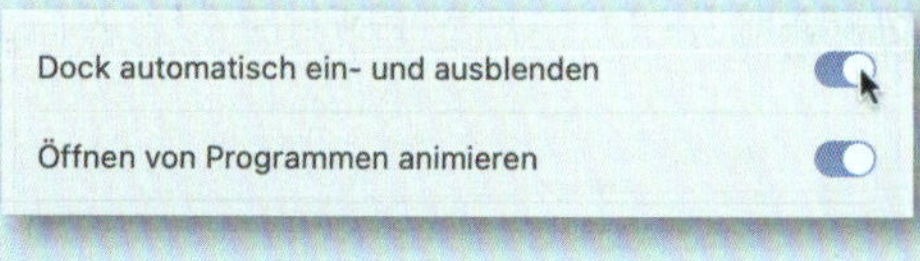
Dock automatisch ein- und ausblenden
Öffnen von Programmen animieren

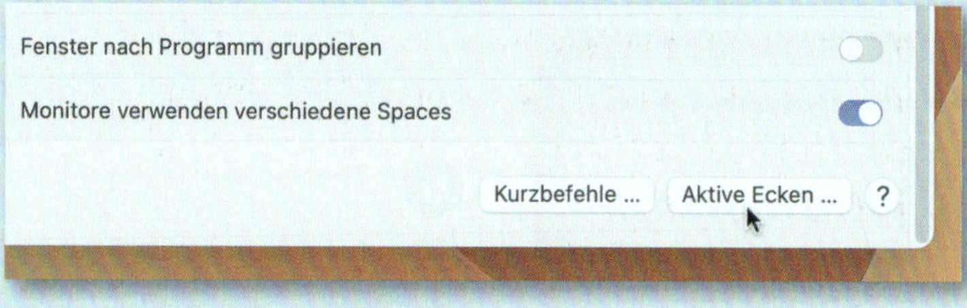
Fenster nach Programm gruppieren
Monitore verwenden verschiedene Spaces
Kurzbefehle ...
Aktive Ecken ...
?

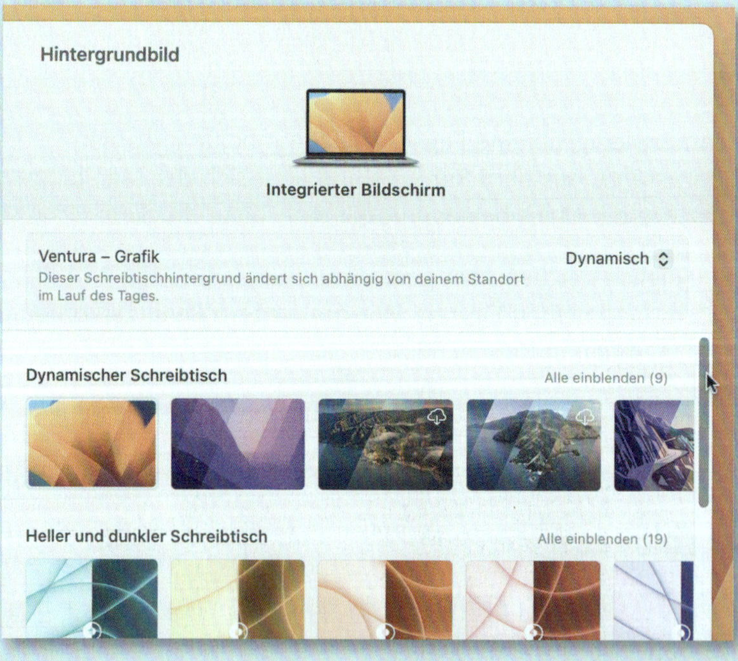
Hintergrundbild
Integrierter Bildschirm
Ventura – Grafik
Dynamisch
Dieser Schreibtischhintergrund ändert sich abhängig von deinem Standort im Lauf des Tages.
Dynamischer Schreibtisch
Alle einblenden (9)
Heller und dunkler Schreibtisch
Alle einblenden (19)

Kontrollzentrum
Siri & Spotlight
Datenschutz & Sicherheit
Schreibtisch & Dock
Displays
Hintergrundbild

2

Ihren Mac individuell einrichten

Im ersten Kapitel dieses Buches haben Sie sich mit der Benutzeroberfläche sowie den Bedienfunktionen Ihres Macs vertraut gemacht. Nun erfahren Sie, wie Sie die Benutzeroberfläche ganz nach Ihrem Geschmack und Ihren Bedürfnissen einrichten, also wie Sie Ihren Mac personalisieren, zu Ihrem ganz eigenen Mac machen. Ändern Sie die Einstellungen zu Maus bzw. Trackpad, wählen Sie ein ansprechendes Hintergrundbild aus, richten Sie das Dock perfekt ein, nutzen Sie mehrere Schreibtische, reduzieren Sie den Energieverbrauch Ihres Macs und erfahren Sie in diesem Kapitel noch einiges Nützliche mehr!

Start

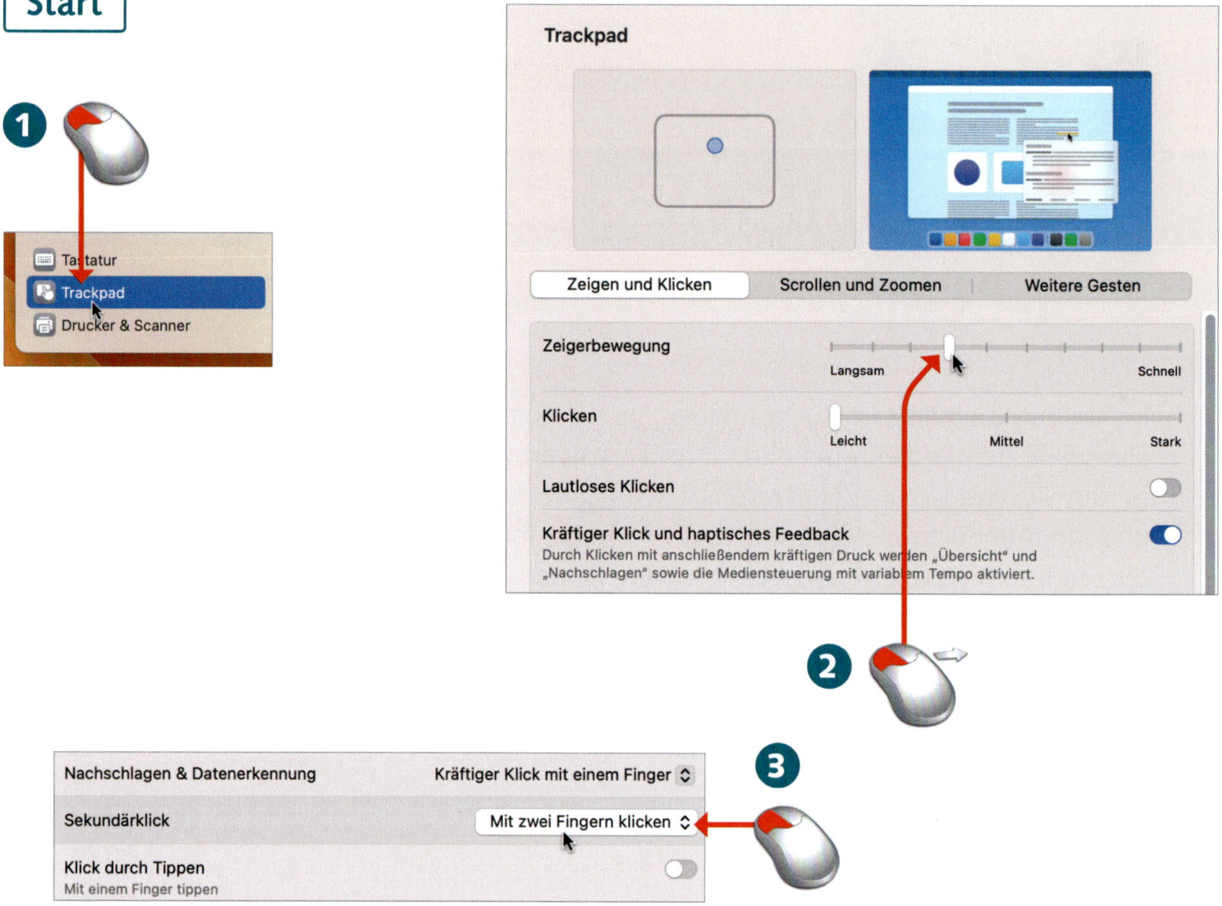

1. Öffnen Sie die *Systemeinstellungen* und klicken Sie auf die Kategorie *Maus* bzw. *Trackpad*.

2. Um den Mauszeiger zu beschleunigen, ziehen Sie den Schieberegler *Zeigerbewegung* bei gedrückter Maustaste nach rechts.

3. Möchten Sie Links- oder Rechtsklick festlegen? Dann klicken Sie auf das Menü bei *Sekundärklick*.

WISSEN

Der Mauszeiger bewegt sich für Ihren Geschmack zu langsam über den Bildschirm? Das lässt sich selbstverständlich ändern, und Sie können noch weitere Einstellungen zu Mauszeiger, Mausklick usw. anpassen, etwa als Linkshänder einen Rechtsklick als Linksklick ausführen. Diese Anleitung zeigt Ihnen, wie Sie bei der Verwendung einer Maus oder eines Trackpads vorgehen.

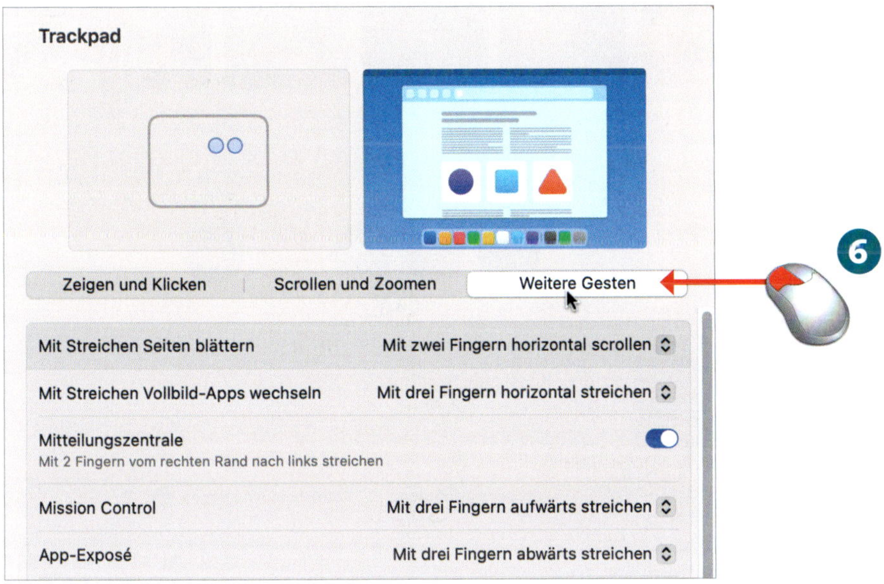

4 Wählen Sie im sich öffnenden Menü die gewünschte Option. Hier wähle ich bei einem Trackpad aus, dass für den Rechtsklick links unten auf das Trackpad geklickt werden soll.

5 Optionen zum Scrollen, Zoomen sowie zum Drehen finden Sie bei einem Trackpad unter *Scrollen und Zoomen*.

6 Es gibt noch weitere Bediengesten. Rufen Sie diese unter *Weitere Gesten* auf. Die Gesten werden Ihnen jeweils in einer kurzen Animation vorgeführt.

Ende

HINWEIS

Durch Aktivieren bzw. Deaktivieren eines Schalters schalten Sie eine Mausfunktion jeweils ein bzw. aus.

HINWEIS

Schließen Sie eine herkömmliche PC-Maus an, werden in den *Einstellungen* unter *Maus* jeweils nur diejenigen Funktionen angezeigt, die für das Gerät zur Verfügung stehen.

FACHWORT

Unter Scrollen versteht man den Bildlauf: Wenn Sie Fensterinhalte bewegen, um nicht sichtbare Bereiche sichtbar zu machen, scrollen Sie.

Start

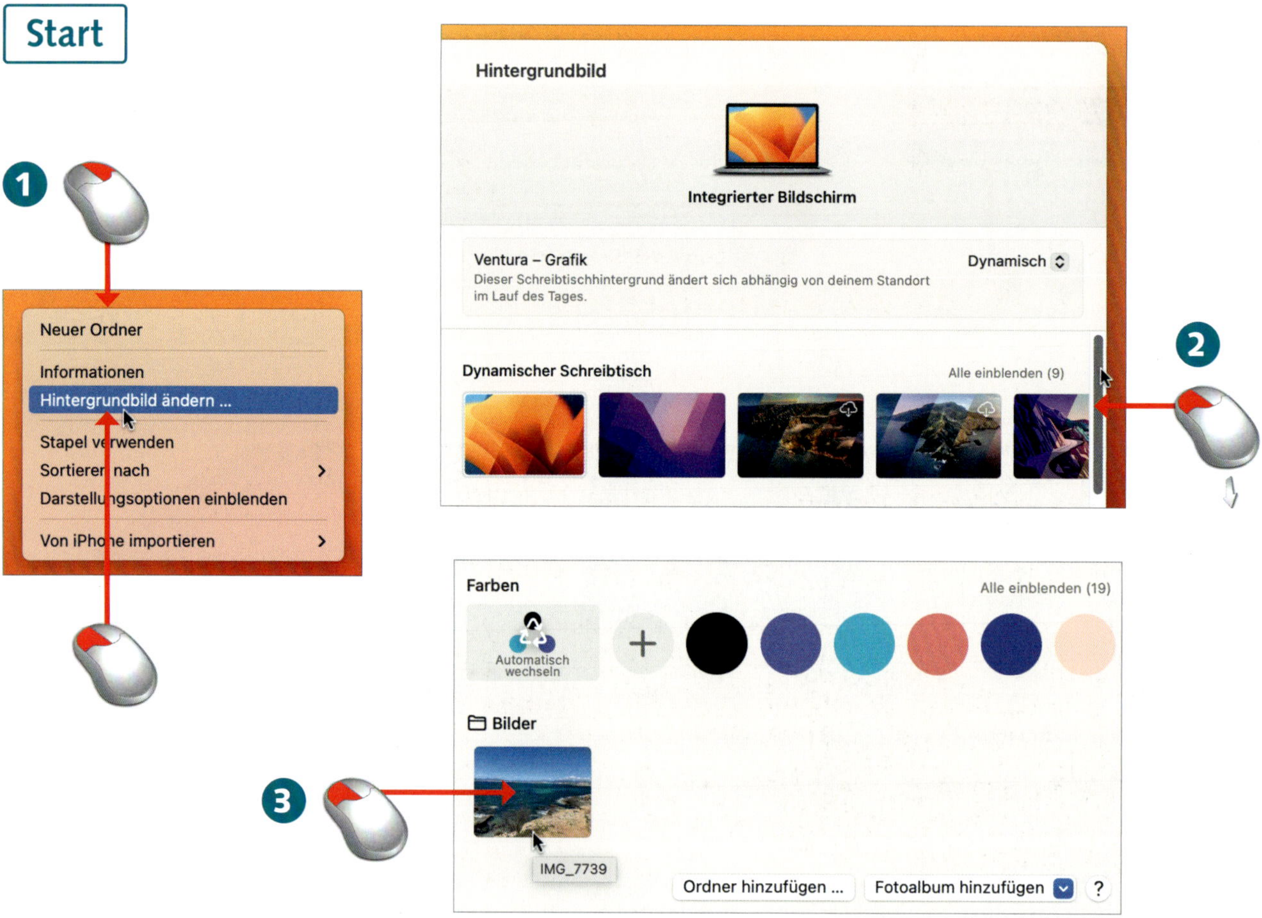

1. Klicken Sie mit der rechten Maustaste bzw. bei gedrückter control-Taste auf eine freie Fläche des Schreibtisches und wählen Sie im sich öffnenden Kontextmenü *Hintergrundbild ändern*.

2. Es stehen zahlreiche Standardhintergründe zur Verfügung, auch dynamische Hintergründe, die sich im Laufe des Tages ändern. Treffen Sie Ihre Auswahl per Mausklick. Um einen eigenen Ordner bzw. ein eigenes Bild auszuwählen, scrollen Sie ganz nach unten.

3. Klicken Sie das Bild, das Sie als Schreibtischhintergrund verwenden möchten, mit der Maus an. Sie finden außerdem die Optionen *Ordner hinzufügen* und *Fotoalbum hinzufügen*.

WISSEN

Für den Tapetenwechsel zwischendurch und um Ihren Mac zu individualisieren, bietet es sich an, den Standard-Schreibtischhintergrund durch ein eigenes Bild zu ersetzen. Sie können unter zahlreichen Standardhintergründen auswählen, aber auch selbst aufgenommene Bilder zu diesem Zweck verwenden. Wie Sie vorgehen, lesen Sie auf dieser Doppelseite.

4

5

6

4 Ist die Darstellung noch nicht so wie gewünscht? Dann klicken Sie in das Menü *Bildschirmfüllend* und wählen Sie eine Einstellung aus, die besser passt, etwa *Bildschirmfüllend vergrößern*.

5 Statt eines einzelnen Bildes lassen sich auch alle in einem Fotoalbum enthaltenen Bilder im Wechsel wiedergeben. Nach dem Auswählen eines Fotoalbums unter *Fotoalbum hinzufügen* bestimmen Sie das Intervall, in dem der Bildwechsel erfolgen soll.

6 Schließen Sie die *Systemeinstellungen*, um das Ergebnis Ihrer Anpassungen zu prüfen. Gefällt Ihnen der neue Schreibtischhintergrund? Falls nicht, wählen Sie einfach einen anderen

Ende

HINWEIS

Achten Sie darauf, dass die verwendeten Bilder über eine ausreichend hohe Auflösung verfügen.

TIPP

Auch einen Bildschirmschoner können Sie einrichten, der nach einer bestimmten Zeit der Nichtnutzung dargestellt wird. Die Auswahl treffen Sie in den *Systemeinstellungen* unter *Bildschirmschoner*.

Start

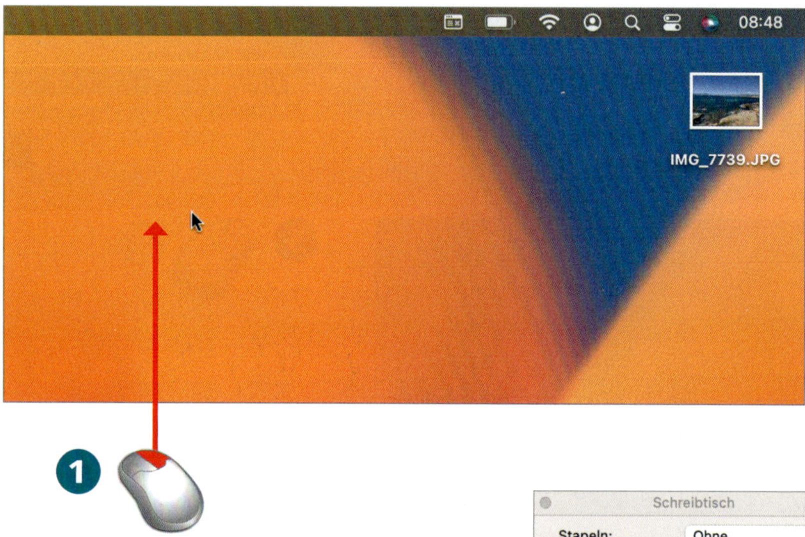

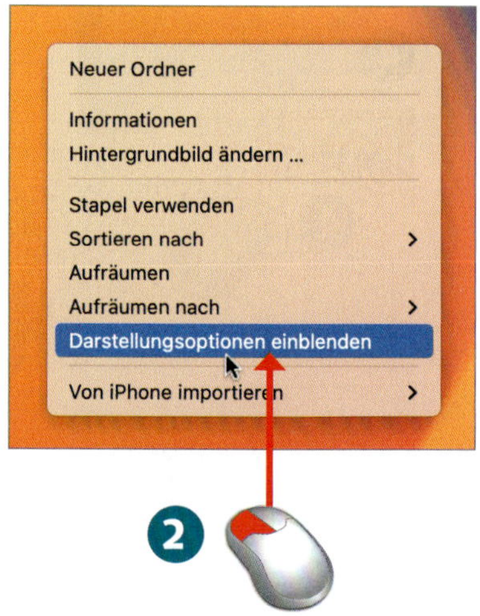

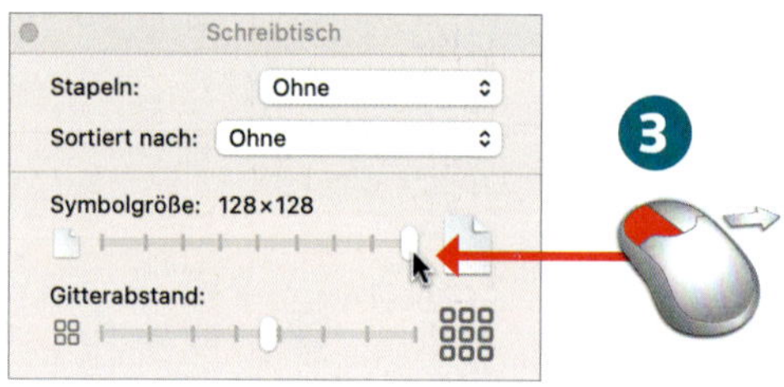

1. Klicken Sie mit der rechten Maustaste bzw. bei gedrückter *control*-Taste auf eine freie Fläche des Schreibtisches.
2. Wählen Sie im Kontextmenü den Eintrag *Darstellungsoptionen einblenden*.
3. Um die Symbole zu vergrößern, ziehen Sie nun den Schieberegler *Symbolgröße* bei gedrückter Maustaste nach rechts.

WISSEN

Legen Sie auf dem Schreibtisch Ihres Macs verschiedene Elemente ab, werden diese durch ein Symbol und eine Bezeichnung dargestellt. Beides – sowohl die Symbole als auch der zugehörige Text – lässt sich vergrößern. Dadurch passen zwar weniger Elemente auf den Schreibtisch, aber dafür sind die vorhandenen Elemente besser erkennbar.

4

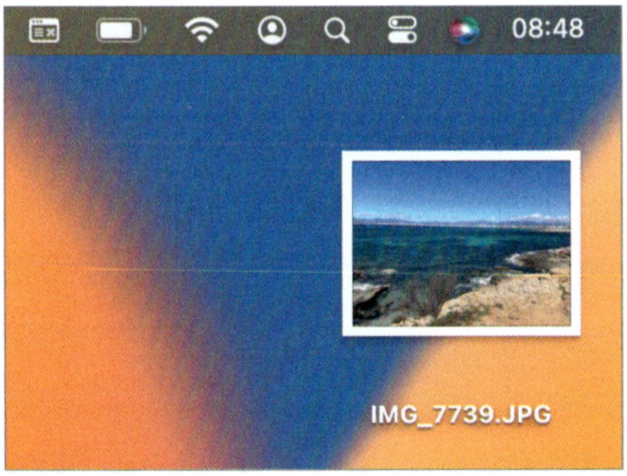

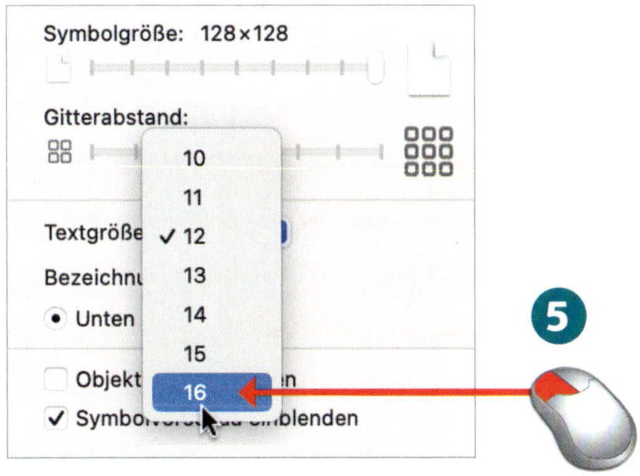

5

6

4 Der Effekt zeigt sich sofort – wie hier am Beispiel einer Bilddatei zu sehen ist.

5 Um auch den zugehörigen Text zu vergrößern, treffen Sie im Menü *Textgröße* Ihre Auswahl.

6 Auch in diesem Fall werden die Änderungen prompt übernommen: Der Dateiname unterhalb des Symbols wird vergrößert dargestellt.

Ende

HINWEIS

Statt unterhalb eines Symbols lässt sich der Text auch rechts neben dem Symbol darstellen. Treffen Sie dazu unter *Bezeichnung steht* Ihre Auswahl.

TIPP

Sie möchten zusätzliche Informationen zu einem Element einblenden, etwa die Auflösung eines Bildes? Aktivieren Sie dazu das Kontrollkästchen *Objektinfo einblenden*.

Start

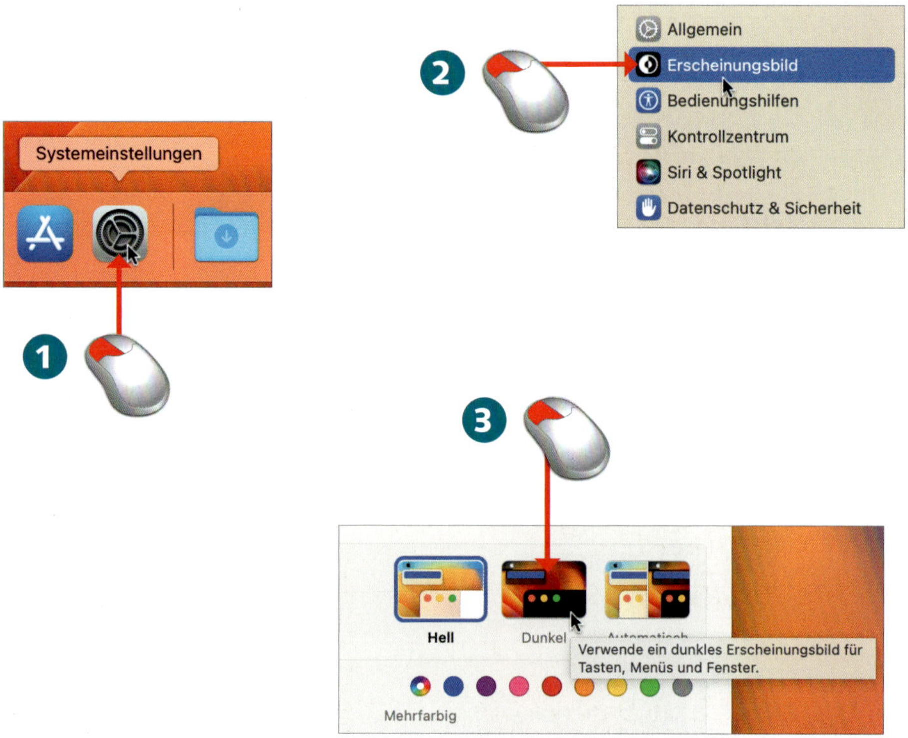

1. Öffnen Sie die *Systemeinstellungen*.

2. Wählen Sie, falls nicht bereits angezeigt, die Kategorie *Erscheinungsbild*.

3. Um zum Beispiel das dunkle Erscheinungsbild auszuwählen, klicken Sie oben im Fenster auf die Schaltfläche *Dunkel*.

WISSEN

Sie können auf Ihrem Mac wählen, ob Sie ein helles oder ein dunkles Erscheinungsbild bevorzugen. Mit einem dunklen Erscheinungsbild könnten Sie etwa den Kontrast deutlich verbessern. Auch die Akzentfarben lassen sich anpassen. Wie Sie dazu vorgehen, erfahren Sie auf dieser Doppelseite.

4

6

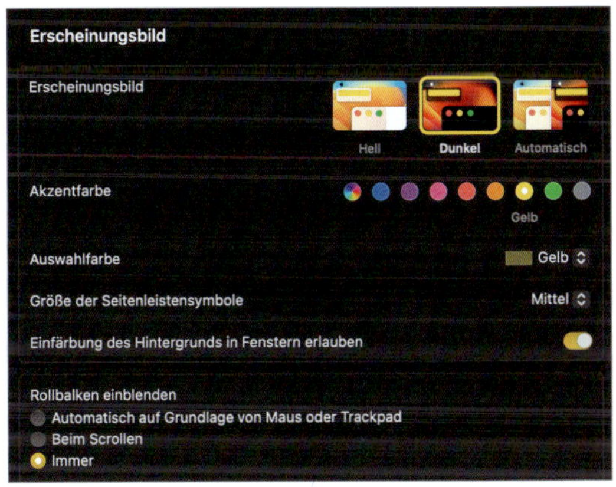

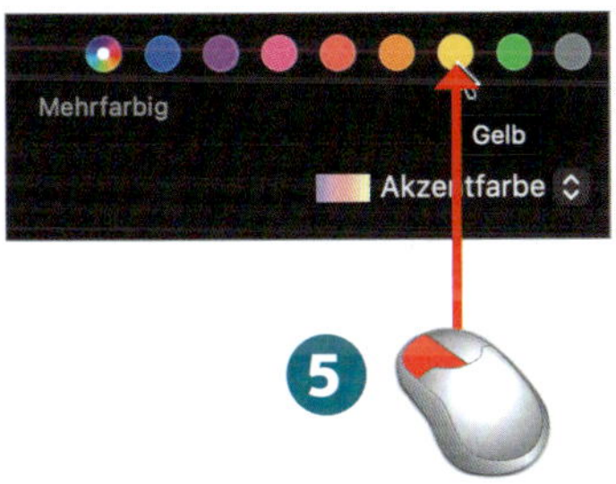

5

4 Das dunkle Erscheinungsbild wird prompt auf dem Bildschirm Ihres Macs dargestellt.

5 Nun können Sie noch im Abschnitt *Akzentfarbe* eine Farbe auswählen.

6 Ihre Anpassung ist sofort im geöffneten Fenster sichtbar.

Ende

TIPP

Möchten Sie verhindern, dass abhängig vom gewählten Erscheinungsbild auch Hintergründe in Fenstern angepasst werden können? Dann deaktivieren Sie den Schalter *Einfärbung des Hintergrunds in Fenstern erlauben.*

HINWEIS

Entscheiden Sie sich in Schritt 3 für die Option *Automatisch*, wird das Erscheinungsbild abhängig von der Tageszeit automatisch eingestellt.

Start

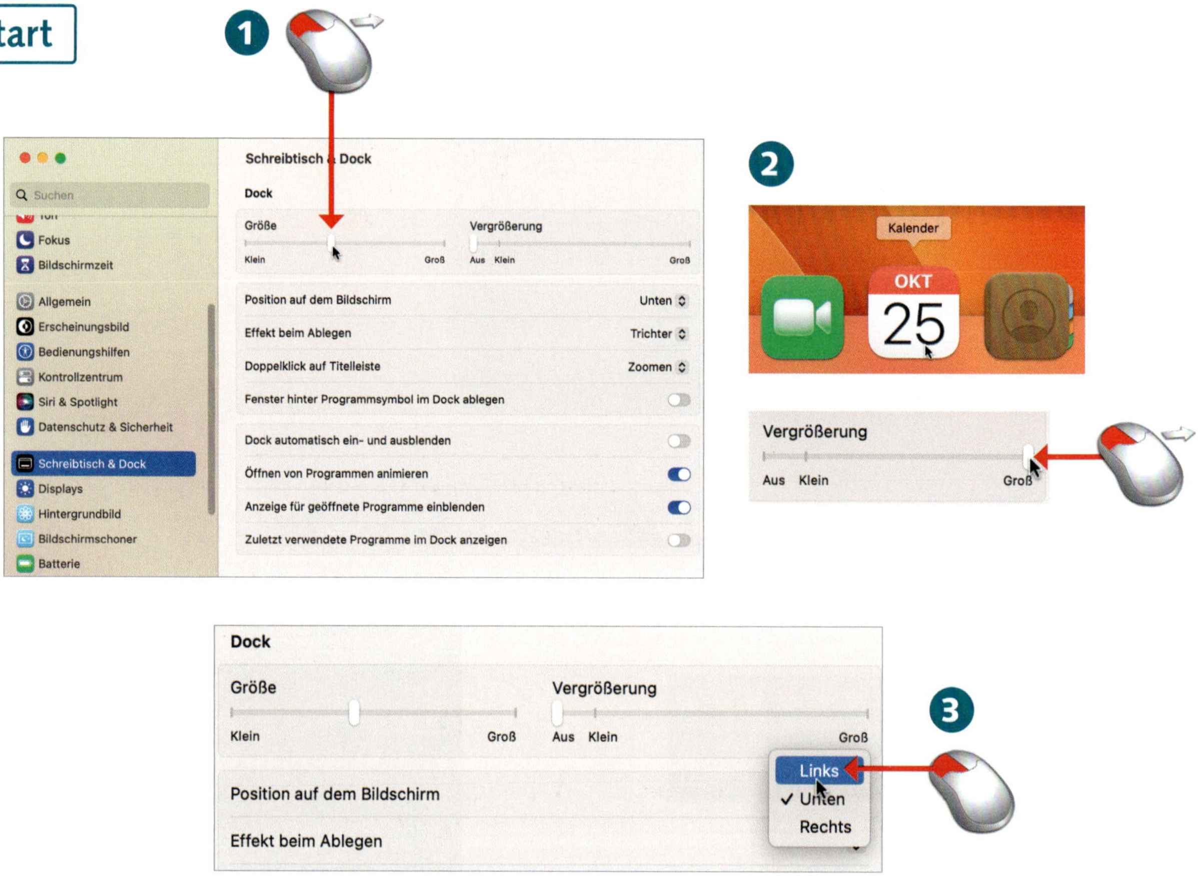

1. Entscheiden Sie sich in den *Systemeinstellungen* für die Kategorie *Schreibtisch & Dock*, werden Ihnen die verfügbaren Konfigurationsmöglichkeiten angezeigt. Möchten Sie das Dock vergrößern, ziehen Sie den Schieberegler *Größe* bei gedrückter Maustaste nach rechts.

2. Ziehen Sie hingegen den Schieberegler *Vergrößerung* nach rechts, wird bewirkt, dass die Symbole im Dock vergrößert dargestellt werden, wenn Sie den Mauszeiger darüber bewegen.

3. Das Dock kann außer am unteren Bildschirmrand auch am linken oder rechten Bildschirmrand dargestellt werden. Treffen Sie Ihre Auswahl bei *Position auf dem Bildschirm*.

WISSEN

Das Dock ist, wie bereits erwähnt, die Schaltzentrale für Ihre wichtigsten Apps. Ein Mausklick auf das entsprechende Symbol genügt, um eine App zu öffnen. Auch anderweitig geöffnete Apps werden im Dock angezeigt. Das Dock ist aber nicht in Stein gemeißelt, sondern lässt sich in mancherlei Hinsicht anpassen. Die in diesem Zusammenhang wichtigsten Funktionen stelle ich Ihnen auf dieser Doppelseite vor.

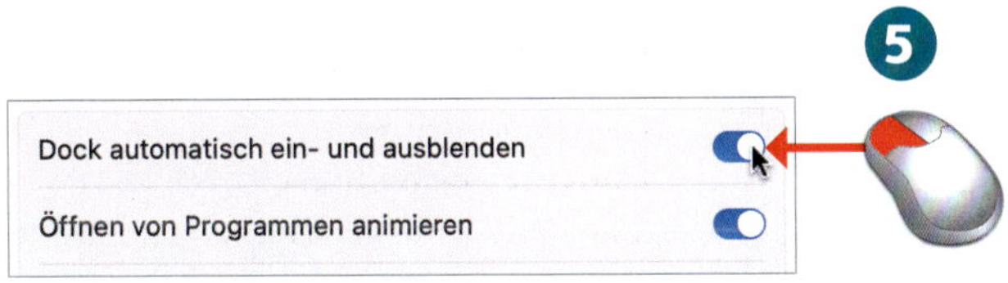

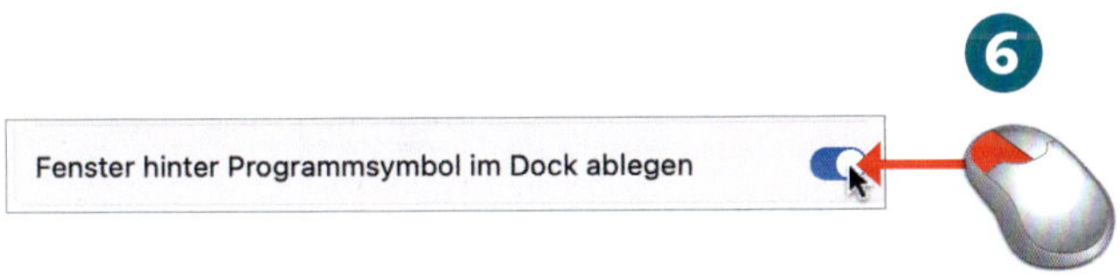

4 Ein App-Fenster statt per Symbol mit einem Doppelklick in die Titelleiste ausblenden: Wählen Sie dazu bei *Doppelklick auf Titelleiste* die Option *Minimieren*.

5 Soll das Dock nur bei Bedarf eingeblendet werden, wenn Sie den Mauszeiger an den unteren (bzw. linken oder rechten) Bildschirmrand bewegen? Dazu aktivieren Sie den Schalter *Dock automatisch ein- und ausblenden*.

6 Ausgeblendete App-Fenster werden standardmäßig im rechten Bereich des Docks abgelegt. Zum Ablegen im linken Bereich aktivieren Sie den Schalter *Fenster hinter Programmsymbol im Dock ablegen*.

Ende

TIPP

Das Dock lässt sich bei gedrückter Maustaste vergrößern oder verkleinern: Klicken Sie dazu im Dock auf den Trennstrich zwischen linkem und rechtem Bereich und ziehen Sie bei gedrückter Maustaste.

TIPP

Standardmäßig werden Ihnen im Dock auch die zuletzt verwendeten Apps angezeigt. Falls Sie dies nicht wünschen, deaktivieren Sie das Kontrollkästchen *Zuletzt verwendete Programme im Dock anzeigen*.

Start

1. Rufen Sie zunächst das Launchpad auf, um eine Übersicht über die auf Ihrem Mac installierten Apps zu erhalten.
2. Klicken Sie die App, die Sie dem Dock hinzufügen möchten, mit der Maus an und halten Sie die linke Maustaste gedrückt.
3. Ziehen Sie die App bei gedrückter Maustaste in den linken Bereich des Docks (links neben dem Trennstrich) und lassen Sie dann die Maustaste los.

WISSEN

Legen Sie all diejenigen Apps ins Dock, die Sie häufig benötigen – das Öffnen im Launchpad braucht mindestens einen Mausklick mehr. Achten Sie aber darauf, dass das Dock nicht unübersichtlich wird! Auf dieser Doppelseite stelle ich Ihnen zwei Methoden vor, um dem Dock eine App hinzuzufügen. Ich zeige Ihnen außerdem, wie Sie nicht benötigte Symbole wieder aus dem Dock entfernen.

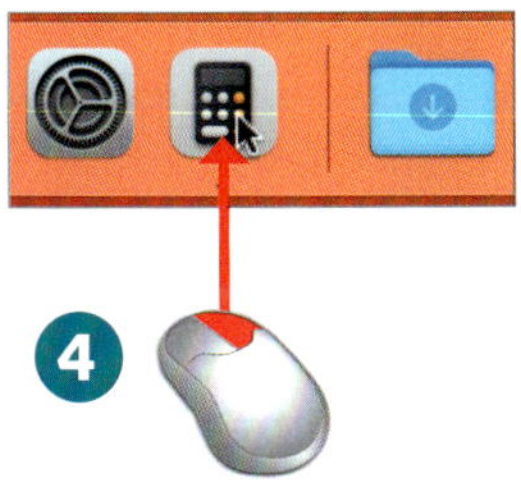

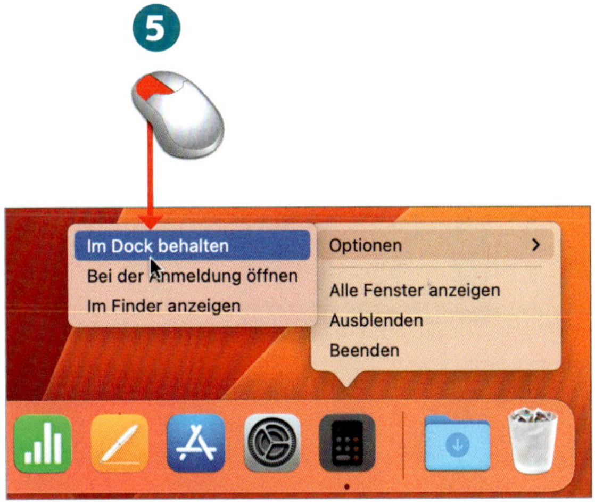

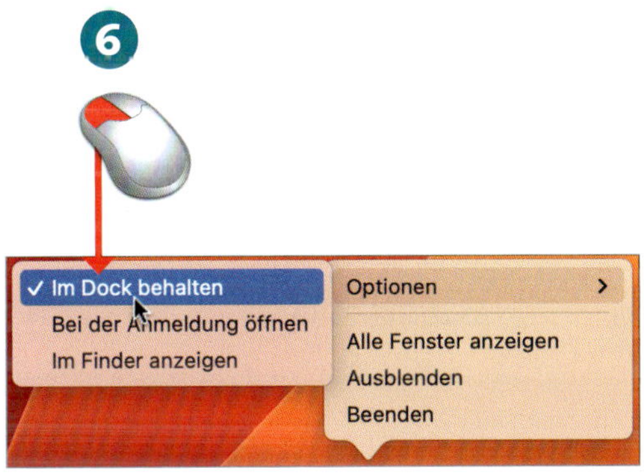

4. Wenn eine App bereits geöffnet ist, klicken Sie das App-Symbol im Dock mit der rechten Maustaste bzw. bei gedrückter control-Taste an.
5. Im Kontextmenü wählen Sie anschließend *Optionen/Im Dock behalten*.
6. Um ein Symbol wieder aus dem Dock zu entfernen, öffnen Sie ebenfalls das Kontextmenü aus Schritt 5 und wählen erneut *Optionen/Im Dock behalten*, um das zugehörige Häkchen zu entfernen.

Ende

HINWEIS

Sie finden im Launchpad auch die »App« Mission Control. Legen Sie diese ins Dock, um eine zusätzliche Option zum Aufrufen der Mission Control zu erhalten.

TIPP

Auch so können Sie ein Symbol aus dem Dock entfernen: Klicken Sie es an und ziehen Sie es bei gedrückter Maustaste in den oberen Bereich des Schreibtisches.

Start

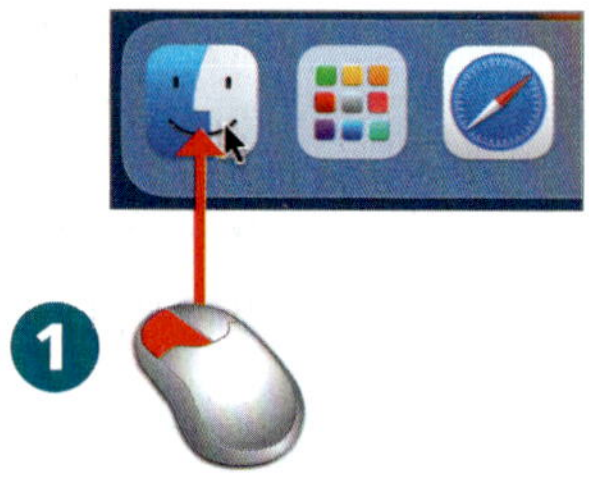

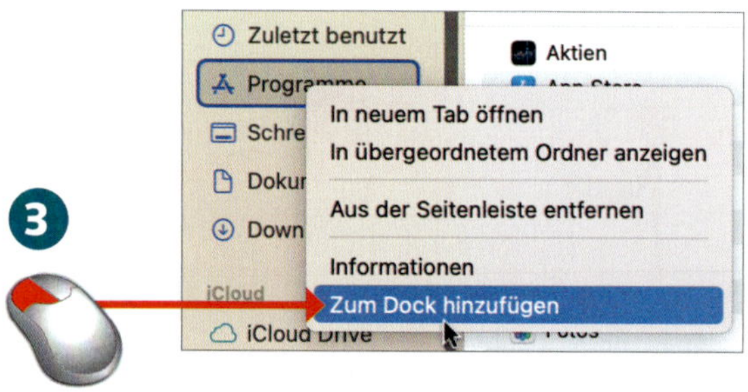

1. Klicken Sie ganz links im Dock auf das Symbol des Finders.
2. Über die verschiedenen Funktionen des Finders machen Sie sich zu diesem Zeitpunkt noch keine Gedanken. Sie klicken nur mit der rechten Maustaste bzw. bei gedrückter control-Taste auf den Eintrag *Programme*.
3. Im Kontextmenü entscheiden Sie sich für den Eintrag *Zum Dock hinzufügen*.

WISSEN

Eine gute Alternative zum Launchpad ist es, den Programmordner im Dock abzulegen und diesen per Mausklick zu öffnen, um Ihre App-Auswahl zu treffen. Der Programmordner ist einfach der Ordner, in dem die auf Ihrem Mac installierten Apps gespeichert werden. Machen Sie in diesem Zusammenhang erste Bekanntschaft mit dem Finder.

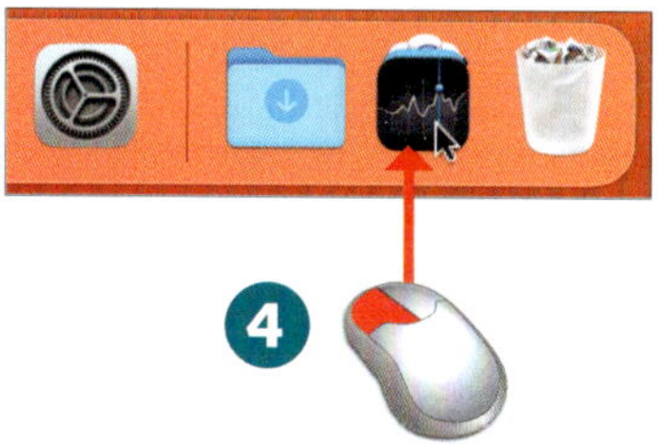

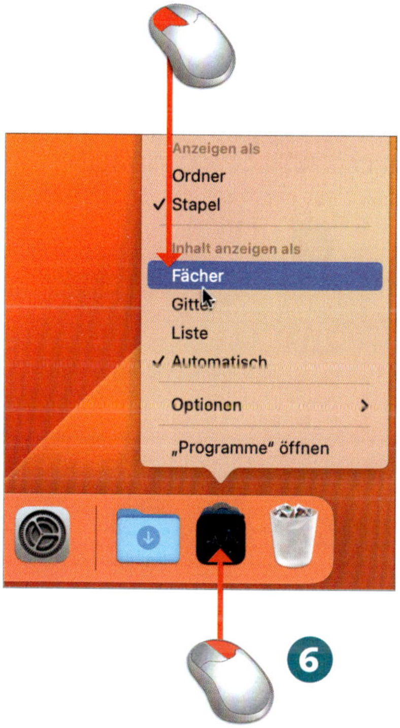

4 Der Ordner befindet sich nun im rechten Bereich des Docks. Klicken Sie ihn an, um ihn zu öffnen.

5 Klicken Sie eine App an, um diese zu starten.

6 Pfiffigere Darstellung gewünscht? Dann klicken Sie mit der rechten Maustaste bzw. bei gedrückter control-Taste auf den Ordner. Entscheiden Sie sich nun für *Fächer*.

Ende

HINWEIS

Nicht nur der Programmordner, sondern auch andere häufig benötigte Ordner lassen sich auf diese Weise dem Dock hinzufügen.

HINWEIS

Wie bei den Apps können Sie auch einen Ordner bei gedrückter Maustaste ins Dock ziehen, in diesem Fall in den rechten Bereich (rechts neben dem Trennstrich).

Start

1. Klicken Sie die App, die beim Mac-Start automatisch geöffnet werden soll, im Dock mit der rechten Maustaste bzw. bei gedrückter control-Taste an.

2. Im Kontextmenü wählen Sie nun *Optionen/Bei der Anmeldung öffnen*.

3. Wenn Sie das Menü erneut aufrufen, stellen Sie fest, dass der Eintrag *Bei der Anmeldung öffnen* mit einem Häkchen versehen ist. Um es wieder zu entfernen, klicken Sie den Eintrag einfach erneut an.

WISSEN

Wenn Sie eine App nach dem Start Ihres Macs sowieso jedes Mal aufrufen, lassen Sie diese doch automatisch öffnen. Sie steht dann sofort zur Verfügung. Fügen Sie aber nicht zu viele Apps den »Anmeldeobjekten« hinzu, damit der Start des Computers sich nicht unnötig verzögert! Das automatische Starten einer App konfigurieren Sie mit wenigen Mausklicks.

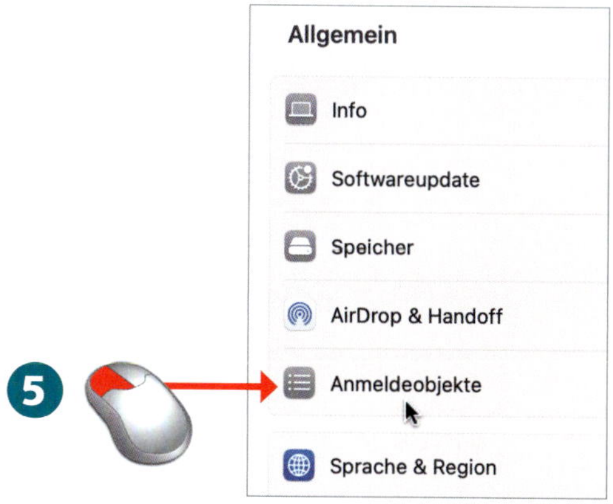

4 Eine Übersicht über Ihre Anmeldeobjekte erhalten Sie, wenn Sie sich in den *Systemeinstellungen* für die Kategorie *Allgemein* entscheiden.

5 Klicken Sie anschließend auf den Reiter *Anmeldeobjekte*.

6 Um ein Anmeldeobjekt hier zu entfernen, wählen Sie es aus und klicken dann auf das Minussymbol −.

Ende

HINWEIS

Die Schritte 1 bis 3 funktionieren auch mit Apps, die Sie nicht dauerhaft im Dock liegen haben. In diesem Fall öffnen Sie die App zunächst.

TIPP

Um weitere Anmeldeobjekte direkt in der Übersicht hinzuzufügen, klicken Sie im Fenster aus Schritt 6 auf das Plussymbol +.

Start

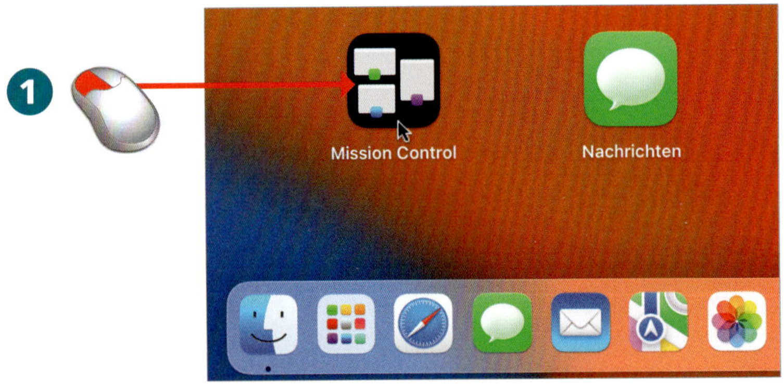

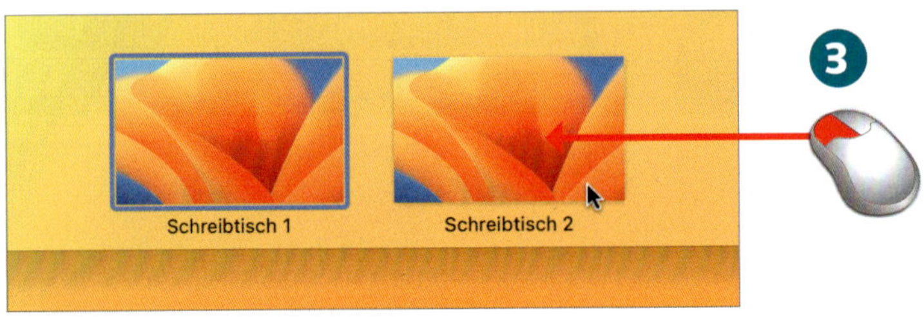

1. Rufen Sie die Mission Control auf – entweder per Tastatur, wie bereits kennengelernt, oder wie hier per Symbol im Launchpad.
2. Bewegen Sie den Mauszeiger in die rechte obere Ecke des Bildschirms und klicken Sie auf die Schaltfläche mit dem Pluszeichen.
3. Der Schreibtisch wird eingerichtet. Klicken Sie ihn in der Mission Control an, um ihn auszuwählen.

WISSEN

Wenn Sie viele Objekte auf dem Schreibtisch ablegen, können Sie diese auch auf mehreren Schreibtischen anordnen. Der Wechsel zwischen den Schreibtischen erfolgt in der Mission Control, durch Streichen auf Magic Mouse oder Trackpad oder mit den Tasten control + → bzw. control + ←.

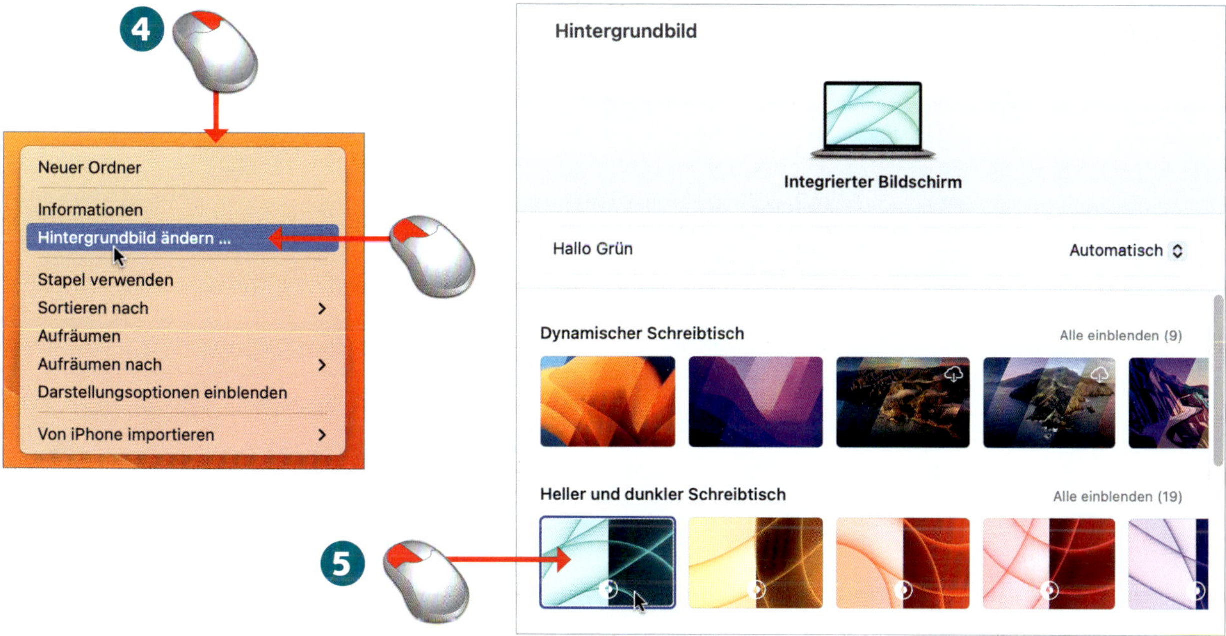

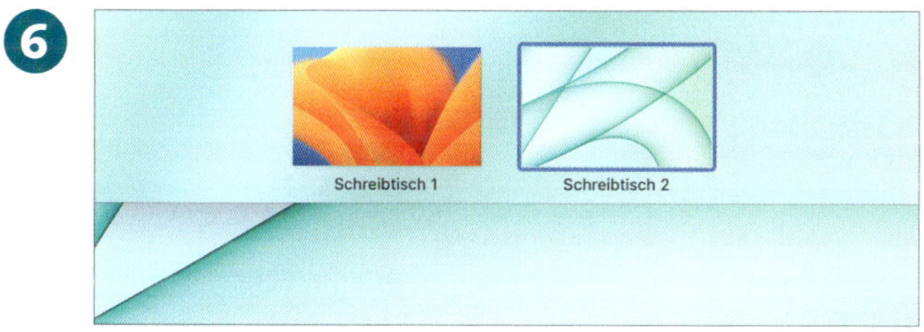

4 Um die Schreibtische besser unterscheiden zu können, verpassen Sie jedem Schreibtisch einen eigenen Hintergrund. Also: mit rechtem Mausklick bzw. bei gedrückter control-Taste auf den Schreibtisch klicken und *Hintergrundbild ändern* wählen.

5 Dann legen Sie, wie bereits kennengelernt, den gewünschten Schreibtischhintergrund per Mausklick fest.

6 Auch in der Mission Control wird der neue Schreibtischhintergrund dargestellt.

Ende

TIPP

Einen Schreibtisch wieder entfernen: Bewegen Sie in der Mission Control den Mauszeiger darauf und klicken Sie auf das dadurch eingeblendete Symbol ⊗.

TIPP

Die Schreibtische anders anordnen: Ziehen Sie einen Schreibtisch in der Mission Control bei gedrückter Maustaste in die gewünschte Position.

Start

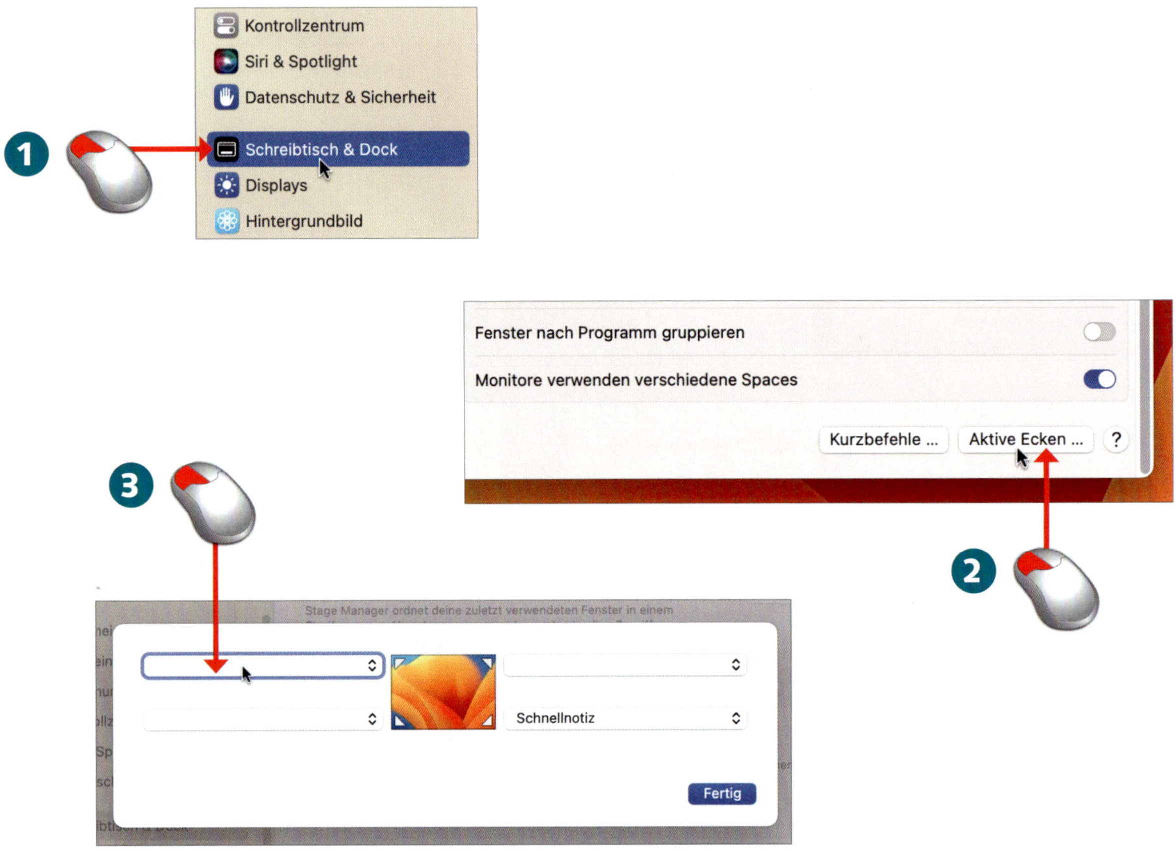

1 Öffnen Sie die *Systemeinstellungen* und wählen Sie die Kategorie *Schreibtisch & Dock*.

2 Klicken Sie anschließend ganz unten im Fenster auf die Schaltfläche *Aktive Ecken*.

3 Die vier Ecken werden in Form von Menüs dargestellt. Für die rechte untere Ecke steht die Funktion *Schnellnotiz* bereits zur Verfügung. Klicken Sie auf ein weiteres Menü.

WISSEN

Mithilfe von »aktiven Ecken« lassen sich bestimmte Systemfunktionen auf Ihrem Mac schneller aufrufen – ganz einfach dadurch, dass Sie den Mauszeiger in eine Ecke des Bildschirms bewegen. Wie Sie die Ecken der Benutzeroberfläche mit Funktionen belegen, zeige ich Ihnen auf dieser Doppelseite.

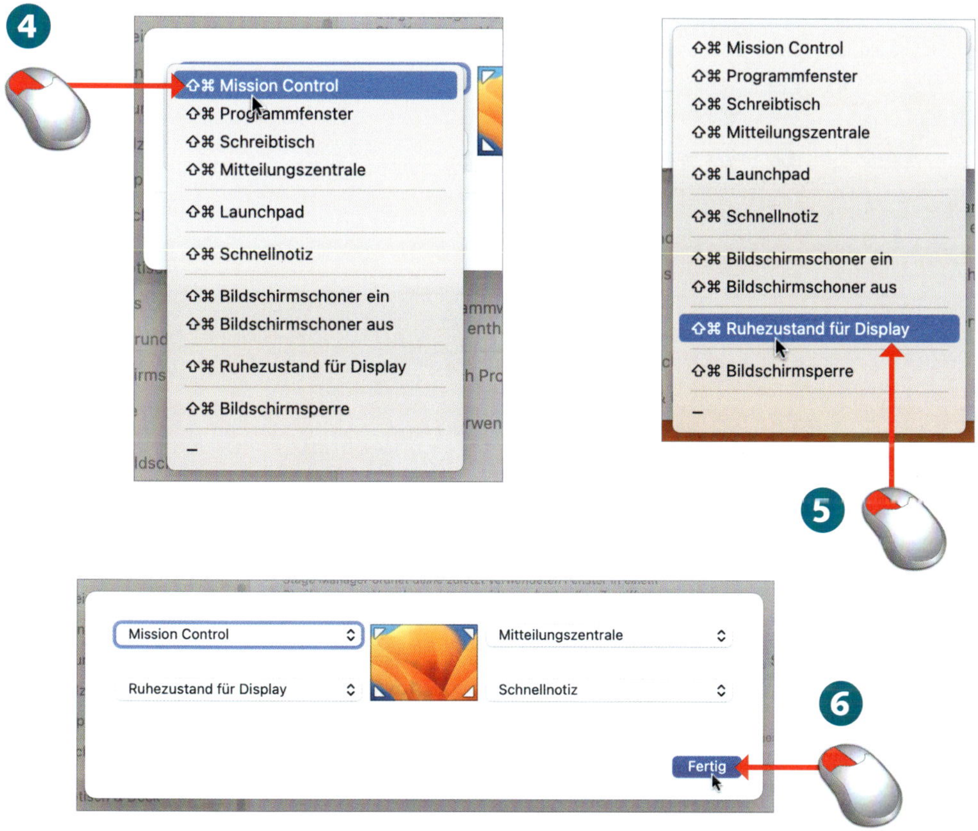

4 Wählen Sie eine Funktion für die aktive Ecke aus. In diesem Fall entscheide ich mich für das Aufrufen der Mission Control, wenn ich den Mauszeiger in die linke obere Ecke bewege.

5 Wiederholen Sie das Ganze gegebenenfalls mit weiteren Ecken.

6 Bestätigen Sie Ihre Einstellungen mit *Fertig*.

Ende

TIPP

Eine empfehlenswerte Funktion ist *Ruhezustand für Display* (vgl. Schritt 5) – damit schalten Sie den Bildschirm in Pausen aus, ohne dass sich gleich der ganze Rechner in den Ruhezustand begibt.

HINWEIS

Sie möchten eine aktive Ecke wieder deaktivieren? Dann wählen Sie unten im Menü aus Schritt 4 und Schritt 5 den Bindestrich aus.

Start

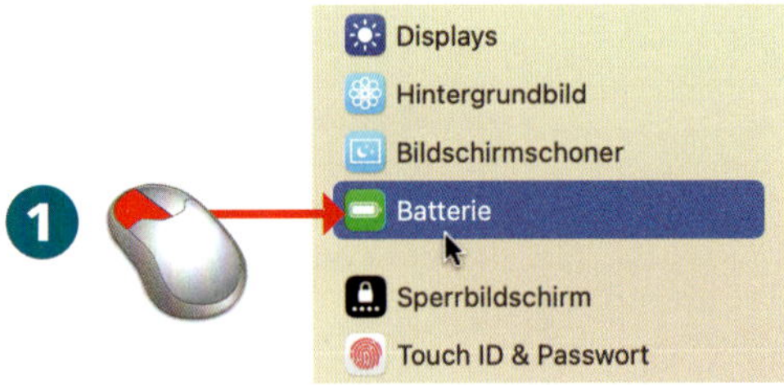

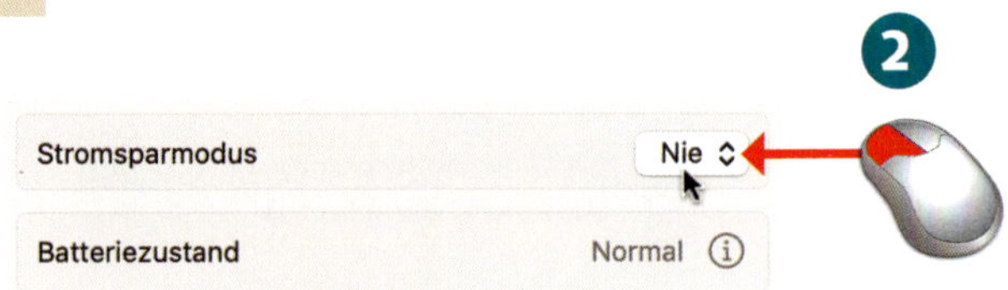

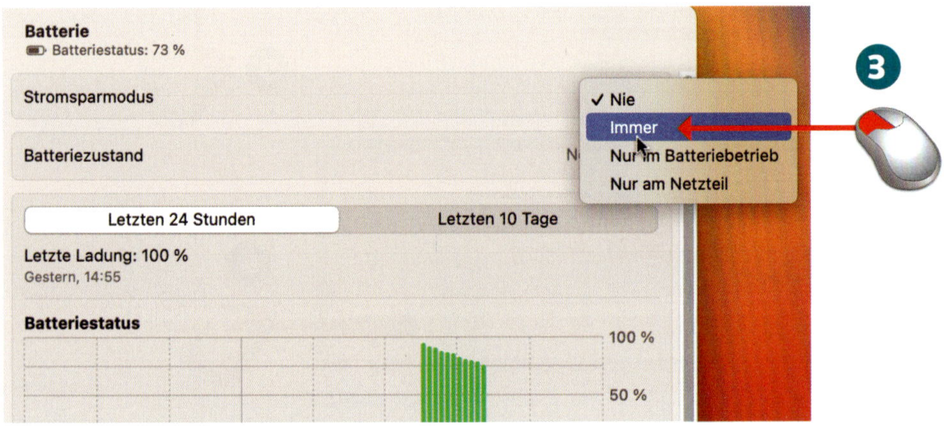

1. Öffnen Sie die *Systemeinstellungen* und wählen Sie auf einem MacBook die Kategorie *Batterie*.

2. Sie erhalten eine Übersicht über den Batteriezustand. Bei *Stromsparmodus* können Sie außerdem einen dauerhaften Stromsparmodus einstellen, dazu öffnen Sie das entsprechende Menü.

3. Für einen dauerhaften Stromsparmodus entscheiden Sie sich nun für die Option *Immer*.

WISSEN

Macs sind trotz ihrer Leistung relativ sparsam. Durch Energieeinstellungen, die an Ihr Nutzungsverhalten angepasst sind, lässt sich der Stromverbrauch noch weiter reduzieren. Nutzen Sie den Stromsparmodus und sorgen Sie dafür, dass das Display bei Nichtnutzung abgeschaltet wird.

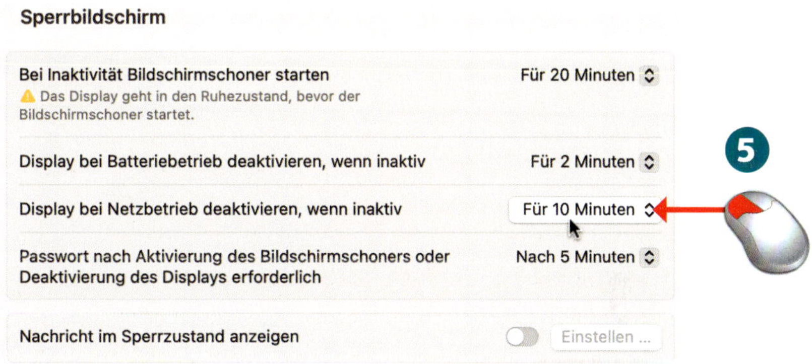

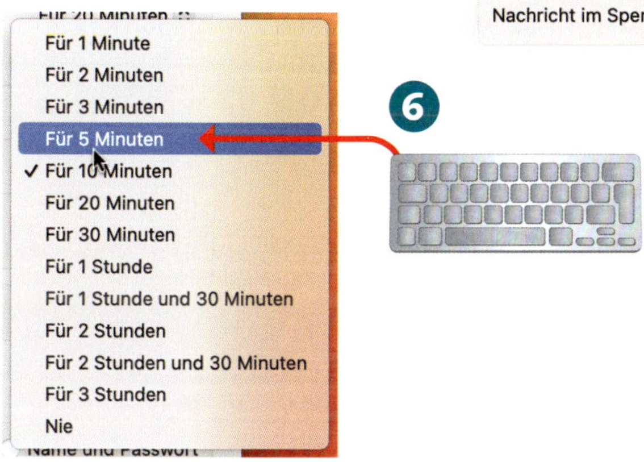

4 Nun möchten Sie bestimmen, wann das Display ausgeschaltet werden soll. Dazu entscheiden Sie sich in den *Systemeinstellungen* für die Kategorie *Sperrbildschirm*.

5 Öffnen Sie das Menü bei »Batteriebetrieb« oder »Netzbetrieb«, hier wähle ich das Menü bei *Display bei Netzbetrieb deaktivieren, wenn inaktiv*.

6 Bestimmen Sie nun einfach im Menü die gewünschte Minutenzahl.

Ende

TIPP

Um weniger Strom zu verbrauchen, können Sie – etwa im Kontrollzentrum – die Displayhelligkeit noch etwas mehr reduzieren.

HINWEIS

Sie wissen bereits: Im Apfelmenü unter dem Symbol finden Sie den Eintrag *Ruhezustand*, um Ihren Mac manuell in den Ruhezustand zu versetzen.

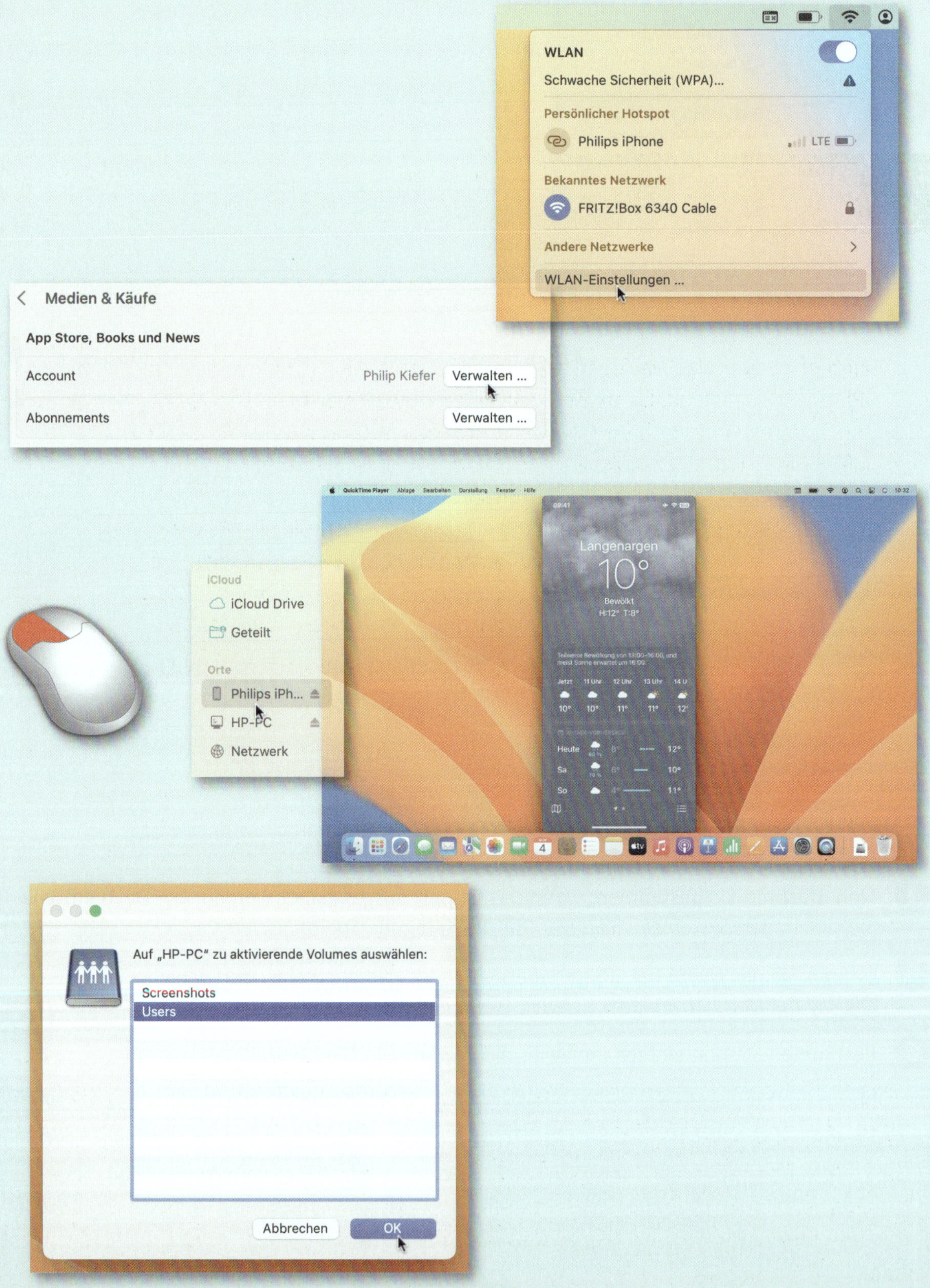
WLAN
Schwache Sicherheit (WPA)...
Persönlicher Hotspot
Philips iPhone
LTE
Bekanntes Netzwerk
FRITZ!Box 6340 Cable
Andere Netzwerke
WLAN-Einstellungen ...
Medien & Käufe
App Store, Books und News
Account
Philip Kiefer
Verwalten ...
Abonnements
Verwalten ...
iCloud
iCloud Drive
Geteilt
Orte
Philips iPh...
HP-PC
Netzwerk
Langenargen
10°
Bewölkt
H:12° T:8°
Auf „HP-PC“ zu aktivierende Volumes auswählen:
Screenshots
Users
Abbrechen
OK

3

Netzwerk, Internet, Bluetooth

Neben einem Mac verfügen Sie vielleicht noch über weitere PCs, ein iPhone oder ein iPad. Dann möchten Sie ganz bestimmt auch hin und wieder Daten zwischen Ihren Geräten austauschen. Dieser Datenaustausch kann sowohl in einem lokalen Heimnetzwerk als auch mit iCloud übers Internet geschehen. Lesen Sie in diesem Kapitel, wie Sie eine WLAN-Verbindung herstellen, um ins Internet zu gelangen, wie Sie eine Apple-ID einrichten, Ihre iCloud-Einstellungen verwalten und Dateien in einem lokalen Netzwerk austauschen. Falls Sie neben Ihrem Mac auch ein iPhone oder iPad nutzen: Auch der Datenaustausch mit diesen Geräten wird beschrieben. Erfahren Sie außerdem, wie Sie weitere Geräte mithilfe von Bluetooth verbinden.

Start

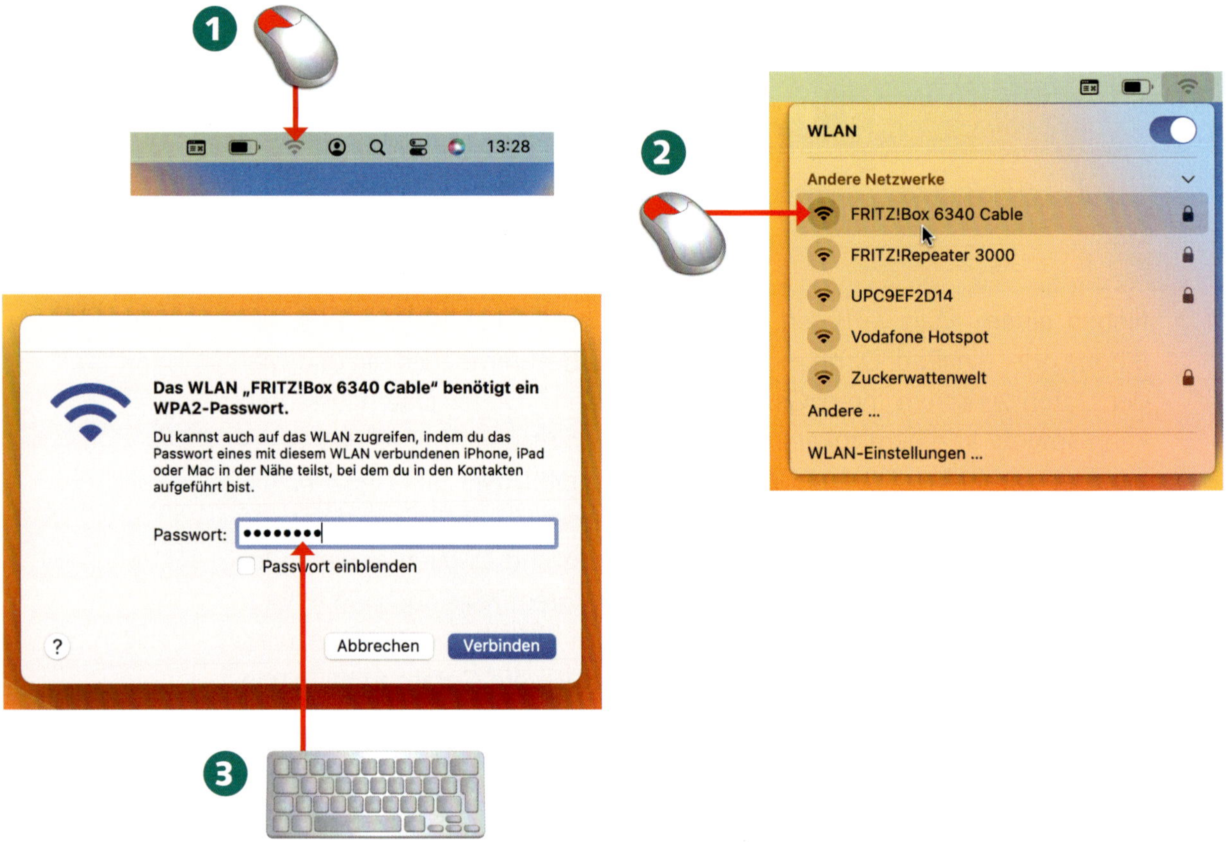

1. Klicken Sie rechts oben auf dem Bildschirm auf das bei nicht hergestellter WLAN-Verbindung blasse WLAN-Menulet.
2. Wählen Sie das gewünschte WLAN in der Liste aus. Auch WLAN-Netzwerke aus der Nachbarschaft können Sie in der Liste sehen.
3. Geben Sie das zum WLAN gehörende Passwort ein. Dieses wird auch als Sicherheitsschlüssel bezeichnet.

WISSEN

Egal, ob zu Hause oder unterwegs – in den meisten Fällen werden Sie mit Ihrem Mac über ein WLAN ins Internet gehen. Hierbei wird eine Verbindung mit einem WLAN-Router hergestellt, der wiederum die Verbindung mit dem Internet aufbaut. Falls Sie noch nicht über ein funktionierendes WLAN verfügen sollten, lassen Sie es sich von Ihrem Telefonanbieter oder Kabelnetzanbieter einrichten.

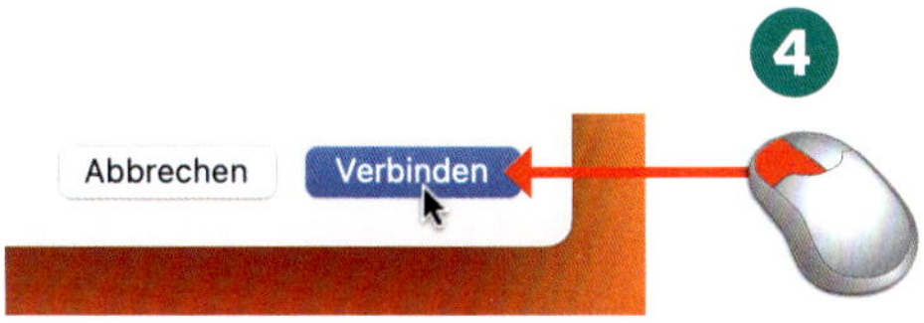

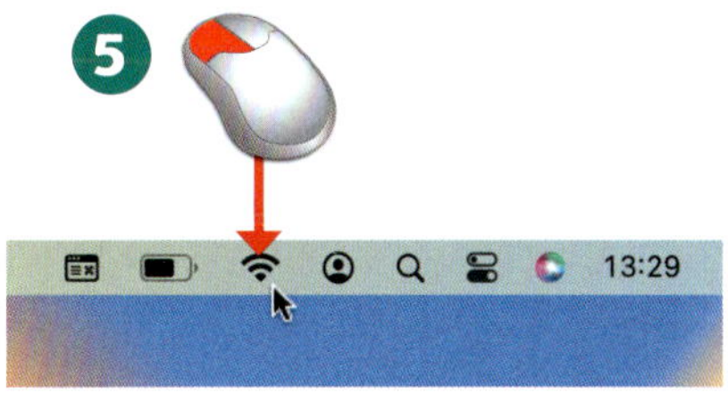

4 Klicken Sie auf die Schaltfläche *Verbinden*.

5 Die Verbindung wird hergestellt. Um eine Verbindung wieder zu trennen, klicken Sie auf das jetzt ausgefüllte WLAN-Menulet

6 Das WLAN wird unter *Bekanntes Netzwerk* angezeigt und kann dort per Mausklick deaktiviert und wieder aktiviert werden.

Ende

HINWEIS

Unterwegs stellen Sie die WLAN-Verbindung auf die gleiche Weise her – Sie benötigen nur die Zugangsdaten. WLAN-Hotspots gibt es an Flughäfen, in vielen Hotels etc.

HINWEIS

Unterwegs können Sie eine WLAN-Verbindung über ein iPhone herstellen. Aktivieren Sie dort in den *Einstellungen* unter *Persönlicher Hotspot* die Freigabe, können Sie auf dem Mac unter dem Symbol darauf zugreifen.

Start

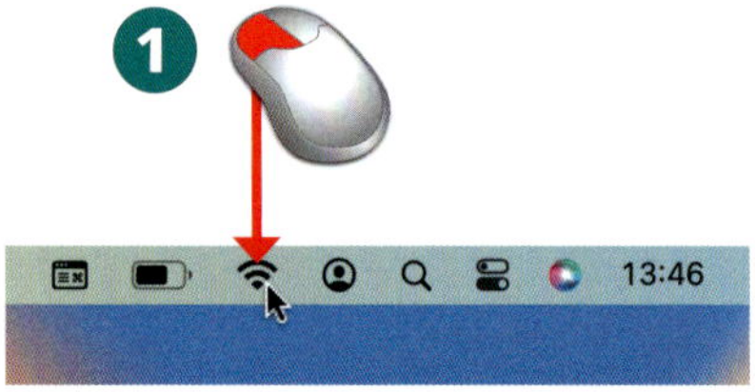

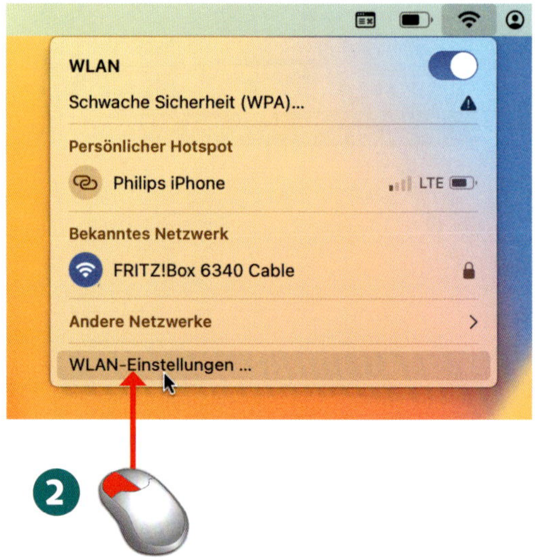

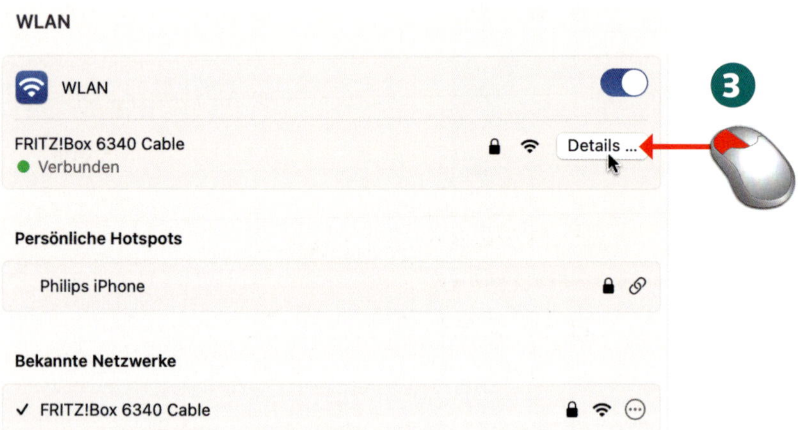

1. Klicken Sie auf das WLAN-Menulet .

2. Klicken Sie ganz unten im Menü auf den Eintrag *WLAN-Einstellungen*.

3. Klicken Sie beim aktuellen WLAN auf die Schaltfläche *Details*.

WISSEN

Für die Verwaltung Ihrer WLANs gehen Sie wieder in die *Systemeinstellungen* Ihres Macs. Auch dort haben Sie die Möglichkeit, ein WLAN auszuwählen. Sie können außerdem ein nicht mehr benötigtes WLAN aus Ihrer Liste entfernen.

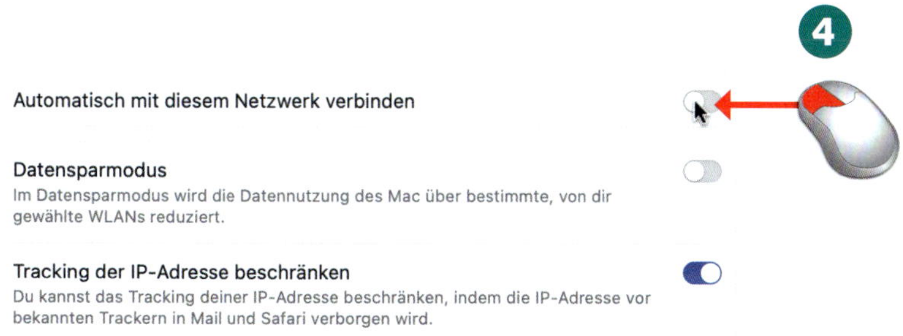

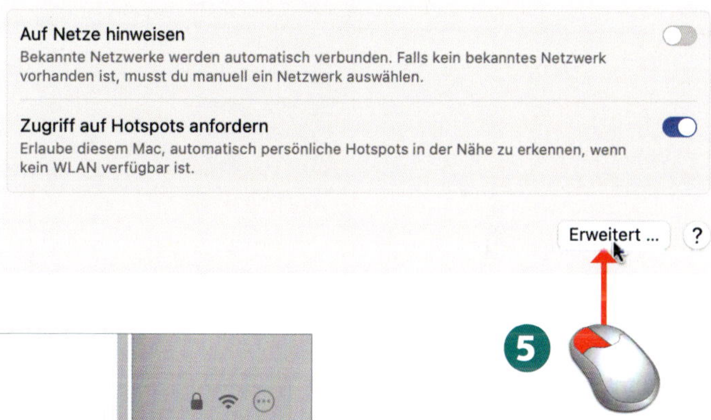

4. Deaktivieren Sie z. B. den Schalter *Automatisch mit diesem Netzwerk verbinden*, wenn Sie eine Verbindung zukünftig nur noch manuell herstellen möchten.

5. Um eine Liste aller gespeicherten WLANs zu erhalten, klicken Sie ganz unten im Fenster auf die Schaltfläche *Erweitert*.

6. Sie erhalten die Liste. Unter dem jeweiligen Symbol ⊙ rufen Sie die Verwaltungsoptionen auf, etwa *Aus Liste entfernen*.

Ende

FACHWORT

Die Abkürzung WLAN steht für **W**ireless **L**ocal **A**rea **N**etwork – übersetzt bedeutet das in etwa »drahtloses lokales Netzwerk«.

HINWEIS

Ein Netzwerk des Typs Ethernet stellt ein LAN her – ein **L**ocal **A**rea **N**etwork. In diesem Fall erfolgt die Verbindung zum Router, z. B. bei einem iMac, mithilfe eines Netzwerkkabels.

Start

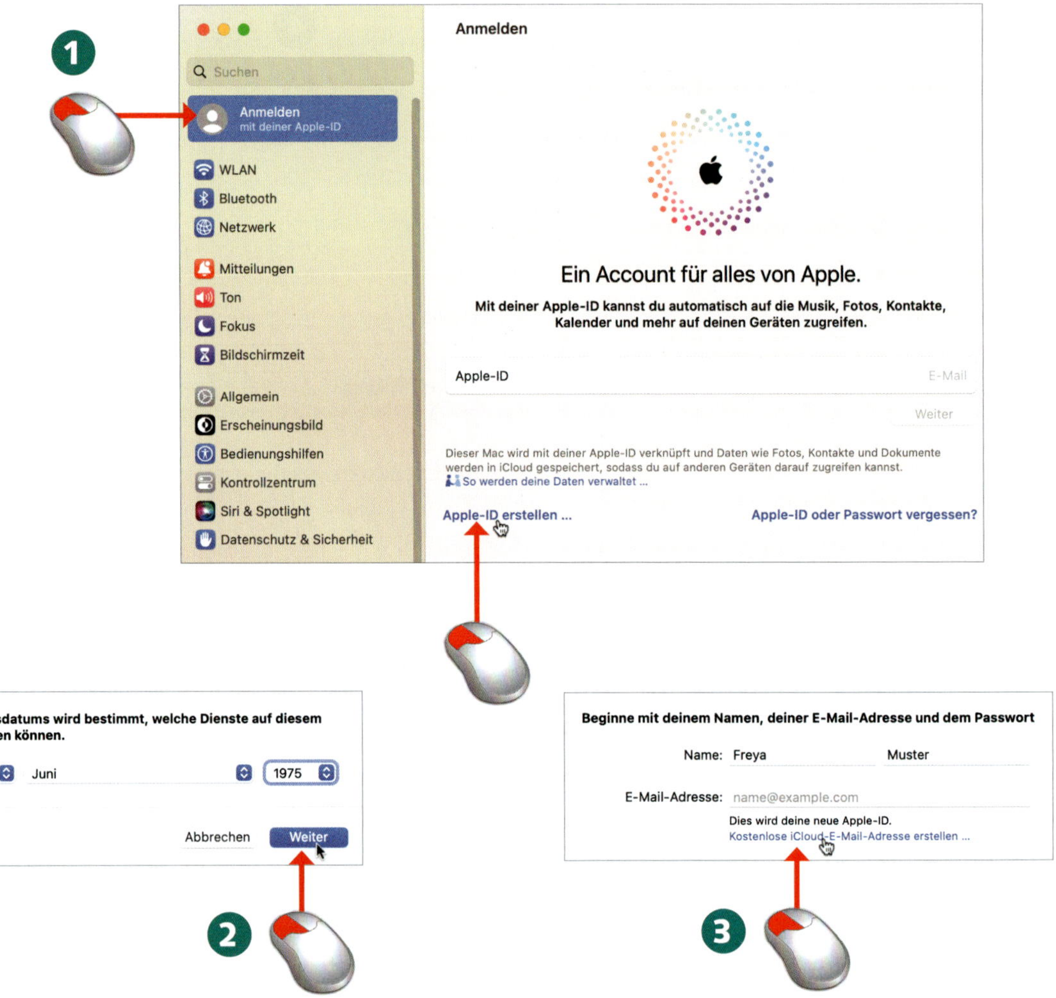

1. Klicken Sie in den *Systemeinstellungen* links auf *Anmelden* und entscheiden Sie sich anschließend für *Apple-ID erstellen.*

2. Geben Sie im sich öffnenden Assistenten zunächst Ihr Geburtsdatum an. Bestätigen Sie Ihre Angaben mit *Weiter.*

3. Geben Sie Ihren Namen ein. Falls Sie eine bestehende E-Mail-Adresse als Apple-ID verwenden möchten, tippen Sie diese ein. Sonst wählen Sie *Kostenlose iCloud-E-Mail-Adresse erstellen.*

WISSEN

Eine Apple-ID benötigen Sie unbedingt. Sie ist das Internetbenutzerkonto für Ihren Mac und alle möglichen Apple-Dienste. So brauchen Sie die Apple-ID beispielsweise zum Herunterladen neuer Apps oder von Medieninhalten. Und auch für den Online-Speicher- und Synchronisierungsdienst iCloud ist die Apple-ID erforderlich. Falls Sie nicht sowieso schon eine Apple-ID beim Einrichten Ihres Macs erstellt haben, legen Sie nun eine an.

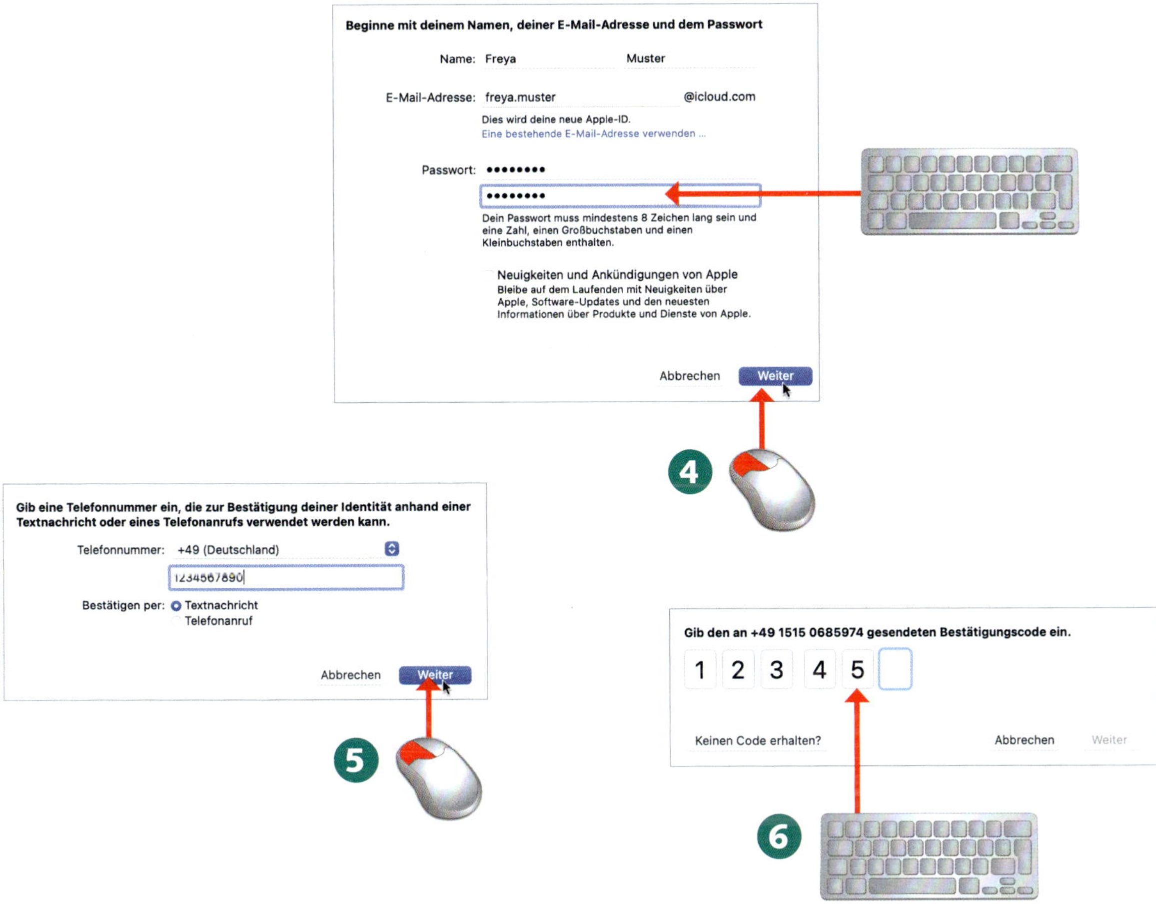

4 Geben Sie die gewünschte E-Mail-Adresse sowie ein sicheres Passwort ein – es muss mindestens acht Zeichen haben und mindestens einen Großbuchstaben, einen Kleinbuchstaben sowie eine Zahl beinhalten. Bestätigen Sie mit *Weiter*.

5 Geben Sie Ihre Rufnummer ein und entscheiden Sie, ob Sie den Code per Text- oder Sprachnachricht erhalten möchten. Bestätigen Sie mit *Weiter*.

6 Tippen Sie den erhaltenen Code ein und schließen Sie das Erstellen der Apple-ID ab.

Ende

TIPP

Eine Apple-ID können Sie auch auf der Webseite *https://appleid.apple.com* anlegen. Diese Webseite dient gleichzeitig der Verwaltung Ihrer Apple-ID.

HINWEIS

Wichtig: Halten Sie Ihre Apple-ID genauso geheim wie die zu Ihrer Bankkarte gehörende Geheimzahl! Mit einer Apple-ID lassen sich viele Dinge anstellen.

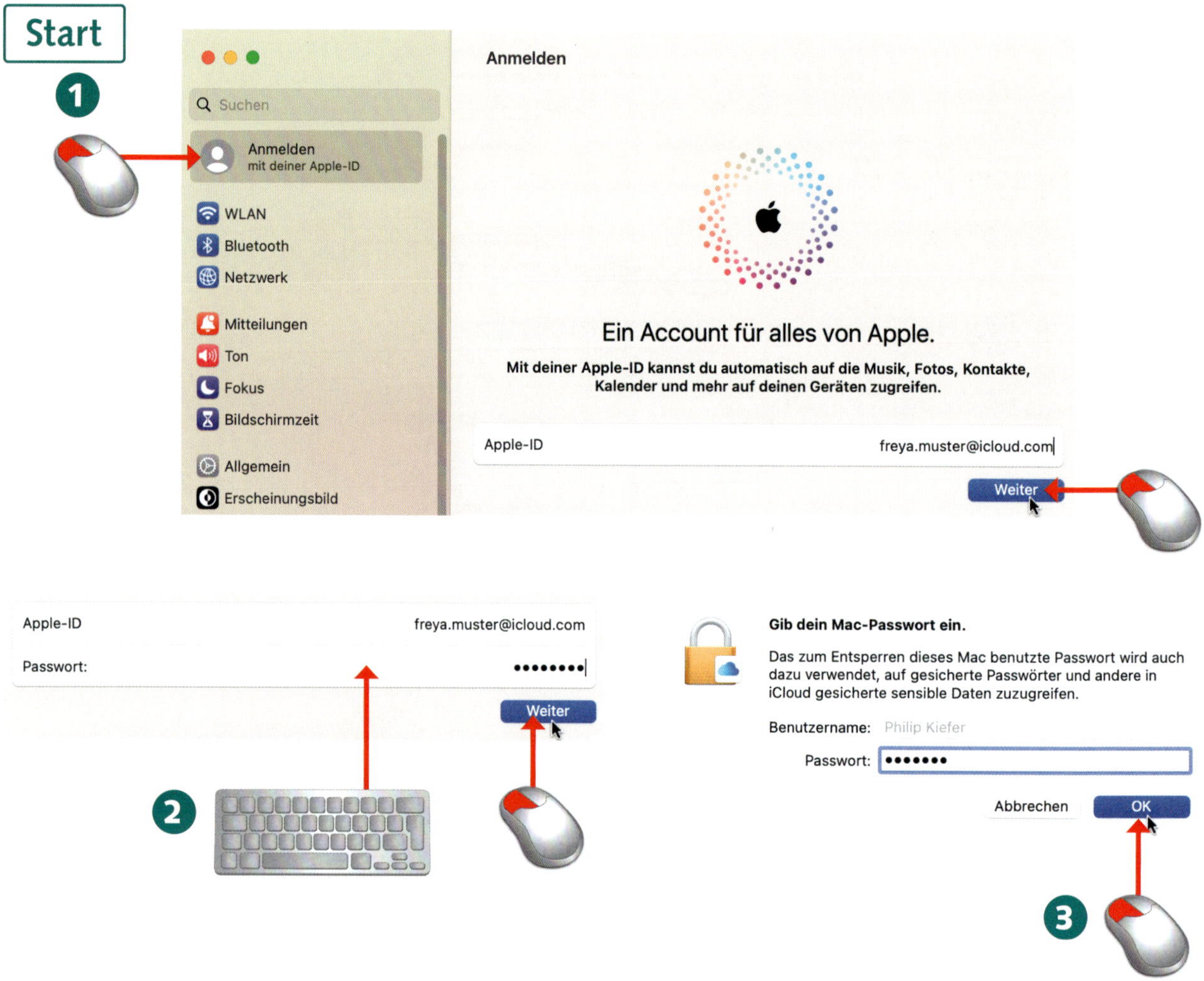

1. Öffnen Sie die *Systemeinstellungen* und wählen Sie in der Leiste links *Anmelden*. Tippen Sie die zu Ihrer Apple-ID gehörende E-Mail-Adresse in das Eingabefeld und bestätigen Sie mit *Weiter*.

2. Ergänzen Sie das zu Ihrer Apple-ID gehörende Passwort und bestätigen Sie erneut mit *Weiter*.

3. Geben Sie Ihr Mac-Passwort ein und bestätigen Sie mit *OK*.

WISSEN

Der Online-Speicherdienst iCloud hat viele nützliche Funktionen zu bieten, besonders das unkomplizierte Synchronisieren von Daten zwischen mehreren Apple-Geräten, aber beispielsweise auch eine Fernortung Ihres MacBooks übers Internet oder eine Familienfreigabe, die bis zu sechs Personen unter anderem die gemeinsame Verwendung von Einkäufen bei Apple ermöglicht. Das Einrichten von iCloud ist schnell erledigt.

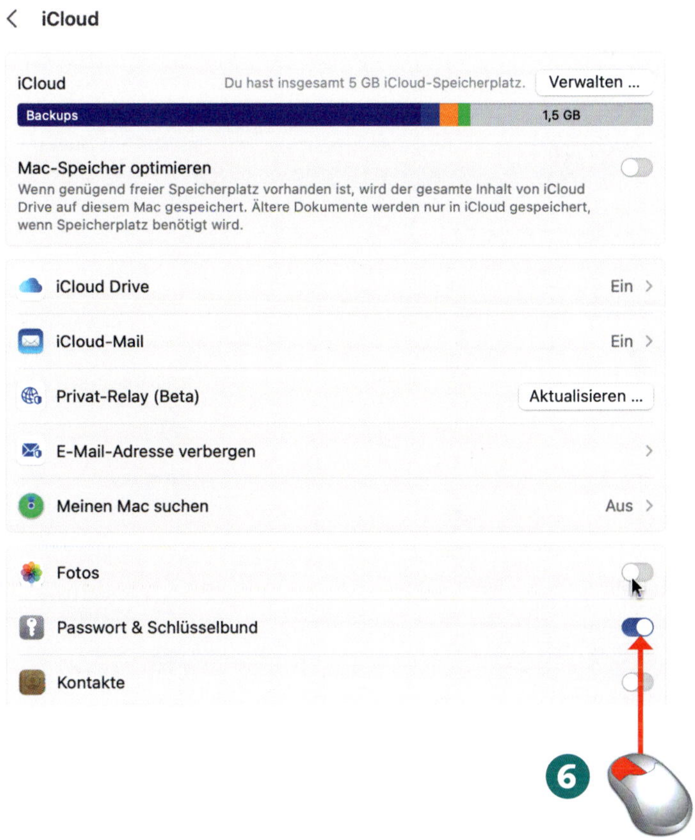

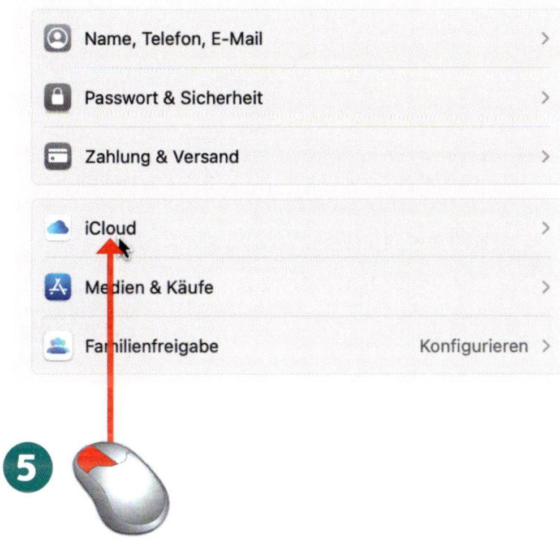

4 Wünschen Sie, dass auf dem Mac gespeicherte Daten mit iCloud zusammengeführt werden sollen oder nicht? Entscheiden Sie dies, wenn entsprechende Hinweisfenster erscheinen. Hier wähle ich die Option *Nicht zusammenführen*.

5 Nach der Anmeldung wählen Sie den Eintrag *iCloud*.

6 Nun entscheiden Sie per Schalter, welche Daten mit iCloud synchronisiert werden sollen und welche nicht.

Ende

TIPP

Fügen Sie Ihrer Apple-ID ein Bild hinzu, indem Sie in den *Systemeinstellungen* Ihre Apple-ID wählen und dann auf den Platzhalter klicken. Sie können entweder ein bereits vorhandenes Foto auswählen oder ein Foto direkt aufnehmen.

TIPP

Sie möchten Ihrer Apple-ID weitere E-Mail-Adressen hinzufügen oder sonstige Anpassungen vornehmen? Wählen Sie dazu in den *Systemeinstellungen* Ihre Apple-ID und klicken Sie auf *Name, Telefon, E-Mail*.

Start

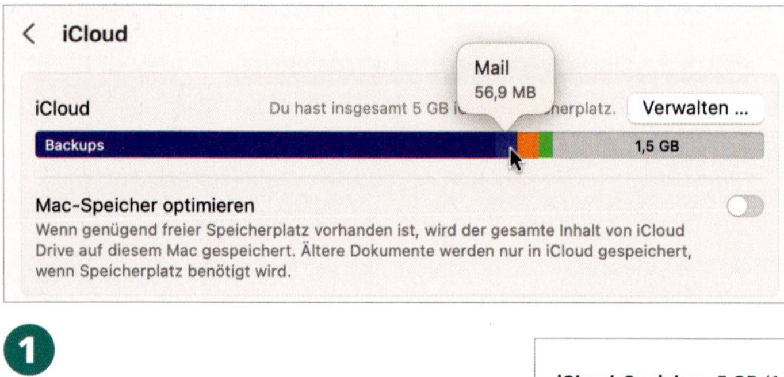

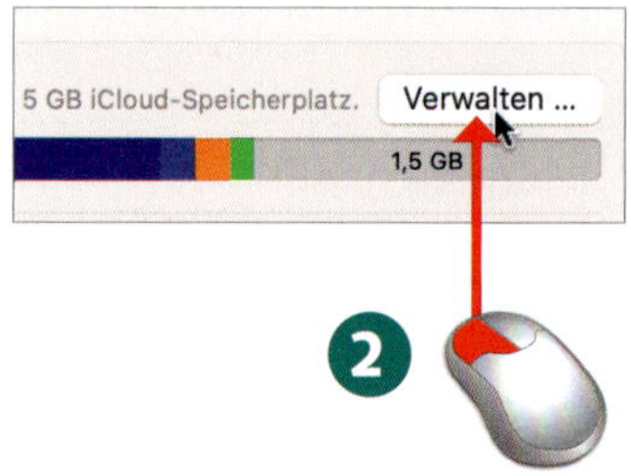

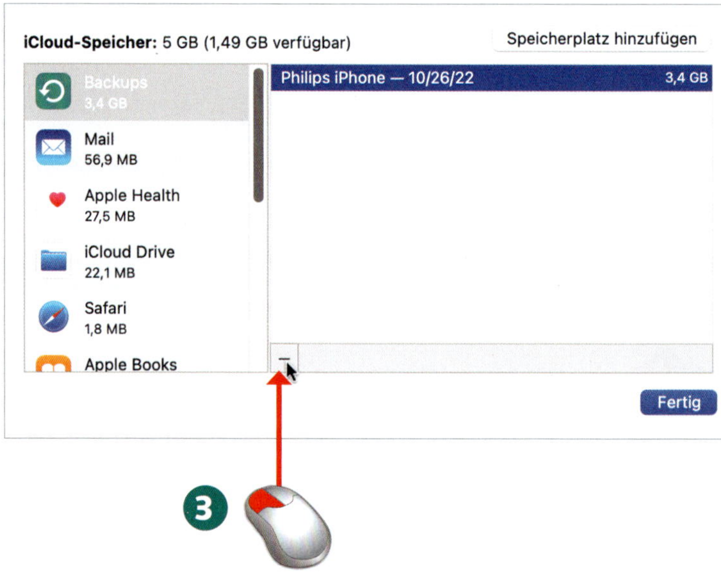

1 Wenn Sie in den *Systemeinstellungen* links auf Ihre Apple-ID klicken und dann *iCloud* wählen, sehen Sie eine Leiste, die Ihnen über die Speicherbelegung Auskunft gibt. Bewegen Sie den Mauszeiger auf ein farbiges Element, um sich über den jeweils belegten Speicher zu informieren.

2 Um den iCloud-Speicher zu verwalten, klicken Sie rechts unten im Fenster auf die Schaltfläche *Verwalten*.

3 Sie sehen, welche Daten in iCloud gespeichert sind. In diesem Fall lösche ich ein iPhone-Backup, indem ich dieses auswähle und dann auf das Symbol – klicke.

WISSEN

Es stehen nur 5 GByte iCloud-Speicher kostenlos zur Verfügung. Besonders dann, wenn Sie mehrere Apple-Geräte verwenden und Ihre Aufnahmen und viele weitere Daten online speichern, ist dieser unter Umständen schnell verbraucht. Wie Sie den iCloud-Speicher auf Ihrem Mac verwalten, zeige ich Ihnen auf dieser Doppelseite.

FACHWORT

Der Begriff Cloud (»Wolke«) bedeutet übrigens einfach, dass Sie Daten statt lokal auf dem eigenen Gerät im Internet speichern und übers Internet verwenden können.

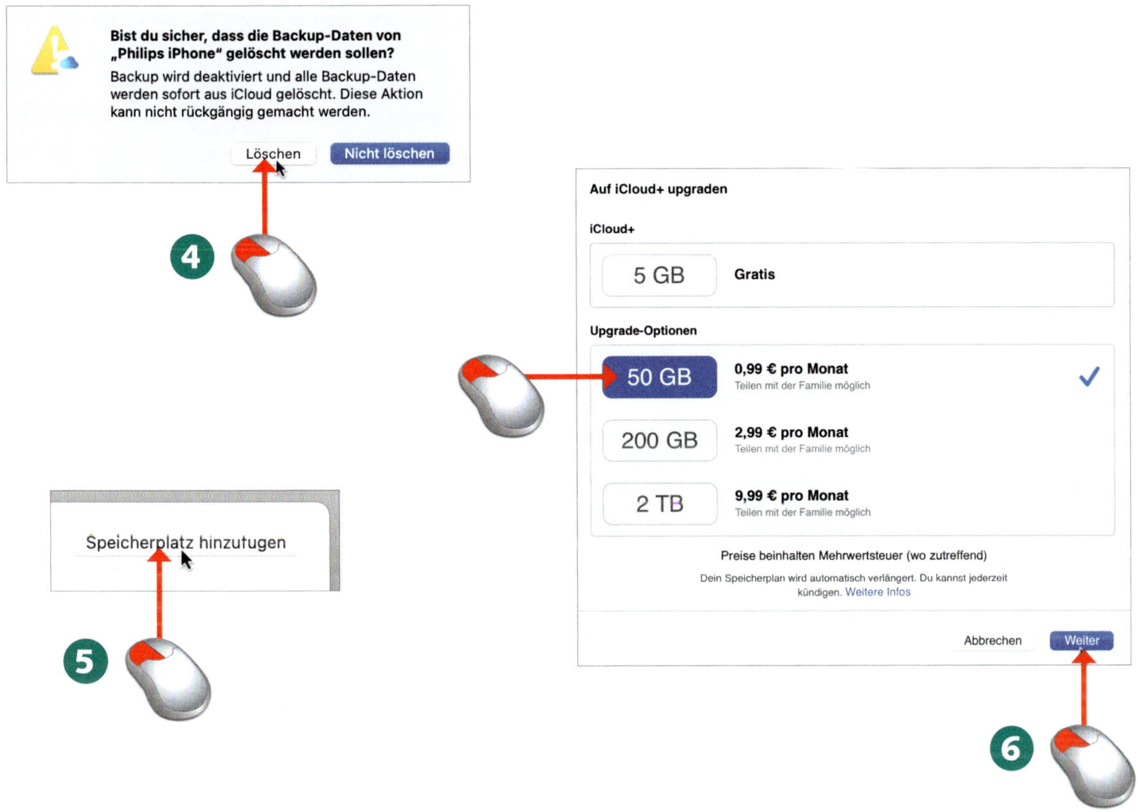

4 Das Löschen muss anschließend noch mit der Schaltfläche *Löschen* bestätigt werden.

5 Möchten Sie iCloud-Speicher nachrüsten? Dazu klicken Sie rechts oben im Fenster auf *Speicherplatz hinzufügen*.

6 Wählen Sie einen der Abo-Pläne aus und bestätigen Sie das Abonnement. Hierfür muss die Apple-ID allerdings bereits mit Zahlungsdaten versehen sein, wie ich es Ihnen auf der folgenden Doppelseite vorstelle.

Ende

TIPP

Wählen Sie ein kostenpflichtiges iCloud-Abo, profitieren Sie auch von einigen »iCloud+«-Funktionen wie einem »Privat Relay« zum anonymen Surfen im Internet oder der Möglichkeit, Ihre E-Mail-Adresse bei Ihren Internetaktivitäten zu verbergen.

TIPP

Wenn Sie ein iCloud-Abo oder ein sonstiges Abo wieder beenden möchten, finden Sie diese Option ebenfalls, wenn Sie in den *Systemeinstellungen* Ihre Apple-ID anklicken, und zwar unter *Medien & Käufe*.

Start

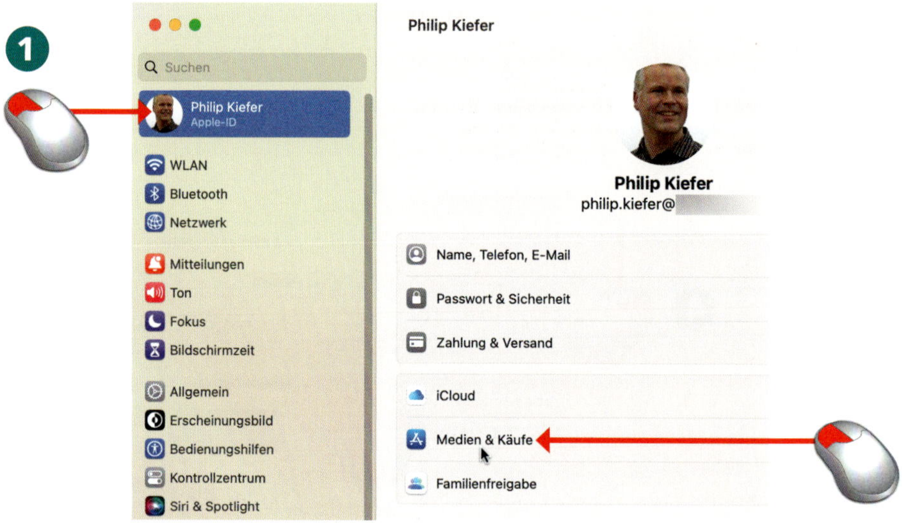

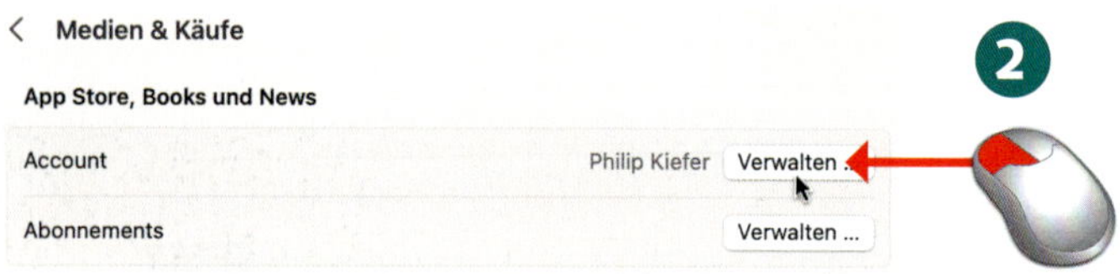

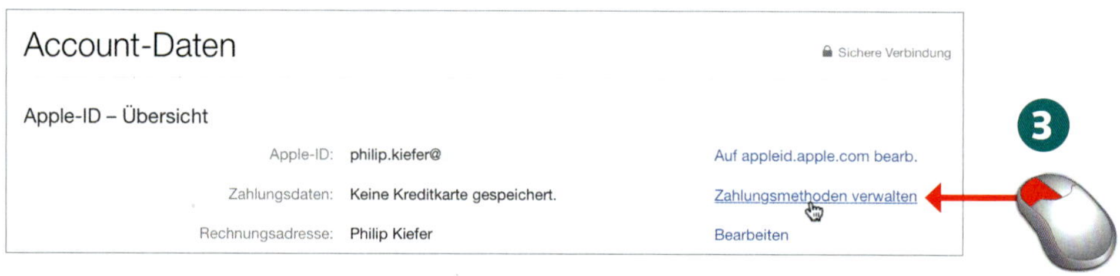

1. Entscheiden Sie sich in den *Systemeinstellungen* für Ihre Apple-ID und klicken Sie auf den Eintrag *Medien & Käufe*.
2. Klicken Sie bei *Account* auf die Schaltfläche *Verwalten*.
3. Melden Sie sich mit Ihrer Apple-ID an und klicken Sie dann auf *Zahlungsmethoden verwalten*.

WISSEN

Möchten Sie mit Ihrer Apple-ID Käufe tätigen, etwa im App Store oder zum Kauf von Musik, müssen Sie Ihrer Apple-ID eine Zahlungsmethode hinzufügen. Dabei kann es sich um eine Kreditkarte handeln, wie sie für die Familienfreigabe in jedem Fall erforderlich ist. Aber auch PayPal und Handy-Rechnung werden akzeptiert.

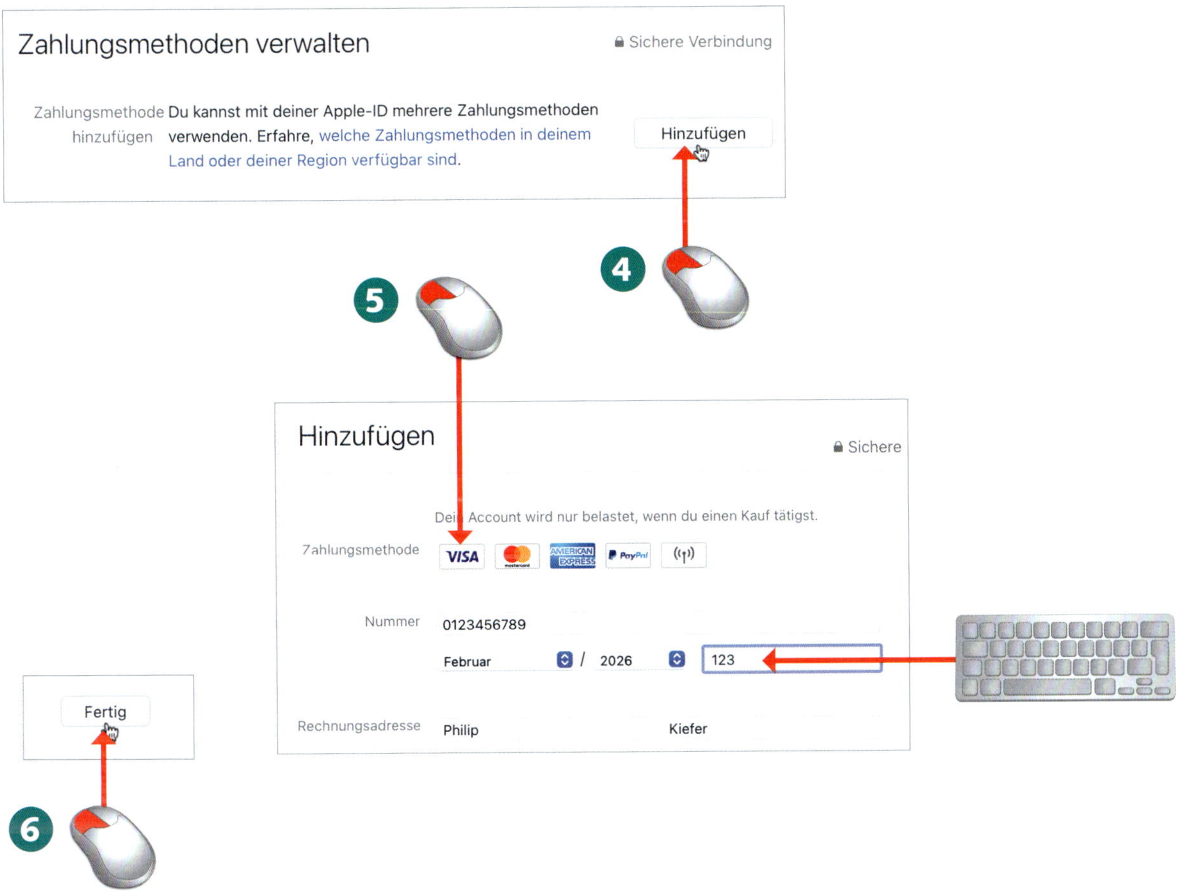

4 Klicken Sie auf die Schaltfläche *Hinzufügen*.

5 Wählen Sie die gewünschte Zahlungsmethode aus und machen Sie Ihre Angaben dazu.

6 Bestätigen Sie zum Schluss unten im Fenster mit der Schaltfläche *Fertig*.

Ende

TIPP

Mit Guthabenkarten für iTunes Store, App Store & Co. können Sie viel Geld sparen! Die Karten gibt es nämlich häufig irgendwo mit Rabatt. Halten Sie nach solchen Aktionen Ausschau! Die Guthabenkarten werden direkt in den einzelnen Stores eingelöst.

HINWEIS

Im Zusammenhang mit Ihrer Apple-ID verwalten Sie nicht nur Zahlungsdaten, sondern auch Abos, Geräte und Co.

Start

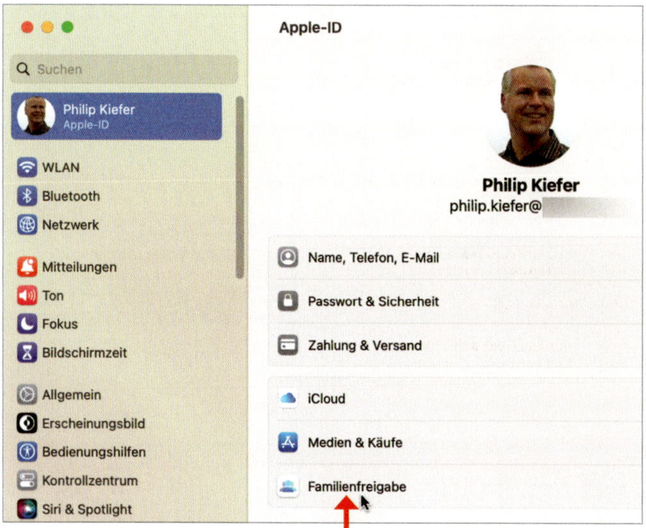

1. Wählen Sie in den *Systemeinstellungen* Ihre Apple-ID und klicken Sie auf den Eintrag *Familienfreigabe*.
2. Ihnen werden einige Hinweise zur Familienfreigabe angezeigt. Klicken Sie nach dem Durchlesen auf die Schaltfläche *Familie einrichten*.
3. Klicken Sie auf *Personen einladen*. Um der Familie ein Kind hinzuzufügen, würden Sie hingegen *Kinderaccount erstellen* wählen.

WISSEN

Vorausgesetzt, Sie sind bei iCloud angemeldet und haben Ihre Apple-ID mit Kreditkartendaten versehen, können Sie nun von der Familienfreigabe Gebrauch machen, bei der bis zu sechs Familienmitglieder unter anderem die Käufe im App Store und Co. gemeinsam nutzen können. Gerne zeige ich Ihnen Schritt für Schritt, wie Sie zum Einrichten der Familienfreigabe vorgehen.

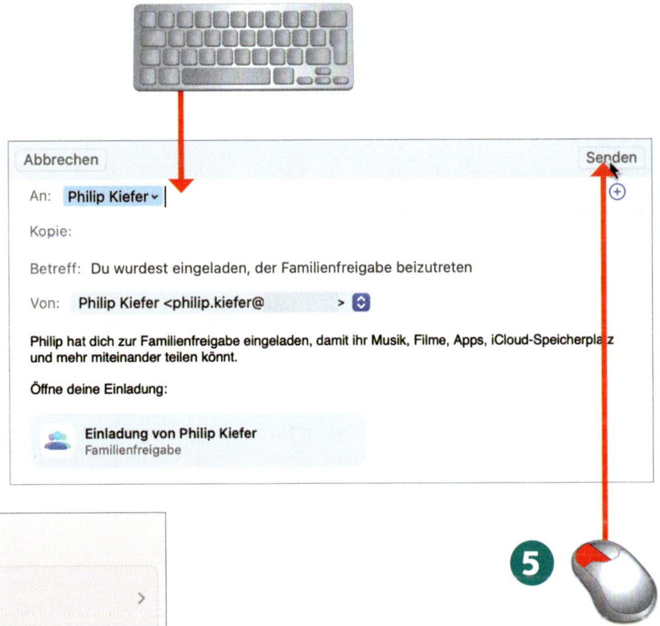

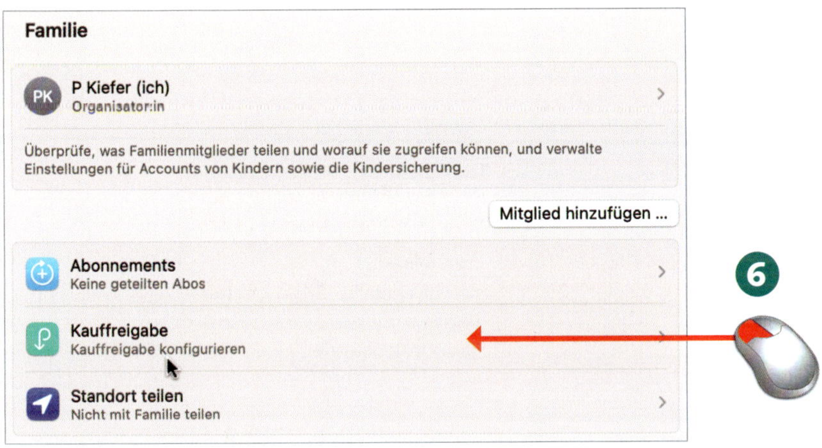

4 Wählen Sie aus, in welcher Form Sie die Einladung überbringen möchten, und bestätigen Sie mit der Schaltfläche *Fortfahren*. Hier wähle ich den Versand per E-Mail.

5 Geben Sie den Einladungsempfänger an und bringen Sie die Einladung mit *Senden* auf den Weg.

6 Als Organisator der Familienfreigabe können Sie nun die gewünschten Freigabeeinstellungen vornehmen, richten Sie z. B. die Kauffreigabe ein.

Ende

HINWEIS

Zum Teilen von Aufnahmen: Mit der Familienfreigabe können Sie auch eine geteilte iCloud-Fotomediathek nutzen.

TIPP

Wenn Sie eine Familienfreigabe wieder beenden möchten, wählen Sie unter *Familienfreigabe* Ihren eigenen Account aus und klicken auf *Nutzung der Familienfreigabe beenden*.

TIPP

Auf Apple-Geräten kann die App *Wo ist?* genutzt werden, um die freigegebenen Standorte der Familienmitglieder zu verfolgen.

Start

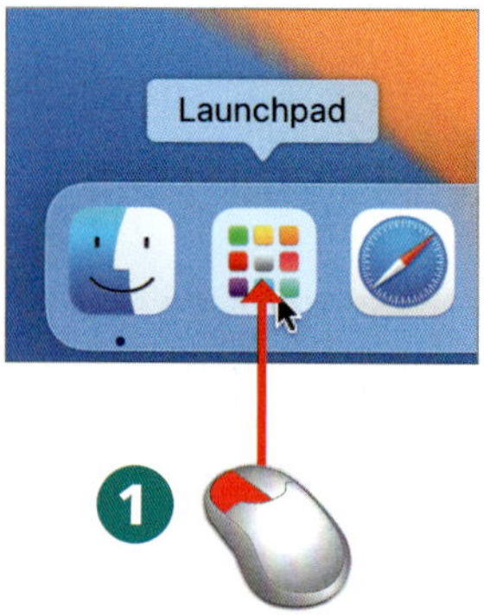

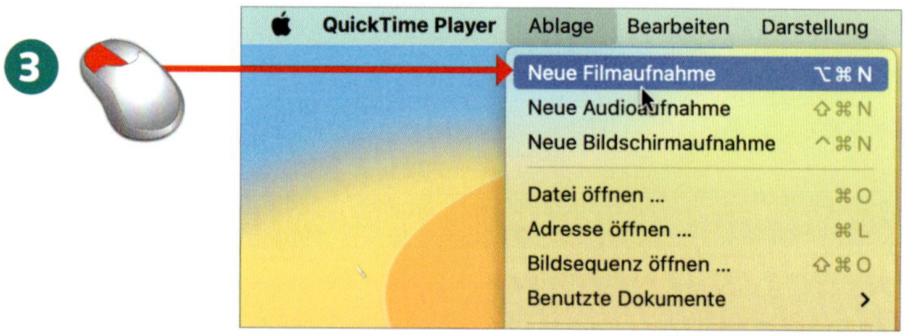

1. Schließen Sie das iPhone oder iPad an den Mac an. Öffnen Sie auf Ihrem Mac das Launchpad.
2. Starten Sie die App *QuickTime Player*, hier auf der zweiten Seite des Launchpads.
3. Klicken Sie in der Menüleiste auf *Ablage* und wählen Sie im Menü den Eintrag *Neue Filmaufnahme*.

WISSEN

Viele Mac-Nutzer besitzen gleichzeitig ein iPhone oder iPad. Auf dieser Doppelseite möchte ich Ihnen zeigen, wie Sie mit macOS Ventura die Displayinhalte von iPhone oder iPad mitschneiden oder das Gerät als Webcam einsetzen können. Zu diesem Zweck setzen Sie die auf Ihrem Mac bereits vorhandene App *QuickTime Player* ein – eine Software zum Abspielen von Videos, mit der Sie aber auch Videoaufnahmen machen können.

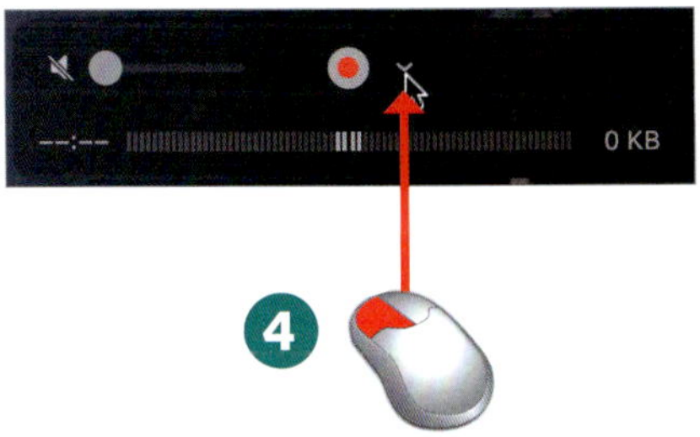

4

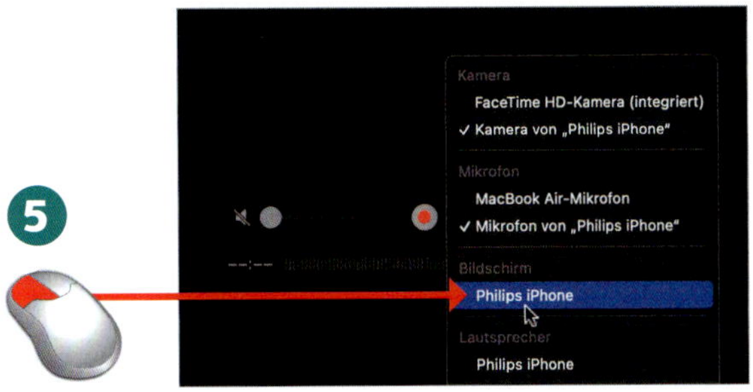

5

6

4 Klicken Sie nun zunächst rechts neben dem Aufnahme-Button auf das kleine Pfeilsymbol.

5 Wählen Sie im Menü Ihr iPhone oder iPad als Quelle aus – entweder *Kamera* oder wie hier *Bildschirm* – und starten Sie die Aufnahme. Ihr Mac erkennt übrigens auch, wenn Sie das iPhone oder iPad ins Querformat drehen, und passt die Darstellung entsprechend an.

6 Für den Start der Aufnahme klicken Sie auf den Aufnahme-Button. Die Inhalte von iPhone/iPad werden auf dem Mac mitgeschnitten, bis Sie die Aufnahme mit dem Symbol wieder stoppen.

Ende

HINWEIS

Sie können ein iPad auf neueren Macs mit macOS Ventura als zweites Display verwenden. So kann das iPad zum Beispiel auch ein Grafiktablett ersetzen. Diese Funktion nennt sich Sidecar. Das Aufrufen eines Mac-Fensters auf dem iPad erfolgt unter dem Fenstersymbol.

TIPP

Um eine mit dem QuickTime Player gemachte Aufnahme zu speichern, wählen Sie in der Menüleiste *Ablage* und dann *Sichern*.

Start

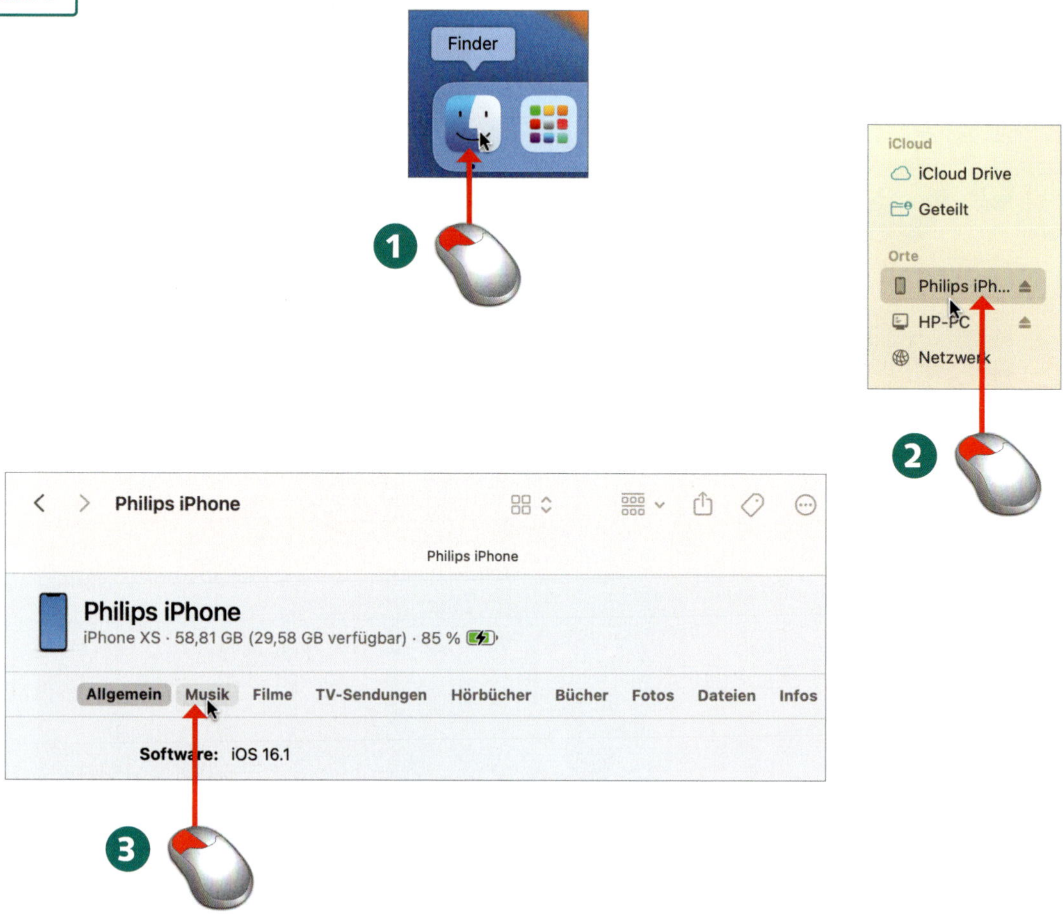

1. Verbinden Sie das iPhone oder iPad mit dem Mac. Öffnen Sie ein Finder-Fenster.

2. Klicken Sie in der Seitenleiste des Finders im Abschnitt *Orte* Ihr Gerät an.

3. Entscheiden Sie sich in der Leiste oben für eine Kategorie, in der Sie eine Synchronisierung zwischen Mac und iPhone oder iPad durchführen möchten. Hier wähle ich die Kategorie *Musik*.

WISSEN

Für den Datenaustausch zwischen Mac und iPhone oder iPad verwenden Sie unter macOS Ventura den Finder. Es lassen sich Daten verschiedener Art übertragen, unter anderem Musik und Filme. Wie einfach die Synchronisierung zwischen dem Mac und einem iPhone oder iPad funktioniert, lesen Sie auf dieser Doppelseite.

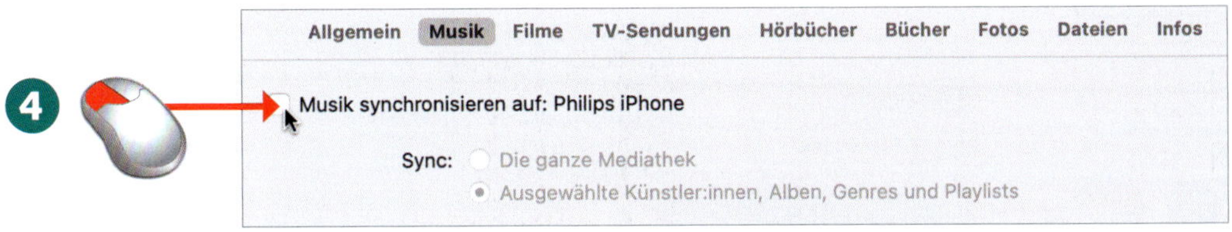

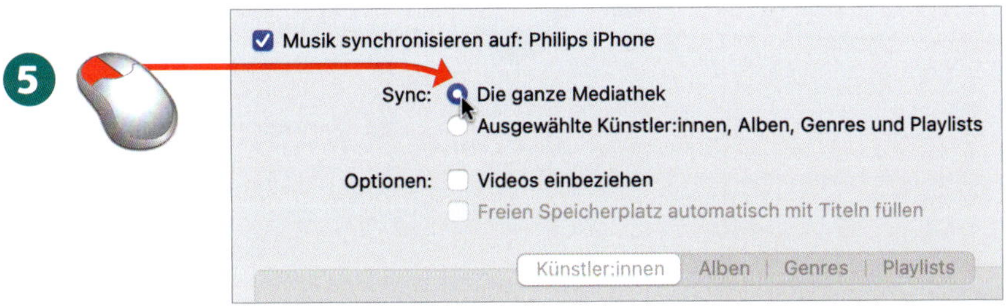

4 Aktivieren Sie – per Kontrollkästchen – die Synchronisierung.

5 In diesem Fall muss ich mich nun noch entscheiden, ob ich die gesamte Musikmediathek oder nur bestimmte Dateien übertragen möchte, die dann gesondert auszuwählen wären.

6 Klicken Sie rechts unten im Finder auf die Schaltfläche *Anwenden*, um die Synchronisierung zu starten.

Ende

TIPP

Ähnlich wie bei iCloud: Unten im Finder wird Ihnen jeweils angezeigt, wie viel freier Speicher noch auf dem iPhone oder iPad zur Verfügung steht.

HINWEIS

Ein iPhone oder iPad kann immer nur mit einer Mediathek synchronisiert werden. Haben Sie eine Synchronisierung bereits auf einem anderen Computer vorgenommen, werden die bestehenden Daten gelöscht.

Start

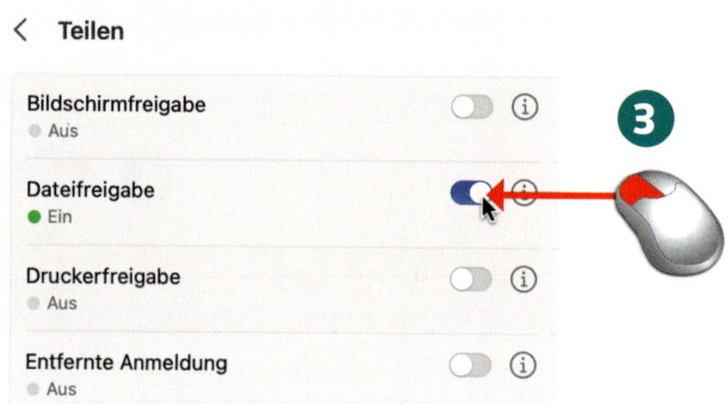

1. Wählen Sie in den *Systemeinstellungen* die Kategorie *Allgemein*.

2. Klicken Sie sodann auf den Eintrag *Teilen*.

3. Die verschiedenen Freigabeoptionen lassen sich per Schalter aktivieren bzw. deaktivieren. Achten Sie darauf, dass der Schalter *Dateifreigabe* aktiviert ist.

WISSEN

Ein WLAN oder LAN haben Sie bereits hergestellt. Alle Computer, die mit dem gleichen Router verbunden sind, bilden zusammen ein Netzwerk. In einem solchen Netzwerk lassen sich verschiedene Dateien und Funktionen austauschen. Hier zeige ich Ihnen zunächst, wie eine Freigabe im Netzwerk erfolgt.

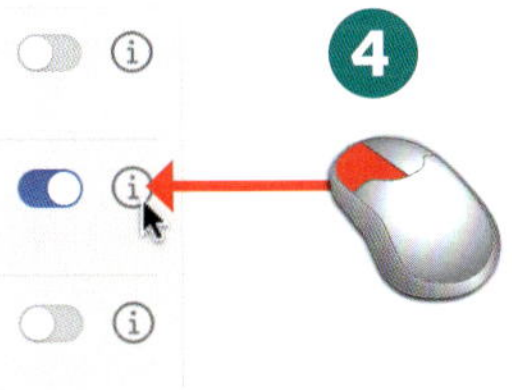

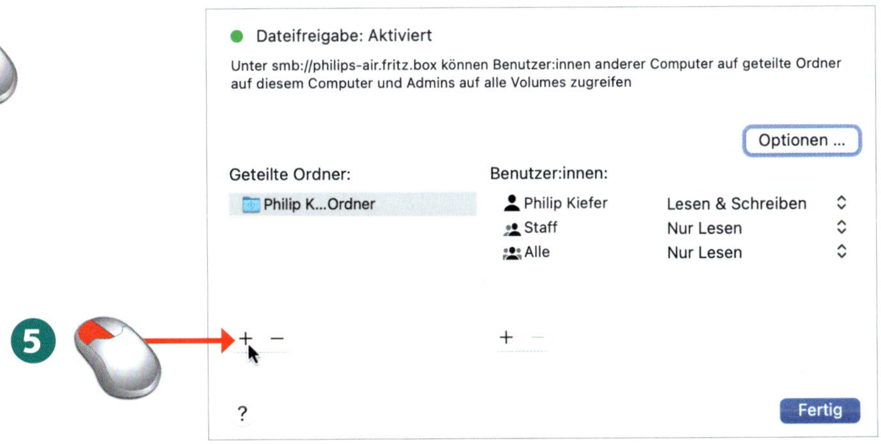

4 Klicken Sie rechts neben dem aktivierten Schalter *Dateifreigabe* auf das Symbol ⓘ.

5 Wählen Sie nun im Bereich *Geteilte Ordner* über das Symbol [+] die Speicherorte aus, die Sie im Netzwerk freigeben möchten.

6 Andere Benutzer sollen einen Ordner nicht nur betrachten, sondern auch Änderungen durchführen dürfen? Machen Sie im Abschnitt *Benutzer:innen* Angaben zu den Nutzungsrechten, bevor Sie mit *Fertig* bestätigen.

Ende

HINWEIS

Außer Ordnern und Dateien lassen sich auch Drucker, das Internet und weitere Funktionen freigeben. Aktivieren Sie dazu jeweils den Schalter und nehmen Sie unter dem Symbol ⓘ die Einstellungen dazu vor.

TIPP

Im Fenster aus Schritt 3 wird die Adresse angezeigt, unter der auf anderen Computern auf die freigegebenen Ordner zugegriffen werden kann.

Start

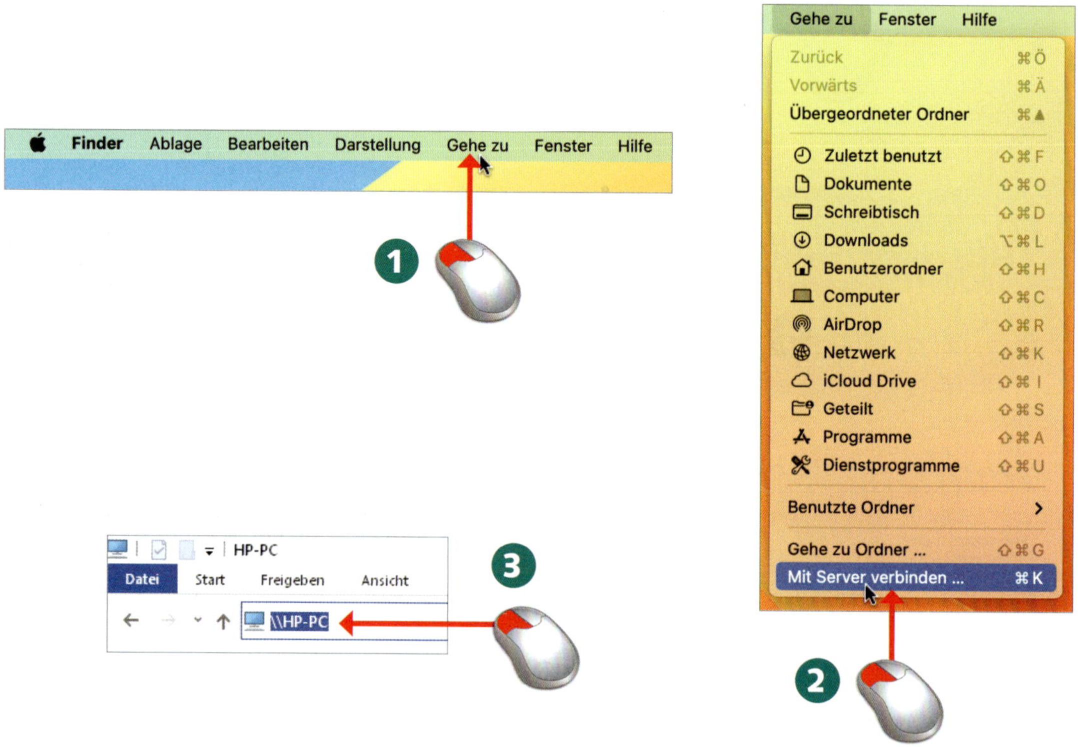

1. Entscheiden Sie sich in der Menüleiste des Finders für *Gehe zu*.

2. Klicken Sie im Menü auf den Eintrag *Mit Server verbinden*.

3. Nun benötigen Sie die Netzwerkadresse des Windows-Computers. Wählen Sie z. B. im Windows-Explorer unter *Netzwerk* den Computer aus und klicken Sie in das Adressfeld, um sich die Netzwerkadresse anzeigen zu lassen.

WISSEN

Sie können natürlich nicht nur selbst Ordner freigeben, sondern sich auch die Freigaben anderer zunutze machen. Auf dieser Doppelseite erfahren Sie, wie Sie auf die Freigaben beispielsweise eines Windows-PCs zugreifen. Wieder kommt hierbei der Finder zur Anwendung.

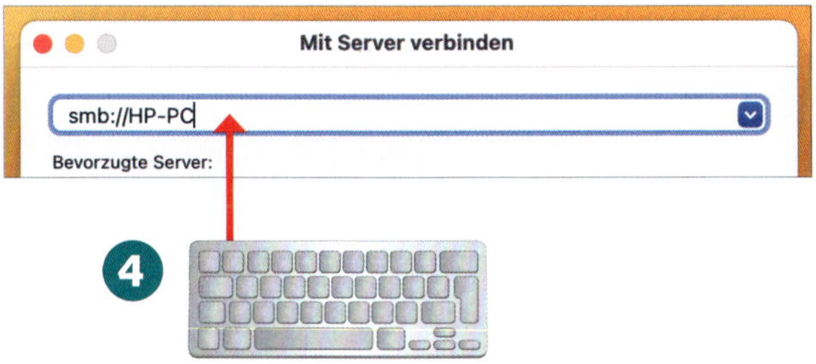

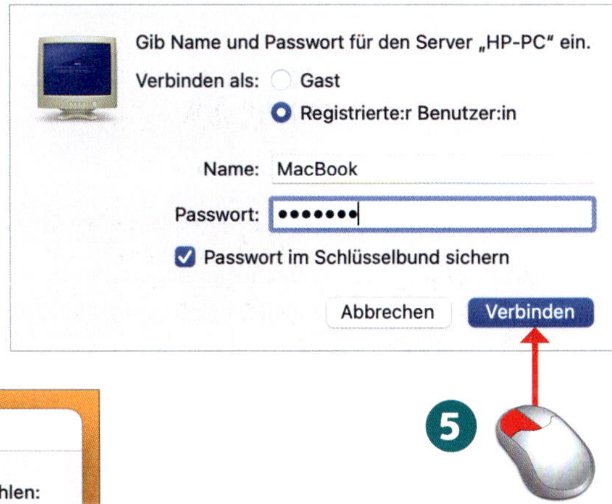

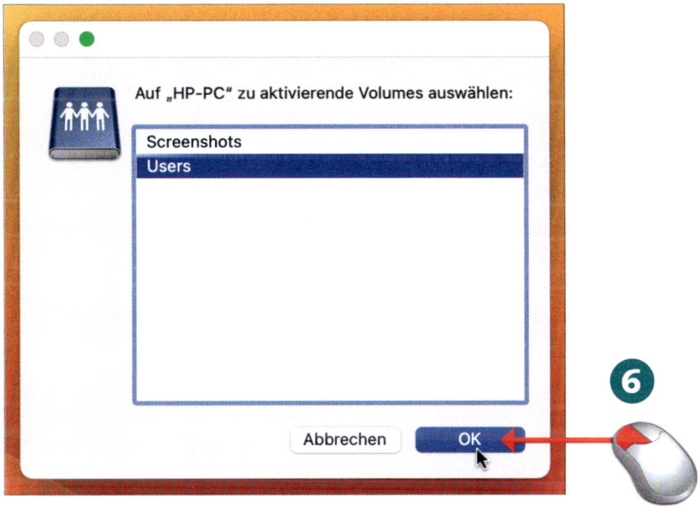

4. Geben Sie die Netzwerkadresse auf dem Mac ein, wobei Sie die Abkürzung *smb* voranstellen. SMB ist ein Netzwerkprotokoll, die Abkürzung steht für **S**erver **M**essage **B**lock. Klicken Sie auf *Verbinden*.
5. Melden Sie sich mit einem auf dem Windows-PC verfügbaren Benutzerkonto an und bestätigen Sie erneut mit *Verbinden*.
6. Wählen Sie einen freigegebenen Speicherort aus und bestätigen Sie mit *OK*. Anschließend haben Sie im Finder Zugriff auf den freigegebenen Ordner.

Ende

TIPP

Um eine Netzwerkverbindung wieder zu beenden, wählen Sie den Rechner im Finder und dort im Abschnitt *Netzwerk* aus. Klicken Sie rechts oben auf die Schaltfläche *Trennen*.

HINWEIS

Damit Sie die Daten des Benutzerkontos in Schritt 5 nicht jedes Mal erneut eingeben müssen, aktivieren Sie das Kontrollkästchen *Passwort im Schlüsselbund sichern*, bevor Sie *Verbinden* wählen.

Start

1

2

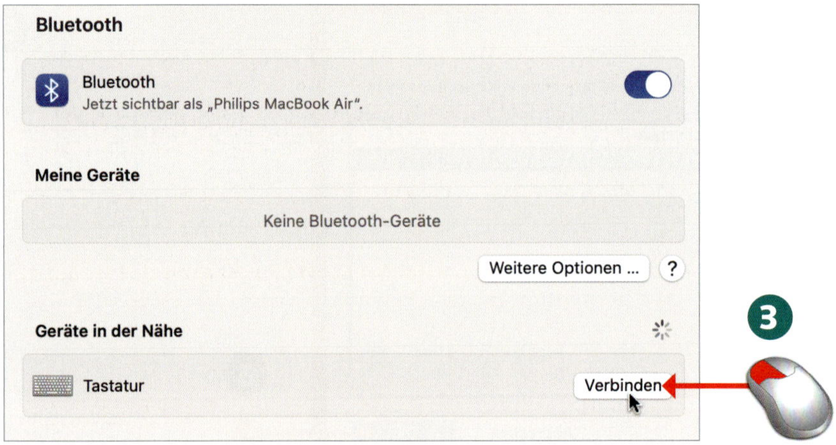

3

1. Schalten Sie das Bluetooth-Gerät zunächst ein und aktivieren Sie gegebenenfalls die Bluetooth-Funktion. In diesem Fall schalte ich eine Bluetooth-Tastatur per Schalter unten am Gerät ein; dann drücke ich eine aufgebogene Büroklammer in ein kleines Loch rechts hinten an der Tastatur.
2. Öffnen Sie die *Systemeinstellungen* und wählen Sie die Kategorie *Bluetooth*.
3. Das erkannte Bluetooth-Gerät wird in der Liste angezeigt. Bewegen Sie den Mauszeiger darauf und klicken Sie auf *Verbinden*.

WISSEN

Außer in einem WLAN lassen sich Geräte auch mit der Bluetooth-Technologie drahtlos verbinden. Die Reichweite ist allerdings stark eingeschränkt – auf ca. 10 m. Zum Verbinden von Mäusen, Tastaturen, Headsets und einigen weiteren Geräten eignet sich eine Bluetooth-Verbindung aber optimal. Hier stelle ich die Vorgehensweise anhand einer Bluetooth-Tastatur dar.

4

5

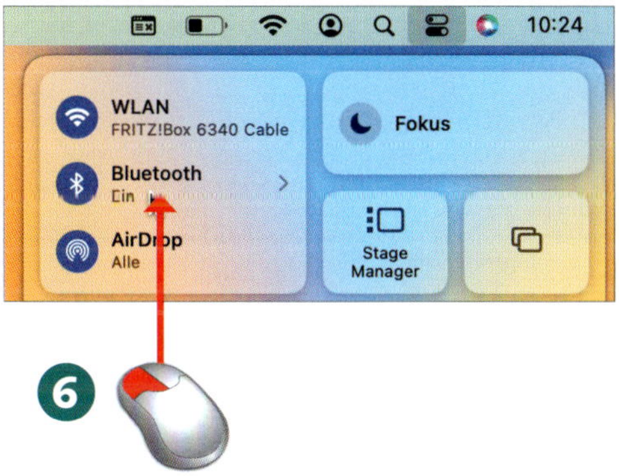

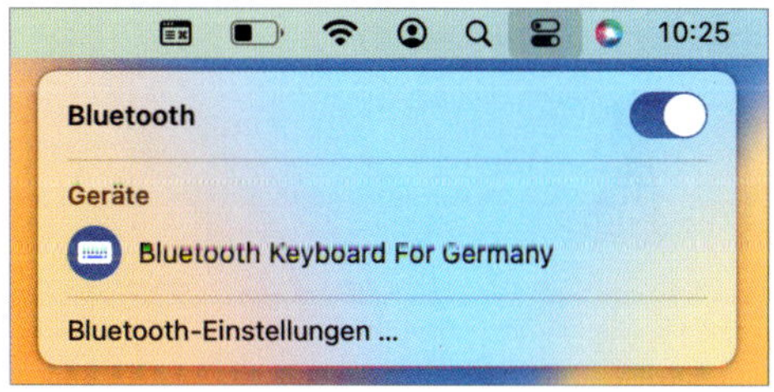

6

4 In diesem Fall muss eine Nummer auf der Bluetooth-Tastatur eingegeben und mit der ↵-Taste bestätigt werden.

5 Anschließend steht die Verbindung und wird unter *Meine Geräte* aufgeführt. Bewegen Sie den Mauszeiger auf das Gerät, wird die Schaltfläche *Trennen* eingeblendet.

6 Wenn Sie in der Menüleiste auf das Menulet klicken und im so geöffneten Kontrollzentrum den Eintrag *Bluetooth* wählen, werden Ihnen ebenfalls alle verbundenen Bluetooth-Geräte angezeigt.

Ende

HINWEIS

Auch ein Bluetooth-Menulet können Sie in den *Systemeinstellungen* unter *Kontrollzentrum* direkt in der Menüleiste einblenden.

TIPP

Falls Sie Bluetooth sowieso nicht nutzen, deaktivieren Sie die Funktion per Schalter im Kontrollzentrum (vgl. Schritt 3 und Schritt 6).

esc
Yootech
SanDisk

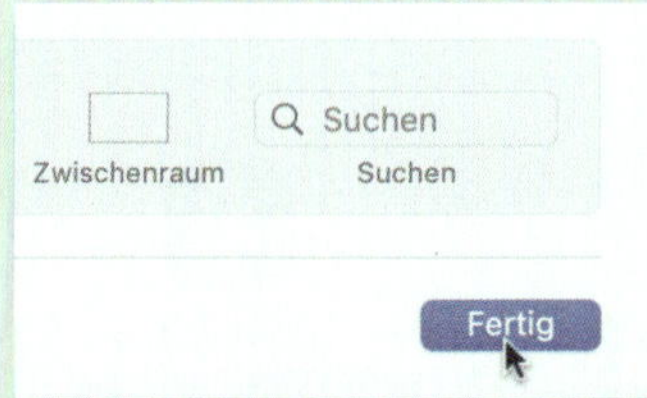
Suchen
Zwischenraum
Suchen
Fertig

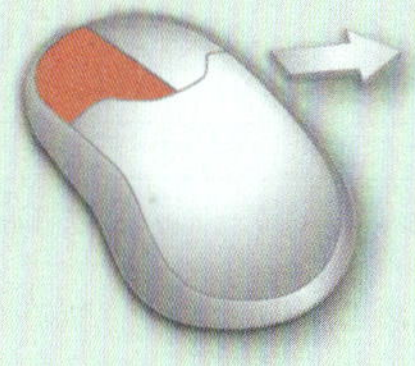

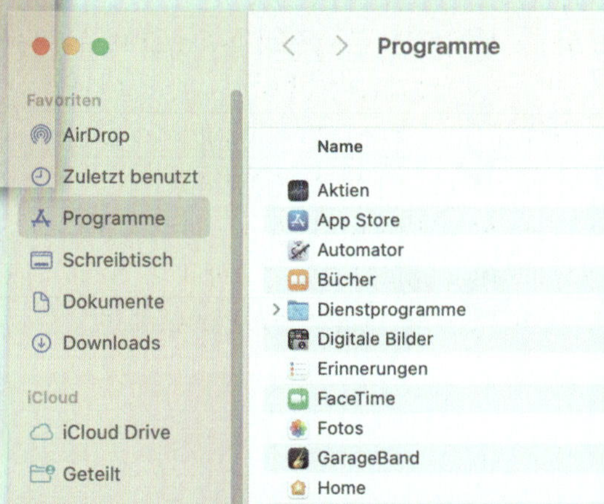
Programme
Favoriten
AirDrop
Zuletzt benutzt
Programme
Schreibtisch
Dokumente
Downloads
iCloud
iCloud Drive
Geteilt
Name
Aktien
App Store
Automator
Bücher
Dienstprogramme
Digitale Bilder
Erinnerungen
FaceTime
Fotos
GarageBand
Home

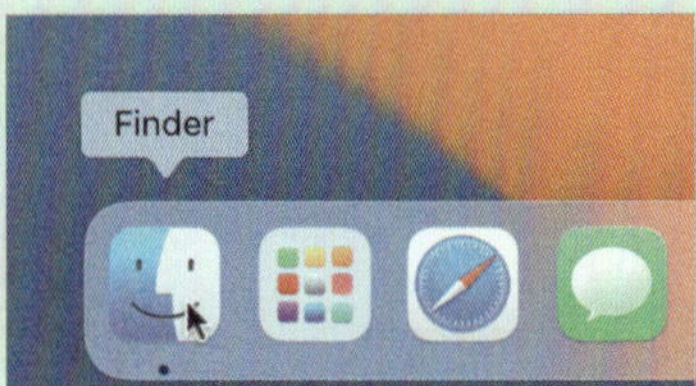
Finder

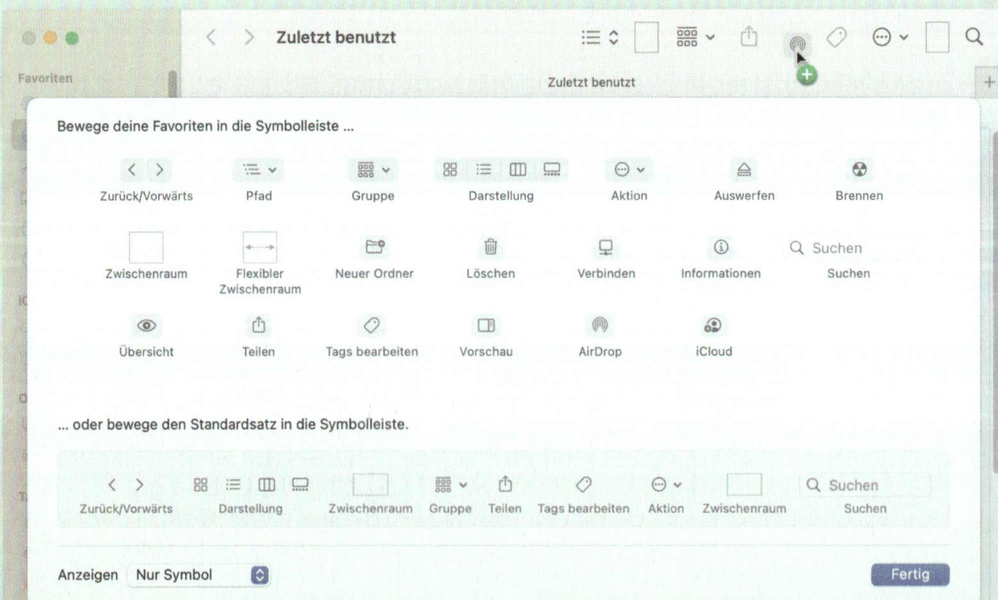
Zuletzt benutzt
Favoriten
Zuletzt benutzt
Bewege deine Favoriten in die Symbolleiste ...
Zurück/Vorwärts
Pfad
Gruppe
Darstellung
Aktion
Auswerfen
Brennen
Zwischenraum
Flexibler Zwischenraum
Neuer Ordner
Löschen
Verbinden
Informationen
Suchen
Suchen
Übersicht
Teilen
Tags bearbeiten
Vorschau
AirDrop
iCloud
... oder bewege den Standardsatz in die Symbolleiste.
Zurück/Vorwärts
Darstellung
Zwischenraum
Gruppe
Teilen
Tags bearbeiten
Aktion
Zwischenraum
Suchen
Suchen
Anzeigen
Nur Symbol
Fertig

4

Dateiverwaltung mit dem Finder

Sie speichern auf Ihrem Mac im Lauf der Zeit eine Menge Dateien. Wie Sie diese Dateien, Ordner sowie Laufwerke mit dem Finder clever verwalten, ist Gegenstand dieses Kapitels. Der Finder steht nach dem Start des Macs immer zur Verfügung, damit Sie jederzeit auf Ihre Dateien zugreifen können. Wie das geht und wie Sie an die Dateiinformationen kommen, Dateien komprimieren, intelligente Ordner erstellen oder Dateien per Copy-and-paste transferieren – das alles lesen Sie auf den folgenden Seiten. Auch die Verwendung von USB-Speichersticks wird beschrieben. Erfahren Sie darüber hinaus, wie Sie im Dateisystem mithilfe des Papierkorbs stets Ordnung und Übersicht bewahren.

Start

1

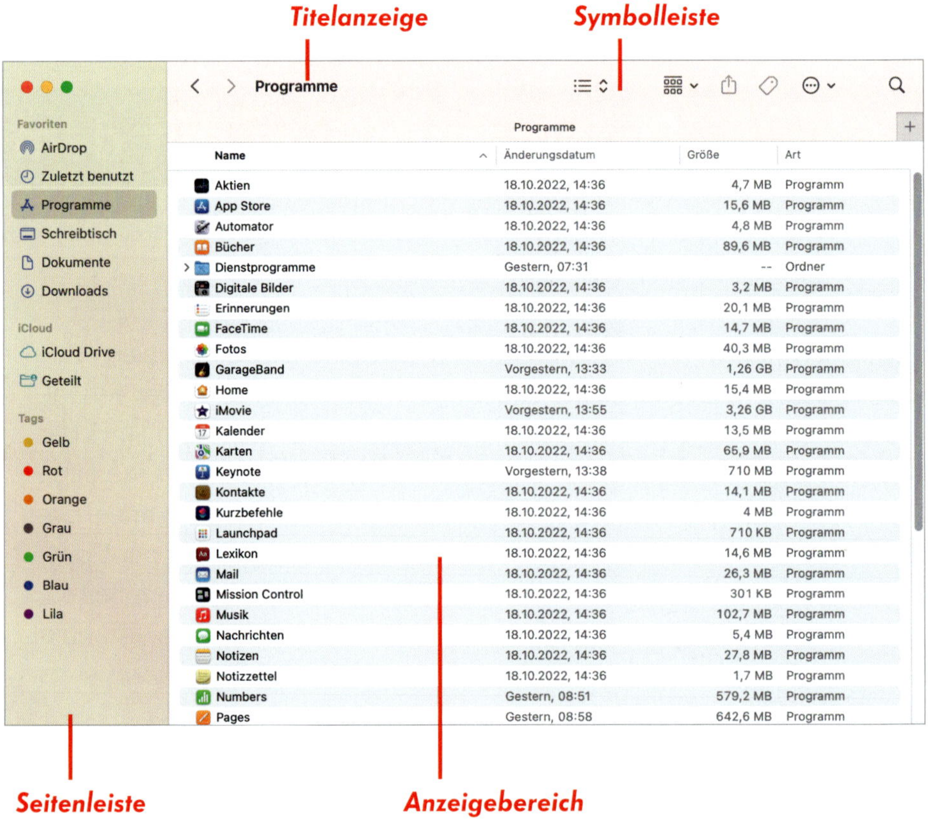

1 Die Benutzeroberfläche des Finders ist recht übersichtlich: Sie sehen links eine Seitenleiste, in der Sie einen Speicherort sowie weitere Funktionen auswählen. Im großen Anzeigebereich werden Ihnen die Inhalte des ausgewählten Speicherorts angezeigt – das Öffnen eines angezeigten Elements erfolgt jeweils per Doppelklick darauf. Oberhalb von Seitenleiste und Anzeigebereich finden Sie eine Symbolleiste mit Ansichts-, Sortier- und weiteren Optionen. Rechts in der Symbolleiste finden Sie außerdem eine Suchfunktion, um Dateien und Speicherorte schnell aufzuspüren. Zudem sehen Sie eine Titelanzeige; hier wird der jeweils geöffnete Speicherort genannt.

WISSEN

Der Finder kam bereits in den vorangegangenen Kapiteln zum Einsatz, und Sie werden ihn im Mac-Alltag immer wieder benötigen. Wenn keine andere App aktiv ist, wird in der Menüleiste stets die Menüleiste des Finders angezeigt. Über das Symbol links unten im Dock können Sie den Finder auch in einem Fenster aufrufen – wobei aber selbst der Schreibtisch dem Finder untergeordnet ist. Machen Sie sich zunächst mit der Benutzeroberfläche des Finders vertraut.

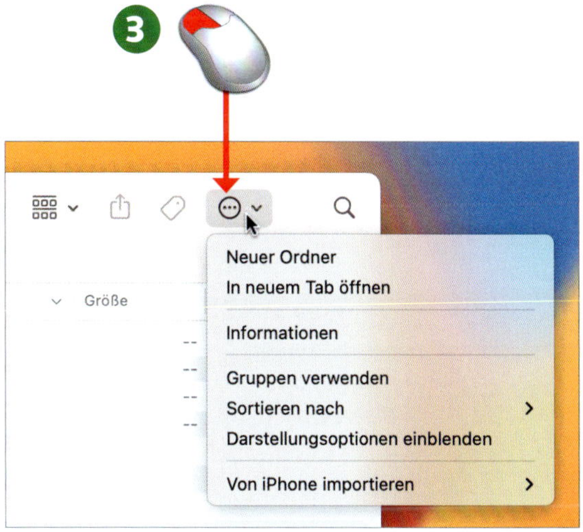

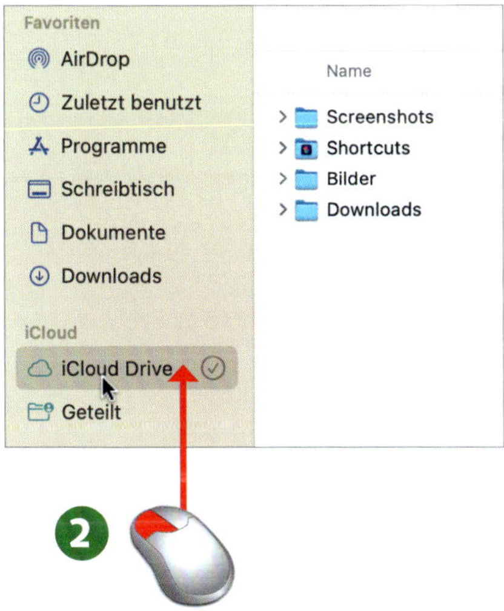

2 In der Seitenleiste werden nicht nur lokale Orte dargestellt. Hier wähle ich beispielsweise *iCloud Drive* aus, um auf die von verschiedenen Apps in iCloud gespeicherten Daten zuzugreifen.

3 Um ein Symbol in der Symbolleiste auszuwählen, klicken Sie es ebenfalls an. Sie erhalten dadurch entweder ein Menü oder bewirken direkt eine Funktion.

Mit den Pfeilsymbolen < und > wechseln Sie zwischen den zuletzt geöffneten Speicherorten hin und her. Unter dem Symbol ⊞ (Symbol passt sich der gewählten Ansicht an) bieten sich Ihnen die vier Ansichtsoptionen *Als Symbole*, *Als Liste*, *Als Spalten* und *Als Galerie*. Gruppieroptionen gibt es unter dem Symbol ☰ ◇, und unter dem Symbol ◫ erhalten Sie verschiedene Optionen und Informationen zum ausgewählten Element. Auf das Lupensymbol ⌨ klicken Sie, wenn Sie die Suchfunktion verwenden möchten. Zum Teilen einer ausgewählten Datei verwenden Sie das Symbol ⊞ ˅ und zum »Taggen« das Symbol ⊖ ˅.

Ende

TIPP

Unten im Finder können Sie auch noch eine Statusleiste mit nützlichen Infos einblenden. Wählen Sie dazu in der Menüleiste des Finders *Darstellung* und dann *Statusleiste einblenden*.

TIPP

Im Finder lassen sich mehrere Speicherorte gleichzeitig in Registerkarten (Tabs) öffnen. Blenden Sie dazu ggf. zunächst mit *Darstellung/Tableiste einblenden* die Tableiste ein.

Start

1

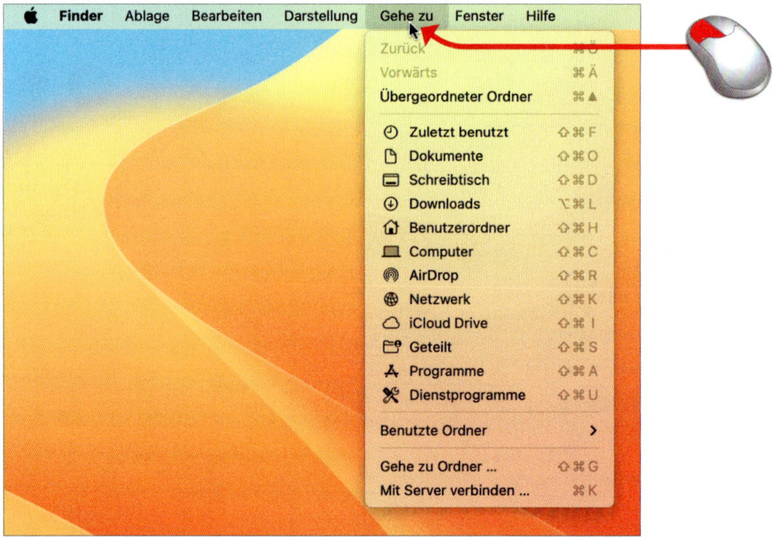

2

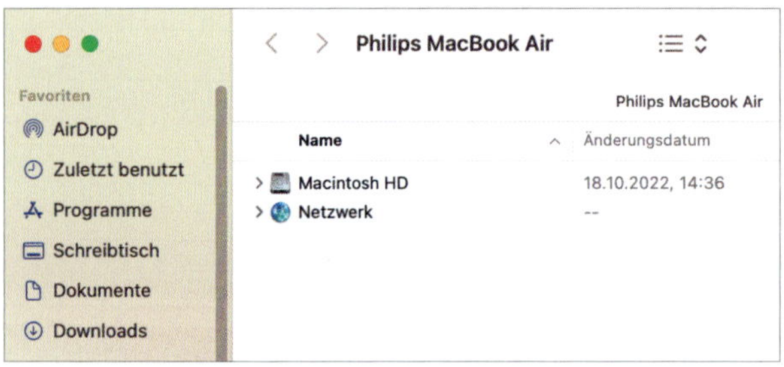

3

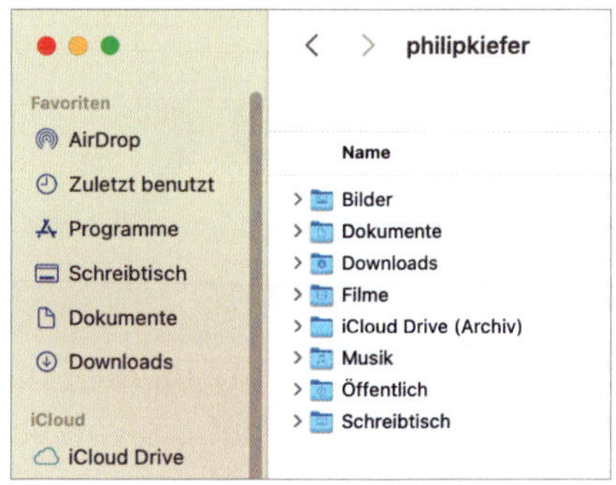

1 Für den Zugriff auf wichtige Speicherorte auf Ihrem Mac klicken Sie in der Menüleiste des Finders auf *Gehe zu* und wählen anschließend den gewünschten Speicherort aus.

2 Entscheiden Sie sich für den Speicherort *Computer*, so erhalten Sie einen Überblick über die auf Ihrem Mac zur Verfügung stehenden Laufwerke.

3 Für jeden Benutzer auf Ihrem Mac werden verschiedene Benutzerordner angelegt, in denen die eigenen Dateien gespeichert werden. Wählen Sie den Speicherort *Benutzerordner*, um auf diese Ordner zuzugreifen.

WISSEN

Speicherorte sind die Laufwerke und Ordner, die der Speicherung Ihrer Daten – in Form sogenannter Dateien – dienen. Achten Sie von vornherein darauf, Ihre Dateien am richtigen Speicherort einzuordnen, damit später, wenn Sie viele Dateien gespeichert haben, kein Chaos eintritt. Auf dieser Doppelseite lernen Sie einige wichtige Speicherorte kennen.

4

5

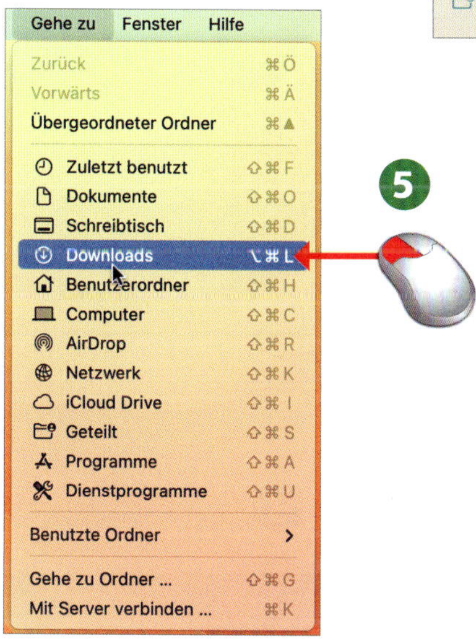

6

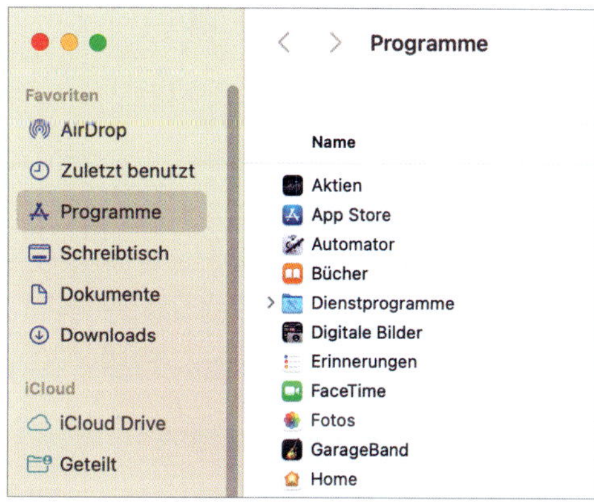

4 Den Speicherort *Netzwerk* kennen Sie bereits aus Kapitel 3 – hier greifen Sie auf freigegebene Dateien anderer Computer im Netzwerk zu.

5 Dateien, die Sie aus dem Internet auf den Mac herunterladen, werden standardmäßig im Ordner *Downloads* abgelegt.

6 Am Speicherort *Programme* (Sie kennen ihn bereits aus Kapitel 2) werden alle auf Ihrem Mac installierten Apps aufgeführt.

Ende

TIPP

Sie möchten den gerade geöffneten Speicherort der Seitenleiste hinzufügen? Drücken Sie hierzu die Tastenkombination *control* + *command* + *T*.

HINWEIS

Als fortgeschrittener User werden Sie später auch hin und wieder auf den Systemordner *Library* zugreifen wollen. Halten Sie in Schritt 1 zusätzlich die *option*-Taste gedrückt, um diesen einzublenden.

Start

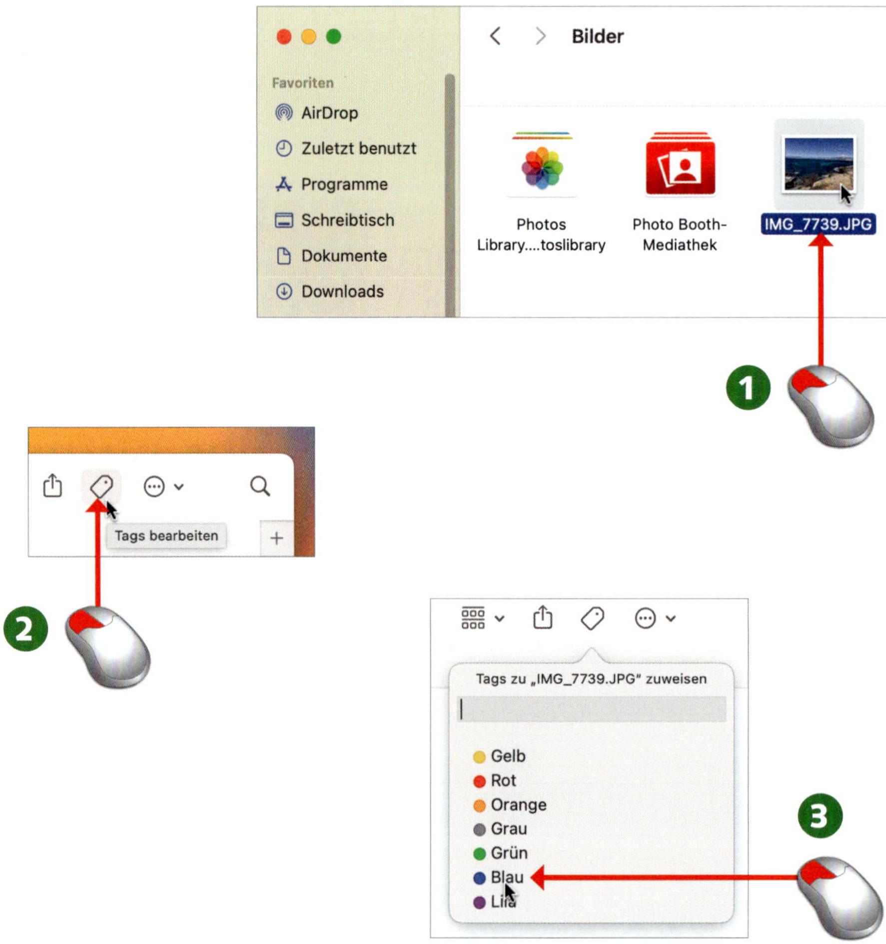

1. Wählen Sie im Finder zunächst eines oder – bei gedrückter [command]-Taste – mehrere Elemente aus, die Sie taggen möchten.
2. Klicken Sie nun in der Symbolleiste des Finders auf das Symbol [Tag-Symbol]. Bereits vorhandene Tags können Sie alternativ auch unter dem Symbol [⋯ ⌄] aufrufen.
3. Wählen Sie ein Tag aus. Hier markiere ich das ausgewählte Element beispielsweise mit der Farbe *Blau*.

WISSEN

Wenn Sie Elemente unabhängig von ihrem Speicherort gliedern möchten, sind Tags das Mittel der Wahl. Dabei werden die einzelnen Elemente einfach durch eine bestimmte Farbe oder aber durch eigene Bezeichnungen markiert und können dann auf der Basis des Tags zusammen aufgerufen werden. Auf dieser Doppelseite erfahren Sie, wie es funktioniert.

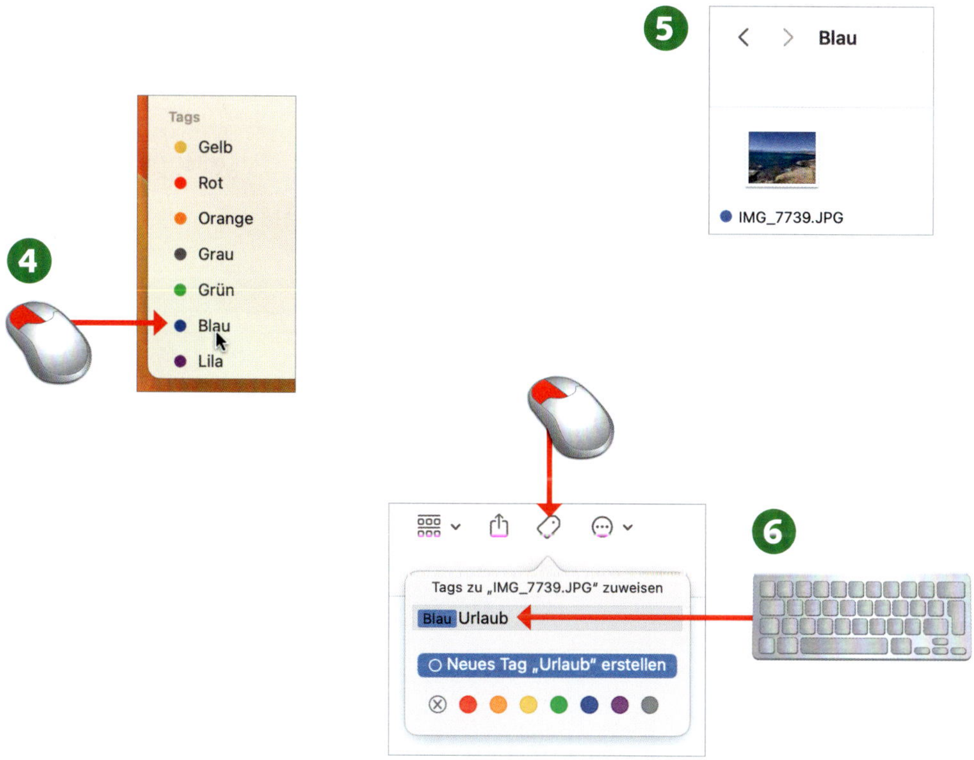

4 Klicken Sie in der Seitenleiste des Finders auf ein Tag.

5 Sie erhalten daraufhin im Anzeigebereich eine Übersicht über alle entsprechend getaggten Elemente.

6 Es lassen sich auch eigene Tags erstellen. Dazu tippen Sie unter dem Symbol ein passendes Schlüsselwort ein und fügen es den Tags hinzu.

Ende

HINWEIS

Auch die Standard-Tags müssen nicht die Farbbezeichnungen tragen. Um ein Tag umzubenennen, klicken Sie es in der Seitenleiste mit der rechten Maustaste bzw. bei gedrückter control-Taste an. Wählen Sie die *Umbenennen*-Option.

TIPP

Einem selbst erstellten Tag können Sie eine Farbe zuweisen, indem Sie das Tag dazu in der Seitenleiste mit der rechten Maustaste bzw. bei gedrückter control-Taste anklicken und die Farbe auswählen.

Start

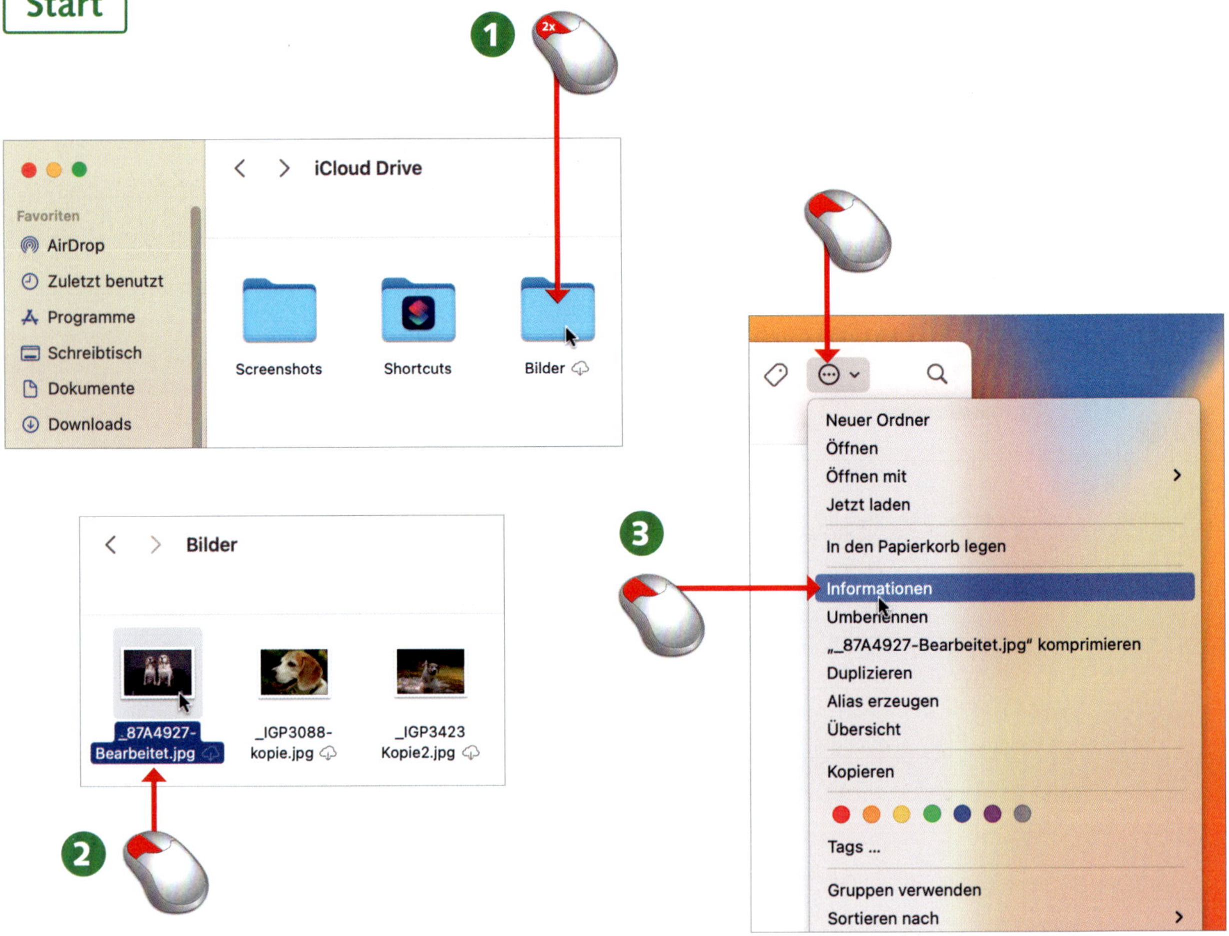

1. Wählen Sie im Finder mit einem Doppelklick den Speicherort aus, an dem sich die Datei befindet, zu der Sie Informationen aufrufen möchten.

2. Klicken Sie die Datei an, um sie auszuwählen.

3. Nun klicken Sie in der Symbolleiste auf das Symbol [⊙ ∨] und wählen im Menü *Informationen*.

WISSEN

Manchmal benötigen Sie Informationen zu einer Datei oder Sie möchten diese mit Kommentaren oder Zugriffsrechten versehen. Kein Problem: Zu jedem Element im Finder lässt sich das Fenster *Informationen* einblenden, in dem Sie Informationen und Optionen erhalten. Lernen Sie das Fenster *Informationen* auf dieser Doppelseite kennen.

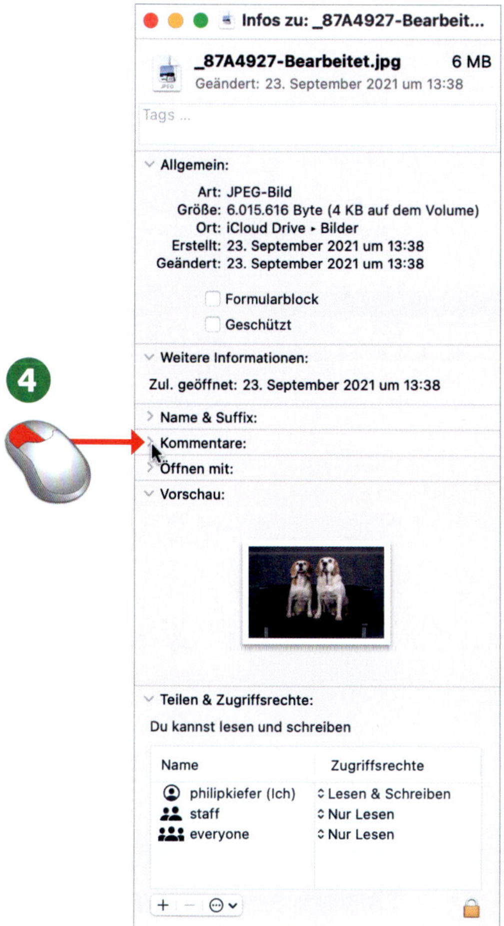

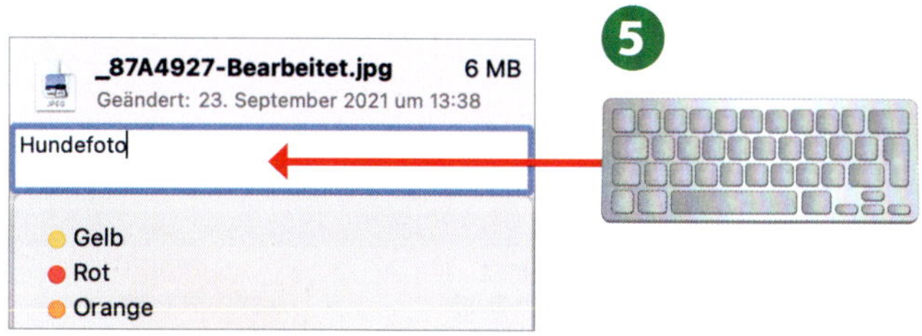

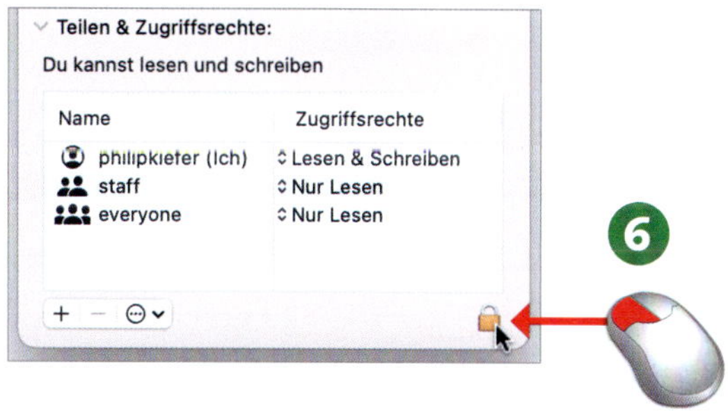

4 Das Fenster *Informationen* wird eingeblendet. Klicken Sie auf den nach rechts weisenden Pfeil ›, um einen Abschnitt einzublenden, bzw. auf den nach unten weisenden Pfeil ⌄, um einen eingeblendeten Abschnitt wieder auszublenden.

5 Sie können direkt im Fenster *Informationen* verschiedene Angaben machen, zum Beispiel wie hier die Datei taggen.

6 Für manche Änderungen sind Administratorrechte erforderlich. Um diese zu erhalten, klicken Sie rechts unten im Fenster *Informationen* auf das Symbol 🔒 und bestätigen mit Ihrem Benutzerpasswort bzw. auf einem MacBook mit Touch ID.

Ende

TIPP

Wenn Sie ein Element mit der rechten Maustaste bzw. bei gedrückter control-Taste anklicken, erhalten Sie die Optionen, die Sie auch unter dem Symbol ⊙ ⌄ finden.

TIPP

Das Fenster *Informationen* können Sie auch per Tastenkombination aufrufen: Drücken Sie dazu die Tasten command + I.

Start

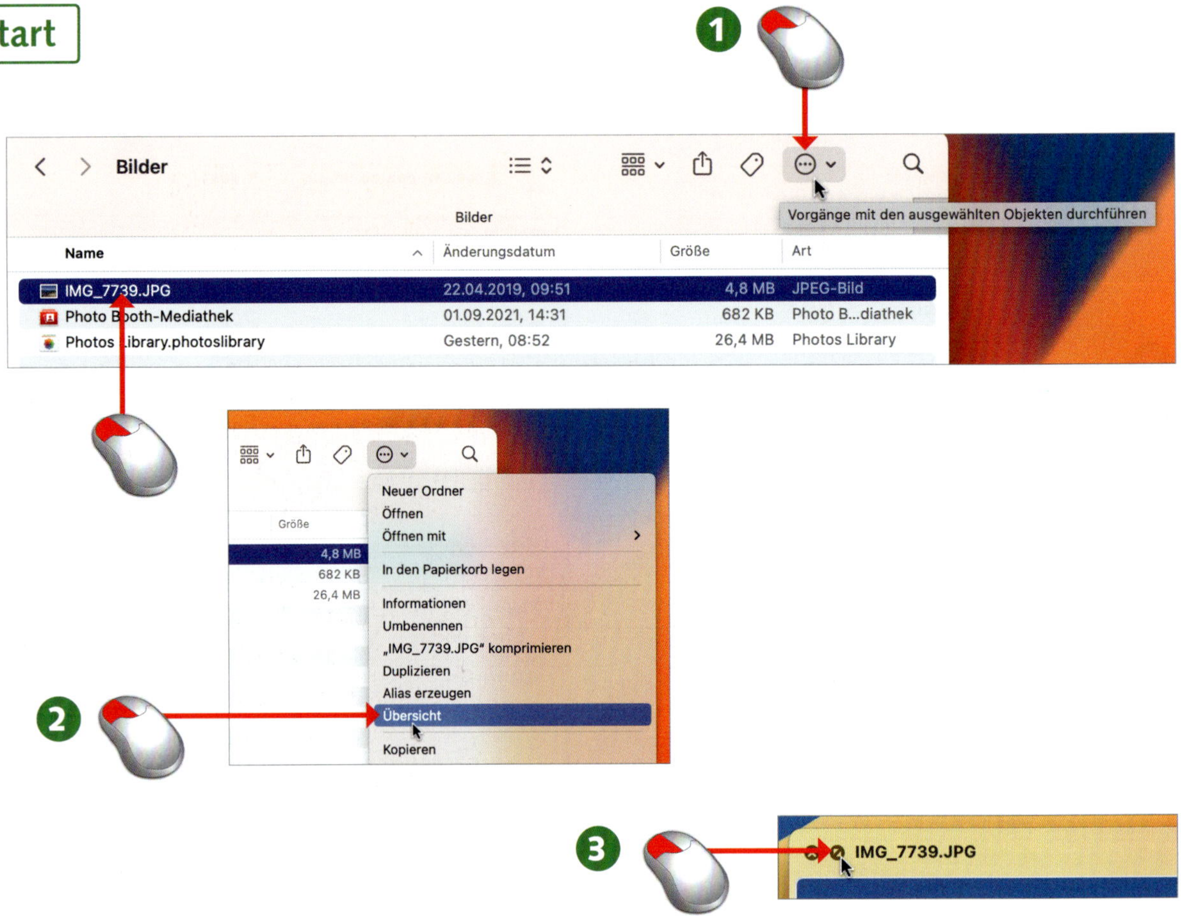

1. Wählen Sie eine Datei durch Anklicken aus und entscheiden Sie sich in der Menüleiste für das Symbol . Alternativ wählen Sie ein Bild aus und drücken dann einfach die Taste *Leer*.
2. Im Menü wählen Sie nun den Eintrag *Übersicht*.
3. Das Übersichtsfenster wird geöffnet. Wünschen Sie eine Darstellung im Vollbild, klicken Sie links oben im Fenster auf das Symbol .

WISSEN

Um auf die Schnelle Einblick in eine Datei zu erhalten, müssen Sie diese nicht gleich öffnen. Ihr Mac bietet die nützliche Funktion *QuickLook*, bei der eine Datei schnell in einem Übersichtsfenster angezeigt werden kann. Besonders bei Bildern ist das äußerst praktisch, um diese im Großformat zu betrachten.

4

5

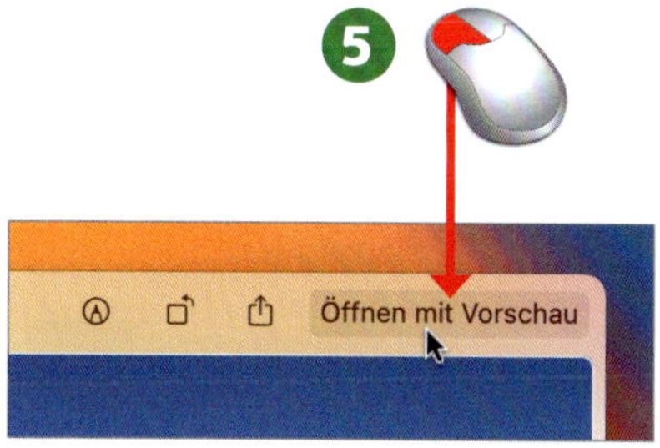

6

4 Wenn Sie eine Datei weiterreichen möchten, klicken Sie im Übersichtsfenster auf das Symbol [Teilen-Symbol].

5 Die Datei lässt sich direkt aus dem Übersichtsfenster heraus in der dafür vorgesehenen App öffnen. Hierzu finden Sie rechts oben die Schaltfläche *Öffnen mit Vorschau*.

6 Das Foto wurde in der App *Vorschau* geöffnet, die weitere Optionen rund um die Datei bietet.

Ende

HINWEIS

Um zu bestimmen, mit welcher App eine Datei generell geöffnet werden soll, wählen Sie diese im Fenster *Informationen* im Abschnitt *Öffnen mit* aus.

HINWEIS

Mehrere Bilder in einem Ordner lassen sich im Übersichtsfenster komfortabel durchsehen. Blättern Sie diese bei geöffnetem Übersichtsfenster mit der Taste [→] durch.

Start

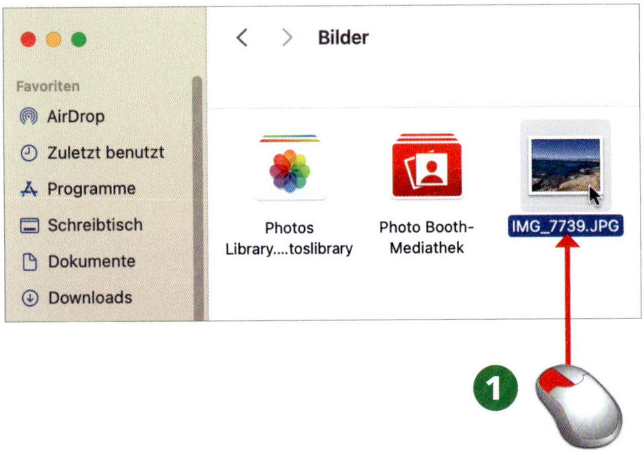

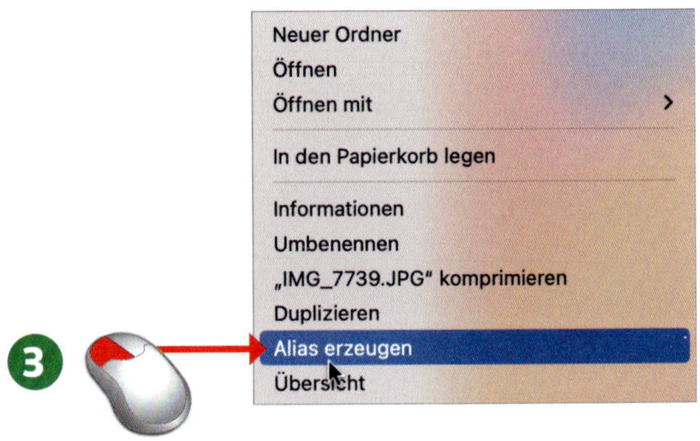

1. Um einen Alias zu erzeugen, wählen Sie das Element im Finder aus.

2. Klicken Sie in der Symbolleiste auf das Symbol (···) ⌄.

3. Wählen Sie im Menü den Eintrag *Alias erzeugen*. Der Alias wird im gleichen Ordner angelegt, in dem sich auch das Element befindet.

WISSEN

Aus jedem Element im Finder lässt sich ein sogenannter Alias erzeugen. Hierbei handelt es sich einfach um eine Verknüpfung, die auf das eigentliche Element verweist, d. h., Sie können per Doppelklick auf einen Alias das verknüpfte Element öffnen. Wenn Sie den Alias löschen, bleibt das Element aber selbstverständlich erhalten. Der Alias ist besonders praktisch, um ein Element auf dem Schreibtisch verfügbar zu machen.

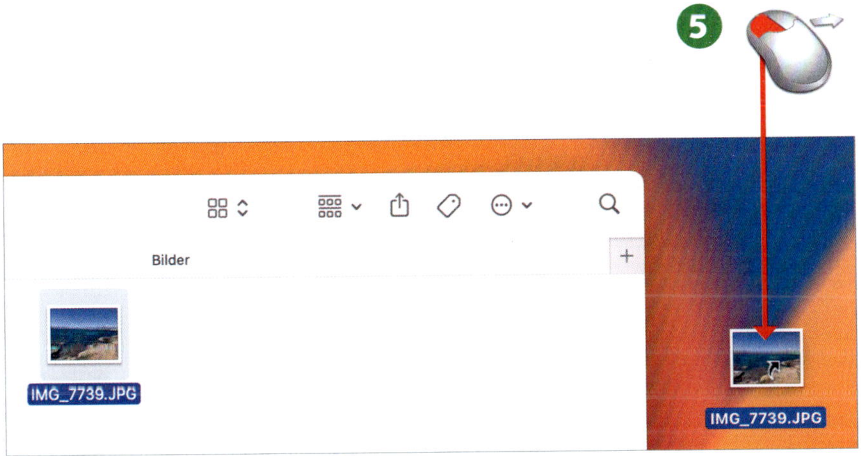

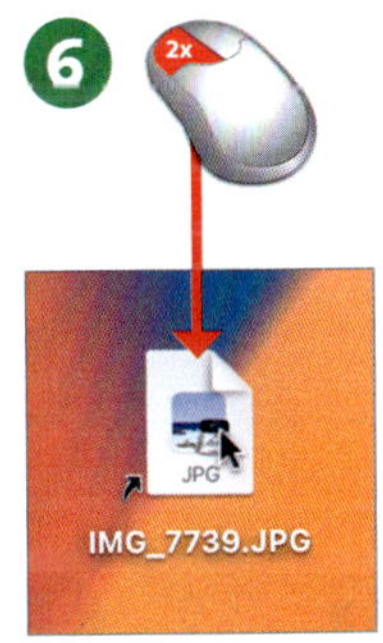

4 Um einen Alias direkt auf dem Schreibtisch zu erzeugen, gibt es noch eine einfachere Möglichkeit: Klicken Sie das Element an und drücken Sie gleichzeitig die Tasten *option* + *command*.

5 Ziehen Sie das Element bei gedrückten Tasten aus dem Finder-Fenster auf den Schreibtisch.

6 Lassen Sie zunächst die Maustaste und dann die Tasten los. Sie sehen: Der Alias steht auf dem Schreibtisch zur Verfügung. Die verknüpfte Datei lässt sich mit einem Doppelklick auf den Alias öffnen.

Ende

TIPP

Sie möchten die Originaldatei eines Alias aufrufen? Klicken Sie den Alias dazu mit der rechten Maustaste bzw. bei gedrückter *control*-Taste an und wählen Sie *Original zeigen*.

TIPP

Oder so: Drücken Sie die Tastenkombination *command* + *R*, um sich das Original des ausgewählten Alias anzeigen zu lassen.

Start

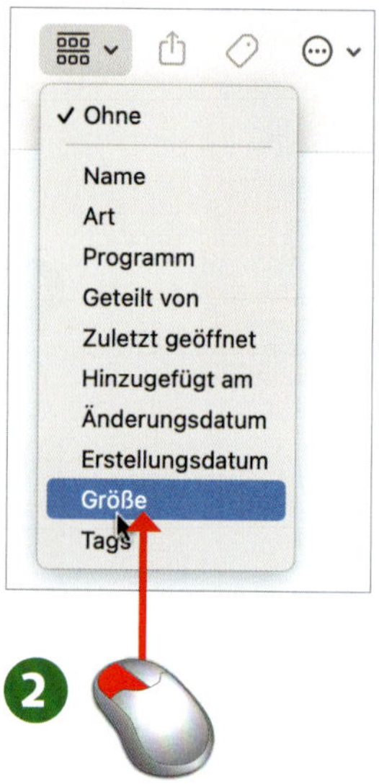

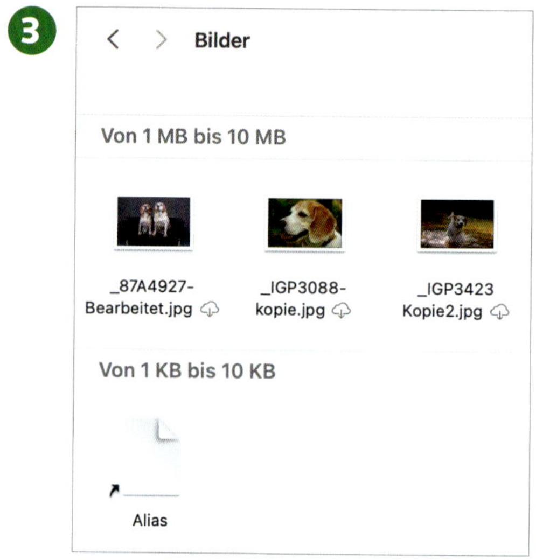

1. Zum Gruppieren der Dateien in einem Ordner klicken Sie in der Symbolleiste auf das Symbol ⌵.
2. Wählen Sie ein Kriterium aus, nach dem die Dateien gruppiert werden sollen. In diesem Fall entscheide ich mich für den Eintrag *Größe*.
3. Die Dateien im Ordner werden prompt nach ihrer Größe gruppiert.

WISSEN

Um mehr Übersicht in Ihre Dateien zu bringen, lassen sich diese in einem Ordner nach bestimmten Kriterien gruppieren (»ausrichten«) bzw. sortieren (»aufräumen«). Wie einfach das im Finder geht, erkläre ich Ihnen auf dieser Doppelseite.

TIPP

Blenden Sie mit dem Tastenkürzel command + J die Darstellungsoptionen ein, um dort ebenfalls Menüs zum Gruppieren und Sortieren zu erhalten.

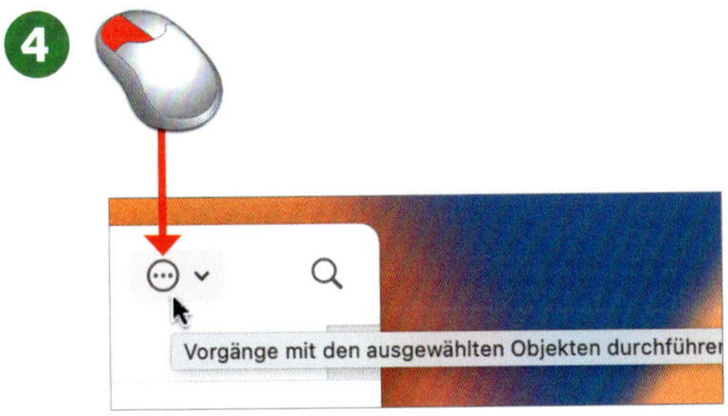

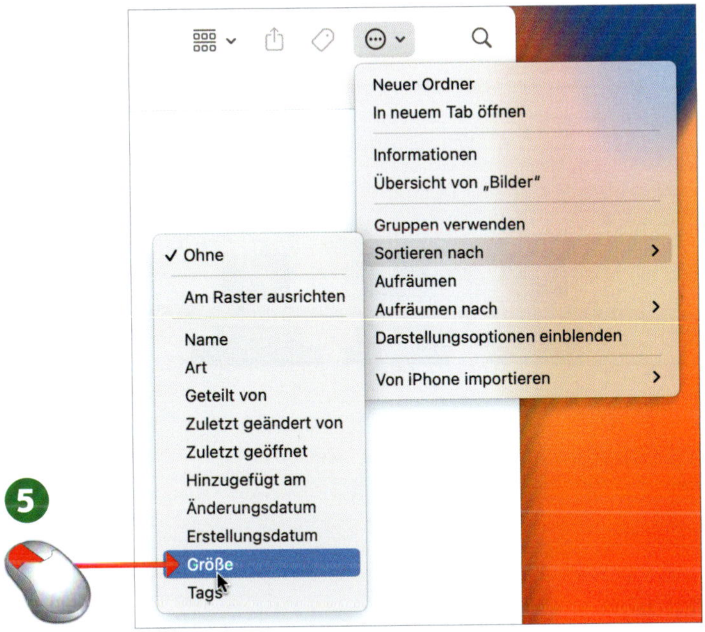

4 Zum Sortieren der Dateien klicken Sie auf das Symbol.

5 Wählen Sie im Menü *Sortieren nach* und dann wieder das gewünschte Kriterium, in diesem Fall wiederum *Größe*.

6 Die Dateien werden im Ordner nach dem ausgewählten Kriterium sortiert, wie hier in der Listenansicht ersichtlich wird.

Ende

HINWEIS

Auf dem Schreibtisch lassen sich Dateien auch automatisch stapeln. Klicken Sie dazu mit der rechten Maustaste bzw. bei gedrückter control -Taste auf den Schreibtisch und wählen Sie *Stapel verwenden*. Unter *Stapel gruppieren nach* legen Sie die Kriterien für die Stapelung fest.

TIPP

Entscheiden Sie sich in der Symbolleiste des Finders für die Listenansicht, um eine nützliche Sortierleiste einzublenden.

Start

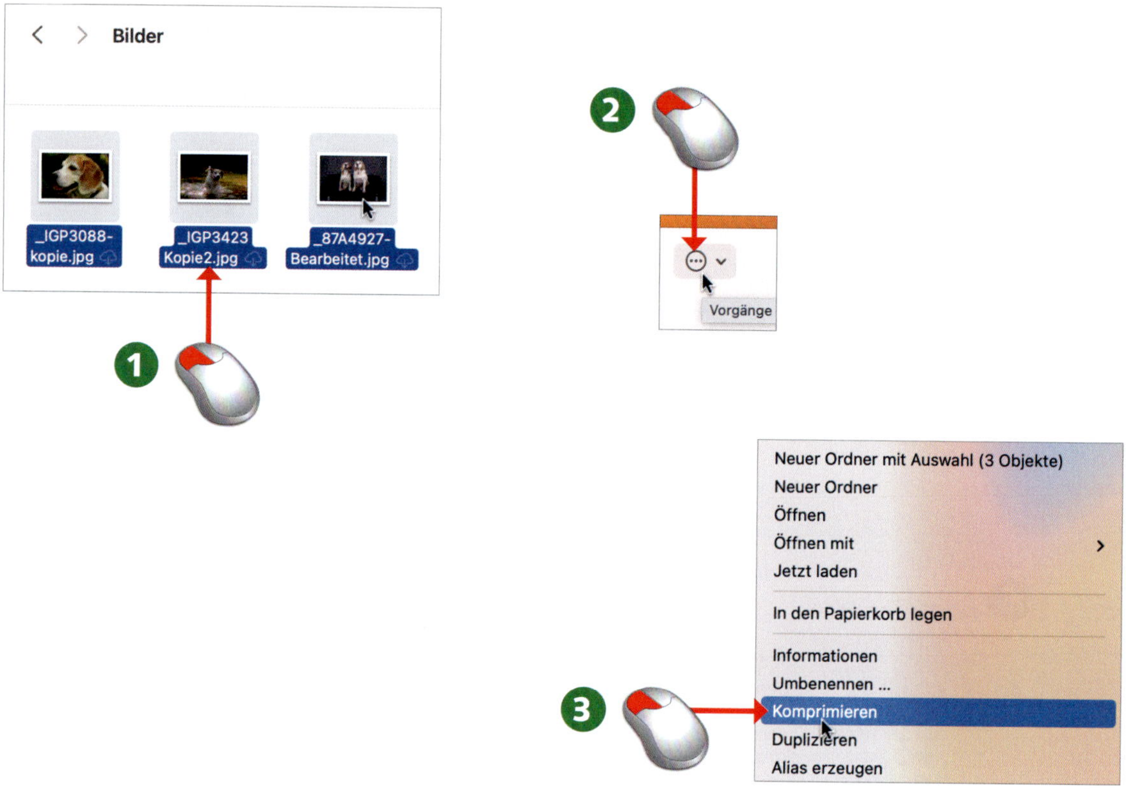

1. Markieren Sie im ersten Schritt die Dateien, die Sie komprimieren möchten. Sind es mehrere Dateien, klicken Sie diese bei gedrückter *command*-Taste an.
2. Entscheiden Sie sich in der Symbolleiste für das Symbol ⊙ ⌄.
3. Im Menü klicken Sie nun auf den Eintrag *Komprimieren*.

WISSEN

Das Komprimieren von Dateien im ZIP-Format bietet nicht nur eine gute Möglichkeit, selten benötigte Dateien auf dem Computer zu archivieren. Das Komprimieren ist insbesondere auch zum Weiterreichen mehrerer Dateien als einzelnes Element äußerst praktisch. ZIP-Archive lassen sich nicht nur auf einem Mac, sondern auch auf anderen Plattformen wieder »entpacken«.

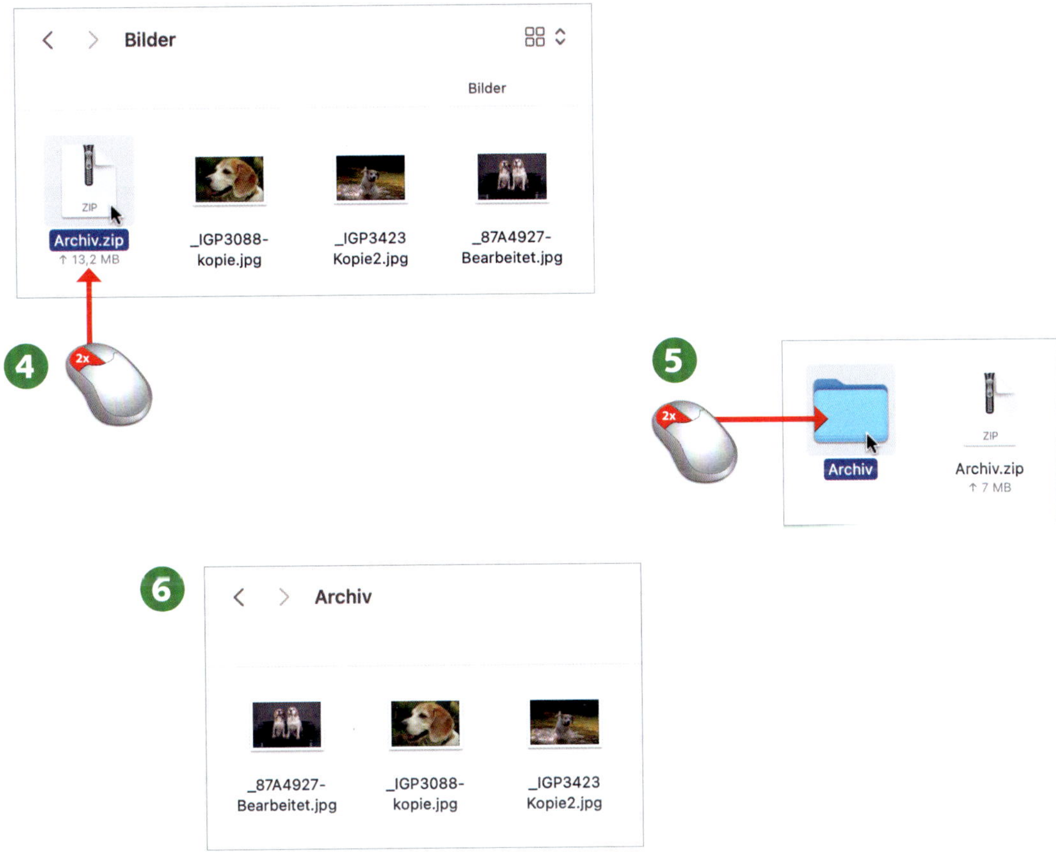

4 Das ZIP-Archiv wird am gleichen Speicherort angelegt. Um ein ZIP-Archiv wieder zu entpacken, doppelklicken Sie darauf.

5 Doppelklicken Sie anschließend auf den zum Vorschein kommenden Ordner, um diesen zu öffnen.

6 Prompt erhalten Sie Zugriff auf die enthaltenen Dateien. Genauso gehen Sie zum »Entpacken« auch vor, wenn Sie selbst ein ZIP-Archiv zugeschickt bekommen. Entpacken Sie aus Sicherheitsgründen aber nur die Archive bekannter Absender!

Ende

HINWEIS

Um ein Archiv – aber auch sonstige Elemente – umzubenennen, klicken Sie zweimal langsam hintereinander darauf und geben den gewünschten neuen Namen ein.

TIPP

Um mehrere Archivtypen entpacken zu können, entscheiden Sie sich für eine Zusatzsoftware wie etwa die kostenlose App *The Unarchiver*. Zum Download neuer Apps dann alles in Kapitel 5.

Start

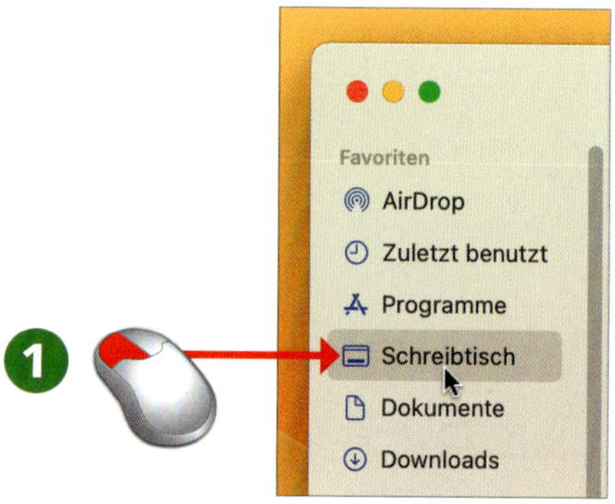

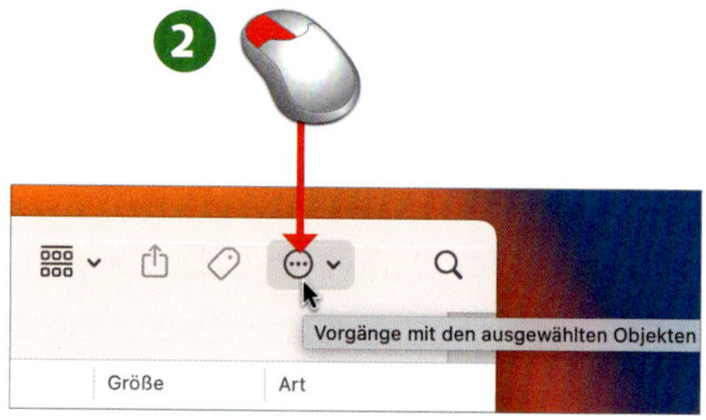

1. Wählen Sie den Speicherort aus, an dem der neue Ordner erstellt werden soll. Hier entscheide ich mich beispielsweise für den Speicherort *Schreibtisch*.
2. Klicken Sie in der Symbolleiste auf das Symbol .
3. Im sich öffnenden Menü entscheiden Sie sich für den Eintrag *Neuer Ordner*.

WISSEN

Genauso wie Sie in Ihrem Aktenschrank verschiedene Ordner anlegen, um Unterlagen zu sortieren, legen Sie im Finder Ordner an – und wenn gewünscht weitere Ordner innerhalb eines Ordners. Die Möglichkeiten, Ihre Dateien thematisch zu sortieren, sind dadurch unbegrenzt, und Sie finden so auch bei vielen gespeicherten Dateien stets die gesuchte.

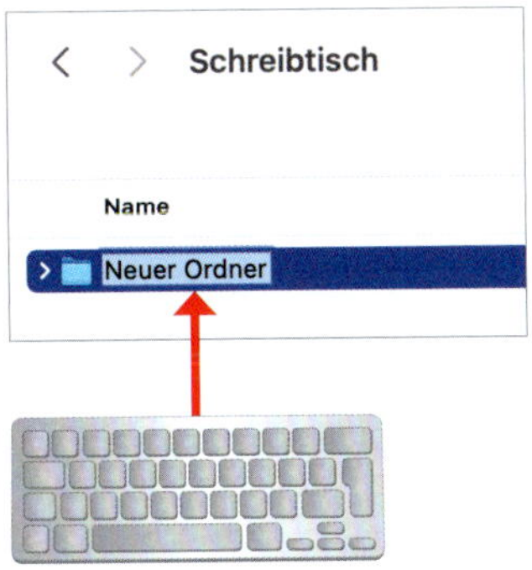

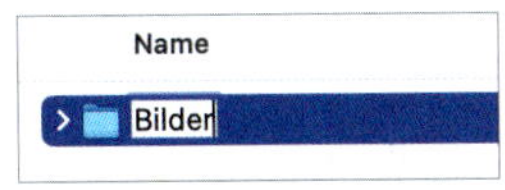

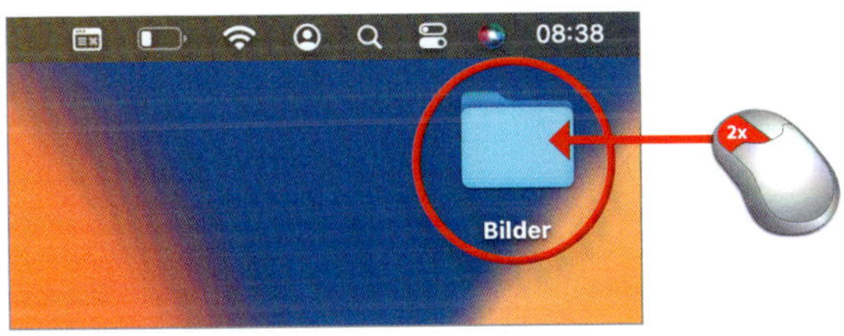

4 Der neue Ordner wird am ausgewählten Speicherort erstellt. Tippen Sie einen sinnvollen Ordnernamen ein.

5 Bestätigen Sie Ihre Eingabe mit der [↵]-Taste.

6 Schon ist der Ordner aufnahmebereit für die passenden Dateien. Das Öffnen auf dem Schreibtisch erfolgt per Doppelklick.

Ende

TIPP

Einen neuen Ordner per Tastenkombination erstellen: Drücken Sie dazu [⇧]+[command]+[N].

HINWEIS

Einen Ordner gegen Änderungen schützen: Öffnen Sie dazu – wie bereits kennengelernt – das Fenster *Informationen* und aktivieren Sie das Kontrollkästchen *Geschützt*.

Start

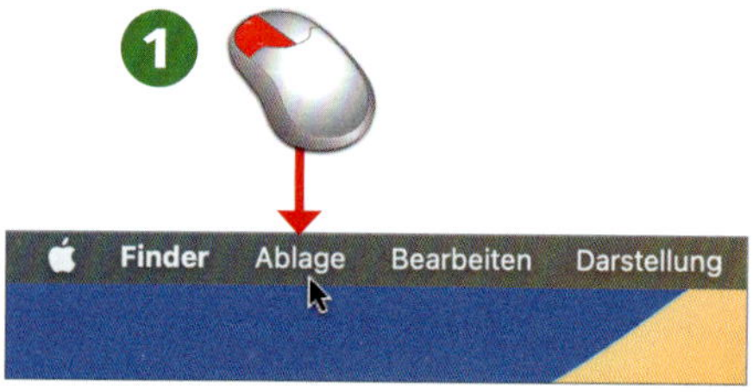

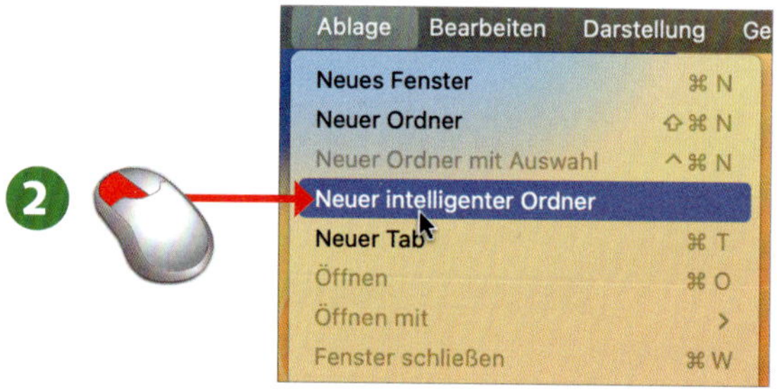

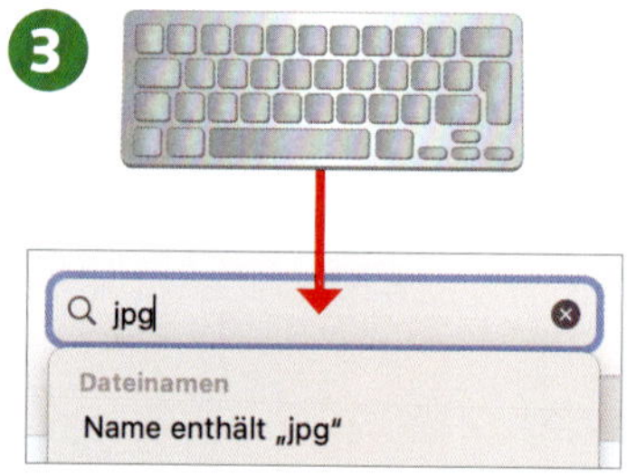

1. Entscheiden Sie sich in der Menüleiste des Finders für *Ablage*. – Auch in der Menüleiste lassen sich alle bisher kennengelernten Optionen aufrufen.
2. Im sich öffnenden Menü wählen Sie den Eintrag *Neuer intelligenter Ordner*.
3. Geben Sie einen oder mehrere Suchbegriffe ein – die Suche dient als Basis für den intelligenten Ordner.

WISSEN

Eine Alternative zum herkömmlichen Ordner bietet der »intelligente Ordner«, bei dem einfach eine Suche durchgeführt wird – die passenden Elemente werden in den Ordner aufgenommen, ohne dass deren ursprünglicher Speicherort verändert wird. Neue Dateien, die von der Suche erfasst werden, nimmt der intelligente Ordner automatisch auf.

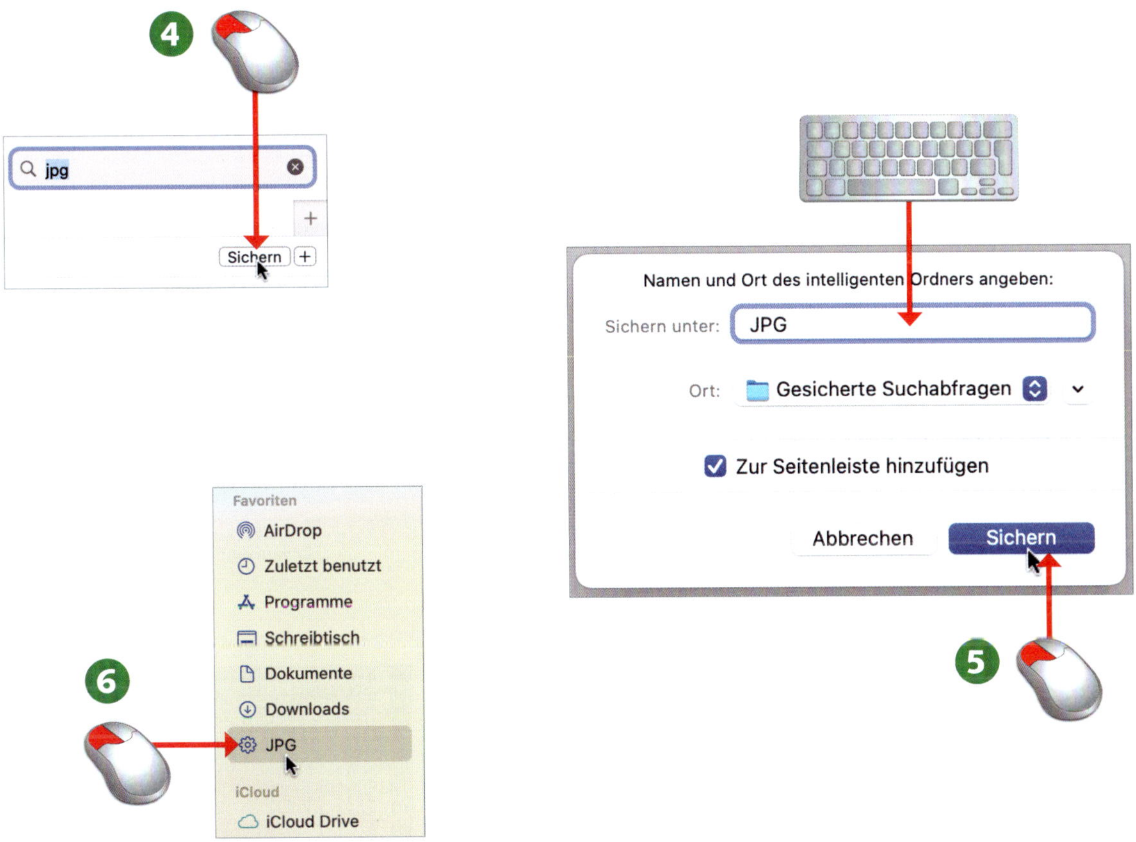

4 Liefert die Suche das gewünschte Ergebnis? Dann klicken Sie unterhalb des Suchfeldes auf die Schaltfläche *Sichern*.

5 Geben Sie dem intelligenten Ordner eine sinnvolle Bezeichnung und bestätigen Sie mit *Sichern*.

6 Um die durchgeführte Suche jederzeit erneut aufzurufen, klicken Sie den intelligenten Ordner in der Seitenleiste des Finders an.

Ende

HINWEIS

Möchten Sie weitere Suchkriterien eingeben? Dazu klicken Sie rechts neben der Schaltfläche *Sichern* auf das Plussymbol [+].

TIPP

Auch für das Anlegen eines neuen intelligenten Ordners gibt es eine Tastenkombination, nämlich [option]+[command]+[N].

Start

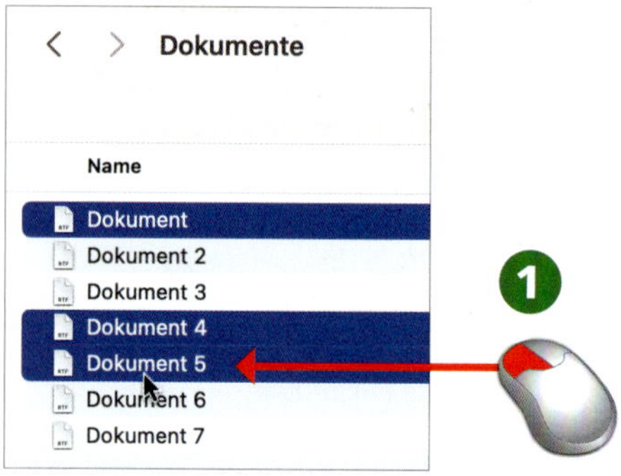

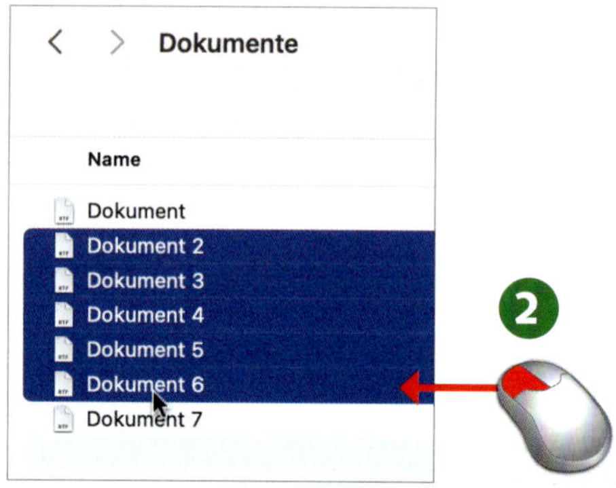

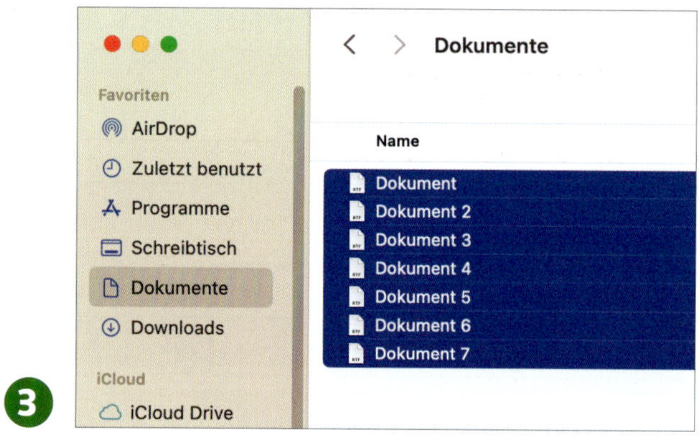

1. Markieren Sie zunächst die Dateien, die Sie kopieren oder verschieben möchten. Mehrere Dateien klicken Sie dazu bei gedrückter *command*-Taste an.

2. Oder wollen Sie mehrere Dateien in einer Reihe auswählen? Dazu klicken Sie zunächst die erste Datei an und dann, bei gedrückter ⇧-Taste, die letzte Datei. Das funktioniert allerdings nicht in der Symbolansicht.

3. Auch alle Elemente in einem Ordner lassen sich auswählen. Drücken Sie dazu die Tastenkombination *command*+*A*. Alternativ wählen Sie in der Menüleiste des Finders *Bearbeiten/Alles auswählen*.

WISSEN

Copy-and-paste – das Kopieren und Einsetzen – verwenden Sie, um Elemente von einem Speicherort zu einem anderen zu transferieren. Sie können dabei entscheiden, ob die Elemente am ursprünglichen Speicherort erhalten bleiben sollen oder nicht. Wie Sie Dateien auswählen und kopieren oder verschieben, zeige ich Ihnen auf dieser Doppelseite.

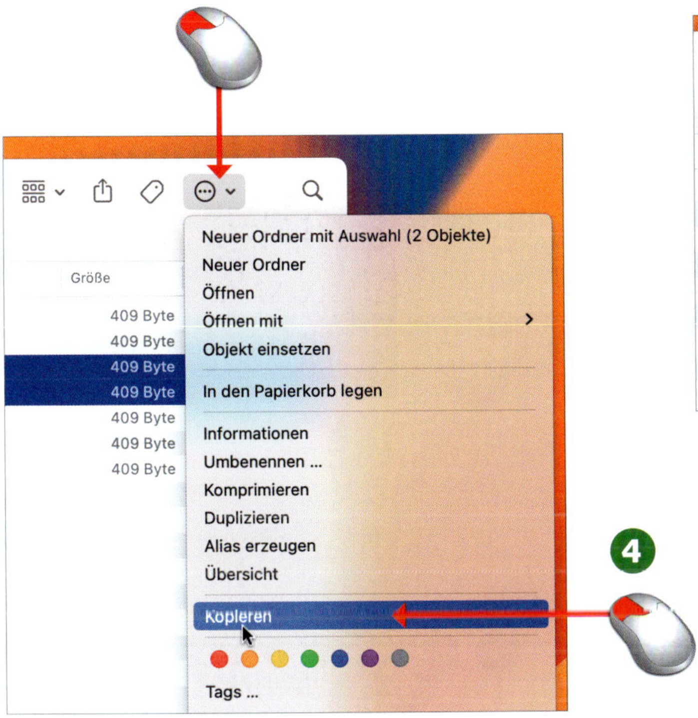

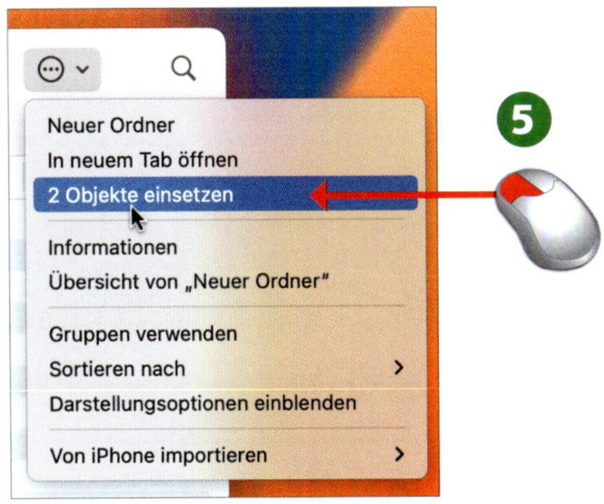

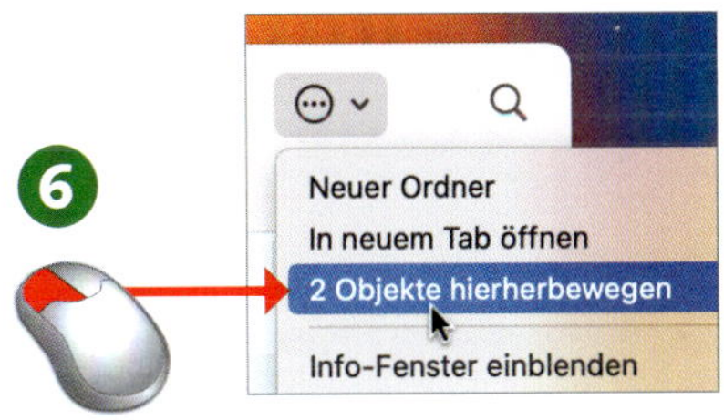

4 Klicken Sie in der Symbolleiste auf das Symbol ⋯ ⌄ und wählen Sie den Eintrag *Kopieren*.

5 Zum Kopieren der Elemente – diese bleiben dann am ursprünglichen Speicherort erhalten – öffnen Sie den gewünschten neuen Speicherort und wählen unter dem Symbol ⋯ ⌄ den Eintrag *Objekte einsetzen*.

6 Zum Verschieben der Elemente – diese werden dann am ursprünglichen Speicherort gelöscht – öffnen Sie den gewünschten neuen Speicherort, klicken auf das Symbol ⋯ ⌄ und drücken gleichzeitig die option-Taste. Wählen Sie den auf diese Weise eingeblendeten Eintrag *Objekte hierher bewegen*.

Ende

TIPP

Das Ganze geht ebenfalls per Tastenkombination: Drücken Sie command+C zum Kopieren, command+V zum Einsetzen bzw. option+command+V zum Verschieben.

HINWEIS

Wenn Sie in der Menüleiste ein Menü öffnen und die option-Taste drücken, ändern sich häufig einige Optionen. Außerdem lassen sich Auslassungszeichen (...) wegzaubern und dadurch Funktionen direkt ausführen.

Start

1

2

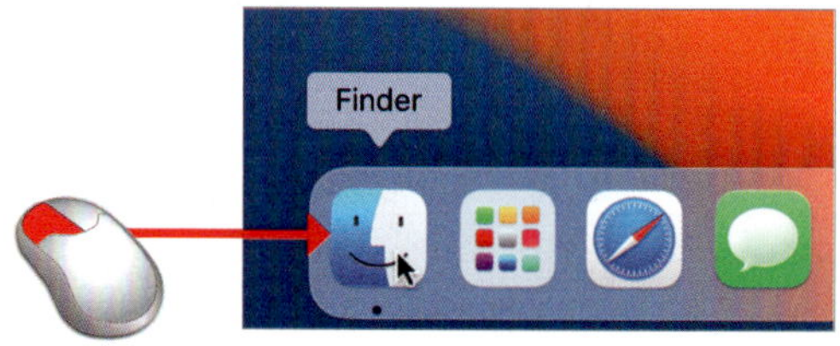

3

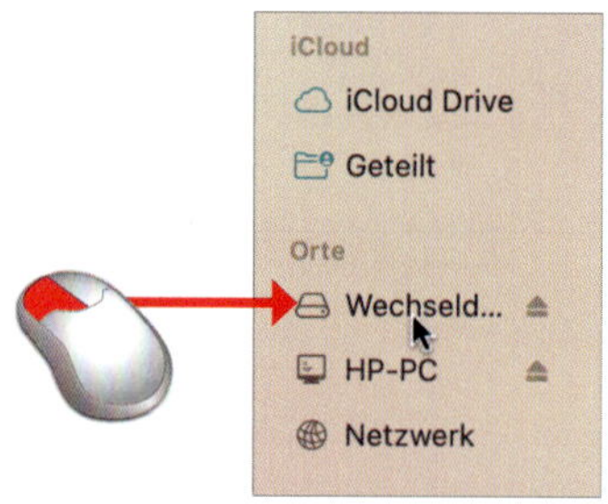

1. Stöpseln Sie den USB-Speicherstick in einen der USB-Anschlüsse Ihres Macs ein. In diesem Fall wird für den Anschluss eines herkömmlichen USB-Sticks an ein MacBook ein zusätzlicher Adapter benötigt (USB C auf USB A).
2. Öffnen Sie den Finder.
3. Wählen Sie den USB-Speicherstick in der Seitenleiste im Abschnitt *Orte* aus, um auf die darauf enthaltenen Dateien zuzugreifen.

WISSEN

USB-Speichersticks bzw. Wechseldatenträger im Allgemeinen sind auch im Cloud-Zeitalter eine nützliche Sache, um Daten von A nach B zu tragen, etwa Fotos, die Sie auf dem Smart-TV eines Freundes vorführen möchten. Die kennengelernte Copy-and-paste-Funktion nutzen Sie auch bei USB-Speichersticks. Hier möchte ich Ihnen aber noch eine weitere Methode vorstellen: Drag-and-drop – Ziehen und Loslassen.

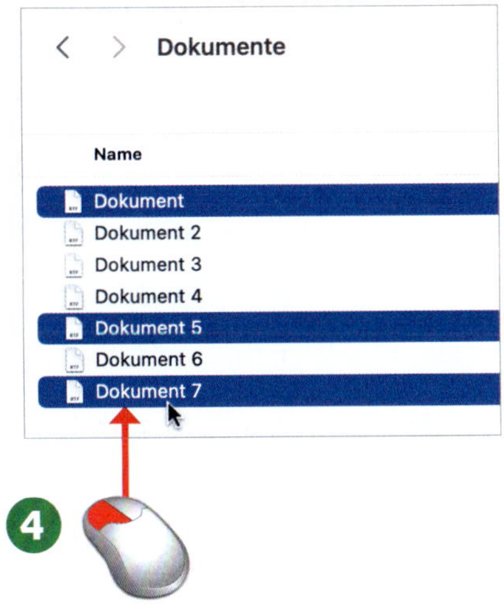

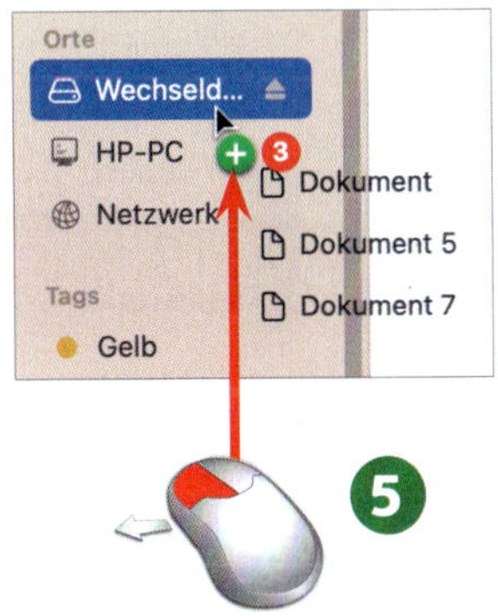

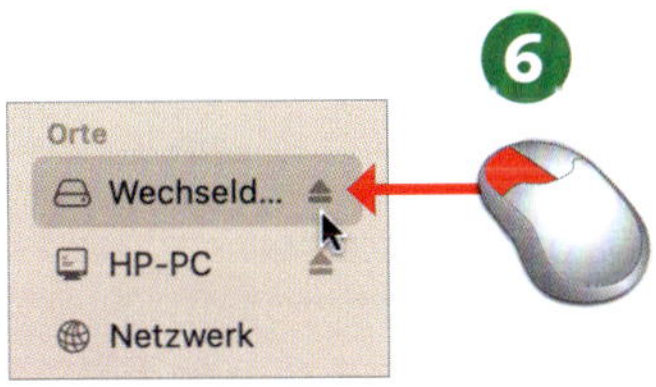

4 Um den USB-Speicherstick mit weiteren Dateien zu füttern, öffnen Sie den entsprechenden Speicherort. Die Auswahl der Dateien erfolgt wie gehabt per Mausklick bei gedrückter *command*-Taste.

5 Nun geht es ans Drag-and-drop: Ziehen Sie die ausgewählten Elemente bei gedrückter Maustaste auf den Eintrag des USB-Sticks in der Seitenleiste und lassen Sie dann die Maustaste los.

6 Sie können auch noch Elemente von anderen Speicherorten auf den USB-Speicherstick kopieren. Wenn Sie fertig sind, klicken Sie neben dem entsprechenden Eintrag in der Seitenleiste auf das Symbol ⏏, um den USB-Speicherstick auszuwerfen.

Ende

HINWEIS

Wenn Sie den USB-Speicherstick vom Mac entfernen, ohne ihn vorher auszuwerfen, erscheint ein Fehlerhinweis. In den meisten Fällen passiert aber sonst nichts Schlimmes, Sie sollten es aber dennoch vermeiden, um etwaigem Datenverlust vorzubeugen.

TIPP

Den USB-Speicherstick umbenennen oder Informationen dazu aufrufen: Klicken Sie den Eintrag in der Seitenleiste mit der rechten Maustaste bzw. bei gedrückter *control*-Taste an, um entsprechende Optionen zu erhalten.

Start

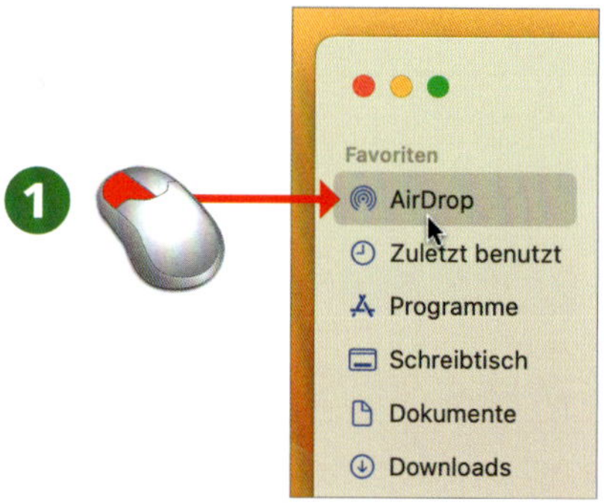

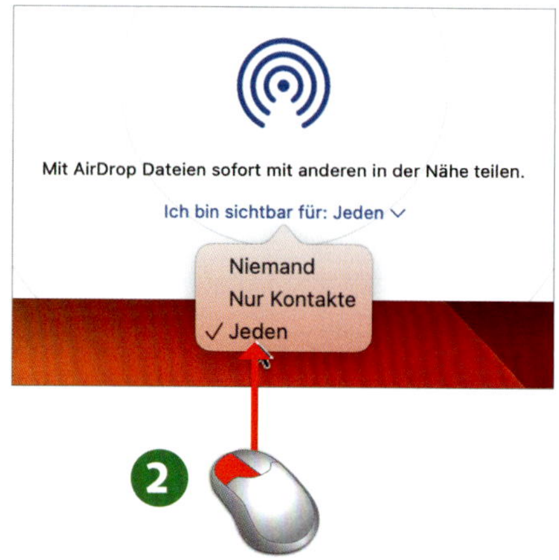

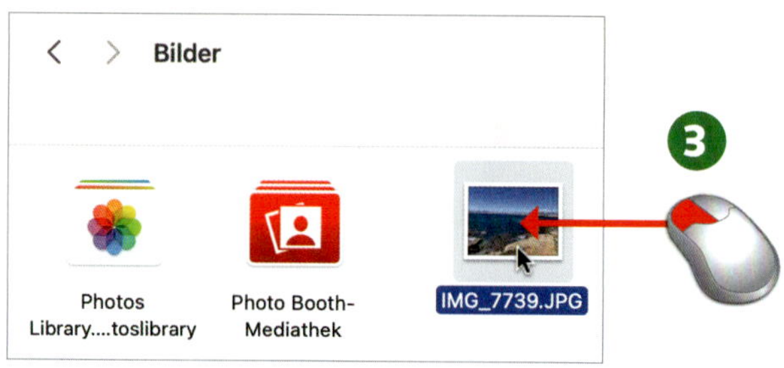

1. Entscheiden Sie sich in der Seitenleiste des Finders für den Eintrag *AirDrop*.

2. Standardmäßig sind Sie nur für Kontakte, die Sie gespeichert haben, über AirDrop erreichbar. Per Menü können Sie jedoch festlegen, dass auch solche Personen Ihnen Dateien per AirDrop senden können, die nicht in Ihren Kontakten verfügbar sind.

3. Wählen Sie nun im Finder die Datei aus, die Sie per AirDrop senden möchten. Hier entscheide ich mich für eine Bilddatei.

WISSEN

Nun möchte ich Ihnen die Funktion AirDrop näher vorstellen, die ich bereits zuvor erwähnt hatte. AirDrop dient dazu, drahtlos Dateien zwischen Apple-Geräten auszutauschen, die sich in der Nähe befinden. Die entsprechenden Dateien werden direkt in den passenden Apple-Apps gespeichert, also z. B. Bilder in der App *Fotos*. Bluetooth muss für die AirDrop-Nutzung aktiviert sein. Welche weiteren Schritte erforderlich sind, zeigt Ihnen diese Anleitung.

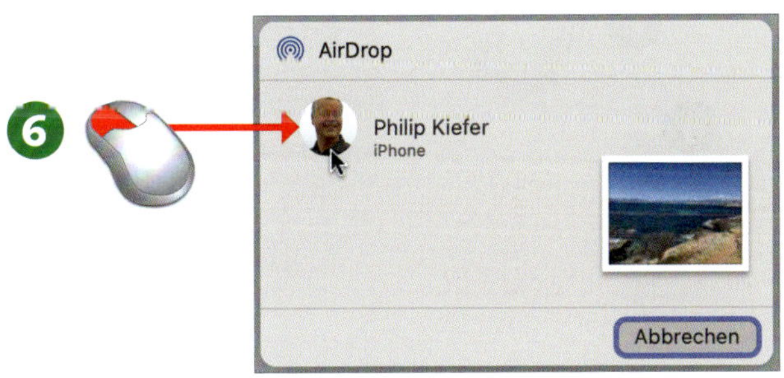

4 Klicken Sie in der Symbolleiste des Finders auf das Symbol .

5 Entscheiden Sie sich im Menü für den Eintrag *AirDrop*.

6 Klicken Sie im folgenden Fenster den AirDrop-Nutzer an, an den Sie die Datei senden möchten. Auch dieser muss AirDrop entsprechend aktiviert und den Bildschirm entsperrt haben. Die empfangene Bilddatei wird in der App *Fotos* gespeichert.

Ende

HINWEIS

Die AirDrop-Funktion können Sie auch aus anderen Apps heraus nutzen, etwa *Fotos*, *Notizen*, *Karten* usw.

HINWEIS

Falls Sie AirDrop in der Seitenleiste des Finders ausgeblendet haben sollten, entscheiden Sie sich in der Menüleiste des Finders für *Gehe zu/AirDrop*.

Start

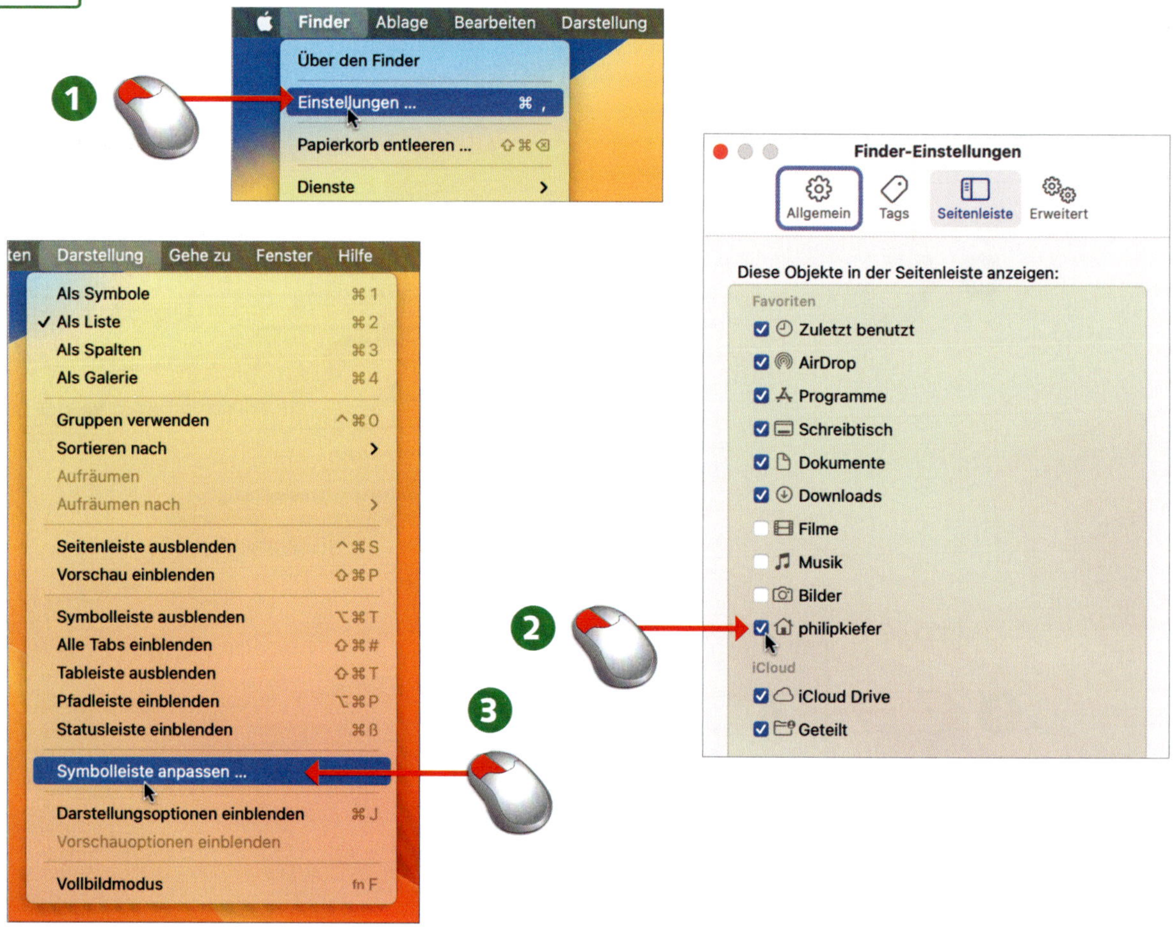

1. Um die Einstellungen des Finders zu bearbeiten, klicken Sie in der Menüleiste des Finders auf *Finder* und dann auf *Einstellungen*.
2. Hier passe ich beispielsweise unter *Seitenleiste* an, welche Elemente in der Seitenleiste des Finders angezeigt werden sollen und welche nicht.
3. Sie möchten die Symbolleiste anpassen? Dazu klicken Sie – bei geöffnetem Finder-Fenster – auf *Darstellung* und dann auf *Symbolleiste anpassen*.

WISSEN

Bestimmte Elemente in der Seitenleiste des Finders ein- oder ausblenden, per Symbol einen neuen Ordner erstellen und mehr: Der Finder lässt sich individuell anpassen. Wie Sie dazu vorgehen, zeige ich Ihnen auf dieser Doppelseite.

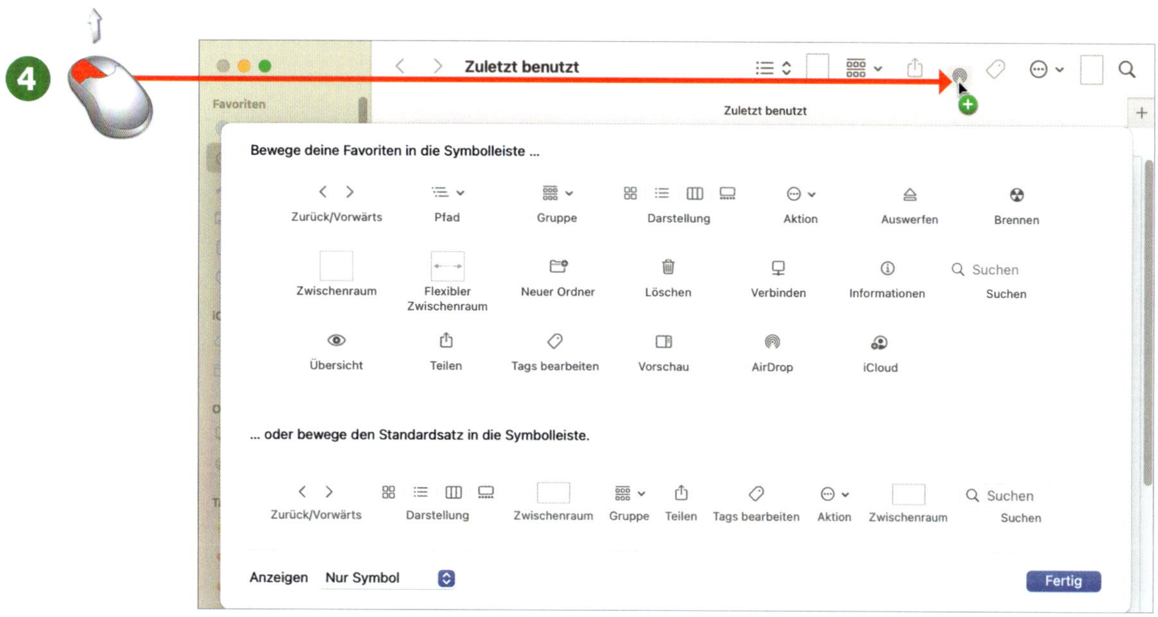

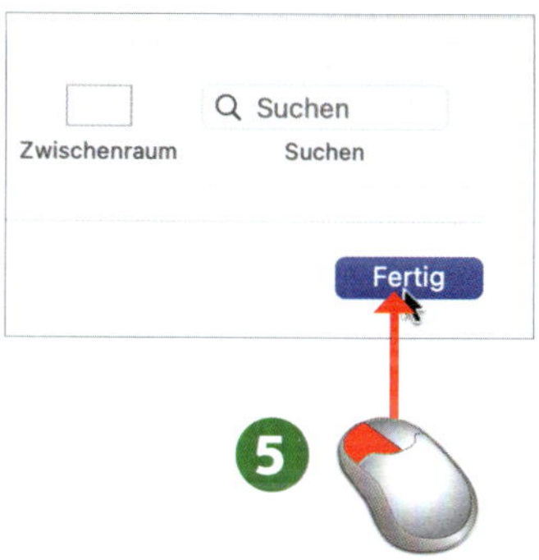

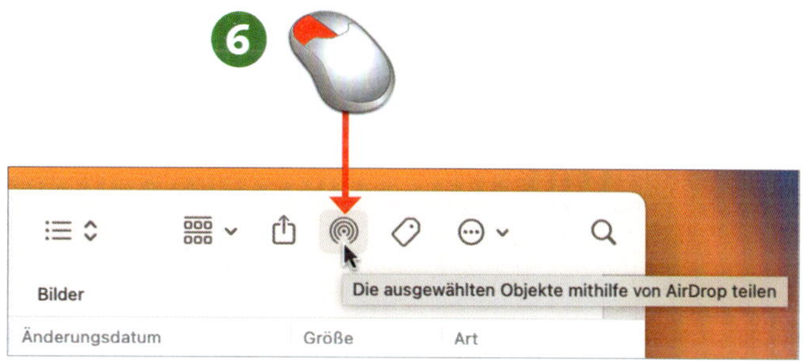

4 Ziehen Sie die gewünschten Symbole bei gedrückter Maustaste in die Symbolleiste.

5 Bestätigen Sie Ihre Auswahl anschließend mit *Fertig*. Auf ähnliche Weise lässt sich die Symbolleiste übrigens auch in weiteren Apps anpassen.

6 Die neuen Symbole stehen zur Verfügung. Klicken Sie ein Symbol an, um die entsprechende Funktion auszuführen.

Ende

TIPP

Um ein Symbol aus der Symbolleiste zu entfernen, ziehen Sie es einfach bei gedrückter Maustaste zurück ins Fenster *Symbolleiste anpassen*.

TIPP

Sie wünschen eine andere Anordnung in der Symbolleiste? Ziehen Sie ein Symbol bei gedrückter Maustaste in eine andere Position.

Start

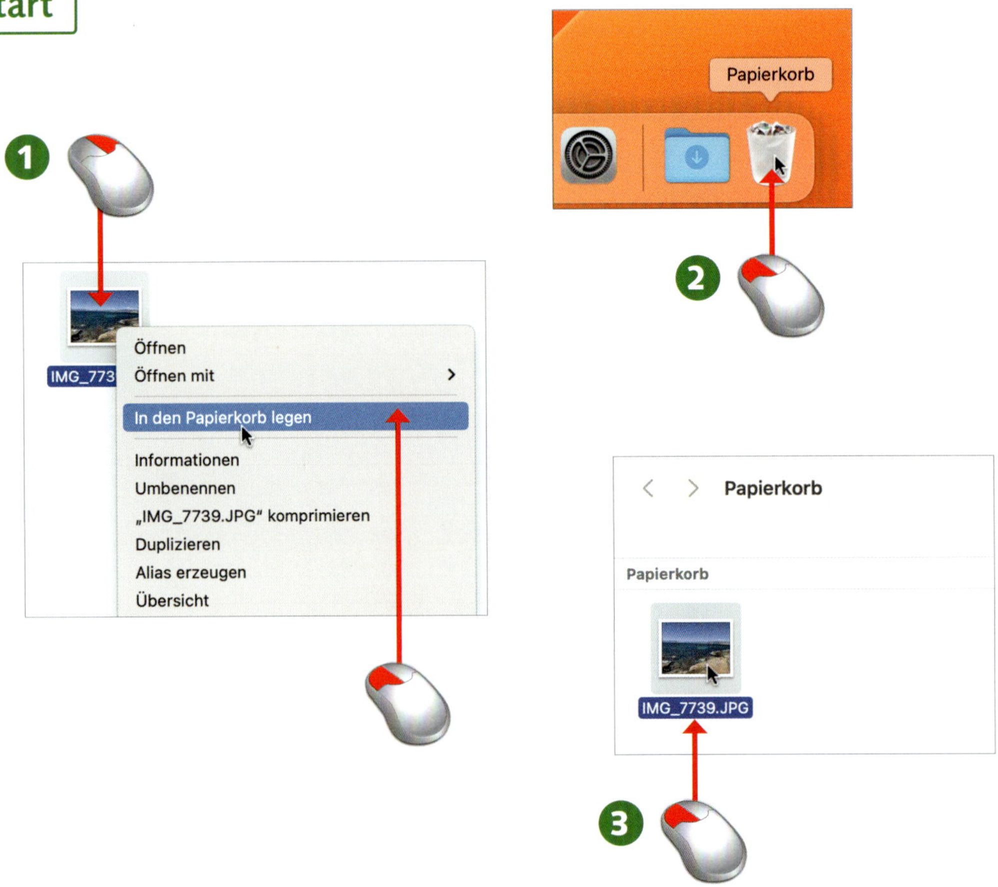

1. Zum Löschen von Elementen klicken Sie diese mit der rechten Maustaste bzw. bei gedrückter control-Taste an und wählen die Option *In den Papierkorb legen*. Alternativ ziehen Sie die Elemente einfach bei gedrückter Maustaste auf das Papierkorbsymbol.
2. Um sich die Inhalte des Papierkorbs anzusehen, klicken Sie auf das Papierkorbsymbol rechts im Dock.
3. Möchten Sie ein Element aus dem Papierkorb am ursprünglichen Speicherort wiederherstellen, wählen Sie dieses aus.

WISSEN

Zu einer gesunden Ordnung gehört bekanntlich auch ein Papierkorb. Auf Ihrem Mac finden Sie einen solchen im Dock. Wie Sie Elemente dorthin verschieben und den Papierkorb leeren oder aber versehentlich gelöschte Elemente aus dem Papierkorb wiederherstellen, erfahren Sie hier.

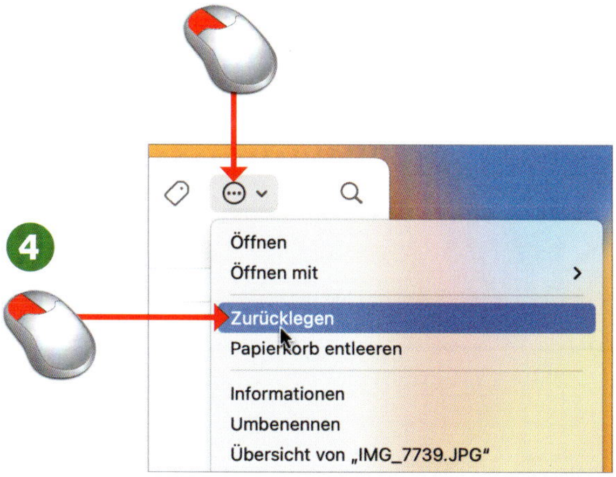

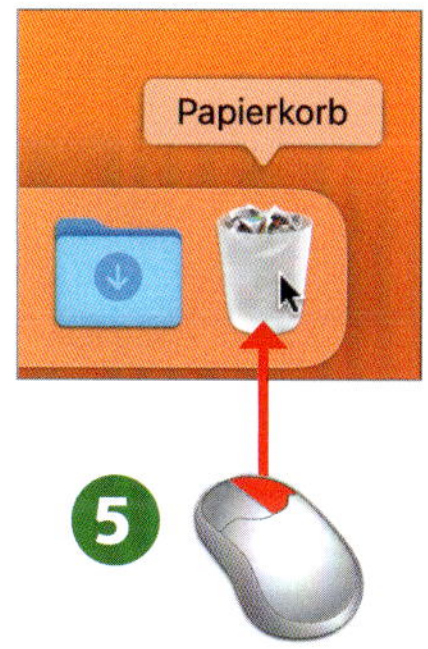

4 Klicken Sie anschließend in der Symbolleiste auf das Symbol ⊙ ⌄ und wählen Sie im Menü den Eintrag *Zurücklegen*.

5 Wenn Sie sämtliche Elemente aus dem Papierkorb löschen möchten, klicken Sie das Papierkorbsymbol mit der rechten Maustaste bzw. bei gedrückter control-Taste an.

6 Wählen Sie im Kontextmenü *Papierkorb entleeren*.

Ende

TIPP

Auch so können Sie die ausgewählten Elemente löschen oder am ursprünglichen Speicherort wiederherstellen: Drücken Sie die Tasten command + ←.

HINWEIS

Um Elemente nach einem Monat automatisch aus dem Papierkorb zu entfernen, öffnen Sie mit *Finder/Einstellungen* die Finder-Einstellungen, wählen *Erweitert* und aktivieren das Kontrollkästchen *Objekte nach 30 Tagen aus dem Papierkorb löschen*.

Yootech

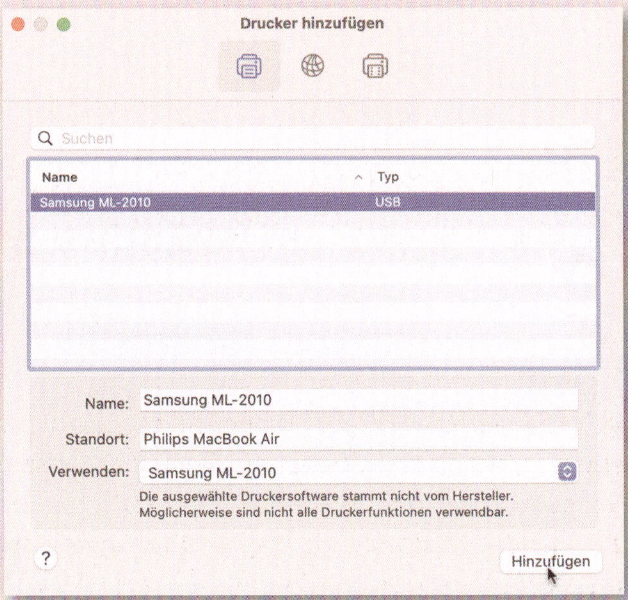
Drucker hinzufügen
Suchen
Name
Typ
Samsung ML-2010
USB
Name: Samsung ML-2010
Standort: Philips MacBook Air
Verwenden: Samsung ML-2010
Die ausgewählte Druckersoftware stammt nicht vom Hersteller.
Möglicherweise sind nicht alle Druckerfunktionen verwendbar.
?
Hinzufügen

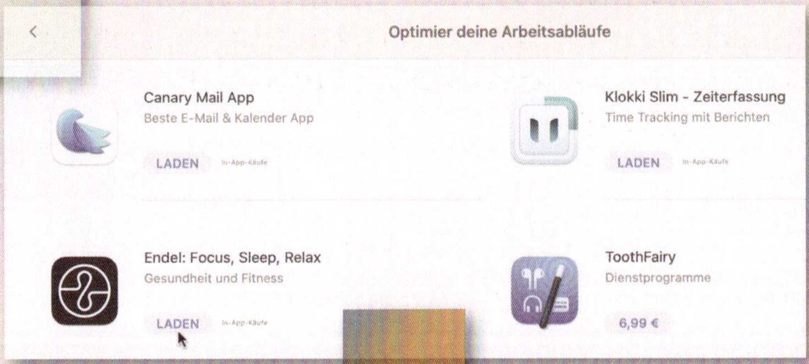
Optimier deine Arbeitsabläufe
Canary Mail App
Beste E-Mail & Kalender App
LADEN
Klokki Slim - Zeiterfassung
Time Tracking mit Berichten
LADEN
Endel: Focus, Sleep, Relax
Gesundheit und Fitness
LADEN
ToothFairy
Dienstprogramme
6,99 €

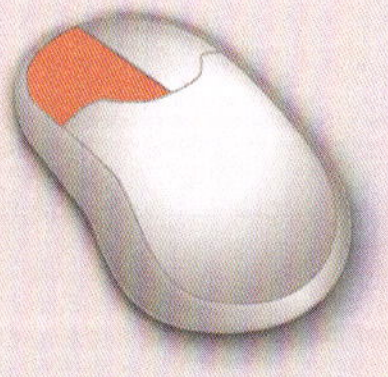

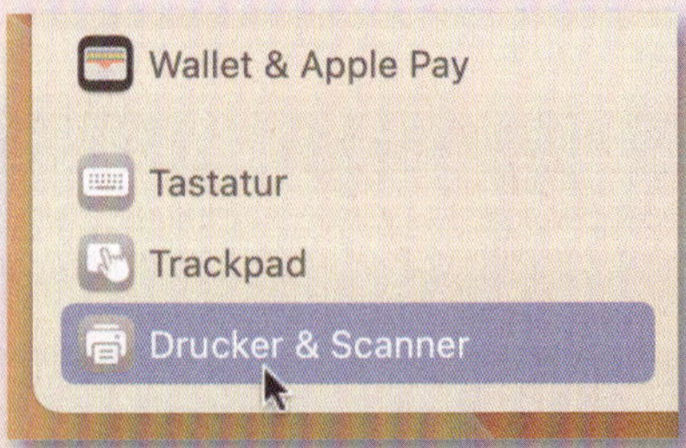
Wallet & Apple Pay
Tastatur
Trackpad
Drucker & Scanner

Numbers

5 Neue Apps und Geräte installieren

Wie Sie bereits wissen, stehen Ihnen auf Ihrem Mac zahlreiche vorinstallierte Apps zur Verfügung. Zum Installieren weiterer Apps können Sie zum einen den in macOS Ventura integrierten App Store nutzen, zum anderen lassen sich Apps aber auch auf konventionelle Weise installieren – seien es Programme aus dem Internet oder von einer Installations-DVD (sofern ein entsprechendes optisches Laufwerk mit dem Mac verbunden wurde). Schließlich lassen sich auch Zusatzgeräte, beispielsweise ein Drucker oder ein Scanner, installieren. In diesem Kapitel finden Sie alle Anleitungen, Tipps und Infos zu diesem Thema. Auch zeige ich Ihnen, wie Sie nicht mehr benötigte Apps wieder vollständig loswerden.

Start

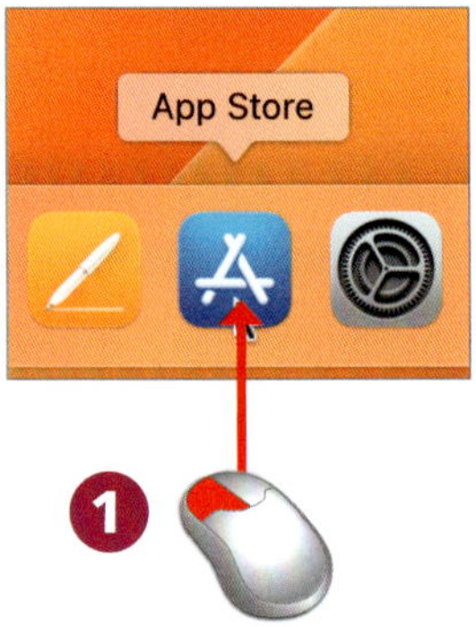

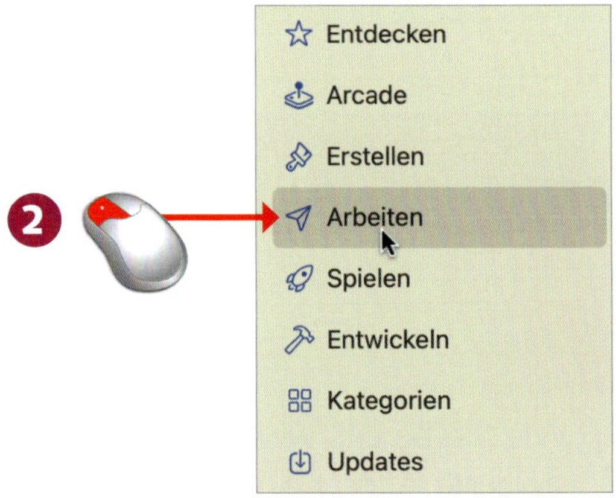

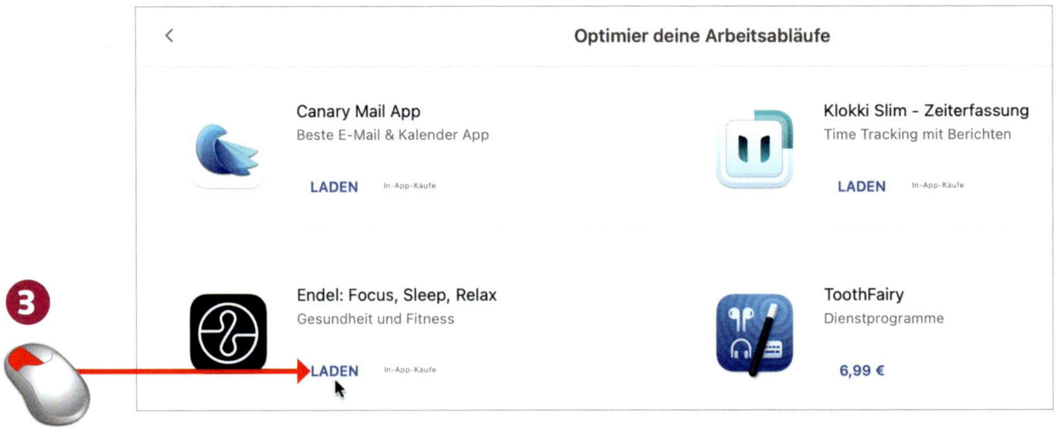

1. Entscheiden Sie sich im Dock für das Öffnen des App Stores.

2. Im App Store werden Ihnen verschiedene Rubriken angeboten, die Sie oben auswählen. Hier klicke ich beispielsweise auf die Rubrik *Arbeiten*.

3. Für weitere Informationen zu einer App, die Sie interessiert, klicken Sie sie an. Um sie herunterzuladen, klicken Sie auf *Laden* – bzw. bei einer kostenpflichtigen App auf den angezeigten Preis.

WISSEN

Über den Mac App Store lassen sich neue Apps auf dem Mac völlig problemlos installieren. Viele Apps werden kostenlos angeboten bzw. sind in der Basisvariante kostenlos und lassen sich durch sogenannte In-App-Käufe aufrüsten. Hier zeige ich Ihnen den App-Download aus dem App Store.

TIPP

Gekaufte Apps, die nicht Ihren Vorstellungen entsprechen, geben Sie wieder zurück. Die Reklamation erfolgt unter *https://reportaproblem.apple.com*.

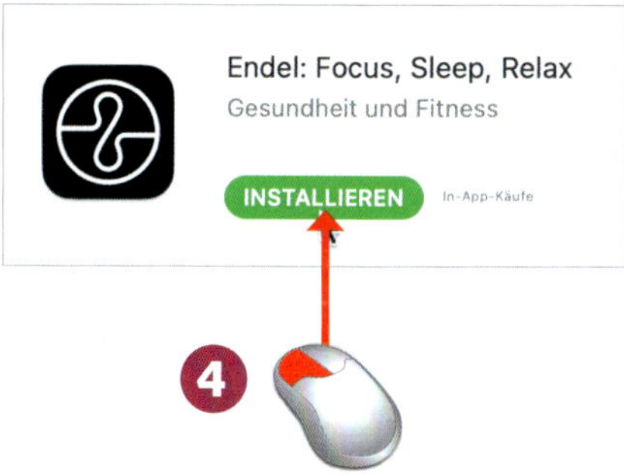

4 Um eine App schließlich auf den Mac zu bringen, klicken Sie auf *Installieren*.

5 Melden Sie sich gegebenenfalls mit Ihrer Apple-ID an, um den Download zu starten. Da der Download im Hintergrund erfolgt, können Sie auch während des Downloads ganz normal am Mac weiterarbeiten.

6 Die heruntergeladene App rufen Sie, wie die anderen Apps auch, im Launchpad auf. Neue oder aktualisierte Apps werden dort mit einem blauen Punkt versehen.

Ende

HINWEIS

Einmal erworbene Apps lassen sich per Symbol jederzeit erneut herunterladen. Eine Übersicht über Ihre Apps finden Sie im App Store, wenn Sie links unten auf Ihren Benutzernamen klicken.

TIPP

Für Spielefans: Sie können im App Store ein Spiele-Abo namens *Apple Arcade* abschließen. Bei Redaktionsschluss waren dafür 4,99 Euro pro Monat fällig, Sie können es jedoch zunächst einen Monat lang kostenlos testen.

Start

1. In diesem Fall möchte ich die App *Firefox* zum Betrachten von Webseiten installieren. Zunächst besorge ich die entsprechende Datei im Internet, und zwar unter der Webadresse *https://www.mozilla.org/de/firefox*.
2. Heruntergeladene Apps befinden sich standardmäßig im Ordner *Downloads*. Öffnen Sie diesen.
3. Doppelklicken Sie auf die Datei, um diese auszuführen.

WISSEN

Auch auf Apps, die nicht im Mac App Store zur Verfügung stehen, müssen Sie nicht verzichten. Es lassen sich auch Apps aus dem World Wide Web sowie gegebenenfalls (bei verbundenem optischem Laufwerk) von DVD installieren. Das ist kein Hexenwerk, wie Ihnen diese Doppelseite beweist.

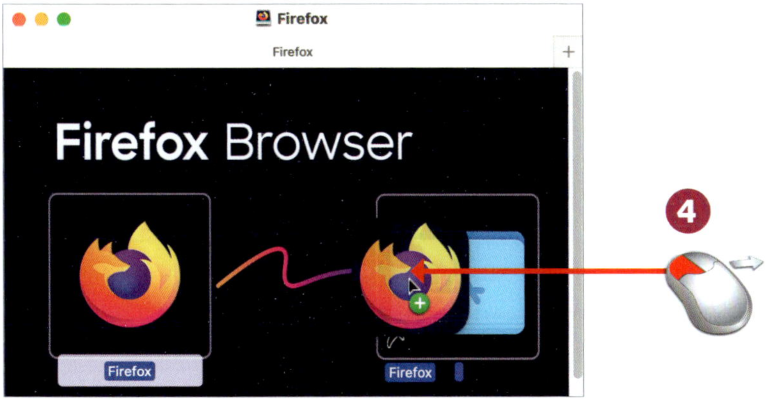

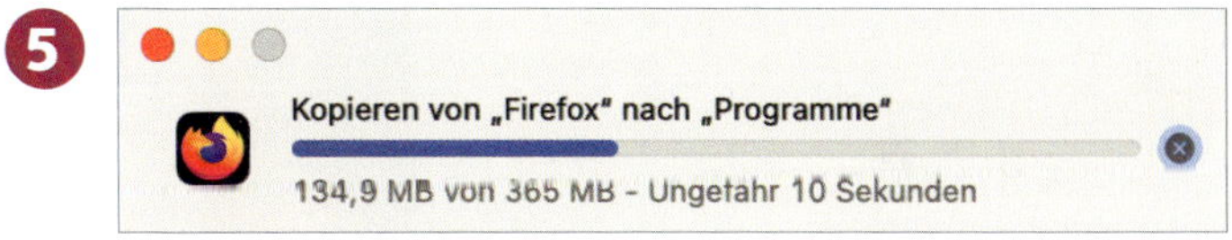

4 In vielen Fällen müssen Sie nun einfach bei gedrückter Maustaste die App in den Programmordner ziehen; in einigen Fällen starten Sie hingegen einen Installationsassistenten.

5 Ihr Mac kopiert die App anschließend in den Programmordner bzw. führt in einigen Fällen weitere Installationsschritte durch.

6 Anschließend steht die App im Launchpad zur Verfügung und kann dort per Mausklick gestartet werden.

Ende

TIPP

Wird eine heruntergeladene Datei nach dem Doppelklick direkt geöffnet, ziehen Sie sie im Finder aus dem Download-Ordner in den Programmordner.

FACHWORT

Die Endung *.dmg* bei den App-Dateien steht übrigens für Apple Disc Image. Es handelt sich um ein Format für Speicherabbilder.

Start

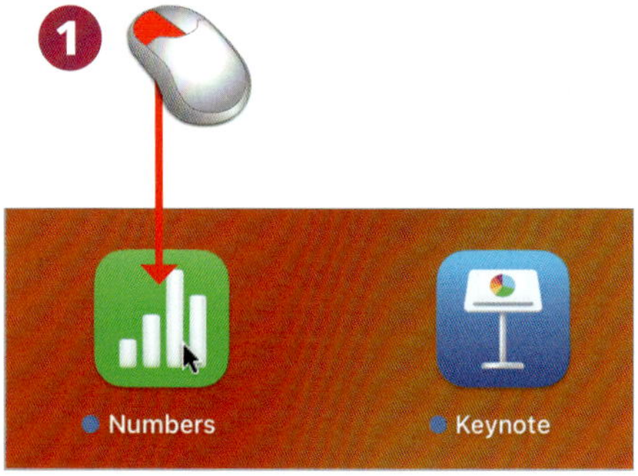

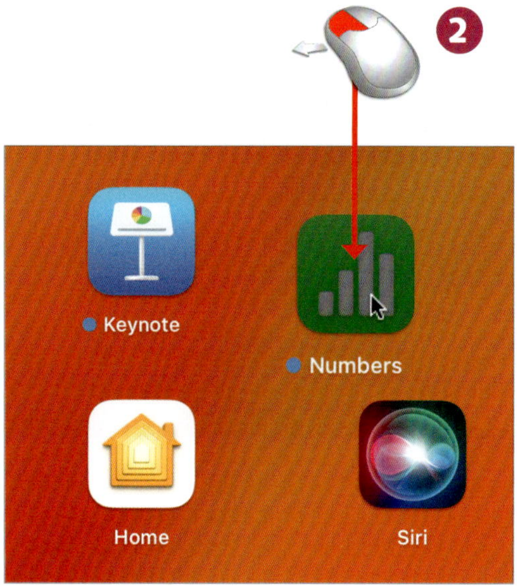

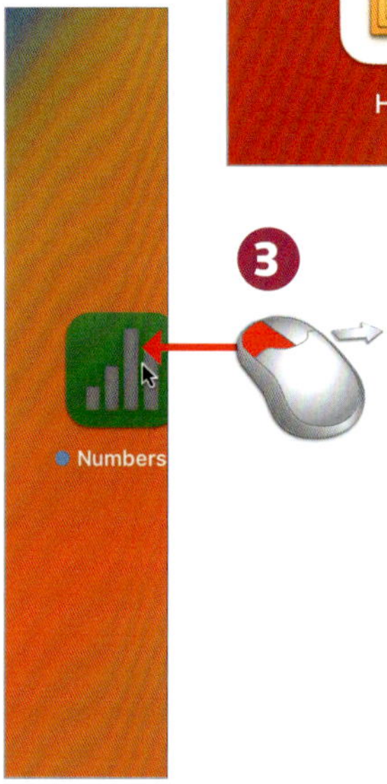

1 Öffnen Sie das Launchpad und klicken Sie auf eine App, die Sie anders positionieren möchten. Halten Sie die App gedrückt.

2 Ziehen Sie die App nun einfach bei gedrückter Maustaste an die gewünschte Position.

3 Eine App lässt sich auch auf einer anderen Seite des Launchpads platzieren. Hierzu bewegen Sie die App bei gedrückter Maustaste zum Bildschirmrand.

WISSEN

Ihre Apps lassen sich im Launchpad beliebig anordnen und thematisch in App-Ordnern sortieren – so wissen Sie stets sofort, wo eine bestimmte App zu finden ist. Eine genaue Anleitung, wie Sie zum Ordnen Ihrer Apps vorgehen, erhalten Sie auf dieser Doppelseite.

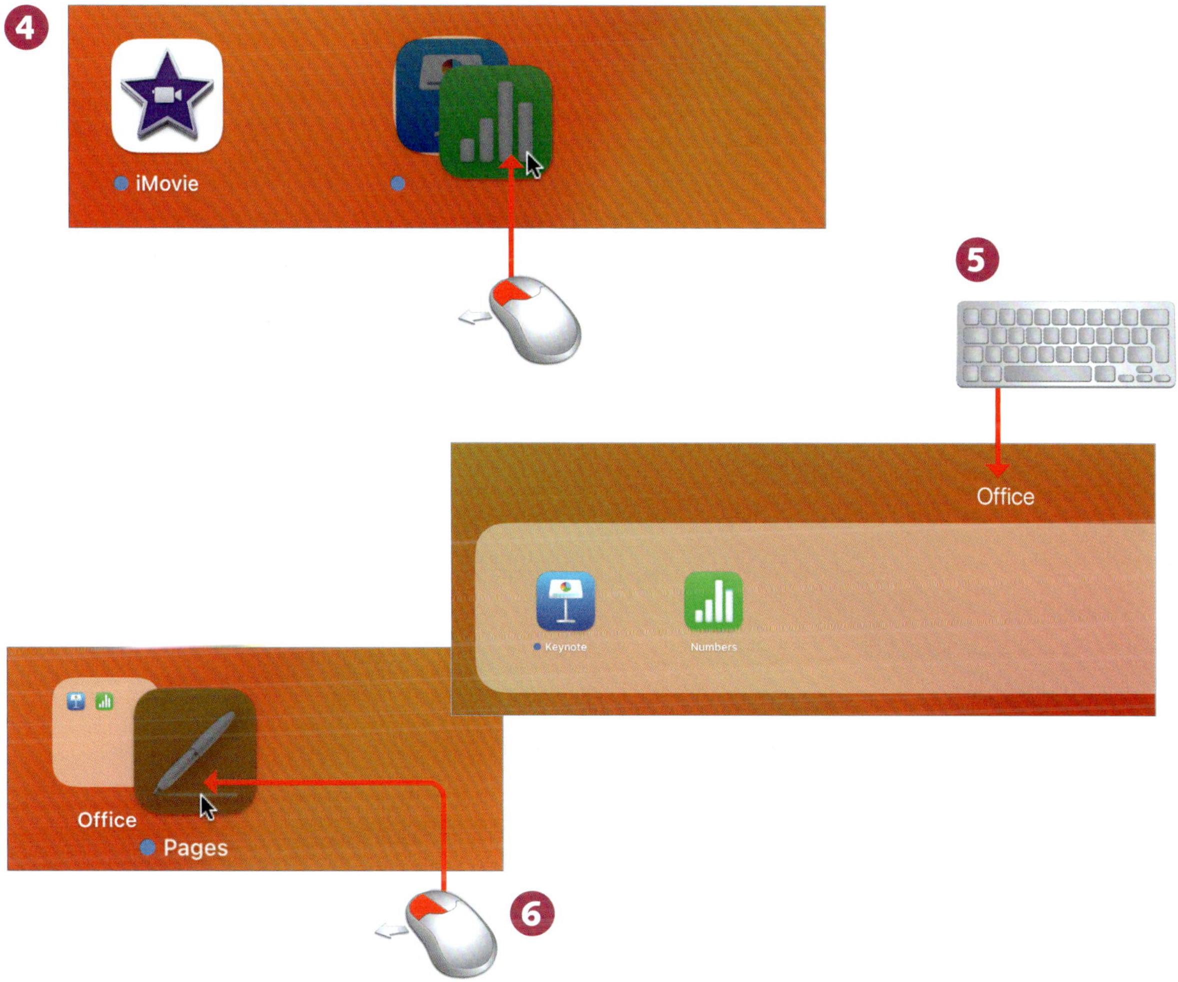

4. Um einen App-Ordner zu erstellen, ziehen Sie eine App bei gedrückter Maustaste auf eine andere thematisch passende App.

5. Der App-Ordner wird prompt erstellt. Ändern Sie gegebenenfalls noch die automatische Bezeichnung.

6. Der App-Ordner steht nun zur Verfügung. Diesem können Sie noch weitere Apps hinzufügen, indem Sie sie bei gedrückter Maustaste auf den Ordner ziehen.

Ende

HINWEIS

Möchten Sie einen Ordner wieder entfernen, ziehen Sie bei gedrückter Maustaste alle enthaltenen Apps heraus.

TIPP

Auch die Standard-Apps lassen sich verschieben: Machen Sie selten benötigte Apps in einem Ordner »unsichtbar«, um mehr Überblick im Launchpad zu erhalten.

Start

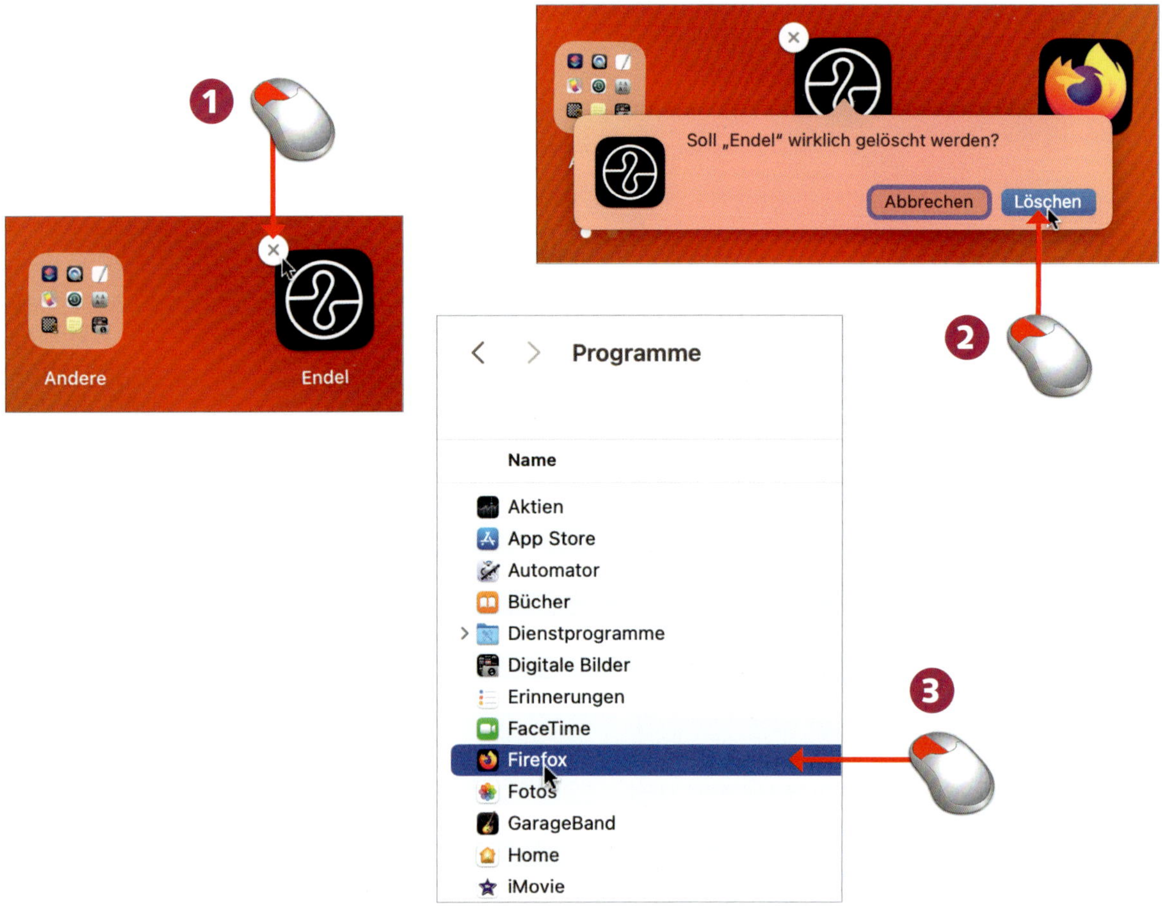

1. Zum Löschen einer App, die Sie aus dem Mac App Store heruntergeladen haben, halten Sie eine beliebige App im Launchpad gedrückt. Klicken Sie nun bei der zu löschenden App auf das zugehörige Kreuzsymbol ×.
2. Bestätigen Sie mit der Schaltfläche *Löschen*.
3. Um eine anderweitig installierte App zu entfernen, wählen Sie diese im Finder im Ordner *Programme* aus.

WISSEN

Wie Sie eine App löschen, hängt davon ab, wie Sie diese installiert haben. Lassen Sie mich Ihnen auf dieser Doppelseite drei Methoden vorstellen, um nicht mehr benötigte Apps sicher und vollständig wieder von Ihrem Mac zu entfernen. Neben den Standardfunktionen gehört dazu auch die Nutzung der sehr empfehlenswerten App *AppCleaner*.

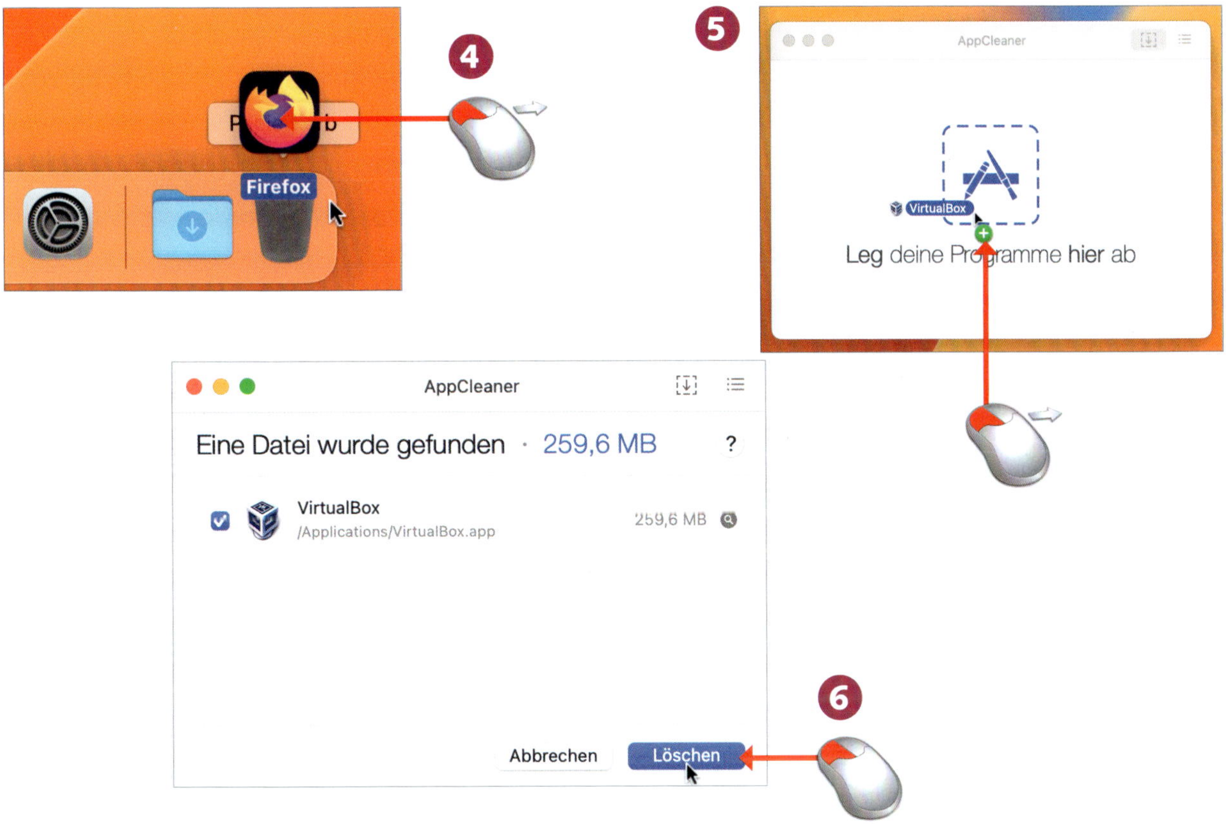

4 Ziehen Sie die App bzw. einen App-Ordner nun bei gedrückter Maustaste auf das Papierkorbsymbol im Dock. Achtung: Es müssen gegebenenfalls auch noch von der App angelegte Programmreste in anderen Ordnern entfernt werden!

5 Eine App mitsamt etwaigen Programmresten entfernen: Das ist kein Problem mit dem *AppCleaner*, den Sie unter der Webadresse *www.freemacsoft.net/appcleaner* herunterladen. Ziehen Sie eine App aus dem Programmordner in den *AppCleaner*.

6 Die App sammelt alle damit verbundenen Elemente, und diese können per Klick auf die Schaltfläche *Löschen* entfernt werden.

Ende

HINWEIS

Sie haben eine App in den Papierkorb verschoben? Wie andere Dateien auch, lässt sie sich, sofern der Papierkorb noch nicht geleert wurde, wieder an den ursprünglichen Speicherort zurücklegen.

TIPP

Installieren Sie generell nur Apps aus sicheren Quellen und stets nur Apps, die Sie wirklich benötigen. So vermeiden Sie von vornherein Programmballast.

Start

1

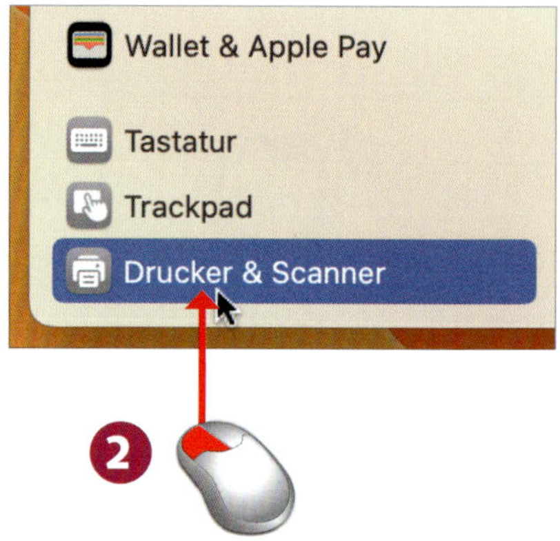

2

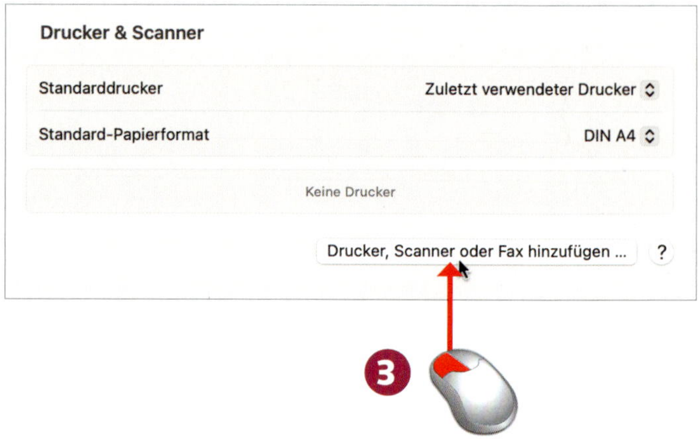

3

1. Verbinden Sie den Drucker mit Ihrem Mac – häufig erfolgt die Verbindung per USB-Kabel (bei einem MacBook plus Adapter). Schalten Sie den Drucker ein.
2. Öffnen Sie die *Systemeinstellungen* und wählen Sie die Kategorie *Drucker & Scanner*.
3. Es steht noch kein Drucker zur Verfügung? Um einen hinzuzufügen, klicken Sie auf die entsprechende Schaltfläche.

WISSEN

Ein Drucker ist neben dem Bildschirm das wichtigste Ausgabegerät Ihres Macs. Damit bringen Sie Dokumente, Fotos etc. zu Papier. Um einen Drucker am Mac nutzen zu können, müssen Sie diesen aber zuerst einrichten. Wie das geht, lesen Sie Schritt für Schritt auf dieser Doppelseite.

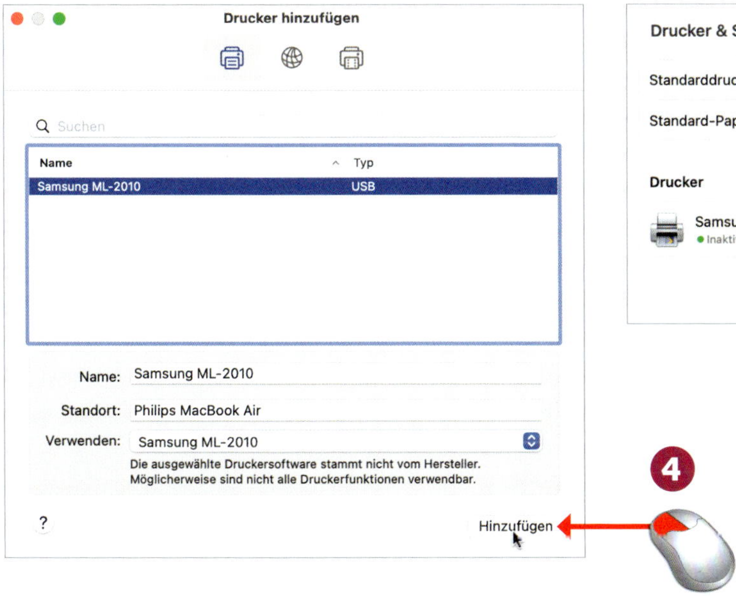

4 Wählen Sie den Drucker aus, machen Sie Angaben zur benötigten Treibersoftware und bestätigen Sie mit *Hinzufügen*.

5 Der hinzugefügte Drucker wird nun in der Liste aufgeführt.

6 Falls mehrere Drucker verbunden sind, wählen Sie im Menü *Standarddrucker* aus, welcher Drucker standardmäßig für Ihre Ausdrucke verwendet werden soll.

Ende

TIPP

Falls Sie mit dem Drucker keinen passenden Gerätetreiber erhalten haben, werden Sie in der Regel auf der Webseite des Druckerherstellers fündig.

HINWEIS

Besonders empfehlenswert für den Mac, aber auch für iPhone und iPad sind Drucker mit AirPrint-Funktion, die völlig komplikationslos drahtloses Drucken ermöglichen.

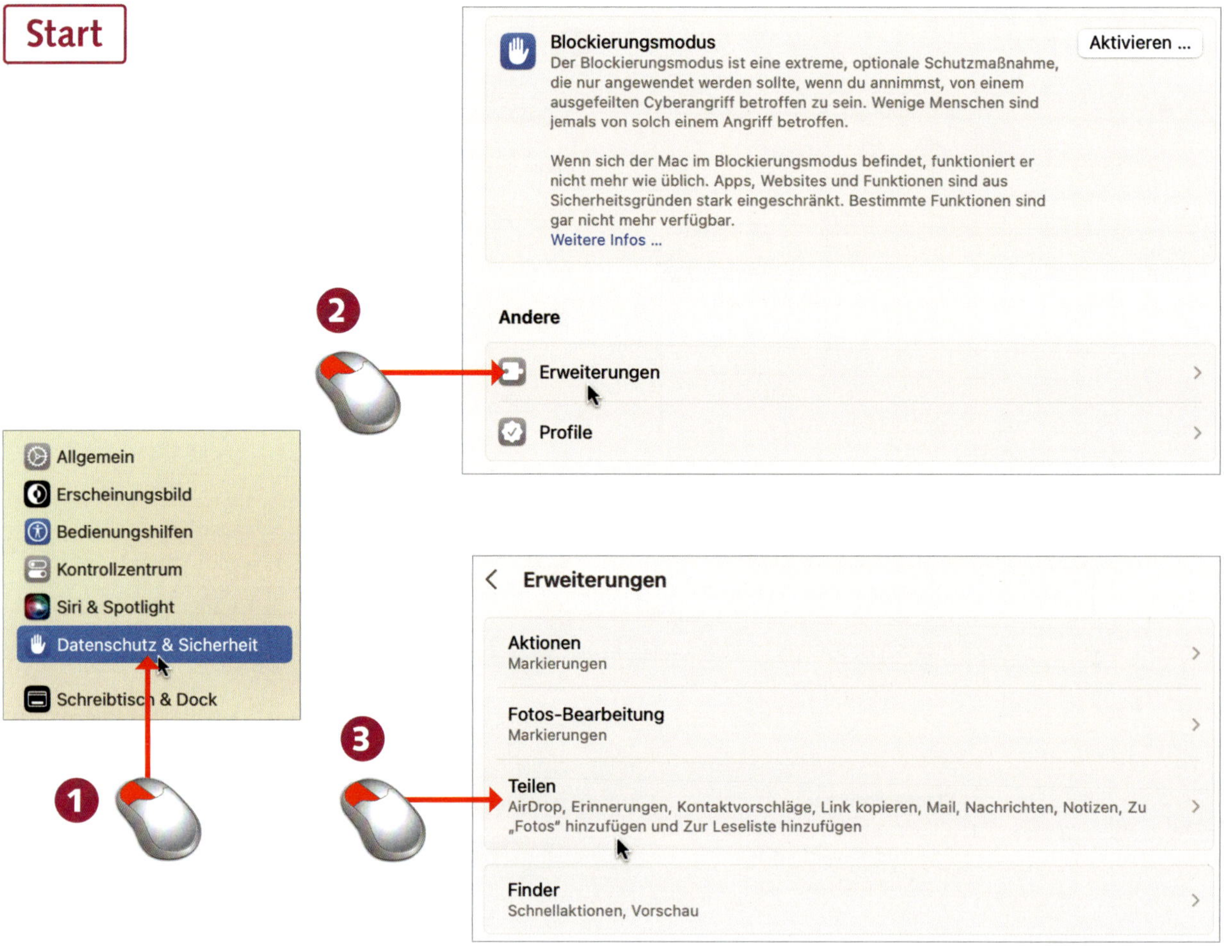

1 Entscheiden Sie sich in den *Systemeinstellungen* für die Kategorie *Datenschutz & Sicherheit*.

2 Wählen Sie unten im Fenster den Eintrag *Erweiterungen*.

3 Klicken Sie in der Leiste links auf einen Eintrag, in diesem Fall *Teilen*.

WISSEN

Unter macOS ist die Verwendung verschiedener Erweiterungen möglich, die von Apple selbst oder von Drittanbietern angeboten werden. Die Verwaltung der Erweiterungen erfolgt in den Systemeinstellungen, wie ich Ihnen auf dieser Doppelseite am Beispiel des *Teilen*-Menüs zeige.

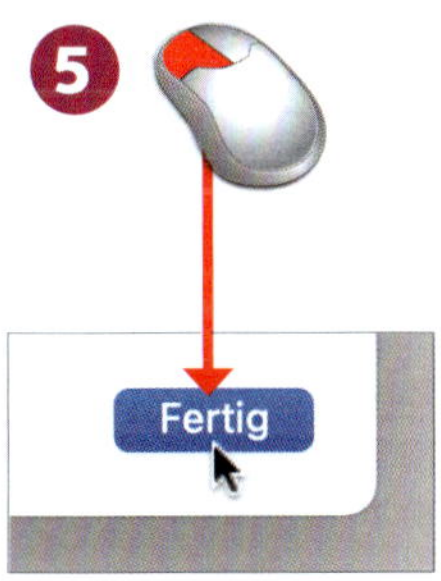

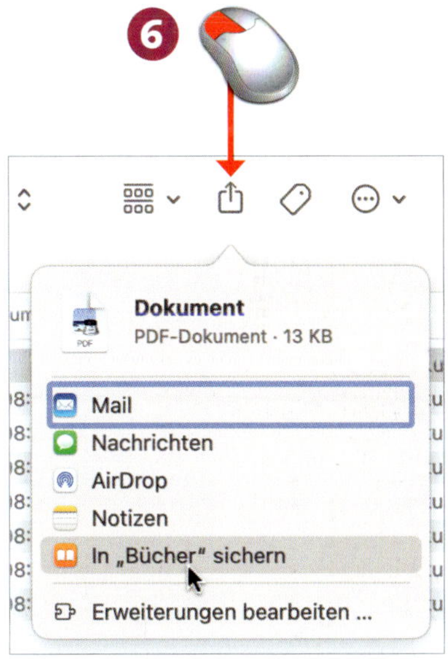

4 Bestimmen Sie per Kontrollkästchen, welche Einträge im *Teilen*-Menü angezeigt werden sollen und welche nicht.

5 Bestätigen Sie Ihre Einstellungen mit *Fertig*.

6 Um den Effekt Ihrer Anpassungen zu begutachten, wählen Sie im Finder eine entsprechende Datei und klicken auf das Symbol ⎙. Sie stellen fest, dass das Menü Ihrer Konfiguration entsprechend angepasst wurde.

Ende

HINWEIS

Wie Sie bemerken werden, lassen sich bestimmte Standardfunktionen, z. B. das Teilen per Mail, nicht deaktivieren.

TIPP

Im Fenster aus Schritt 2 lassen sich auch Erweiterungen von nachträglich hinzugefügter Software verwalten.

nashörner
Nashörner – Wiki...
nashörner
News
Videos
Shopping
Mehr
ebnisse (0,59 Sekunden)
› wiki › Nashörner
pedia
Nashörner
Nashörner – Wikipedia
de.wikipedia.org
Papierformat
DIN A4 210 x 297 mm
Ausrichtung
Hochformat
Querformat
Skalierung
100 %
Startseite
Tabgruppen
Recherche
mut.de
memory
Das Original – bekannt seit über 50 Jahren
Fotografie
Der Deutschen liebstes Hobby! Mit ...n Fachbüchern machen Sie ...mehr aus Ihren Fotos
Druckerei
Das Original ist zurück! Über 2 Millionen Installationen sprechen für sich
Office
40 Jahre Office-Fachb... Kompetenz. Die erfahre... Autoren sind der Garant... Qualität der M+T Office-Bücher
Käuferschutz
4,63
Sehr gut
apple.com
Welcher Mac ist der richtige für dich?
Notebook
Desktop
24" iMac
Ab 1.449 €
Kaufen
Weitere Infos ›
Mac mini
Ab 799 €
Kaufen
Weitere Infos ›

6

Auf dem Mac im Internet surfen

Natürlich wollen Sie mit Ihrem Mac auch im Internet surfen. In diesem Kapitel erfahren Sie, wie Sie zu diesem Zweck die App *Safari* einsetzen, die Ihnen auf dem Mac bereits zur Verfügung steht. Webseiten aufrufen und das World Wide Web durchsuchen, Links öffnen und Tabs verwalten, Lesezeichen speichern, Dateien herunterladen – alles gar kein Problem! Lernen Sie in diesem Kapitel diese und weitere wichtige Funktionen des Webbrowsers Safari Schritt für Schritt und Bild für Bild kennen.

Start

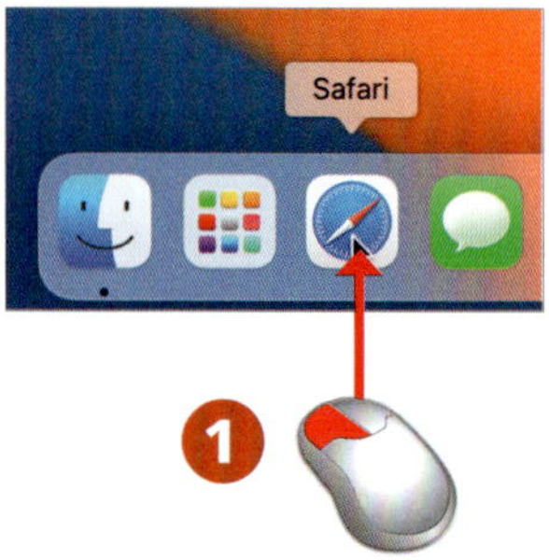

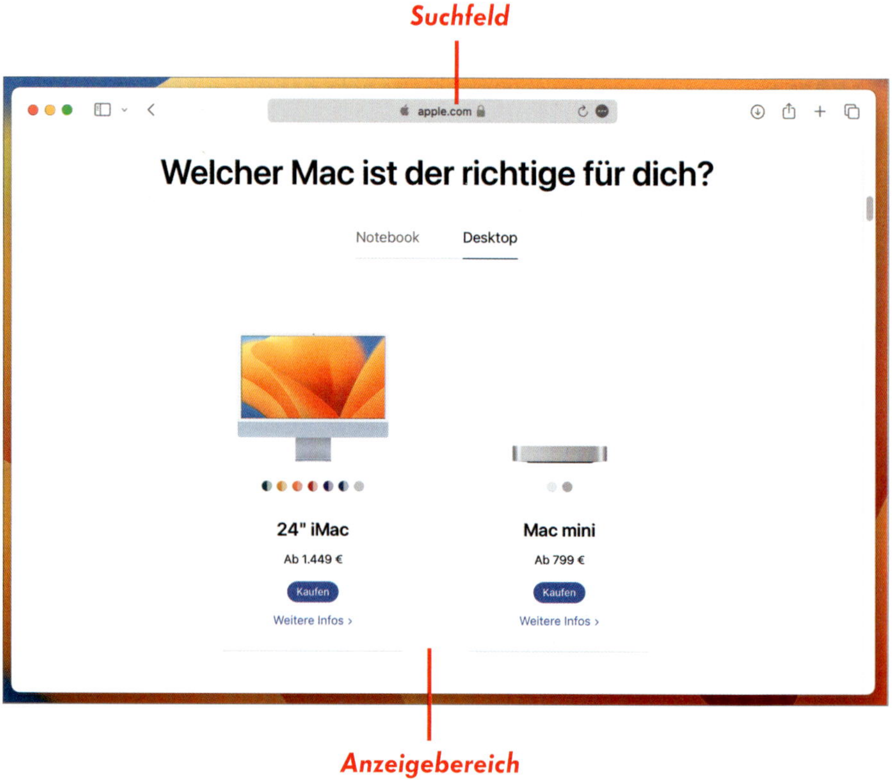

1. Klicken Sie im Dock auf das Symbol der App *Safari*, um diese zu öffnen. Die Benutzeroberfläche ist sehr einfach strukturiert: Sie besteht aus einem Suchfeld ganz oben im Fenster – hier werden Webadressen eingetragen, aber auch Suchbegriffe. Im großen Anzeigebereich wird jeweils dargestellt, was Sie aufgerufen haben, also Webseiten wie in diesem Fall eine Apple-Seite. Links und rechts neben dem Suchfeld sehen Sie darüber hinaus ein paar Symbole, um verschiedene App-Funktionen aufzurufen – diese finden Sie wie immer auch in der Menüleiste.

WISSEN

Um auf Ihrem Mac Webseiten aufzurufen – man spricht auch von »Surfen im Internet« – verwenden Sie einen sogenannten Webbrowser oder kurz Browser. Ein solcher Browser steht mit der App *Safari* bereits auf dem Mac zur Verfügung. Lernen Sie zunächst die Benutzeroberfläche der App kennen und rufen Sie erstmals eine Webadresse auf.

2

3

4
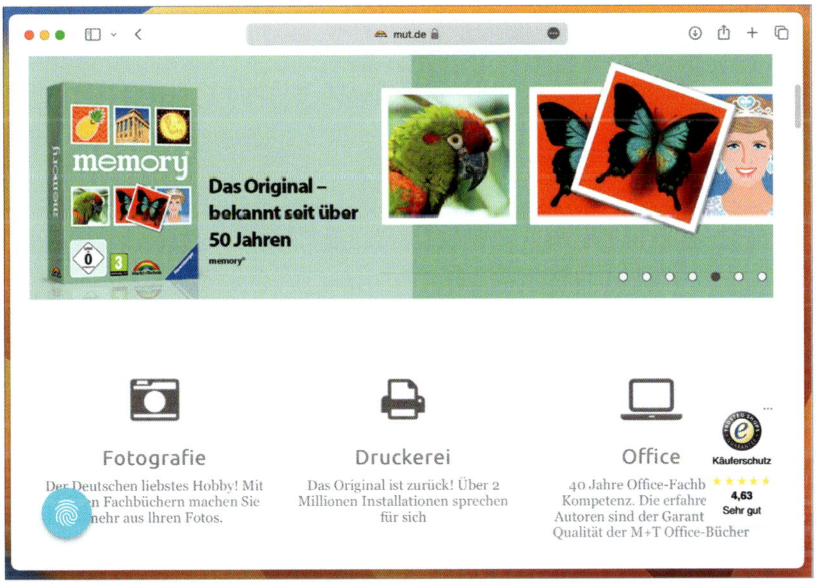

2 Um eine Webadresse in der App *Safari* aufzurufen, tippen Sie diese nun einfach in das Suchfeld ein, beispielsweise eine Adresse, die Ihnen in den Nachrichten empfohlen wurde.

3 Während der Eingabe werden Ihnen Vorschläge gemacht und Sie können einen Vorschlag per Mausklick auswählen. Ansonsten geben Sie die Webadresse fertig ein und bestätigen mit der ↵-Taste.

4 Die Webseite wird prompt geladen und Ihnen angezeigt, in diesem Fall die Webseite des Markt+Technik-Verlags unter *www.mut.de*.

Ende

HINWEIS

Das *http://* in einer Webadresse – es steht für **H**yper**t**ext **T**ransfer **P**rotocol – müssen Sie zum Öffnen der Webadresse nicht eingeben.

FACHWORT

Und wofür steht *www* in der Webadresse? Ganz einfach: für **W**orld **W**ide **W**eb.

Start

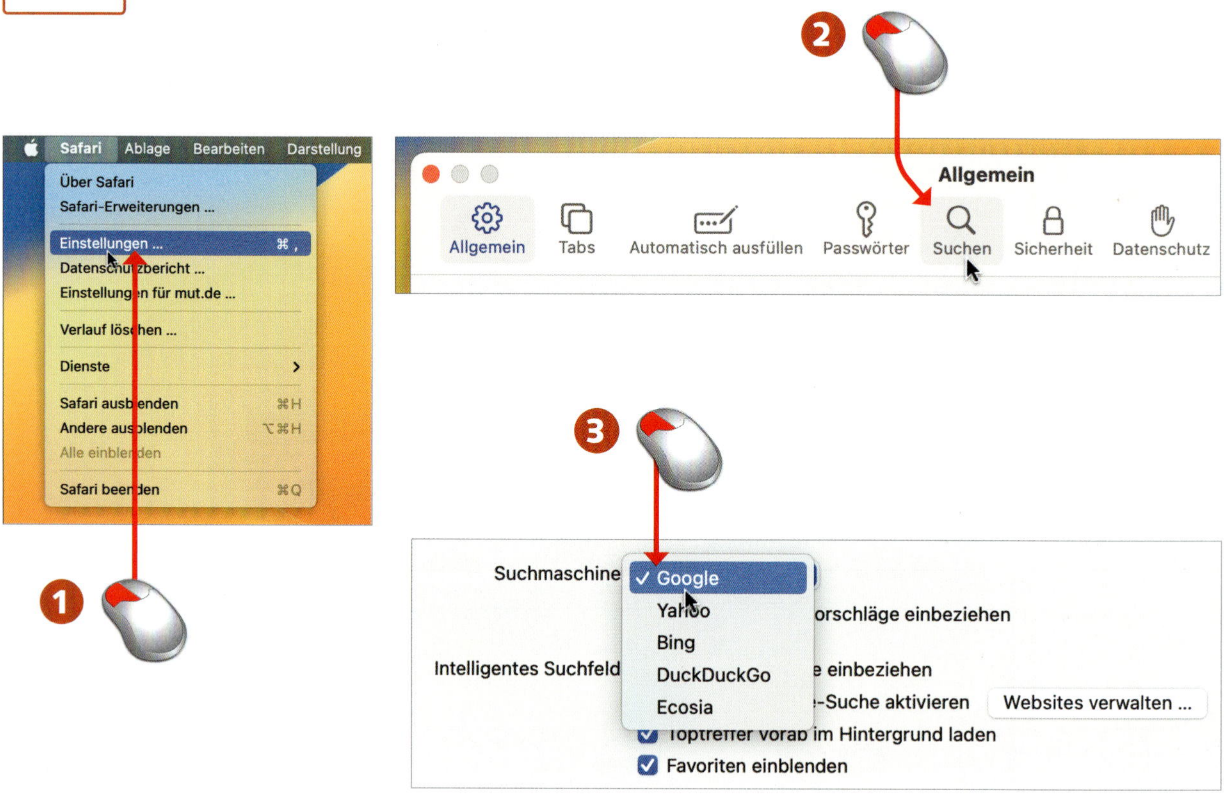

1. Um zunächst den Standardsuchanbieter festzulegen, wählen Sie in der Menüleiste von Safari *Safari* und dann *Einstellungen*.
2. Klicken Sie auf den Reiter *Suchen* und wählen Sie einen Suchanbieter aus.
3. Google und Bing sind die größten Suchmaschinen. DuckDuckGo bietet mehr Datenschutz, bei der Nutzung von Ecosia werden als Belohnung fürs Suchen Bäume gepflanzt.

WISSEN

Sie müssen selbstverständlich nicht mit einem Katalog von Webadressen im Kopf herumlaufen. Das World Wide Web lässt sich bequem mithilfe von Suchmaschinen nach beliebigen Suchbegriffen durchforsten. Webseiten, in denen der gesuchte Begriff vorkommt, werden Ihnen angezeigt. Auf dieser Doppelseite führen Sie eine Websuche in der App *Safari* durch.

4

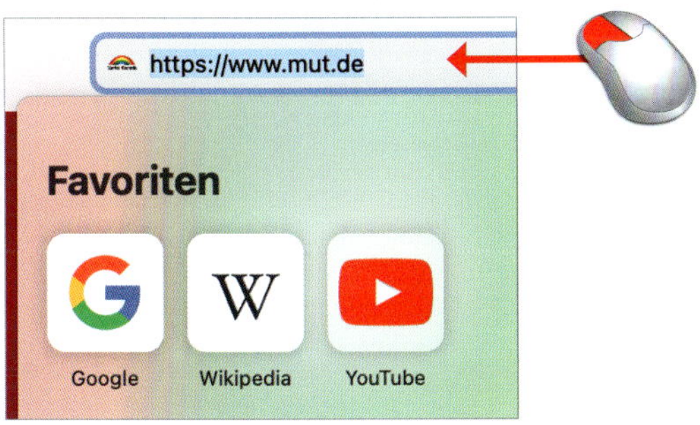

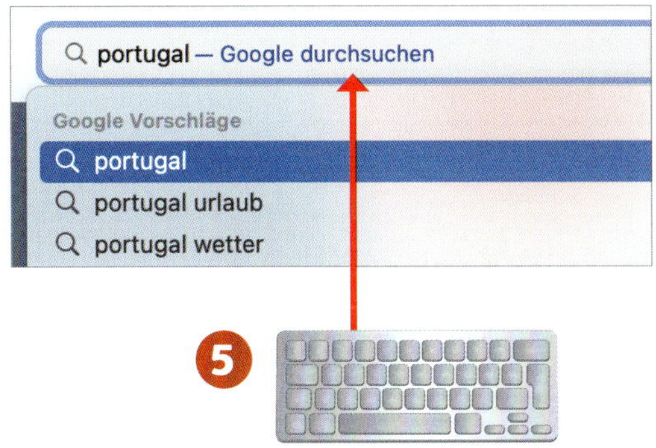

5

6

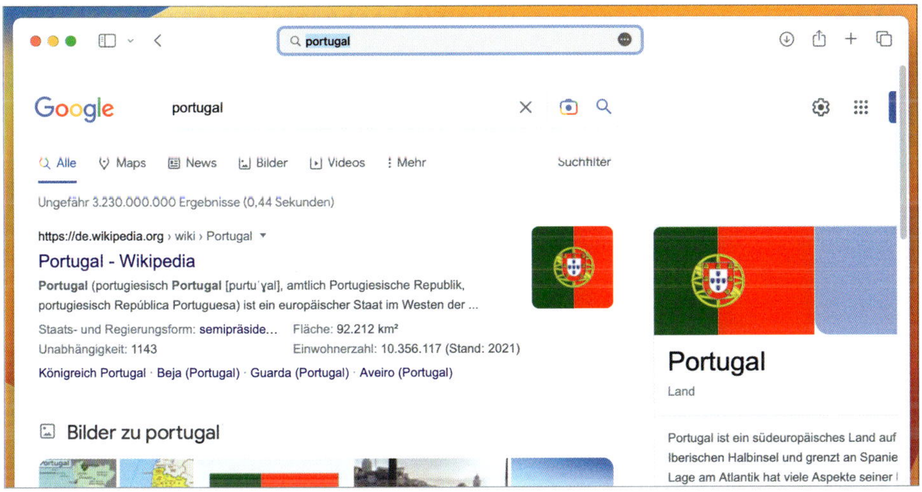

4 Um eine Websuche durchzuführen, klicken Sie in das Suchfeld oben in Safari.

5 Geben Sie Ihren Suchbegriff ein und bestätigen Sie mit der ↵ Taste. Wieder können Sie alternativ einen Vorschlag per Mausklick auswählen.

6 Die Suche wird mit dem Standardsuchanbieter durchgeführt, und die Treffer werden Ihnen angezeigt.

Ende

TIPP

Auch innerhalb einer Webseite lässt sich eine Suche starten. Dazu blenden Sie mit der Tastenkombination command + F ein zusätzliches Suchfeld ein.

HINWEIS

Sie erinnern sich: Auch mit der Spotlight-Suche, die Sie rechts oben auf der Mac-Benutzeroberfläche unter dem Lupensymbol 🔍 aufrufen, lässt sich eine Websuche starten.

Start

1

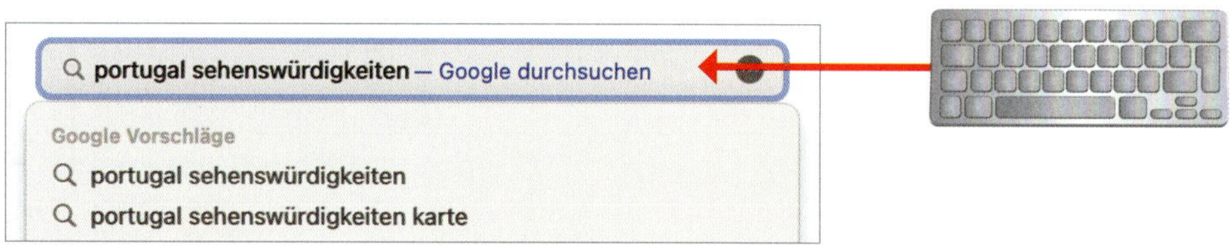

2

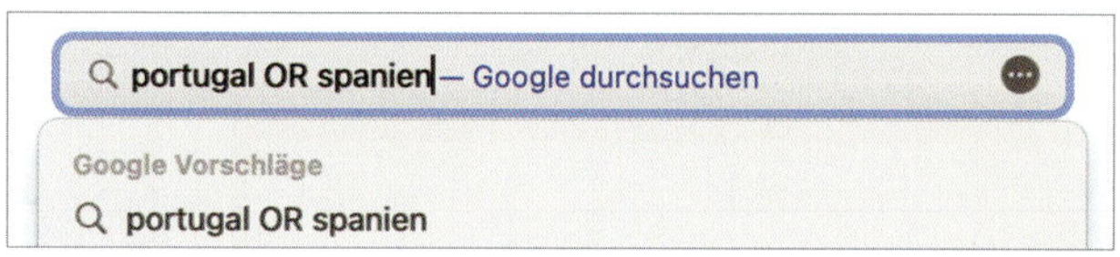

3

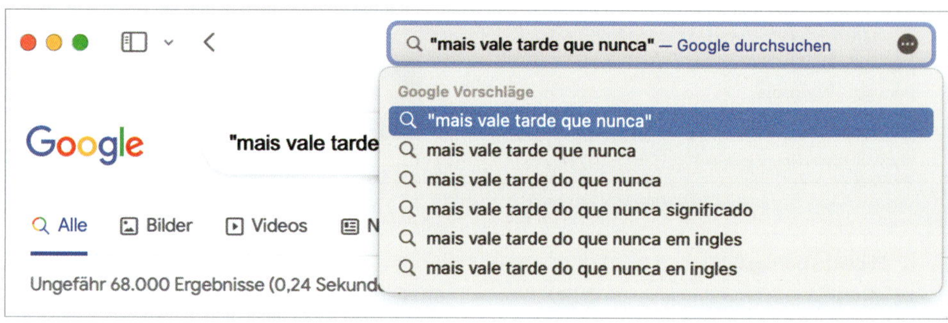

1. Geben Sie mehrere Suchbegriffe – durch Leerzeichen getrennt – ein. Diese werden automatisch durch ein unsichtbares *UND* verknüpft, d. h., alle eingegebenen Begriffe müssen auf einer Webseite vorhanden sein.
2. Soll entweder der eine oder der andere Suchbegriff auf einer Webseite vorkommen, verknüpfen Sie die Suchbegriffe hingegen durch den Operator *OR*.
3. Sollen Wörter in einer festgelegten Reihenfolge gesucht werden, beispielsweise ein Zitat oder ein Buchtitel, so geben Sie diese in Anführungszeichen ein.

WISSEN

Wenn Sie eine Websuche starten, kann es durchaus passieren, dass Sie Millionen Treffer erhalten. Meistens platzieren die Suchanbieter die wichtigsten Webseiten ganz oben. Sie können die Suche jedoch auch noch weiter einschränken, wie ich es Ihnen auf dieser Doppelseite anhand der Suchmaschine Google vorstelle.

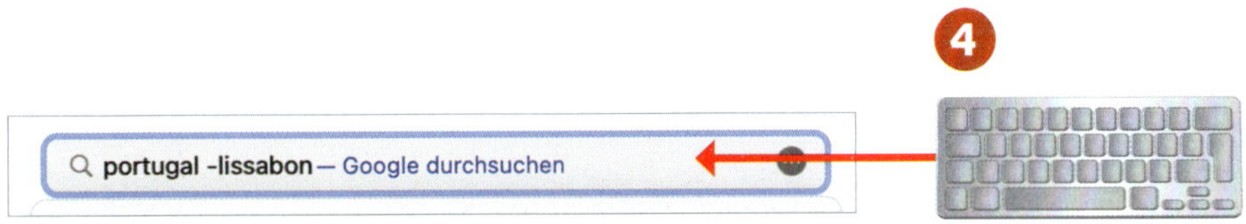

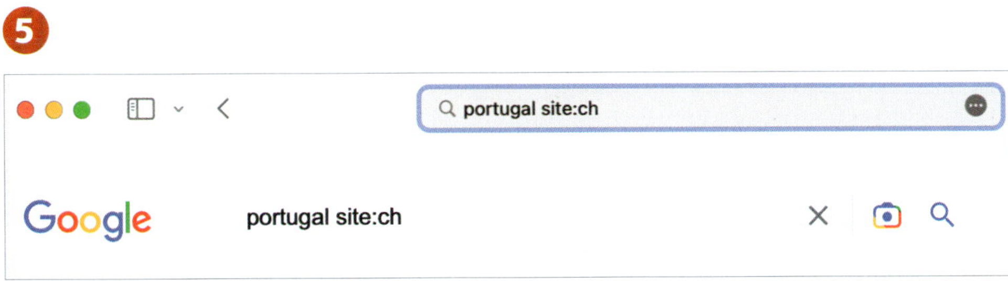

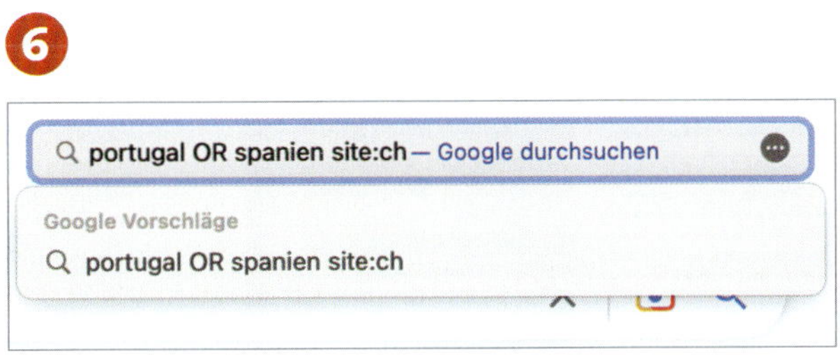

4 Um einen störenden Begriff von der Suche auszuschließen, stellen Sie dem Begriff ein Minuszeichen voran. Webseiten, auf denen dieser Begriff vorkommt, werden dann nicht angezeigt.

5 Die Suche können Sie auch auf eine bestimmte Domain – hier eine Top-Level-Domain – begrenzen: Dazu geben Sie nach dem Befehl *site*, durch einen Doppelpunkt getrennt, die Domain an. Diese Suchfunktion eignet sich auch für die Volltextsuche innerhalb einer Website.

6 Selbstverständlich lassen sich die einzelnen Suchfunktionen auch kombinieren – so werden Sie garantiert fündig!

Ende

HINWEIS

Mit Google lassen sich sogar Berechnungen durchführen. Verwenden Sie die Zeichen +, -, * und / für die Grundrechenarten.

TIPP

Wenn Sie die Google-Seite unter *www.google.de* aufrufen, klicken Sie auf das Symbol *Einstellungen* und dann auf *Erweiterte Suche*, um weitere Suchfunktionen zu erhalten.

Start

1

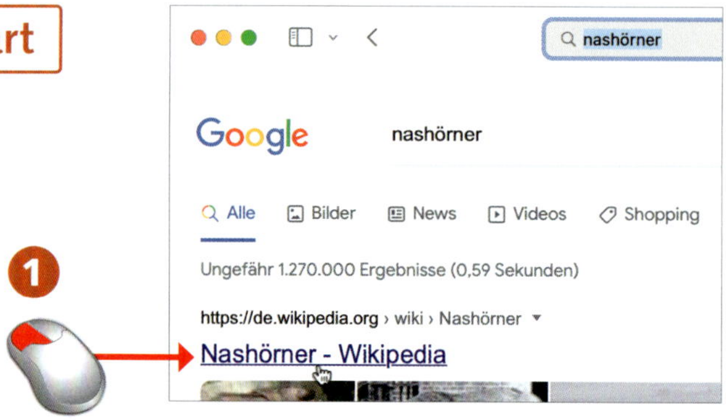

2

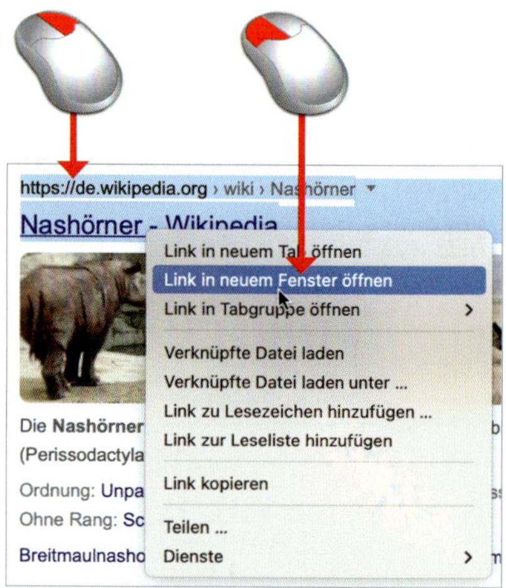

3

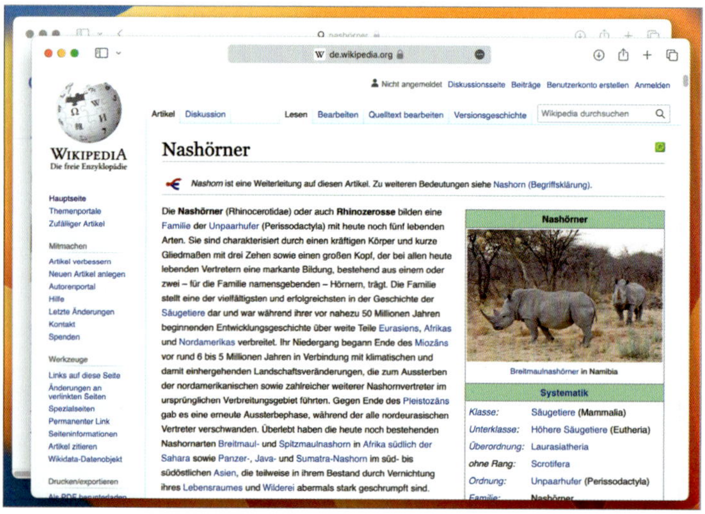

1. Um einen Link im gleichen Fenster oder im gleichen Tab (in der gleichen Registerkarte) zu laden, klicken Sie ihn einfach an.

2. Möchten Sie den Link in einem neuen Fenster aufrufen, klicken Sie ihn mit der rechten Maustaste bzw. bei gedrückter control-Taste an und wählen im Menü den Eintrag *Link in neuem Fenster öffnen*.

3. Die mit dem Link verknüpfte Webseite wird in diesem Fall in einem neuen Fenster der App *Safari* geladen.

WISSEN

Die Navigation zwischen den Webseiten erfolgt durch Links – Verknüpfungen. Diese werden häufig durch unterstrichenen oder anderweitig kenntlich gemachten Text gekennzeichnet, können sich aber auch hinter Bildern oder weiteren Elementen verbergen. Auf dieser Doppelseite stelle ich Ihnen mehrere Möglichkeiten vor, einen Link zu öffnen.

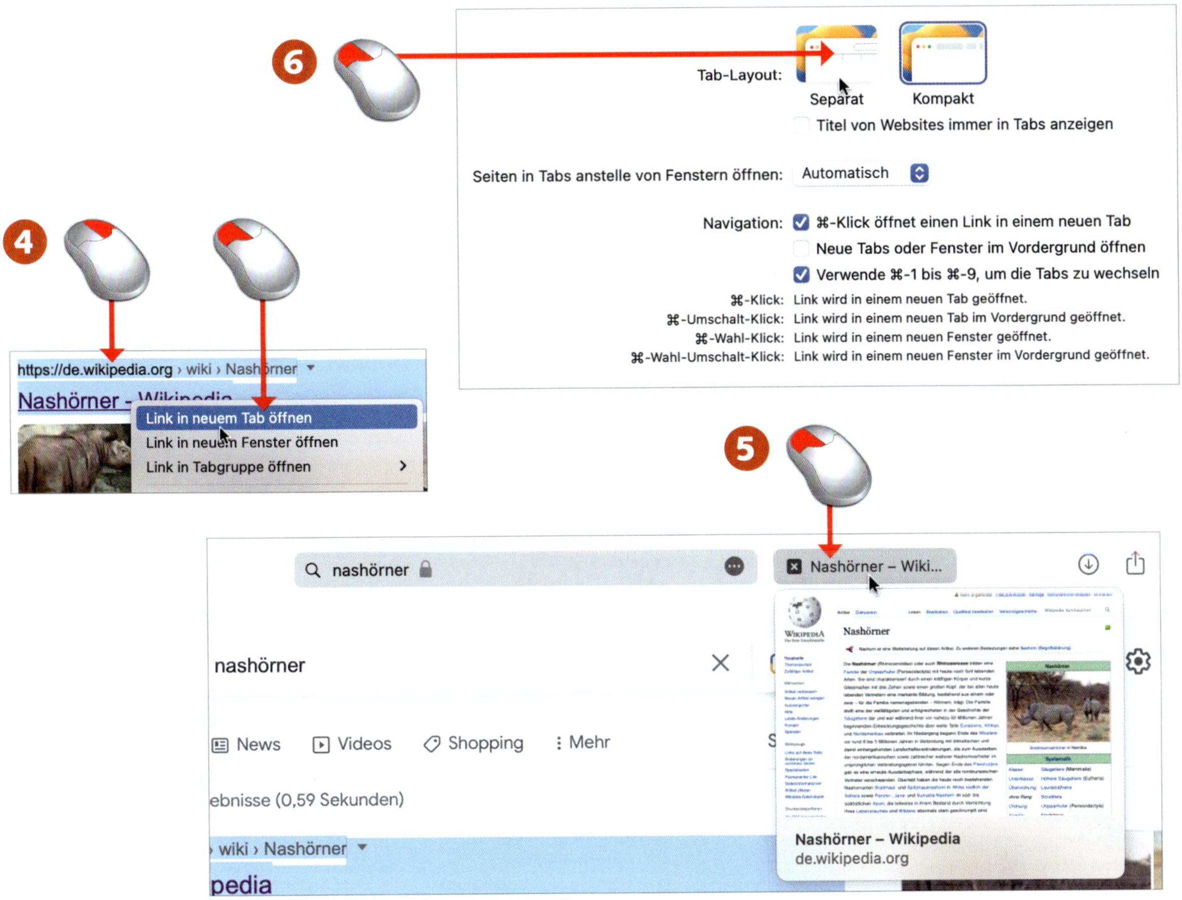

4 Oder soll das Aufrufen des Links in einem neuen Tab innerhalb des Fensters erfolgen? Dazu klicken Sie den Link mit der rechten Maustaste bzw. bei gedrückter control-Taste an und wählen im Menü *Link in neuem Tab öffnen*.

5 Der neue Tab wird standardmäßig im Hintergrund geöffnet. Klicken Sie ihn an, um sich die geöffnete Webseite anzusehen.

6 Sie haben in Safari die Wahl zwischen einer kompakten Ansicht, bei der die Tabs in die Leiste mit dem Suchfeld integriert sind (hier dargestellt), und einer separaten Tableiste. Die Auswahl treffen Sie in den Safari-*Einstellungen* unter *Tabs*.

Ende

TIPP

Um einen Link in einem neuen Tab zu öffnen, können Sie diesen auch einfach bei gedrückter command-Taste anklicken.

TIPP

Zum Öffnen eines Links in einem neuen Fenster halten Sie alternativ beim Anklicken die Tasten option + command gedrückt.

Start

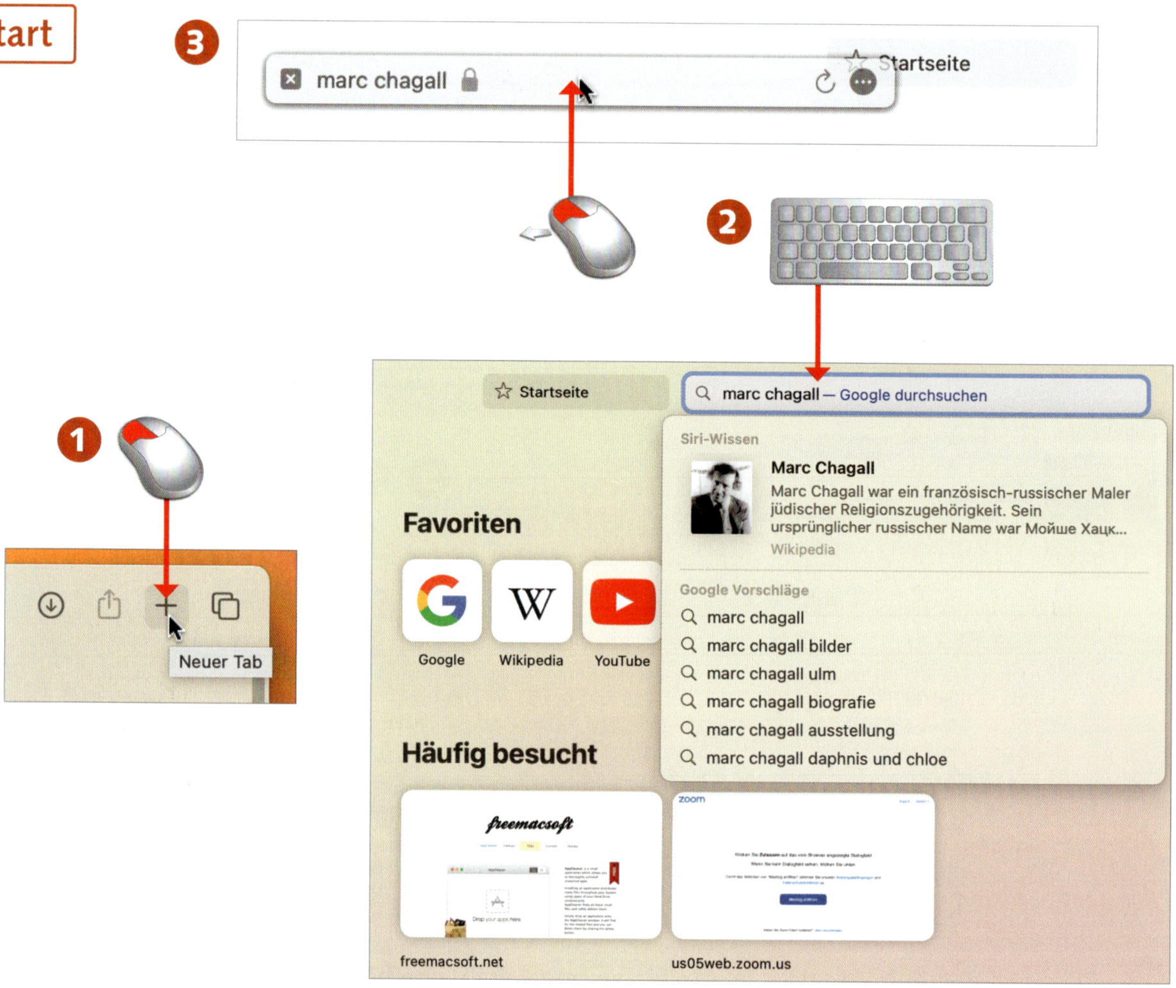

1. Um einen neuen Tab zu erstellen, klicken Sie rechts oben in Safari auf das Plussymbol +.
2. In diesem Fall wird die Standard-Startseite angezeigt, die Favoriten und häufig besuchte Seiten enthält, einen Datenschutzbericht und noch mehr. Geben Sie, wie zuvor kennengelernt, eine Webadresse in das Suchfeld ein.
3. Die Tabs lassen sich anders anordnen. Klicken Sie dazu einen Tab an und ziehen Sie ihn bei gedrückter Maustaste in die gewünschte Position.

WISSEN

Im World Wide Web verirrt man sich schnell mal, deshalb sind Tabs das perfekte Mittel, um bei Webrecherchen wichtige Webseiten geöffnet zu halten. Der Umgang mit den Tabs ist das reinste Kinderspiel. Auf dieser Doppelseite lernen Sie die wichtigsten Funktionen rund um die Tabs kennen.

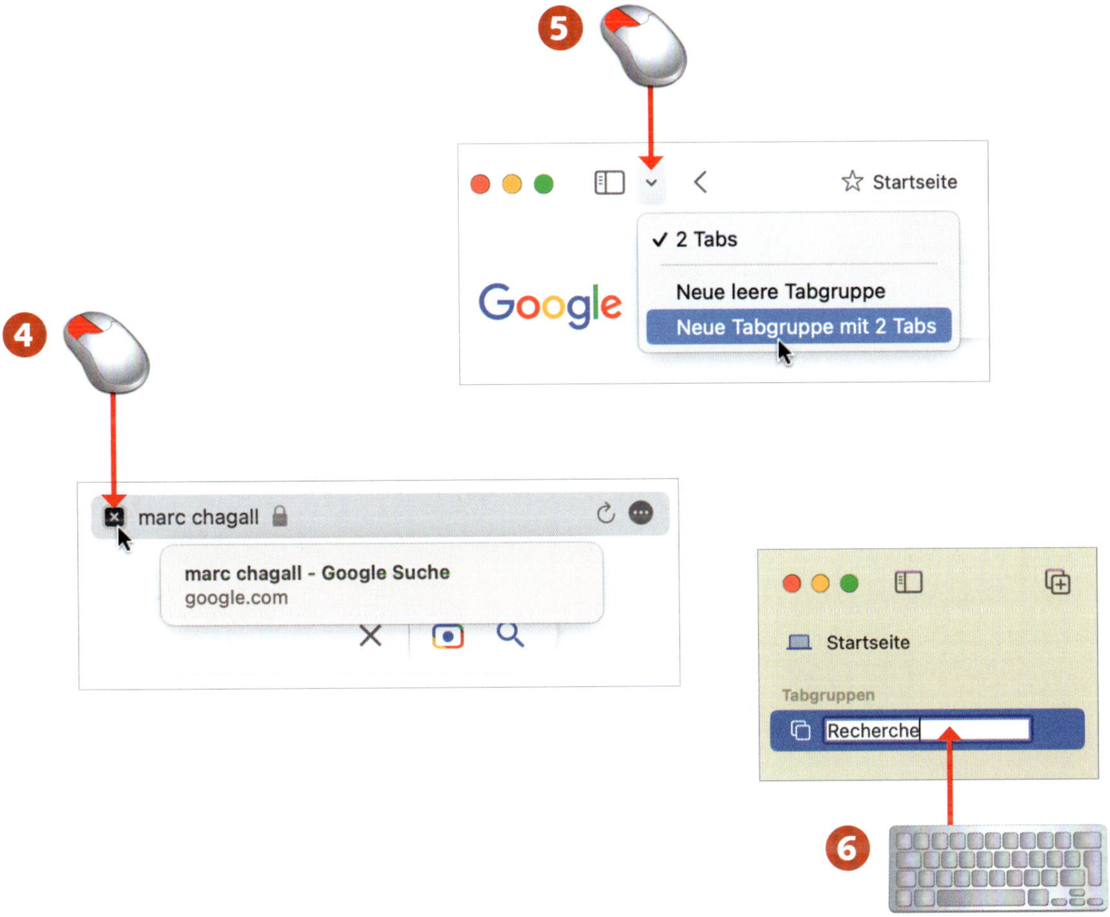

4 Um einen Tab zu schließen, bewegen Sie den Mauszeiger auf einen Tab und klicken auf das eingeblendete Kreuzsymbol ✖.

5 Sie können mehrere geöffnete Tabs gruppieren. Dazu klicken Sie links oben auf den zum Symbol ◫ ⌄ gehörenden Pfeil und wählen den Gruppierungseintrag aus.

6 Geben Sie der Tabgruppe anschließend eine sinnvolle Bezeichnung und bestätigen Sie mit der *return*-Taste.

Ende

TIPP

Klicken Sie bei gedrückter *option*-Taste auf das ✖-Symbol eines Tabs, werden alle Tabs außer diesem geschlossen.

TIPP

Auf Ihre Tab-Gruppen können Sie übrigens nicht nur auf Ihrem Mac, sondern gegebenenfalls auch auf anderen Apple-Geräten wie einem iPhone oder iPad zugreifen.

Start

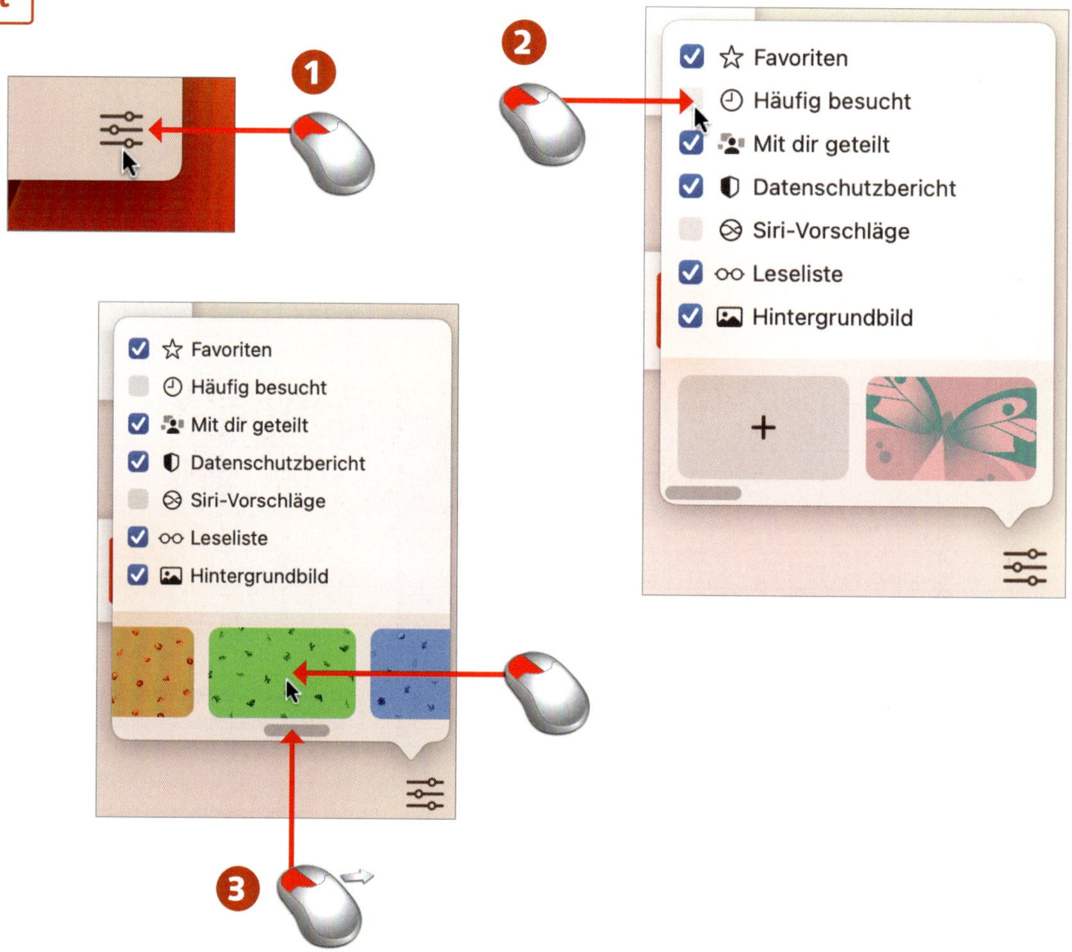

1. Um die Standard-Startseite anzupassen, klicken Sie rechts unten auf der Seite auf das Symbol .

2. Welche Informationen auf der Standard-Startseite dargestellt werden sollen, bestimmen Sie per Kontrollkästchen.

3. Möchten Sie eines der vorhandenen Hintergrundbilder für die Startseite auswählen? Dazu scrollen Sie die Bilder mithilfe der Bildlaufleiste durch und klicken das gewünschte Bild an.

WISSEN

Die Standard-Startseite in Safari, die Sie auf der vorherigen Doppelseite kennengelernt haben, ist nicht in Stein gemeißelt, sondern lässt sich individuell anpassen. Sie können selbst entscheiden, welche Informationen dargestellt werden sollen. Legen Sie außerdem ein Hintergrundbild fest, das Ihnen zusagt.

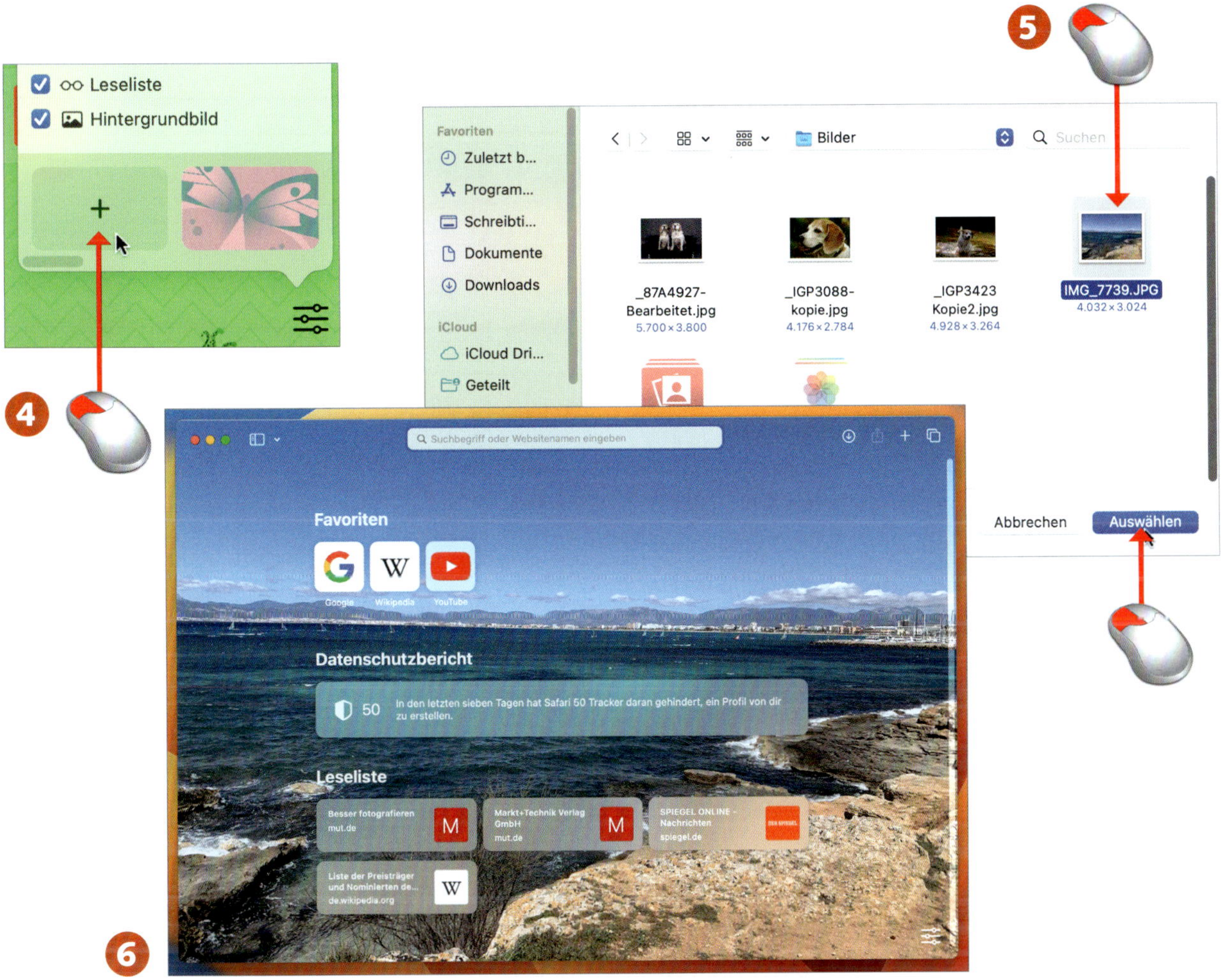

4 Auch ein eigenes Hintergrundbild lässt sich festlegen. Zu diesem Zweck klicken Sie auf die große Plus-Schaltfläche links neben den Bildern.

5 Klicken Sie im folgenden Fenster die gewünschte Bilddatei an und bestätigen Sie mit der Schaltfläche *Auswählen*.

6 Hier wurde ein eigenes Hintergrundbild für die Standard-Startseite festgelegt.

Ende

TIPP

Möchten Sie für die Standard-Startseite gar kein Hintergrundbild verwenden? Dann deaktivieren Sie unter dem Symbol [Symbol] das Kontrollkästchen *Hintergrundbild*. Das Auswahlmenü für die Hintergrundbilder wird dann ausgeblendet.

HINWEIS

Um ein eigenes Hintergrundbild wieder zu entfernen, rufen Sie unter dem Symbol [Symbol] das Konfigurationsmenü auf und klicken bei dem Bild auf das Kreuzsymbol [×].

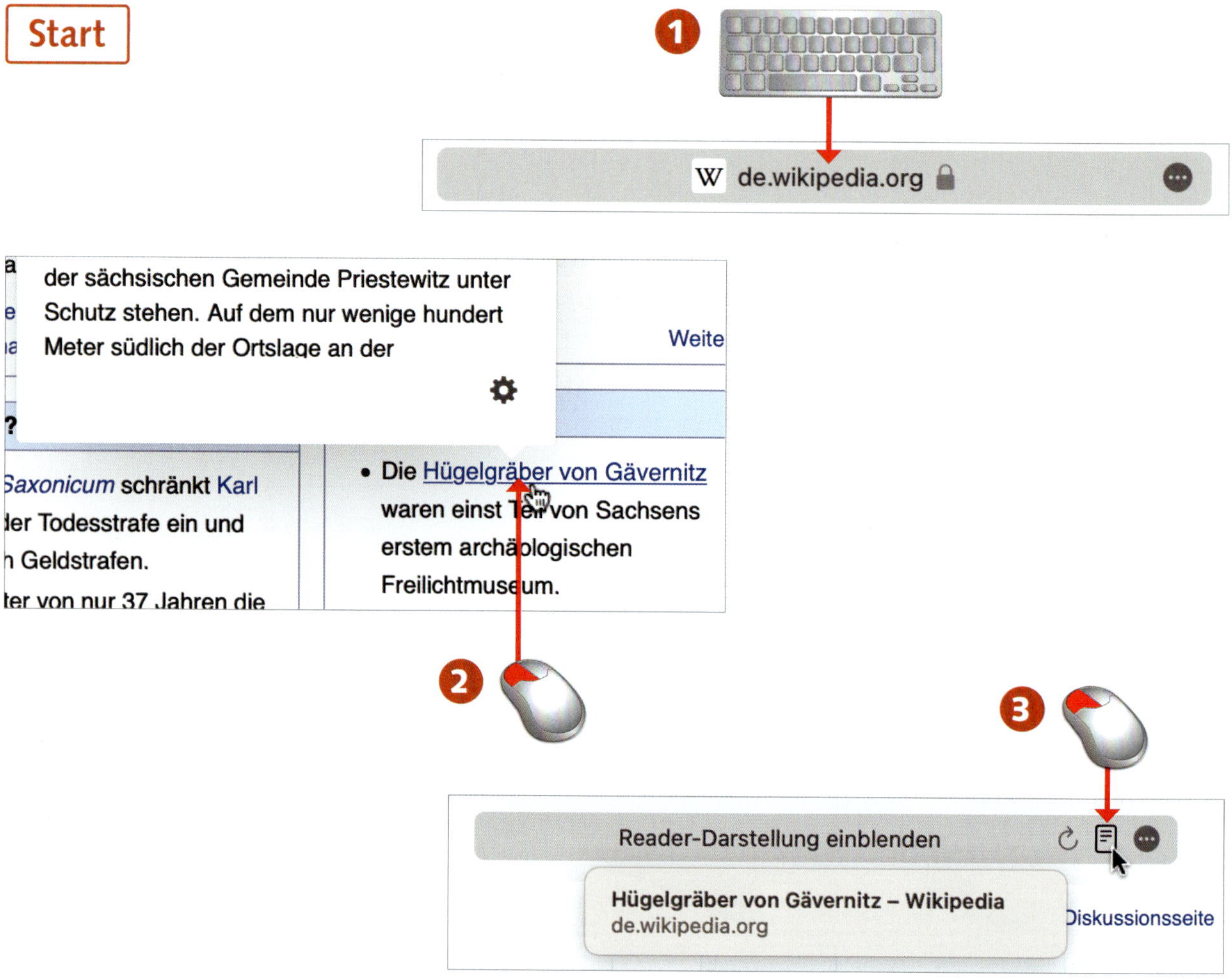

1. Öffnen Sie zunächst, wie bereits kennengelernt, eine Webseite – entweder durch das Anklicken eines Links oder die Eingabe einer Webadresse.

2. Für die erste Seite eines Webauftritts wird häufig noch keine Reader-Ansicht angeboten. Wählen Sie auf der Startseite einen Artikel aus.

3. Die Verfügbarkeit der Reader-Ansicht wird im Suchfeld oben in Safari durch das Symbol dargestellt. Um die Reader-Ansicht zu öffnen, klicken Sie dieses Symbol an.

WISSEN

Störende Navigationsleisten oder blinkende Werbung – das Lesen von Webartikeln kann manchmal richtig verwirrend sein. Dank der in Safari angebotenen Reader-Ansicht lässt sich dieses Problem jedoch beheben. In der Reader-Ansicht wird Ihnen tatsächlich nur der Artikel mit den zugehörigen Bildern angezeigt, störende Elemente auf einer Webseite werden ausgeblendet.

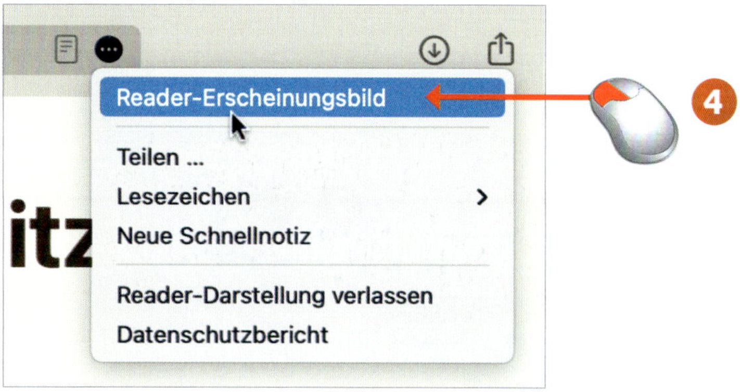

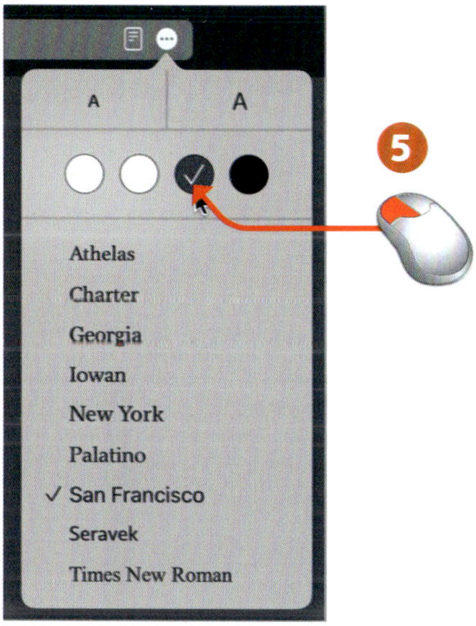

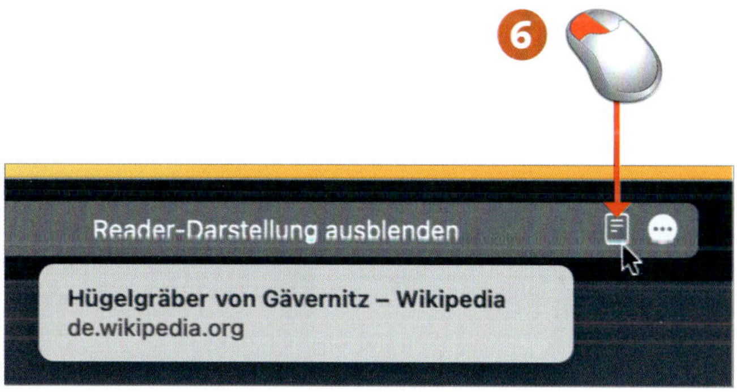

4 Wünschen Sie eine andere Schriftart, -größe oder eine andere Hintergrundfarbe? Dann klicken Sie in der Reader-Ansicht auf das Symbol ⋯ und wählen *Reader-Erscheinungsbild* bzw. (abhängig von der Tab-Darstellung) klicken direkt auf das Symbol AA.

5 Schon erhalten Sie die gewünschten Optionen. Hier wird z. B. die Schrift vergrößert.

6 Um die Reader-Ansicht wieder zu beenden, klicken Sie im Suchfeld erneut auf das Symbol oder drücken alternativ auf der Tastatur die [esc]-Taste.

Ende

HINWEIS

Schrift vergrößern per Tastenkombination: Drücken Sie dazu die Tasten [command]+[+]. Mit [command]+[-] verkleinern Sie die Schrift, mit [command]+[0] erhalten Sie wieder die ursprüngliche Schriftgröße.

TIPP

Die Reader-Ansicht können Sie bei Verfügbarkeit auch per Tastenkombination aufrufen: Verwenden Sie dazu die Tasten [⇧]+[command]+[R].

Start

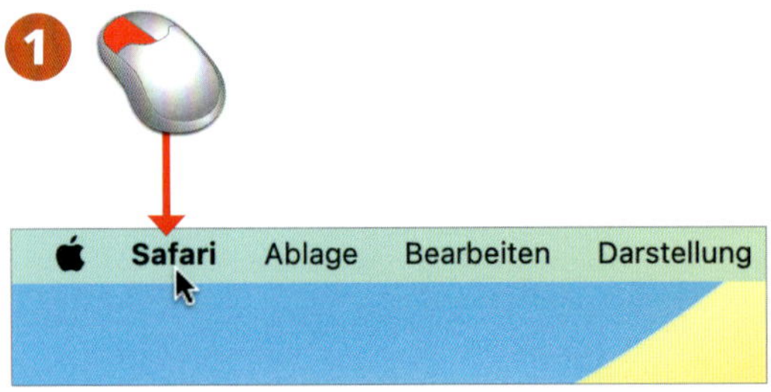

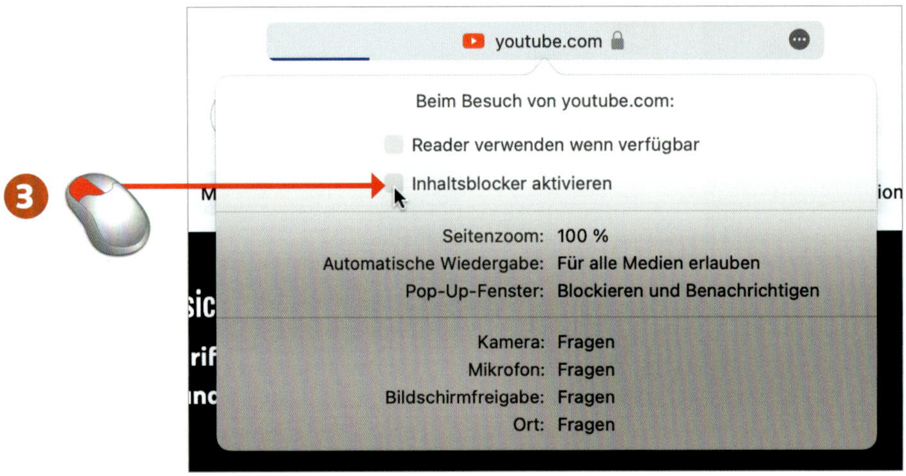

1. Rufen Sie die Website auf, für die Sie die Einstellungen vornehmen möchten. Entscheiden Sie sich dann in der Menüleiste für *Safari*.

2. Klicken Sie im sich öffnenden Menü auf *Einstellungen für …* .

3. Es öffnet sich ein Fenster, in dem Sie per Kontrollkästchen festlegen, ob beim Aufrufen der Website automatisch der Reader oder der Inhaltsblocker aktiviert werden soll oder nicht.

WISSEN

Mit dem Safari-Browser können Sie bestimmte Einstellungen für jede Website einzeln festlegen. Soll der Reader verwendet werden? Soll eine bestimmte Zoomstufe eingestellt werden? Wie Sie diese und weitere Website-Einstellungen vornehmen, erfahren Sie auf dieser Doppelseite.

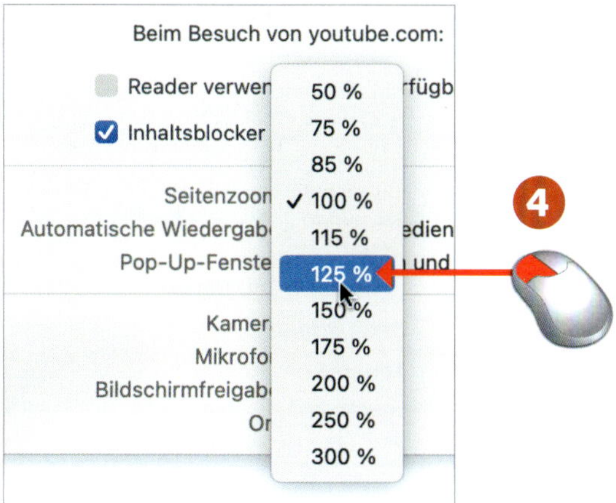

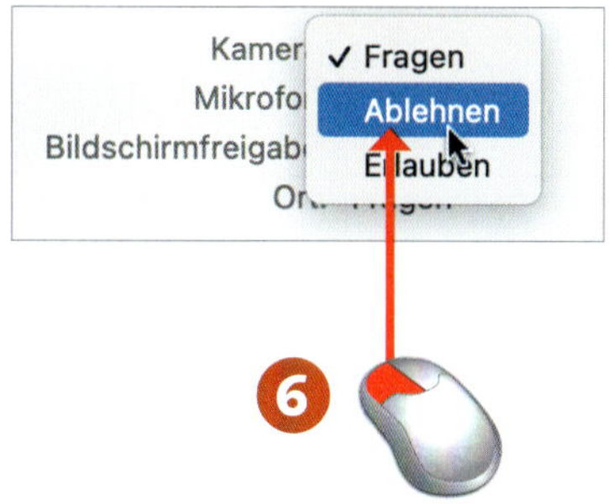

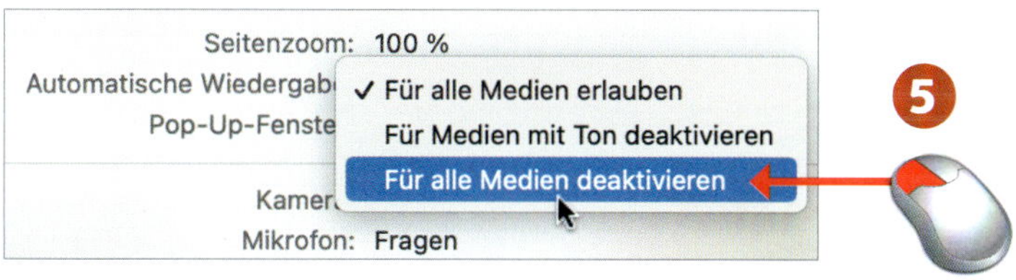

4. Mit dem Menü *Seitenzoom* bestimmen Sie die Zoomstufe beim Aufrufen der Website.
5. Sollen Medien auf der Website automatisch wiedergegeben werden? Dies legen Sie mit dem Menüpunkt *Automatische Wiedergabe* fest.
6. Schließlich lassen sich noch verschiedene Datenschutzeinstellungen für die Website individuell festlegen: Entscheiden Sie mit den Menüs *Kamera*, *Mikrofon*, *Bildschirmfreigabe* und *Ort*, ob Sie den Zugriff auf die jeweilige Funktion erlauben oder nicht.

Ende

HINWEIS

Um die Einstellungen für die einzelnen Websites zu verwalten, wählen Sie *Safari/Einstellungen* und entscheiden sich anschließend für *Websites*.

TIPP

Oder so: Klicken Sie mit der rechten Maustaste bzw. bei gedrückter control-Taste ins Adressfeld und wählen Sie im Kontextmenü *Einstellungen für ...* .

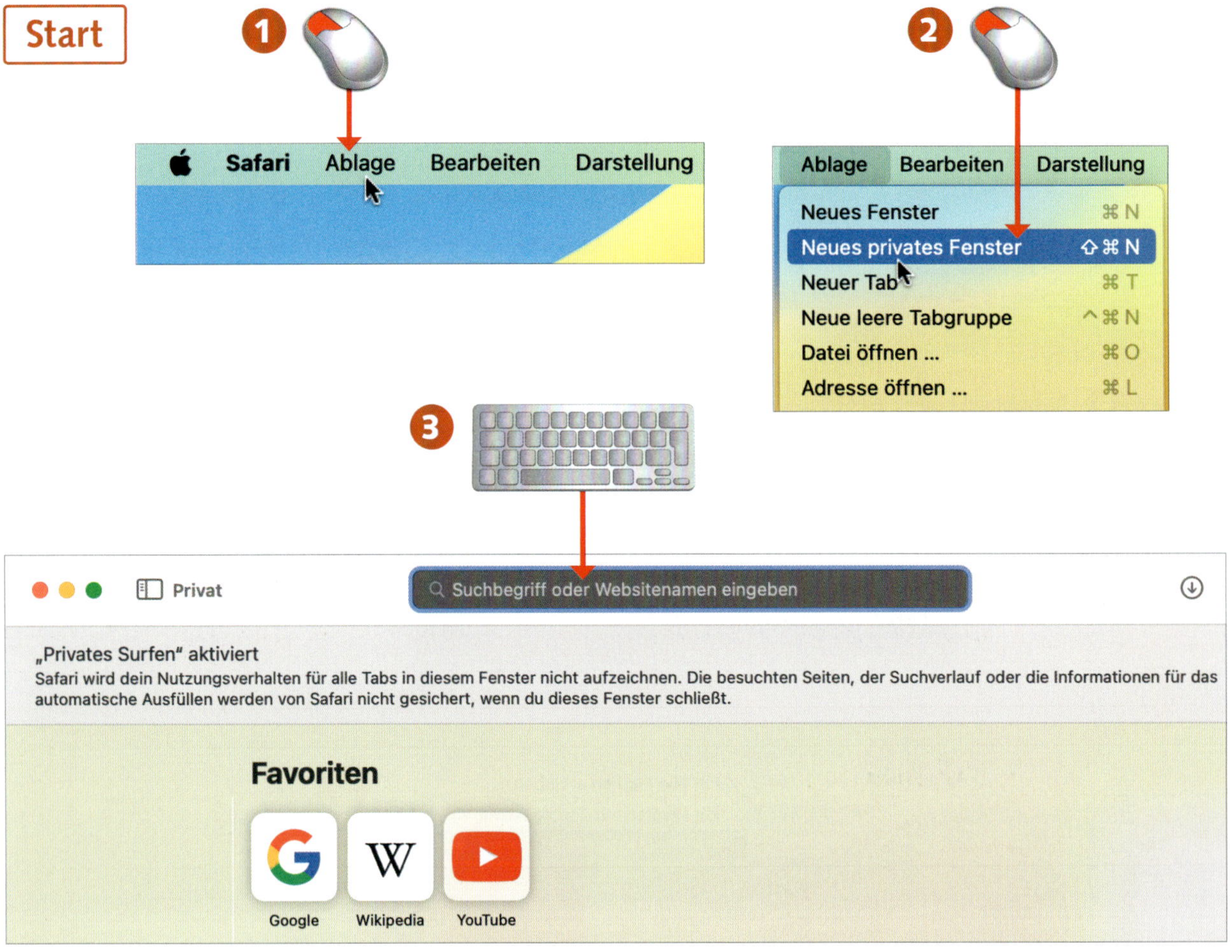

1. Um ein »privates Fenster« zu öffnen, entscheiden Sie sich in der Menüleiste von Safari für *Ablage*.

2. Im sich öffnenden Menü klicken Sie auf den Eintrag *Neues privates Fenster*.

3. Das private Fenster wird geöffnet und durch ein grau unterlegtes Suchfeld angezeigt. Geben Sie wie gewohnt eine Webadresse oder einen Suchbegriff ein, um im Internet zu surfen.

WISSEN

In manchen Fällen werden Sie nicht wollen, dass Daten zu den von Ihnen besuchten Webseiten auf Ihrem Mac gespeichert werden. In der Safari-App lässt sich dies ganz einfach durch das Surfen in einem »privaten Fenster« verhindern. Beachten Sie aber, dass dadurch keine Anonymität im Internet entsteht – durch die sogenannte IP-Adresse ist Ihr Mac jederzeit identifizierbar!

TIPP

So geht's per Tastenkombination: Drücken Sie ⇧ + command + N, um ein neues privates Fenster aufzurufen.

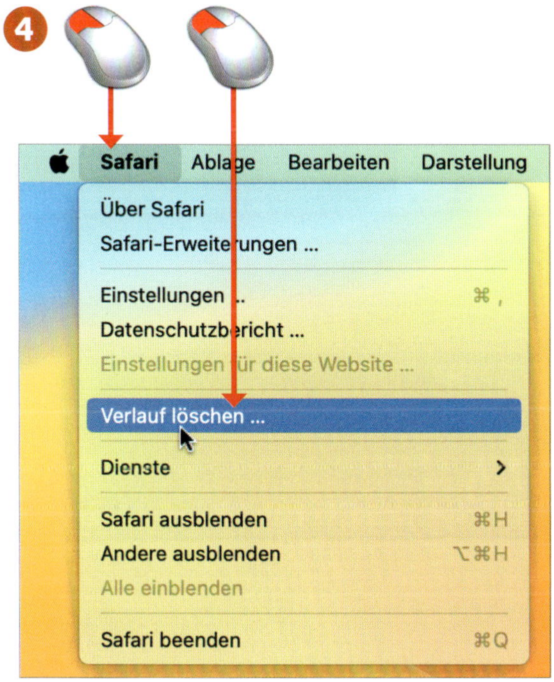

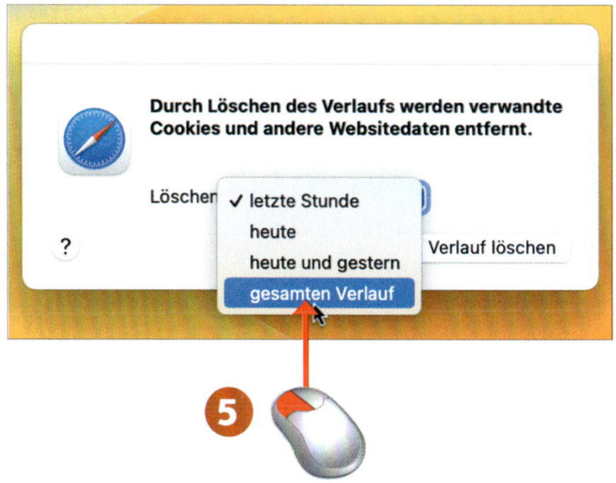

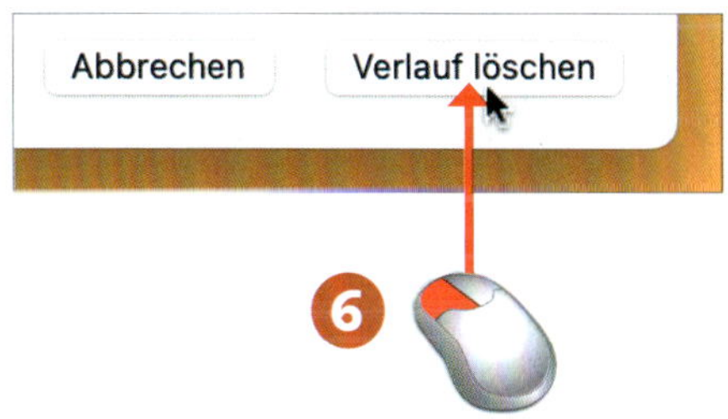

4 Bereits gespeicherte Daten lassen sich selbstverständlich jederzeit beseitigen. Dazu klicken Sie in der Safari-Menüleiste auf *Safari*. Entscheiden Sie sich nun im Menü für den Eintrag *Verlauf löschen*.

5 Entscheiden Sie sich im Menü *Löschen* für das Löschen des gesamten Verlaufs.

6 Bestätigen Sie mit der Schaltfläche *Verlauf löschen*.

Ende

HINWEIS

Auch so können Sie ein privates Fenster öffnen, sofern bereits ein Fenster geöffnet wurde: Klicken Sie mit der rechten Maustaste bzw. bei gedrückter control-Taste auf das Safari-Symbol im Dock und wählen Sie *Neues privates Fenster*.

HINWEIS

Einen Datenschutzbericht zur gerade geöffneten Webseite einblenden: Dazu klicken Sie (abhängig von der Tab-Ansicht) auf das Symbol und wählen *Datenschutzbericht* bzw. klicken direkt auf das Symbol .

Start

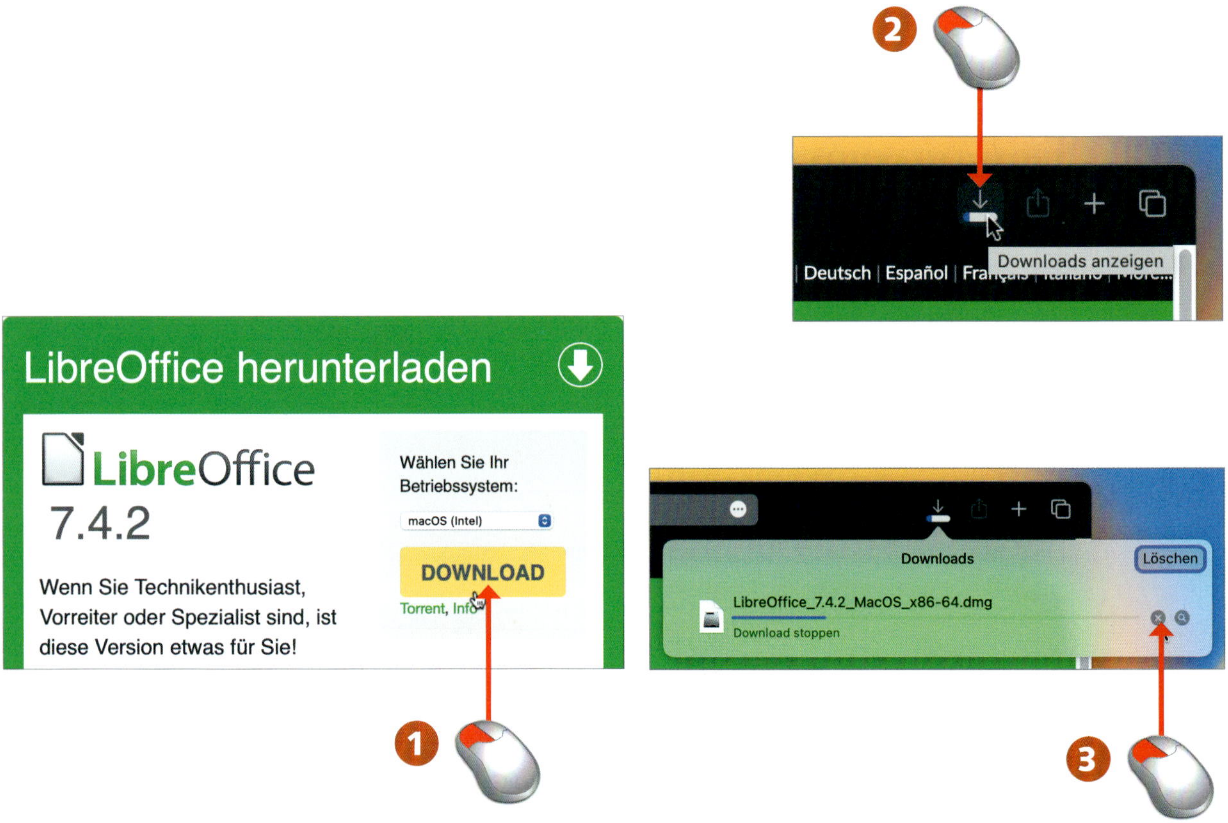

1. Um einen Download zu tätigen, klicken Sie auf einer Webseite auf einen Download-Link – in der Regel wird dieser durch eine entsprechende Angabe gekennzeichnet.
2. Der Download wird automatisch gestartet. Sie erhalten per Symbol rechts oben in Safari eine Information über den Download-Fortschritt. Für weitere Informationen klicken Sie das Symbol an.
3. Sie erhalten detaillierte Informationen zur Dateigröße und zum Download-Fortschritt. Einen versehentlich gestarteten Download brechen Sie mit dem Symbol ab.

WISSEN

Das Herunterladen von Dateien aller Art ist mit Safari kein Problem, egal ob es sich um ein Dokument oder eine App handelt. Achten Sie beim Download aber stets auf seriöse Quellen! Auf dieser Doppelseite zeige ich Ihnen Schritt für Schritt, wie simpel ein Download funktioniert.

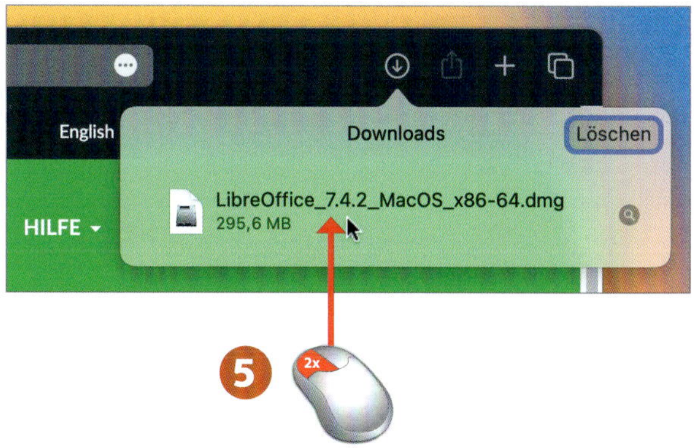

4 Das Herunterladen erfolgt im Hintergrund. Nach dem Abschluss des Downloads klicken Sie rechts oben in Safari auf das Symbol ⓓ.

5 Doppelklicken Sie auf die heruntergeladene Datei, um sie zu öffnen.

6 Standardmäßig werden die Dateien im Ordner *Downloads* gespeichert – dieser lässt sich wiederum standardmäßig im rechten Bereich des Docks aufrufen.

Ende

TIPP

Einen anderen Download-Ordner wählen: Klicken Sie dazu mit der rechten Maustaste bzw. bei gedrückter control-Taste auf einen Download-Link und wählen Sie *Verknüpfte Datei laden unter*.

TIPP

Um den Download-Verlauf zu löschen, klicken Sie unter dem Symbol ⓓ auf die Schaltfläche *Löschen* – die heruntergeladenen Dateien bleiben erhalten.

Start

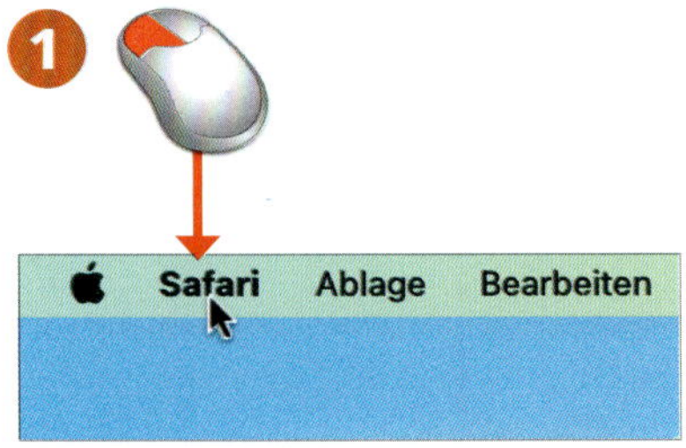

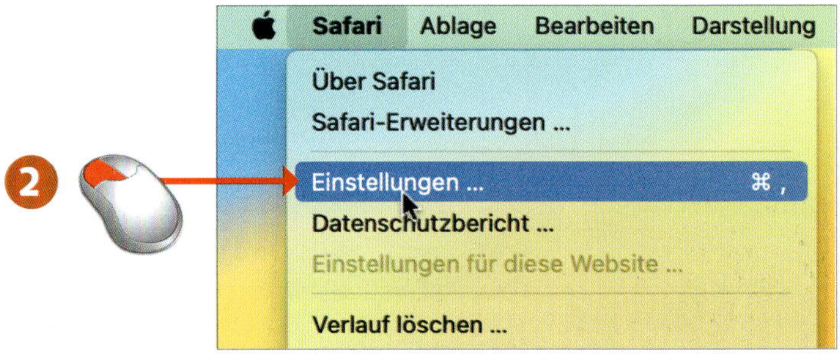

1. Um eine individuelle Homepage festzulegen, klicken Sie zunächst in der Safari-Menüleiste auf *Safari*.
2. Wählen Sie im Menü den Eintrag *Einstellungen*.
3. Klicken Sie nun unter dem Reiter *Allgemein* in das Feld *Homepage*. (Homepage ist ein anderes Wort für Startseite, wobei der Begriff auch oft für einen Webauftritt insgesamt verwendet wird.)

WISSEN

In Safari lässt sich beim Browserstart statt der Standard-Startseite eine individuelle Homepage aufrufen, etwa die Webseite Ihrer Firma, Ihr Blog oder eine News-Seite. Wie Sie die Homepage einrichten, lesen Sie Schritt für Schritt auf dieser Doppelseite.

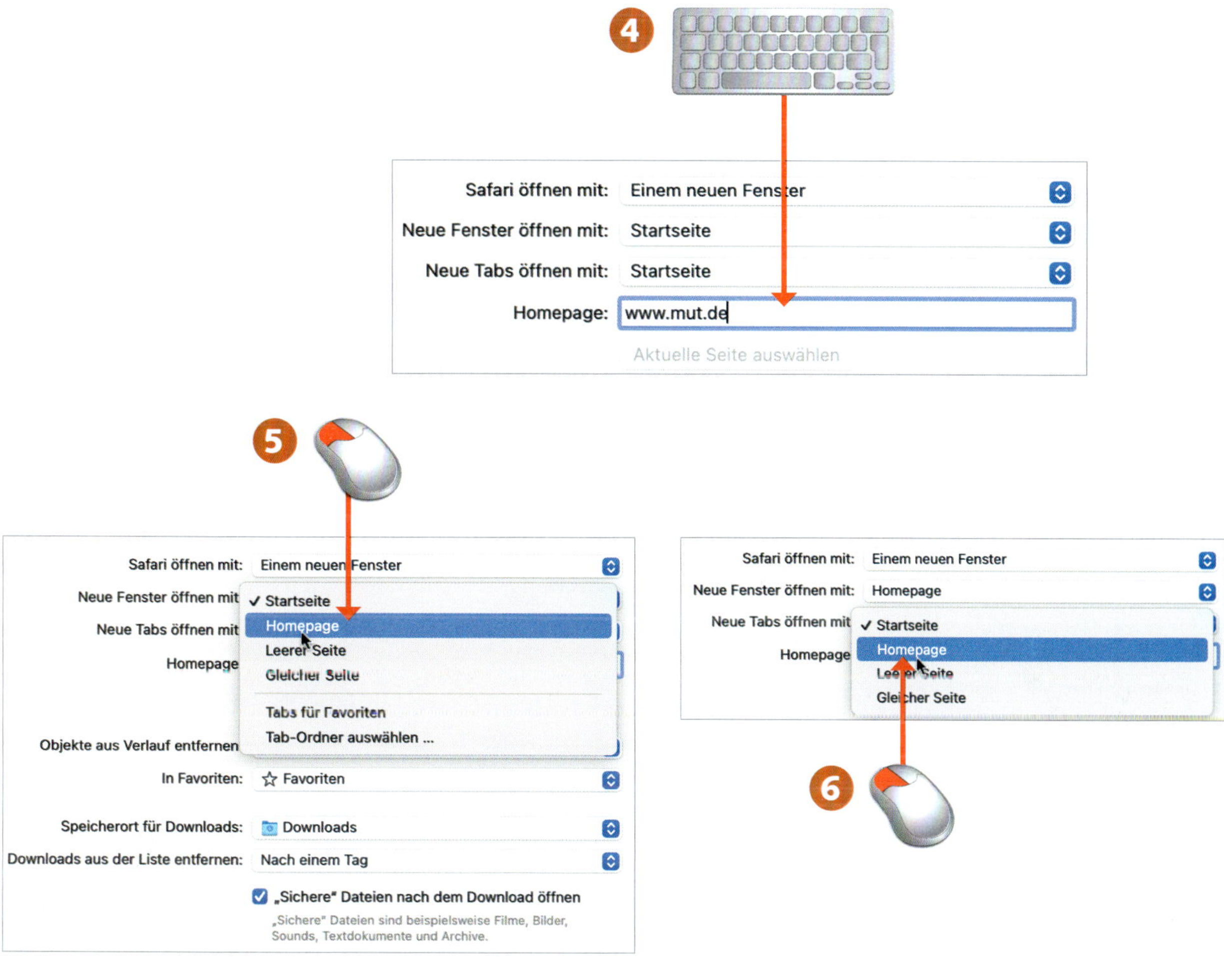

4 Überschreiben Sie die vorhandene Webadresse mit einer eigenen.

5 Sollen neue Fenster mit der gewählten Homepage geöffnet werden, klicken Sie nun auf das Menü *Neue Fenster öffnen mit* und wählen den Eintrag *Homepage*.

6 Sollen neue Tabs mit der gewählten Homepage geöffnet werden, klicken Sie auf das Menü *Neue Tabs öffnen mit* und wählen ebenfalls den Eintrag *Homepage*.

Ende

TIPP

Sie möchten stets in einem privaten Fenster surfen? Dann wählen Sie im Menü *Safari öffnen mit* den Eintrag *Neuem privaten Fenster*.

HINWEIS

Wenn Sie die gewünschte Startseite bereits geöffnet haben, sparen Sie sich in Schritt 4 Tipparbeit, indem Sie einfach auf die Schaltfläche *Aktuelle Seite auswählen* klicken.

Start

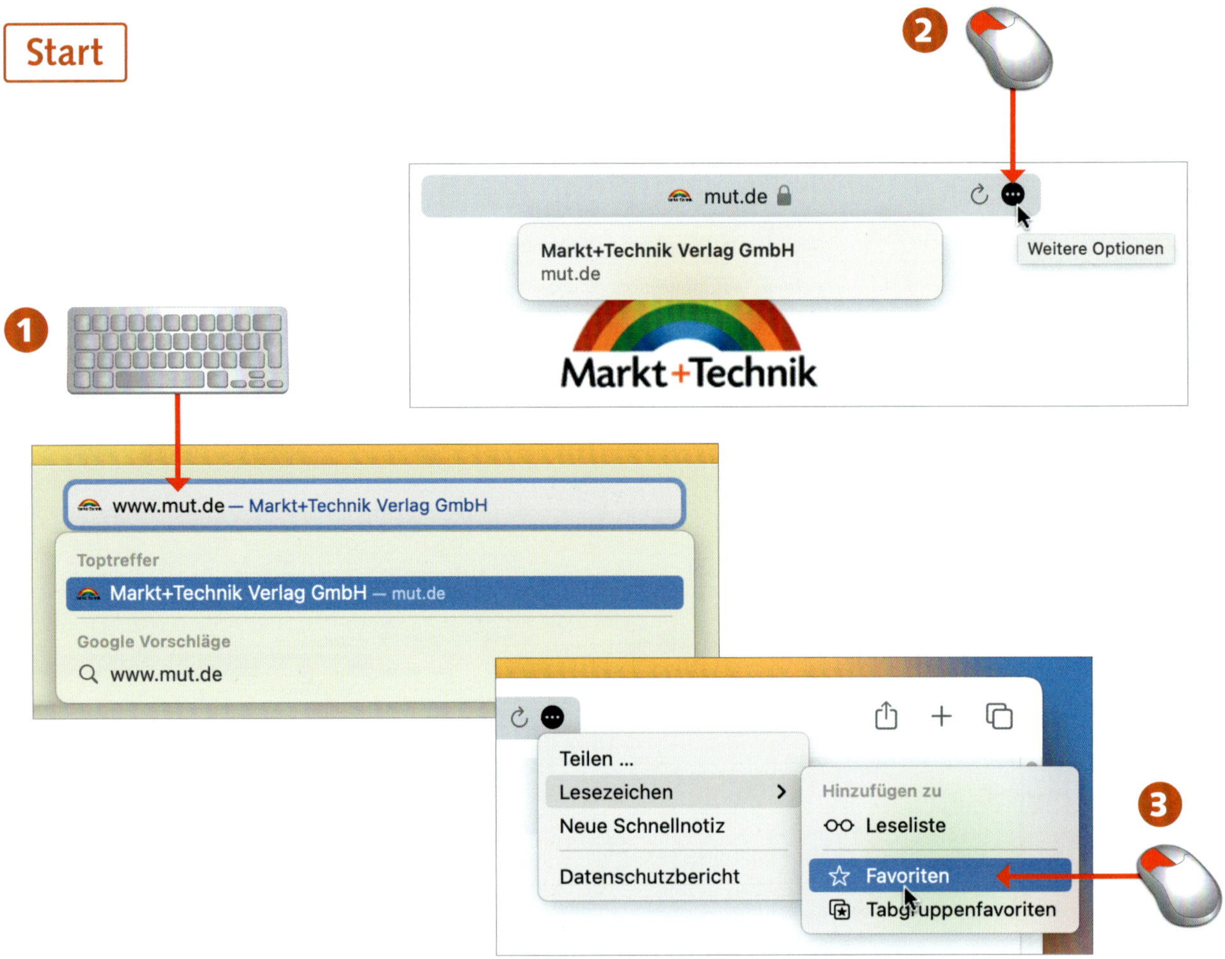

1. Öffnen Sie zunächst die Webseite, die Sie Ihren Lesezeichen hinzufügen möchten. Sie stellen dabei fest: Wenn Sie in das Suchfeld klicken, werden Ihnen die bereits vorhandenen Lesezeichen-Favoriten zur Auswahl angeboten.
2. Klicken Sie nun im Suchfeld auf das Symbol ⋯.
3. Bewegen Sie den Mauszeiger im Menü auf den Eintrag *Lesezeichen* und entscheiden Sie sich im Ausklappmenü für *Favoriten*.

WISSEN

Webadressen, die Sie später erneut aufrufen möchten, fügen Sie Ihren Lesezeichen hinzu – eine Art persönliches Adressbuch, das es Ihnen ermöglicht, entsprechend gespeicherte Webadressen durch Anklicken zu laden. Wie das geht, erfahren Sie auf dieser Doppelseite.

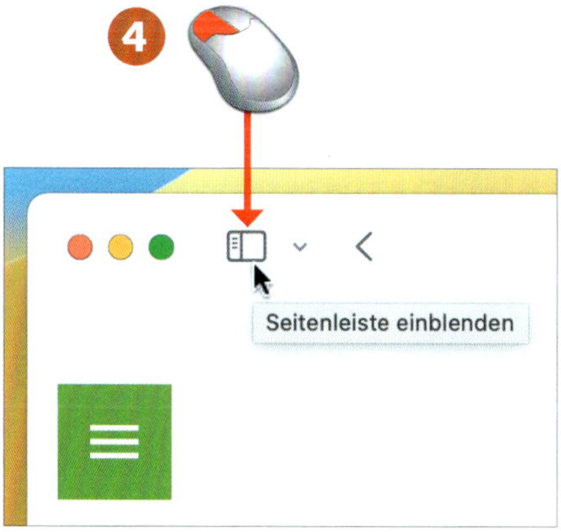

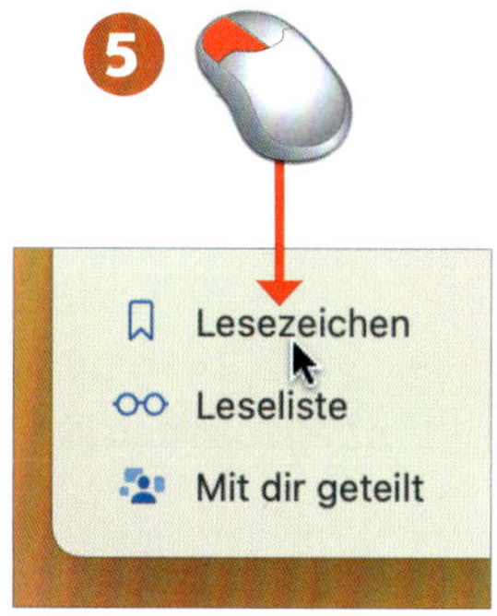

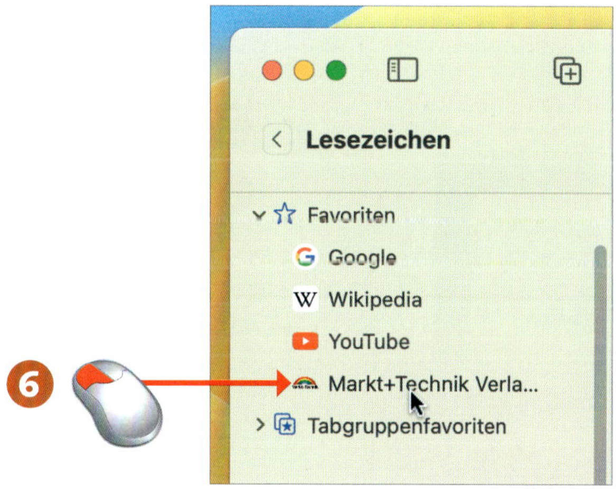

4 Auf Ihre Favoriten können Sie, wie bereits erwähnt, per Mausklick ins Suchfeld zugreifen. Um Zugriff auf alle Lesezeichen zu erhalten, klicken Sie oben in Safari auf das Symbol .

5 Lassen Sie sich nun die *Lesezeichen* anzeigen.

6 Klicken Sie einen Eintrag in der eingeblendeten Seitenleiste unter *Lesezeichen* an, um die Webadresse zu laden. Um die Seitenleiste wieder auszublenden, klicken Sie erneut auf das Symbol .

Ende

HINWEIS

Klicken Sie mit der rechten Maustaste bzw. bei gedrückter *control*-Taste in die Seitenleiste, um dort weitere Lesezeichenordner anlegen zu können.

TIPP

Auch das Hinzufügen eines Lesezeichens gelingt per Tastenkombination, nämlich *command*+*D*.

Start

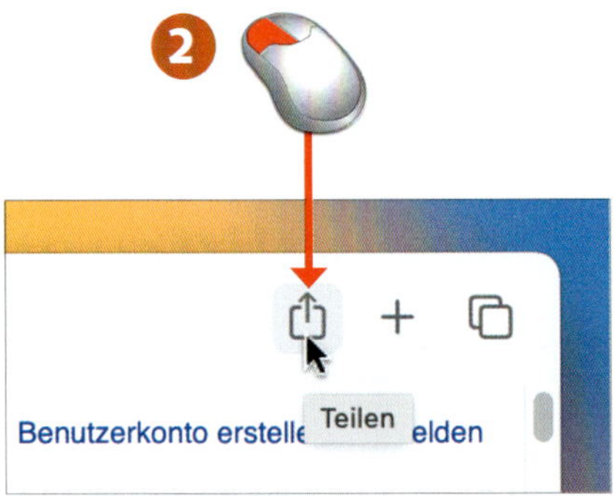

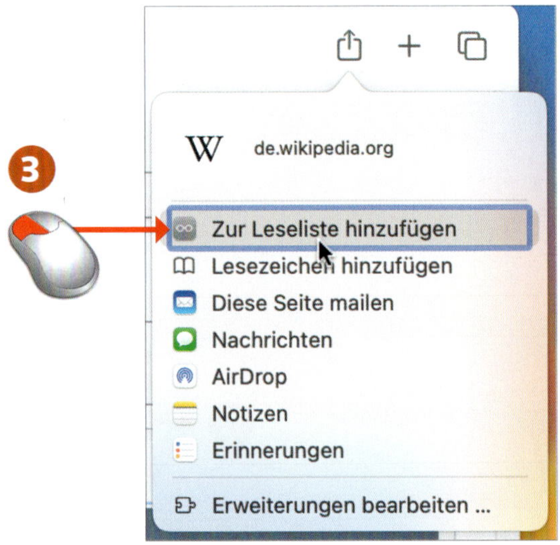

1. Rufen Sie eine Webseite auf, die Sie Ihrer Leseliste hinzufügen möchten. Hier klicke ich dazu einen Link auf einer Webseite an.
2. Klicken Sie rechts oben in Safari auf das Symbol. Sie können auch wieder unter dem Symbol die entsprechende Option wählen, doch hier lernen Sie eine weitere Methode kennen.
3. Wählen Sie den Eintrag *Zur Leseliste hinzufügen*.

WISSEN

Bei Lesezeichen werden nur die Webadressen gespeichert. Sie können aber auch eine Leseliste verwenden, bei der tatsächlich die Webseiten gespeichert werden, um diese später auch ohne Internetverbindung lesen zu können, sofern Sie diese Option in den Safari-Einstellungen unter *Erweitert* aktivieren. Die Leseliste lässt sich sehr einfach verwenden, wie Sie auf dieser Doppelseite erfahren.

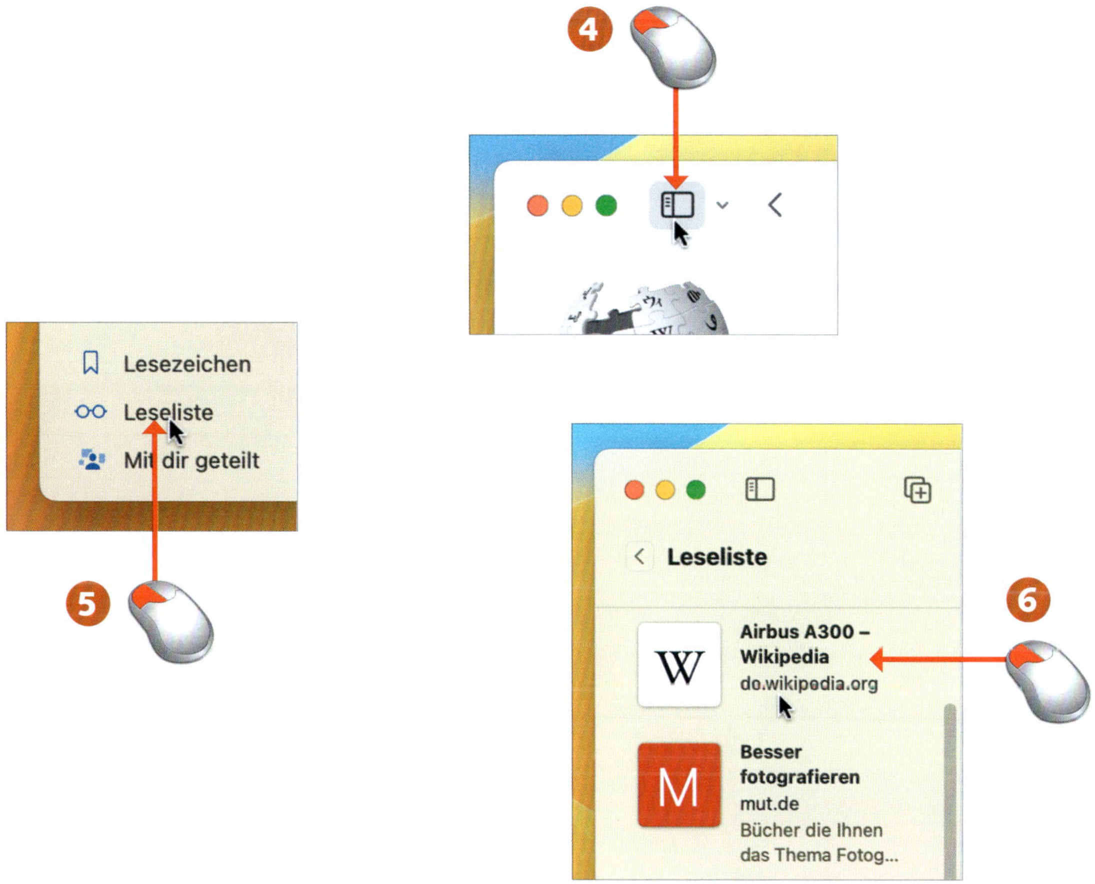

4. Zum Aufrufen Ihrer Leseliste blenden Sie wieder über das Symbol die Seitenleiste ein.
5. Entscheiden Sie sich in der Seitenleiste für das Einblenden der *Leseliste*.
6. Klicken Sie einen Eintrag in der Leseliste an, um die entsprechende Webseite zu lesen. Einzelne Artikel sichern Sie zum Offlinelesen, indem Sie einen Eintrag mit der rechten Maustaste bzw. bei gedrückter [control]-Taste anklicken und dann im Kontextmenü *Offline sichern* wählen.

Ende

HINWEIS

Ein Eintrag kann wieder aus der Leseliste entfernt werden: Klicken Sie ihn dazu mit der rechten Maustaste bzw. bei gedrückter [control]-Taste an und wählen Sie *Objekt entfernen*.

TIPP

Und auch das Hinzufügen zur Leseliste funktioniert per Tastenkombination: Dazu drücken Sie die Tasten [⇧]+[command]+[D].

Start

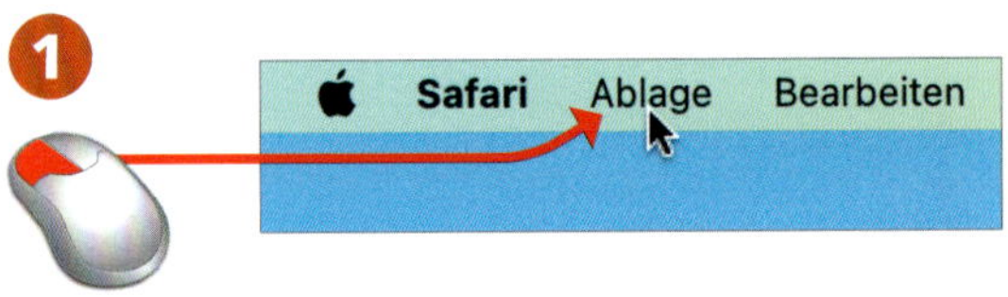

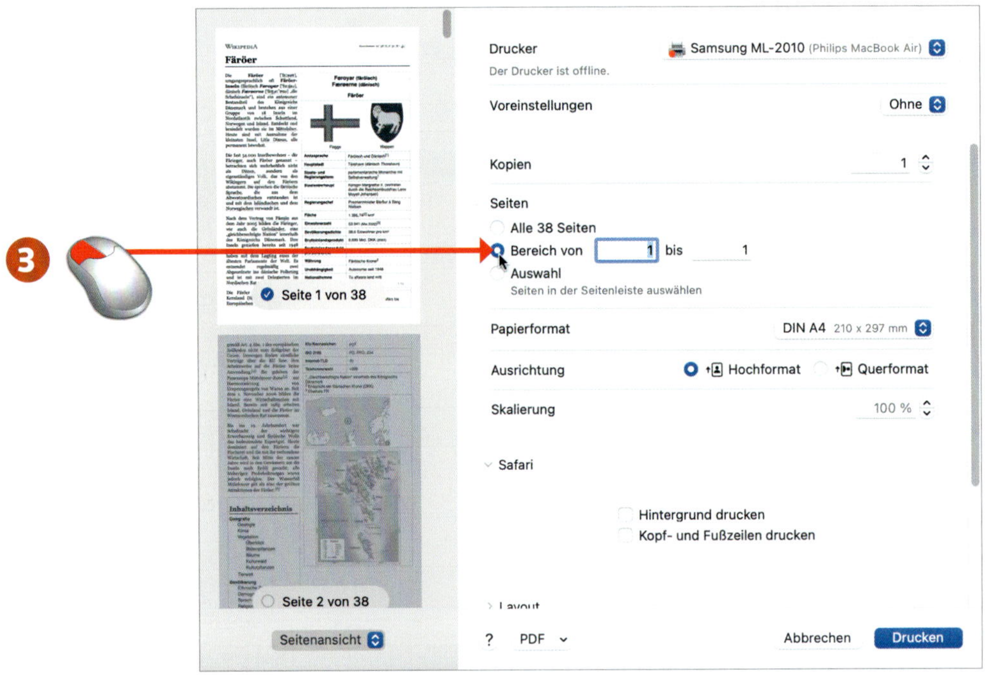

1. Um eine Webseite zu Papier zu bringen, klicken Sie in der Menüleiste auf *Ablage*. Die Druckoption finden Sie übrigens nicht nur in Safari, sondern auch in anderen Apps unter *Ablage*.

2. Entscheiden Sie sich im Menü für den Eintrag *Drucken*. Alternativ können Sie den Ausdruck auch per Tastenkombination *command*+*P* starten.

3. Bestimmen Sie im Abschnitt *Seiten* den Druckbereich, also die Seiten der Webseite, die zu Papier gebracht werden sollen.

WISSEN

Manchmal werden Sie eine Webseite mit interessanten oder wichtigen Informationen zu Papier bringen wollen. Sofern ein Drucker eingerichtet wurde, ist das eine Sache weniger Handgriffe. Drucken Sie aber wirklich nur benötigte Webseiten aus und denken Sie daran, dass besonders Farbausdrucke viel Geld kosten!

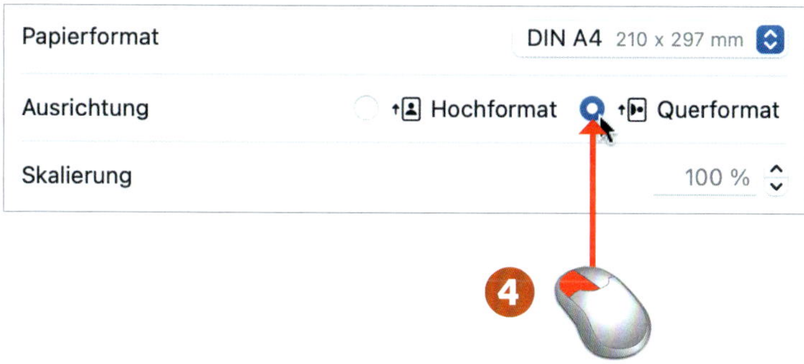

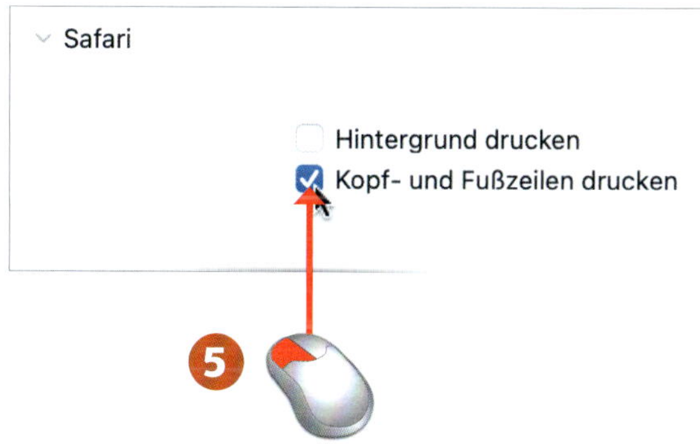

4 Möchten Sie vom Hoch- ins Querformat umschalten? Dazu wählen Sie bei *Ausrichtung* das entsprechende Optionsfeld.

5 Aktivieren oder deaktivieren Sie bestimmte Druckoptionen wie *Kopf- und Fußzeilen drucken* oder *Hintergrund drucken*.

6 Sie können auch noch die Seitenzahl etc. festlegen. Klicken Sie schließlich auf die Schaltfläche *Drucken*, um die Webseite zu Papier zu bringen.

Ende

HINWEIS

Eine Webseite können Sie auch als Datei (Webarchiv) speichern: Dazu wählen Sie *Ablage* und dann *Sichern unter*.

TIPP

Eine Webseite als PDF-Datei speichern: Hierzu entscheiden Sie sich für *Ablage* und dann für *Als PDF exportieren*. Eine PDF-Option erhalten Sie alternativ auch in der Druckvorschau.

Start

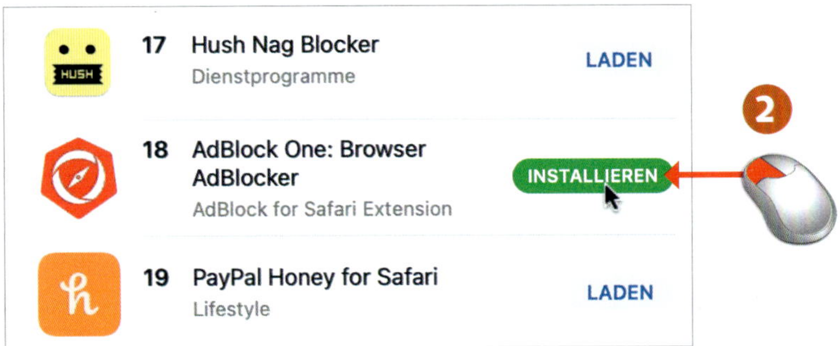

1. Entscheiden Sie sich in der Menüleiste der App Safari für *Safari/Safari-Erweiterungen*.

2. Der App Store wird geöffnet und Ihnen werden die verfügbaren Safari-Erweiterungen angezeigt. Gehen Sie zum Installieren wie bei einer herkömmlichen App vor (vgl. Kapitel 5).

3. Nun möchten Sie einzelne Funktionen der Safari-Erweiterungen aktivieren oder deaktivieren. Dazu wählen Sie in der Menüleiste *Safari/Einstellungen*.

WISSEN

Dank Erweiterungen, die Sie aus dem App Store beziehen, lässt sich der Funktionsumfang des Webbrowsers Safari noch um die unterschiedlichsten Funktionen ergänzen. Wie Sie Safari-Erweiterungen installieren und verwalten, erfahren Sie auf dieser Doppelseite.

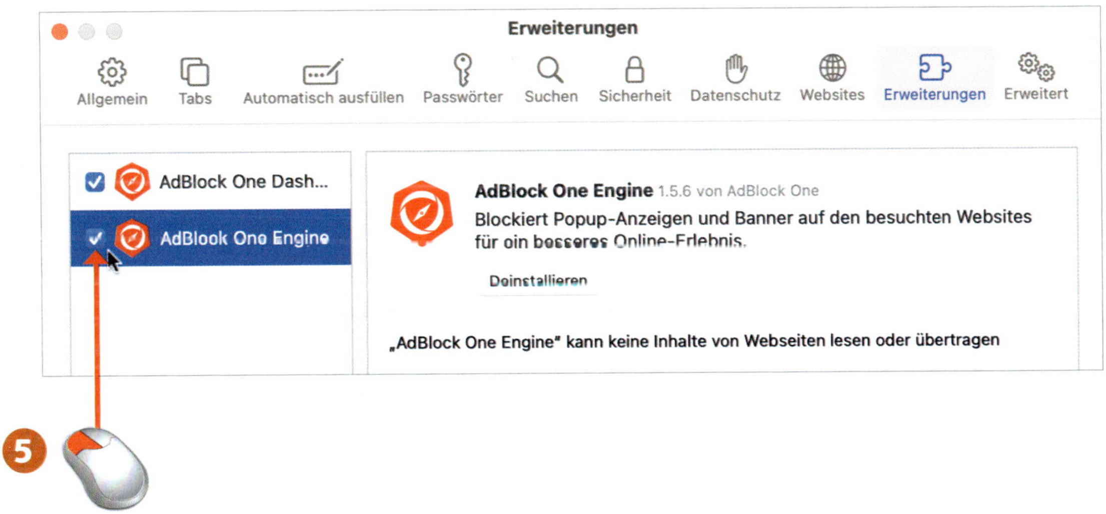

4 Entscheiden Sie sich in den Safari-Einstellungen für die Rubrik *Erweiterungen*.

5 Nun können Sie Funktionen der Safari-Erweiterung aufrufen. Per Kontrollkästchen lassen sich Funktionen aktivieren bzw. deaktivieren.

6 Die Safari-Erweiterung lässt sich auch im Launchpad aufrufen.

Ende

TIPP

Die Safari-Erweiterungen lassen sich auch direkt im App Store aufspüren: Wählen Sie dazu dort in der Seitenleiste *Kategorien* und dann *Safari-Erweiterungen*.

HINWEIS

Um eine Safari-Erweiterung zu deinstallieren, gehen Sie so vor, wie es in Kapitel 5 im Zusammenhang mit der Deinstallation von Apps dargestellt wird.

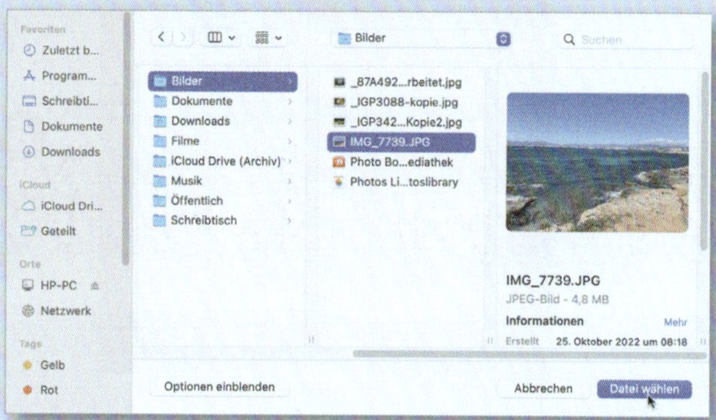

Favoriten
Zuletzt b...
Program...
Schreibti...
Dokumente
Downloads
iCloud
iCloud Dri...
Geteilt
Orte
HP-PC
Netzwerk
Tags
Gelb
Rot
Bilder
Bilder
Dokumente
Downloads
Filme
iCloud Drive (Archiv)
Musik
Öffentlich
Schreibtisch
_87A492...rbeitet.jpg
_IGP3088-kopie.jpg
_IGP342...Kopie2.jpg
IMG_7739.JPG
Photo Bo...ediathek
Photos Li...toslibrary
IMG_7739.JPG
JPEG-Bild - 4,8 MB
Informationen
Mehr
Erstellt
25. Oktober 2022 um 08:18
Optionen einblenden
Abbrechen
Datei wählen

iCloud
Microsoft Exchange
Google
yahoo!
Aol.
Anderen Account hinzufügen ...
?
Abbrechen

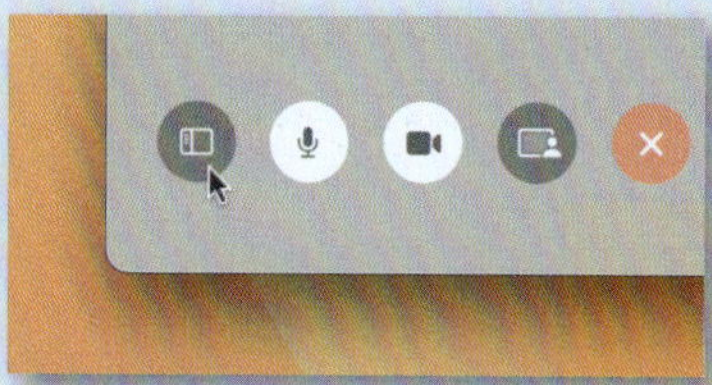

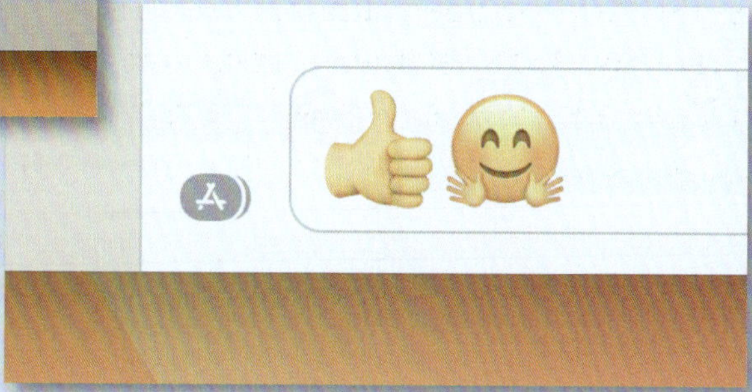

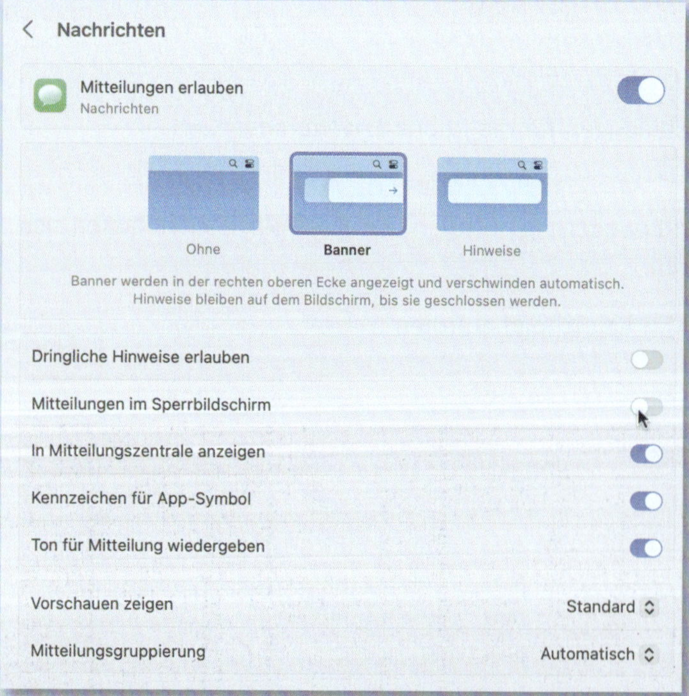

Nachrichten
Mitteilungen erlauben
Nachrichten
Ohne
Banner
Hinweise
Banner werden in der rechten oberen Ecke angezeigt und verschwinden automatisch.
Hinweise bleiben auf dem Bildschirm, bis sie geschlossen werden.
Dringliche Hinweise erlauben
Mitteilungen im Sperrbildschirm
In Mitteilungszentrale anzeigen
Kennzeichen für App-Symbol
Ton für Mitteilung wiedergeben
Vorschauen zeigen
Standard
Mitteilungsgruppierung
Automatisch

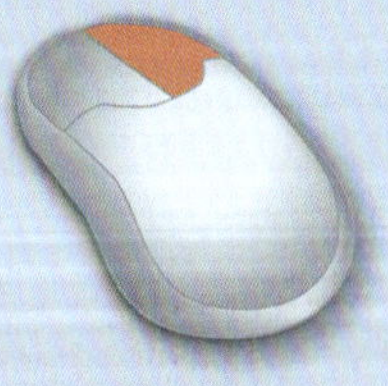

7

Ihr Mac als cleveres Kommunikationstool

Sie können über das Internet mit Personen auf der ganzen Welt kommunizieren – komfortabel und kostenlos. Auf Ihrem Mac bieten sich Ihnen hierfür gleich mehrere Möglichkeiten: Senden, empfangen und verwalten Sie E-Mails oder tauschen Sie, nach Art eines Chats, kurze Nachrichten aus. Auch Telefonate übers Internet lassen sich mit Ihrem Mac kinderleicht realisieren – wenn gewünscht, sogar mit Videoübertragung. Wie das Ganze funktioniert, erarbeiten Sie sich in diesem Kapitel.

Start

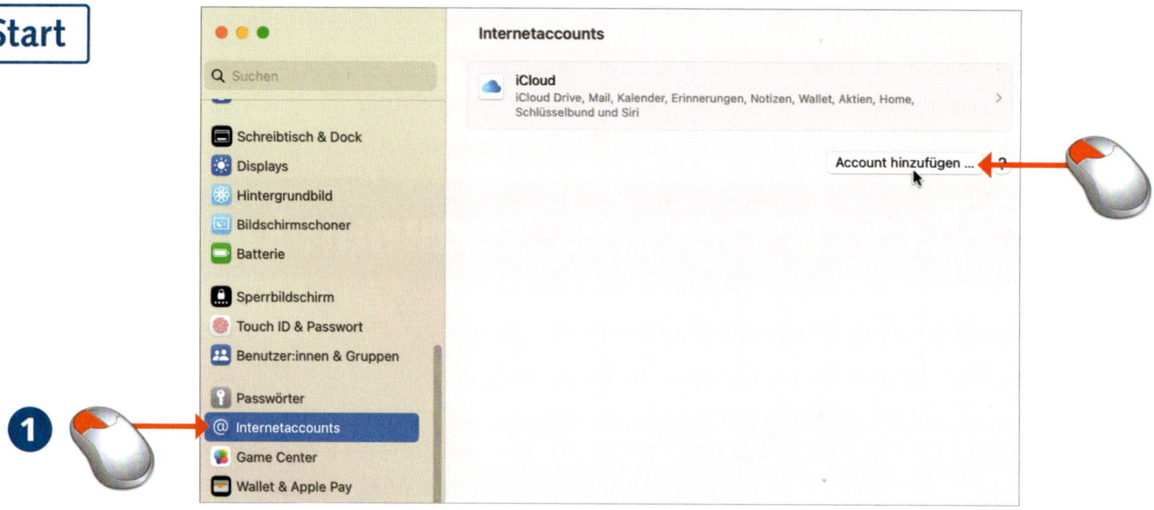

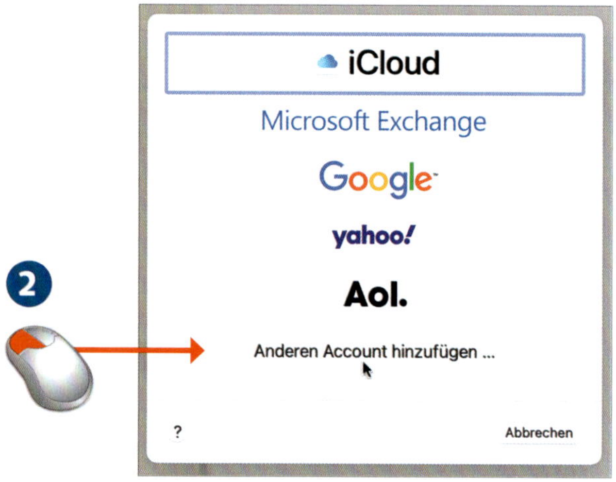

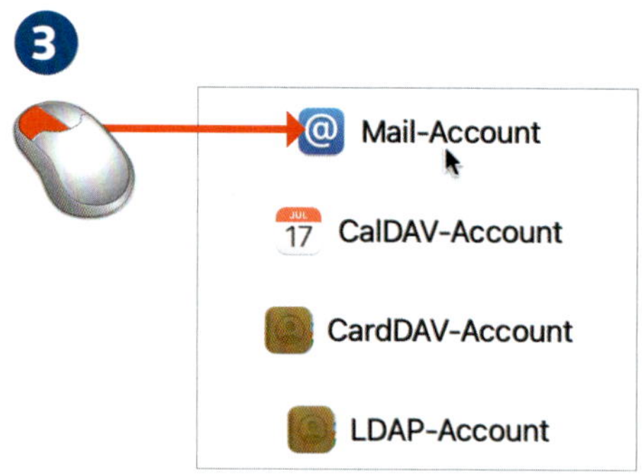

1. Um ein neues E-Mail-Konto anzulegen, öffnen Sie auf Ihrem Mac die *Systemeinstellungen* und wählen in der Kategorie *Internetaccounts* die Schaltfläche *Account hinzufügen*.
2. Wählen Sie einen der vorgeschlagenen Anbieter in der Liste aus. Wenn Ihr Anbieter nicht aufgeführt wird, klicken Sie unten in der Liste auf *Anderen Account hinzufügen*.
3. Entscheiden Sie sich für die Option *Mail-Account*.

WISSEN

Eine E-Mail-Adresse ist heute schon genauso wichtig wie eine Wohnanschrift – na ja, fast. Wenn Sie in iCloud die Option *Mail* aktiviert haben, steht Ihnen direkt ein E-Mail-Konto zur Verfügung. Natürlich lassen sich aber auch beliebige weitere E-Mail-Konten hinzufügen, um in der Mail-App E-Mails senden und empfangen zu können.

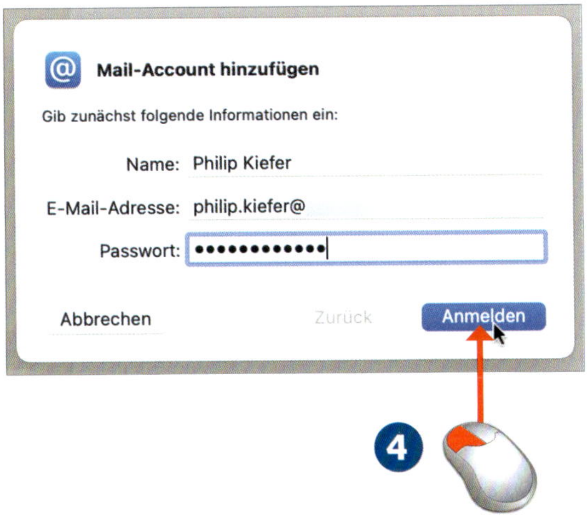

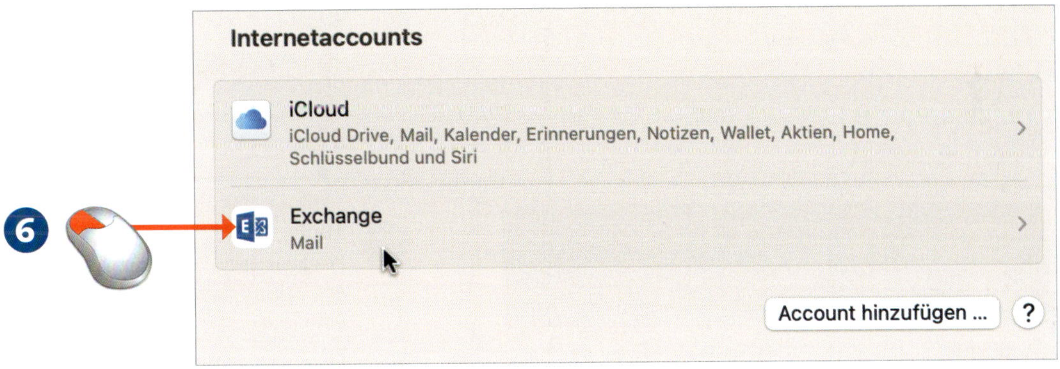

4 Es öffnet sich ein Assistent, in dem Sie die geforderten Angaben machen. Falls Sie eine Angabe nicht kennen, erfragen Sie diese bei Ihrem E-Mail-Anbieter.

5 In vielen Fällen können Sie neben E-Mails noch weitere Daten synchronisieren – entscheiden Sie dies per Kontrollkästchen. Bestätigen Sie mit *Fertig*.

6 Nachdem Sie das E-Mail-Konto hinzugefügt haben, wird es als Internetaccount aufgelistet und kann per Mausklick ausgewählt werden.

Ende

TIPP

Um einen E-Mail-Account wieder zu entfernen, wählen Sie ihn in den *Einstellungen* in der Kategorie *Internetaccounts* aus und klicken auf die Schaltfläche *Account löschen*.

HINWEIS

Manchmal haben Sie die Wahl zwischen einer IMAP- und einer POP-Verbindung. Der Unterschied: Bei IMAP bleiben die E-Mails auf dem E-Mail-Server gespeichert, bei POP werden sie auf den Mac heruntergeladen.

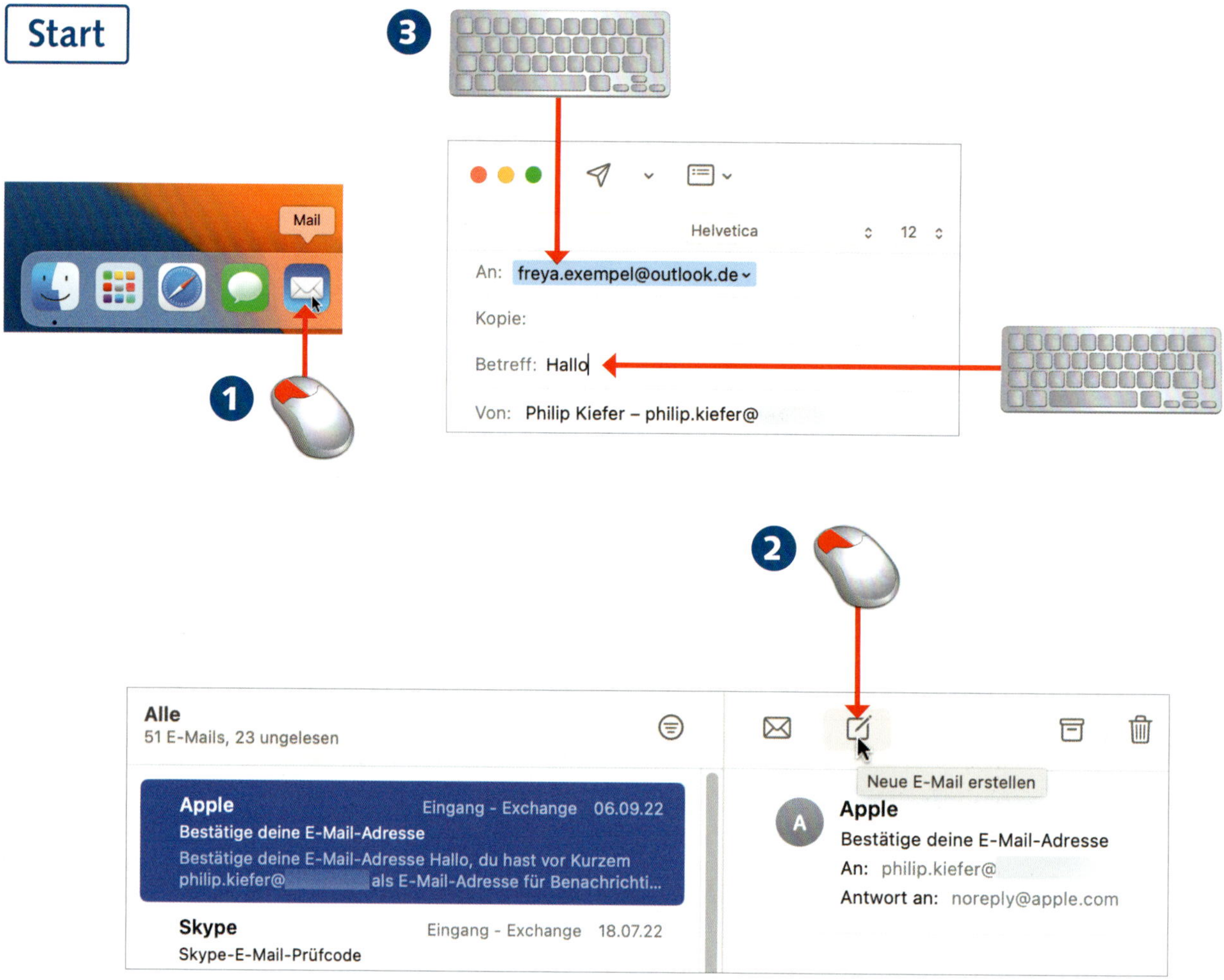

1. Klicken Sie im Dock auf das Briefmarkensymbol, um die App *Mail* zu öffnen.

2. Um eine neue E-Mail zu erstellen, klicken Sie oben in der App *Mail* auf das Symbol .

3. Geben Sie in das Feld *An* eine oder mehrere E-Mail-Adressen ein. Im Feld *Betreff* machen Sie eine kurze Inhaltsangabe zur E-Mail, damit der Empfänger sofort sieht, um welches Thema es geht.

WISSEN

Wer bereits einmal eine E-Mail verschickt hat, wird mit der App *Mail* keinerlei Probleme haben. Lassen Sie mich Ihnen auf dieser Doppelseite dennoch auch die Basics vorstellen – denn ein paar Abweichungen gegenüber anderen E-Mail-Programmen oder -Webseiten gibt es doch.

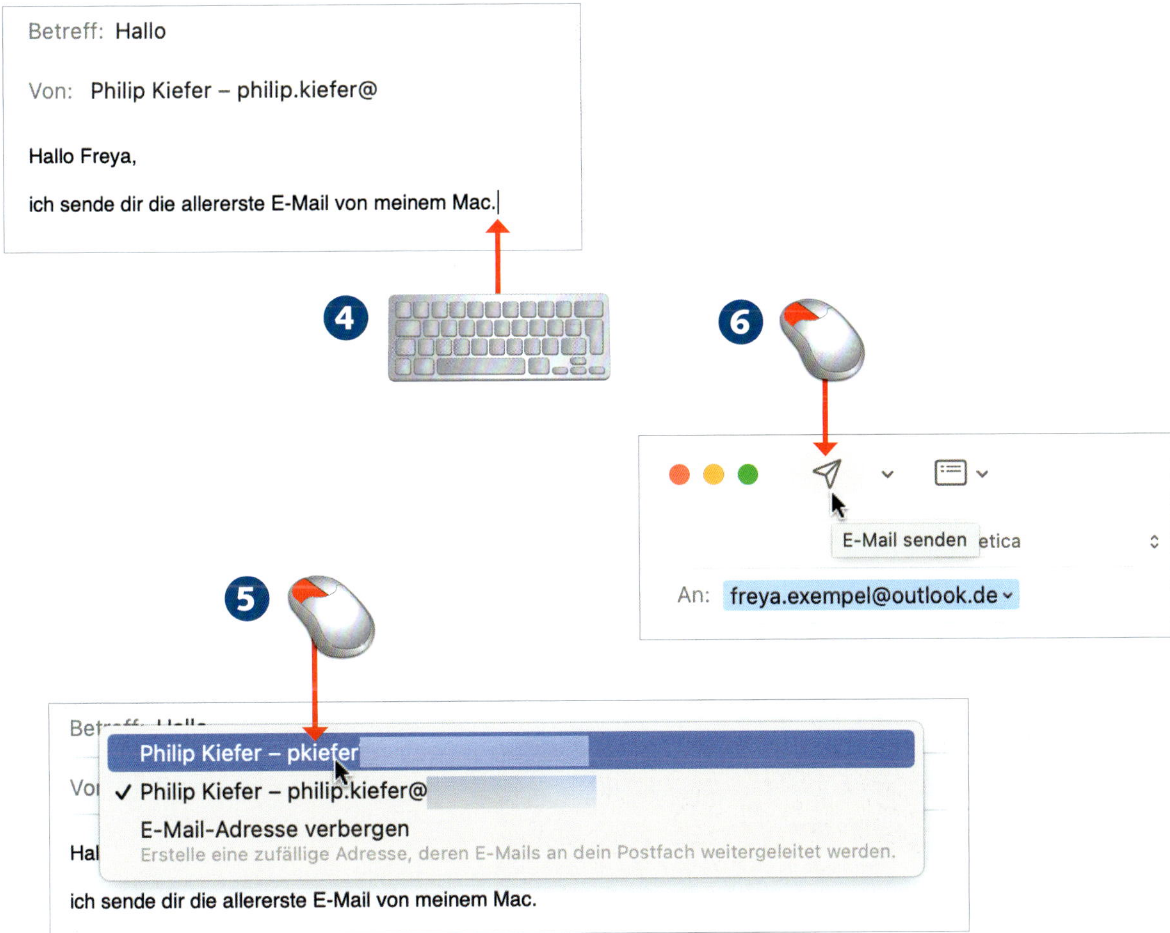

4 Jetzt kommt das Wichtigste: der E-Mail-Text. Tippen Sie diesen in das große Eingabefeld ein.

5 Sie haben mehrere E-Mail-Konten hinzugefügt? Dann bestimmen Sie im Menü *Von*, welche Absender-Mailadresse verwendet werden soll. Den Standard bestimmen Sie unter *Mail/Einstellungen* und dort unter *Verfassen* im Menü *Neue E-Mails senden von*.

6 Um die E-Mail schließlich auf den Weg zu bringen, klicken Sie oben im E-Mail-Fenster auf das Symbol ◁.

Ende

HINWEIS

Wenn Sie einen E-Mail-Empfänger Ihren Kontakten hinzugefügt haben, klicken Sie in das Feld *An* und wählen den Kontakt dann unter dem Plussymbol ⊕ aus.

HINWEIS

Außer *Kopie* noch weitere optionale Adressfelder einblenden: Wählen Sie diese dazu unter dem Symbol ☰ ⌄ aus.

Start

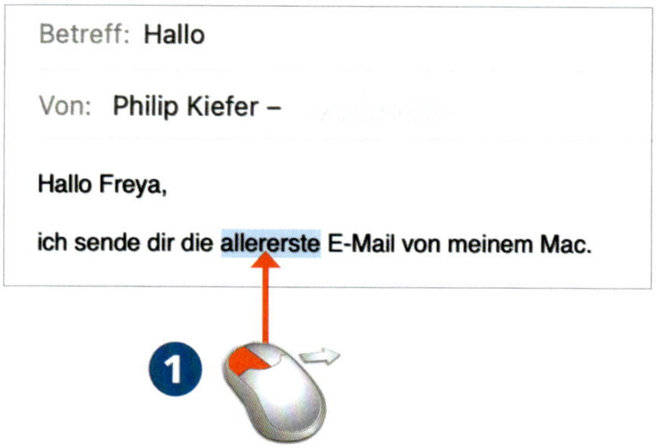

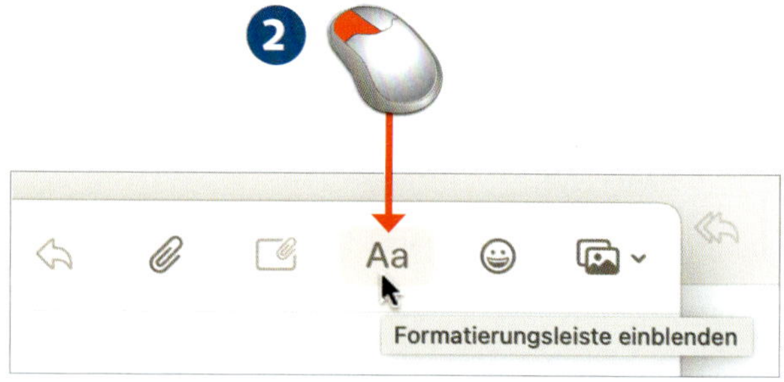

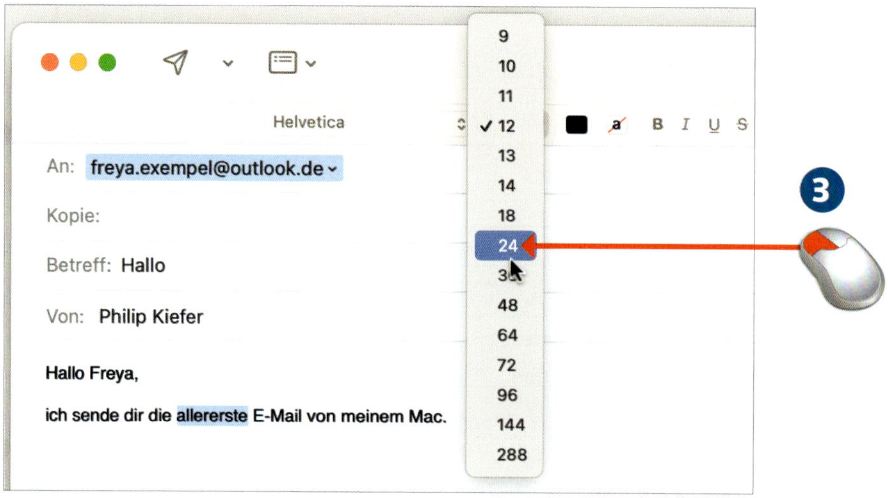

1. Möchten Sie den E-Mail-Text formatieren, markieren Sie zunächst bei gedrückter Maustaste den zu formatierenden Text.
2. Klicken Sie nun rechts oben im E-Mail-Fenster gegebenenfalls zunächst auf das Symbol Aa, um die Optionen für die Formatierung einzublenden.
3. Wählen Sie eine oder mehrere Formatieroptionen aus. Hier entscheide ich mich beispielsweise per Menü für das Vergrößern der Schrift.

WISSEN

Ihre E-Mails lassen sich vor dem Versand noch schöner gestalten sowie bei Bedarf mit Dateianhängen versehen – Dateien, die der Empfänger dann auf seinem eigenen Computer abspeichern kann. Lassen Sie mich Ihnen auf dieser Doppelseite die in diesem Zusammenhang wichtigsten Funktionen aufzeigen.

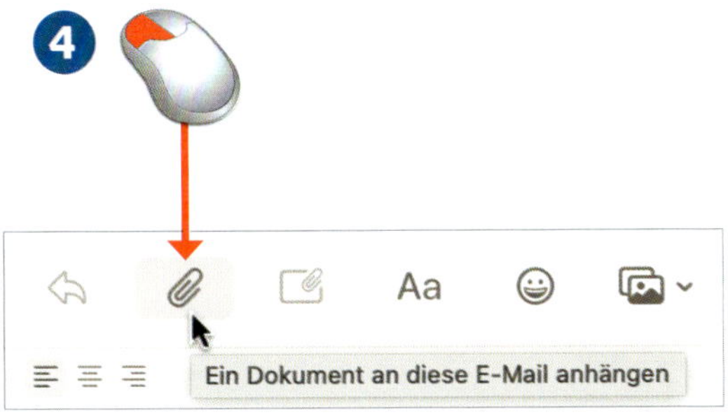

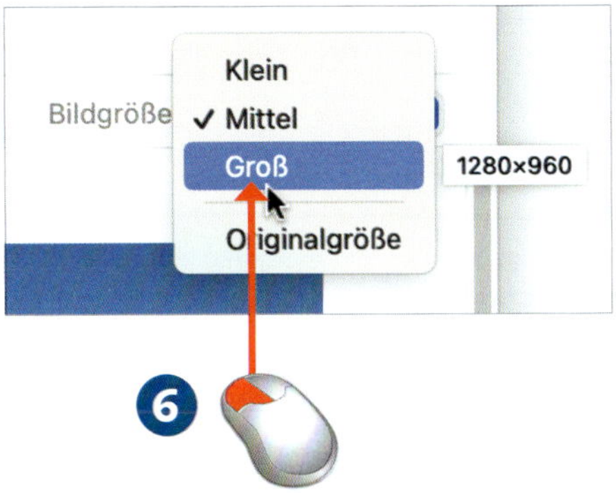

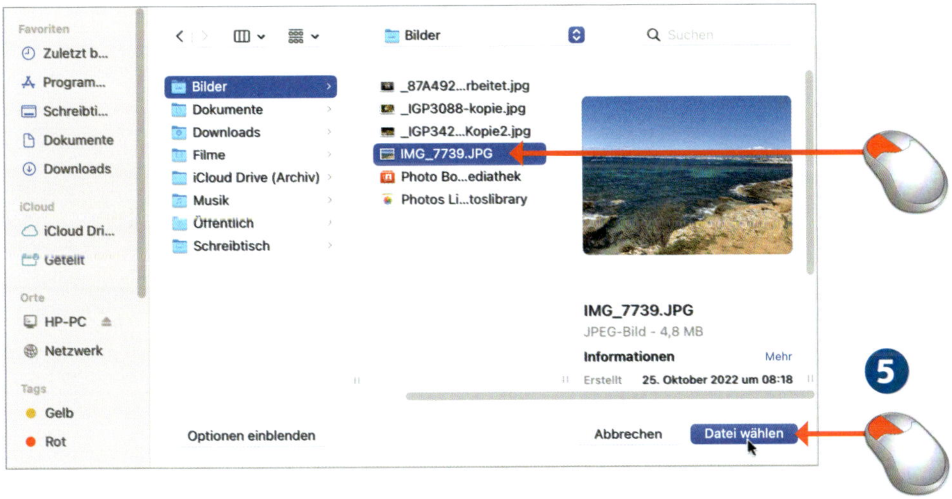

4 Um einen Dateianhang hinzuzufügen, klicken Sie auf das Büroklammer-Symbol 📎.

5 Wählen Sie anschließend eine oder – bei gedrückter command-Taste – mehrere Dateien aus. Bestätigen Sie mit *Datei wählen*.

6 Besonders praktisch bei Bildern: Mithilfe des Menüs *Bildgröße* lassen sich große Bilddateien kinderleicht in der Größe reduzieren.

Ende

HINWEIS

Bunt formatierte E-Mails können zwar ganz schön anzusehen sein, beachten Sie aber, dass diese nicht bei jedem Empfänger so schön dargestellt werden!

TIPP

Die Größe eingehender und ausgehender E-Mails darf bei iCloud Mail die Größe von 20 MB nicht überschreiten; bei anderen Anbietern können andere Werte gelten. Wenn Sie Mail Drop zum Download von Anhängen in iCloud nutzen, dürfen es bis zu 5 GB sein.

Start

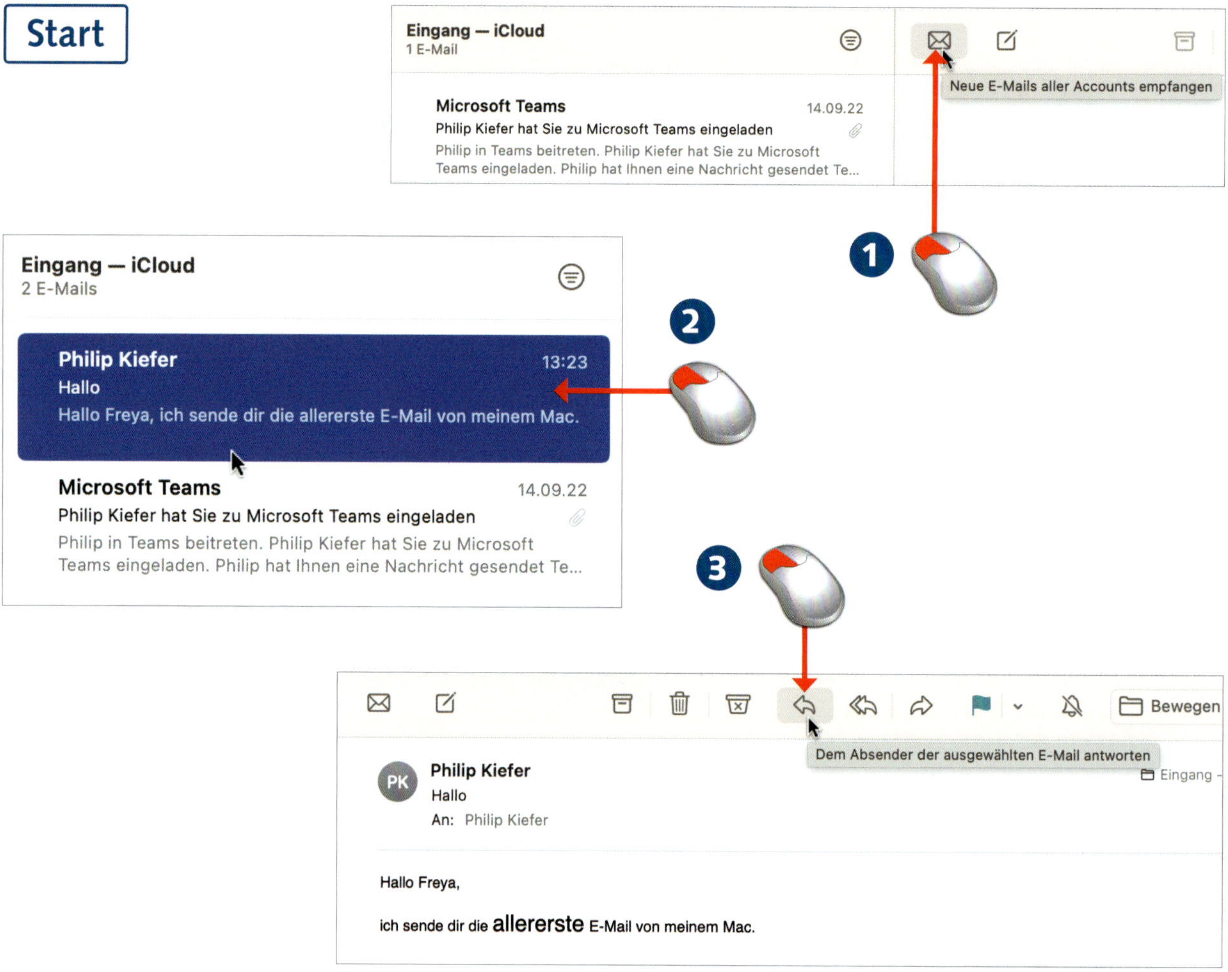

1. E-Mails werden standardmäßig automatisch empfangen. Sie können E-Mails jedoch auch manuell empfangen, indem Sie oben in der App *Mail* auf das Symbol ✉ klicken.

2. Um eine E-Mail zu lesen, klicken Sie diese im Posteingang an.

3. Sie möchten eine ausgewählte E-Mail beantworten? Dazu klicken Sie oben in der App *Mail* auf das Symbol ↶ (*Antworten*) bzw. ↶↶ (*Allen Empfängern antworten*).

WISSEN

Wenn Sie E-Mails empfangen, können Sie diese nicht nur lesen, sondern auch beantworten, weiterleiten etc. Auf dieser Doppelseite stelle ich Ihnen nur die wichtigsten Funktionen rund um den Umgang mit empfangenen E-Mails vor. Unter *Mail/Einstellungen* finden Sie noch viele weitere Optionen – vom Anpassen von Schrift und Farbe für E-Mails bis hin zu Ansichtsoptionen für die Mail-App.

TIPP

Klicken Sie oberhalb der E-Mail-Liste auf das Symbol ⊜, um Optionen zum Filtern der E-Mails aufzurufen.

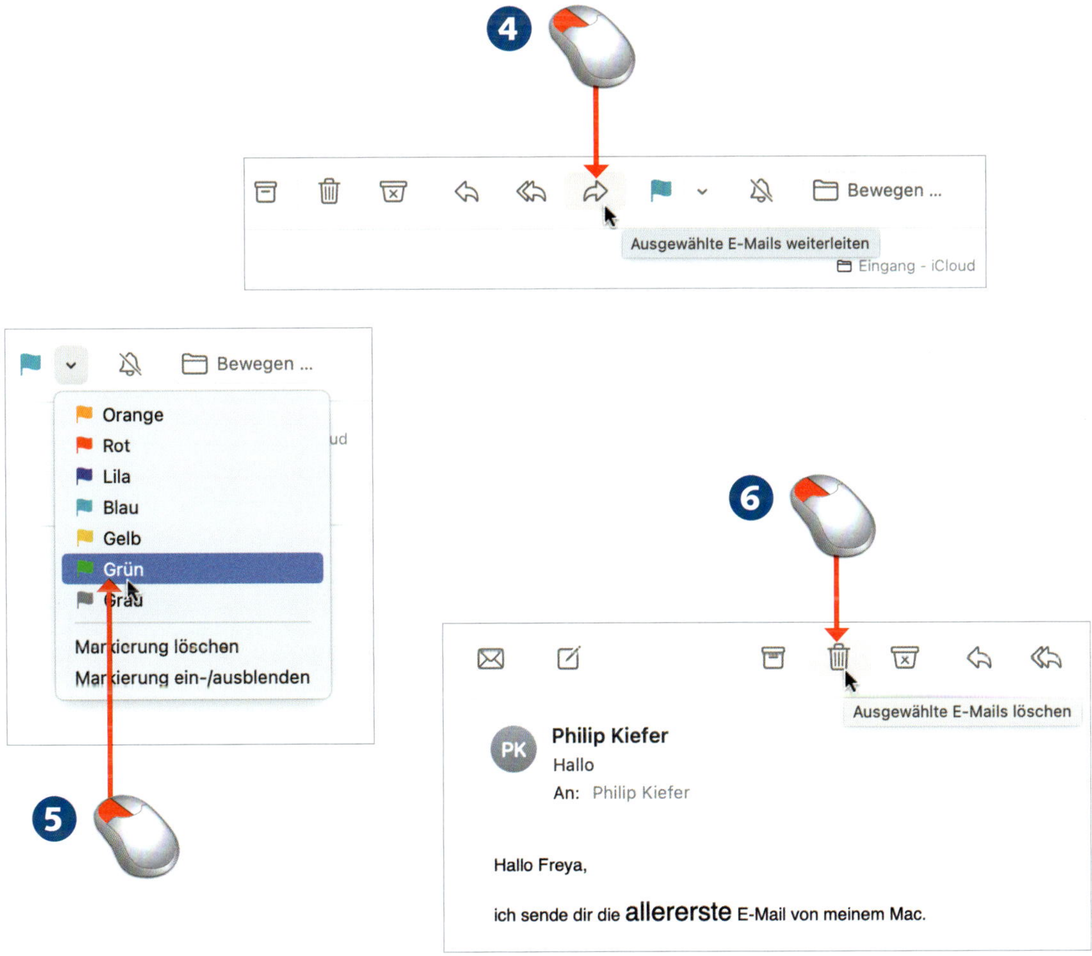

4 Eine E-Mail an eine andere Person weiterleiten: Dazu klicken Sie auf das Symbol und machen anschließend im E-Mail-Fenster die erforderlichen Angaben.

5 Eine ausgewählte E-Mail zum leichteren Wiederfinden markieren: Klicken Sie dazu auf den zum Symbol gehörenden Pfeil und wählen Sie eine Etikettfarbe aus.

6 Eine ausgewählte E-Mail löschen oder archivieren: Diesem Zweck dienen die Symbole (*Löschen*) bzw. (*Archivieren*).

Ende

TIPP

Enthält eine E-Mail ungewünschte Werbung, klicken Sie auf das Symbol , um sie entsprechend zu markieren. Beim nächsten Mal wird die Werbung dann direkt aussortiert.

HINWEIS

Wie mit ungewünschter Werbung allgemein verfahren werden soll, legen Sie unter *Mail/Einstellungen* und dort unter *Spam* fest.

Start

1. Dem Austausch von Kurznachrichten – man kann in diesem Zusammenhang auch von Chatten sprechen – dient die App *Nachrichten*, die Sie per Mausklick auf das Sprechblasensymbol im Dock aufrufen.

2. Melden Sie sich, sofern noch nicht geschehen, mit Ihrer Apple-ID für die Nutzung des Apple-Dienstes iMessage an.

3. Geben Sie nun zunächst die iPhone-Rufnummer oder Apple-ID des Nachrichtenempfängers ein. Um eine neue Konversation zu beginnen, würden Sie auf das Symbol klicken.

WISSEN

Kurznachrichten senden und chatten – mit der App *Nachrichten*, die auf Ihrem Mac ebenfalls bereits zur Verfügung steht, macht das richtig Spaß! Wenn Sie Apples Dienst iMessage nutzen, lassen sich auch Nachrichten, die auf dem iPhone oder iPad begonnen wurden, auf dem Mac weiterführen. Eine gute Alternative zum etwas umständlicheren E-Mail-Versand.

HINWEIS

Fotos, Memoji-Sticker und weitere Elemente senden: Diese Optionen rufen Sie rechts neben dem Eingabefeld unter dem Symbol auf.

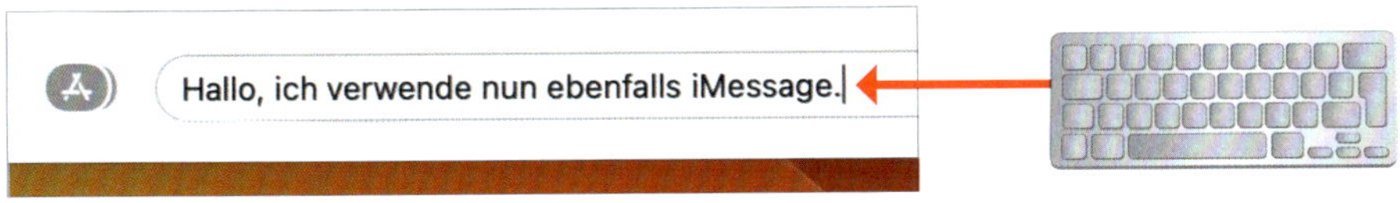

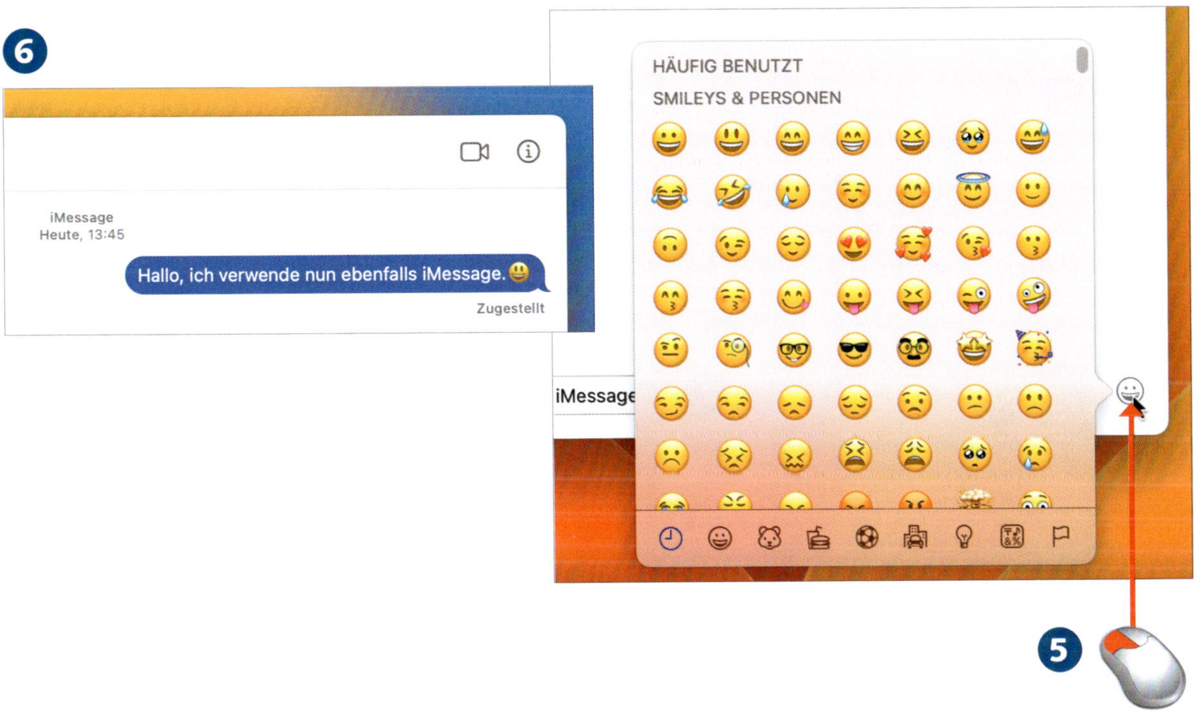

4. Tippen Sie als Nächstes Ihre Nachricht in das Feld unten im Nachrichten-Fenster ein.
5. Möchten Sie vielleicht noch ein Smiley oder ein anderes Symbol einfügen? Dazu klicken Sie rechts im Eingabefeld auf das Smiley ☺ und wählen anschließend das passende Symbol aus.
6. Drücken Sie die ⏎-Taste, um die Nachricht auf den Weg zu bringen.

Ende

HINWEIS

Mit iMessage lassen sich auch Sprachnachrichten versenden. Klicken Sie rechts im Eingabefeld auf das Symbol, um eine Sprachnachricht aufzuzeichnen. Das Symbol wird nur eingeblendet, wenn noch kein Text im Eingabefeld steht.

TIPP

Lesebestätigungen aktivieren, den Fokusstatus teilen und weitere Optionen zu einer Konversation einstellen können Sie, wenn Sie rechts oben im Nachrichten-Fenster auf das Symbol ⓘ klicken.

Start

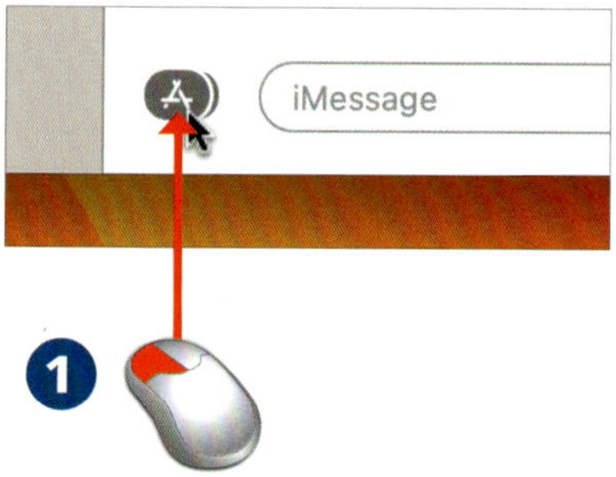

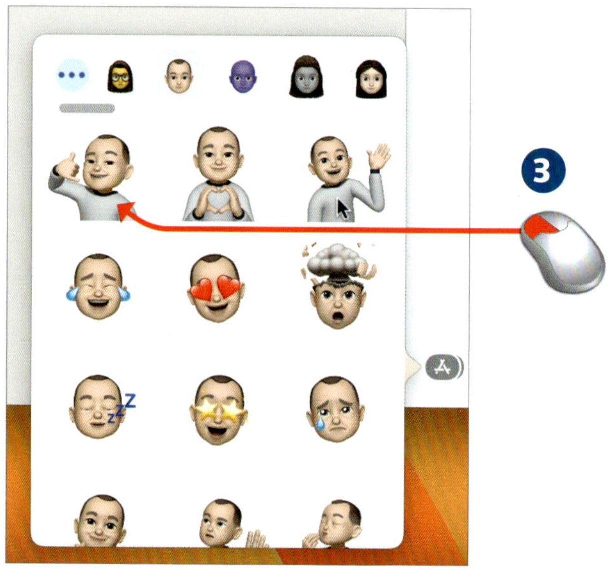

1. Um einen Memoji-Sticker einzusetzen, klicken Sie links neben dem Eingabefeld für Ihre Nachrichten auf das Symbol (A).
2. Wählen Sie im Menü den Eintrag *Memoji-Sticker*.
3. Im folgenden Dialogfenster können Sie einfach einen der bereits verfügbaren Memoji-Sticker per Mausklick auswählen, um diesen in Ihre Nachricht einzufügen.

WISSEN

Mit individuellen Memoji-Stickern können Sie Ihre Nachrichten noch mal deutlich aufpeppen und Ihre Emotionen grafisch zum Ausdruck bringen. Auf dieser Doppelseite stelle ich Ihnen die Verwendung der Memoji-Sticker in aller Kürze vor.

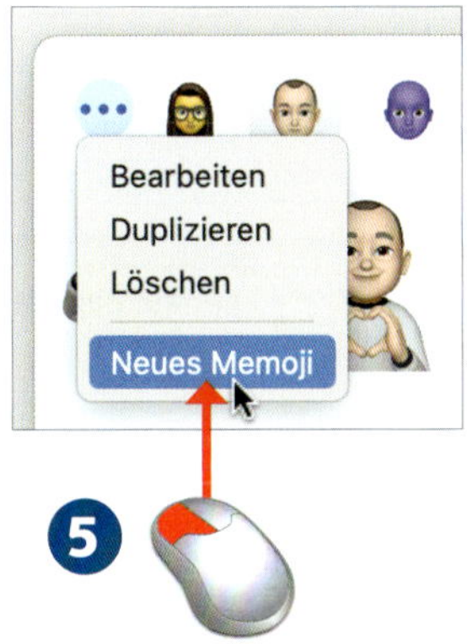

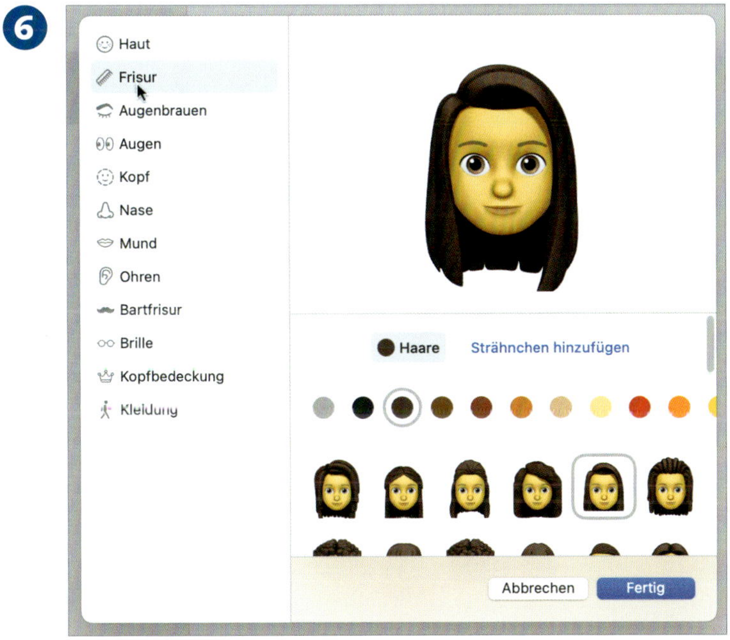

4 Möchten Sie hingegen einen eigenen Memoji-Sticker erstellen, klicken Sie links oben im Fenster auf das Symbol •••.

5 Entscheiden Sie sich im Menü für den Eintrag *Neues Memoji*.

6 Nun können Sie den Memoji-Sticker ganz nach Ihrem Geschmack gestalten.

Ende

HINWEIS

Statt einen komplett neuen Memoji-Sticker zu erstellen, können Sie auch einen bereits vorhandenen Memoji-Sticker anpassen. Dazu wählen Sie im Menü aus Schritt 5 die Option *Bearbeiten*.

TIPP

Wählen Sie im Menü aus Schritt 2 den Eintrag *Nachrichteneffekte*, können Sie eine eingegebene Nachricht mit einer pfiffigen Animation versehen, etwa einem Konfetti-Regen.

Start

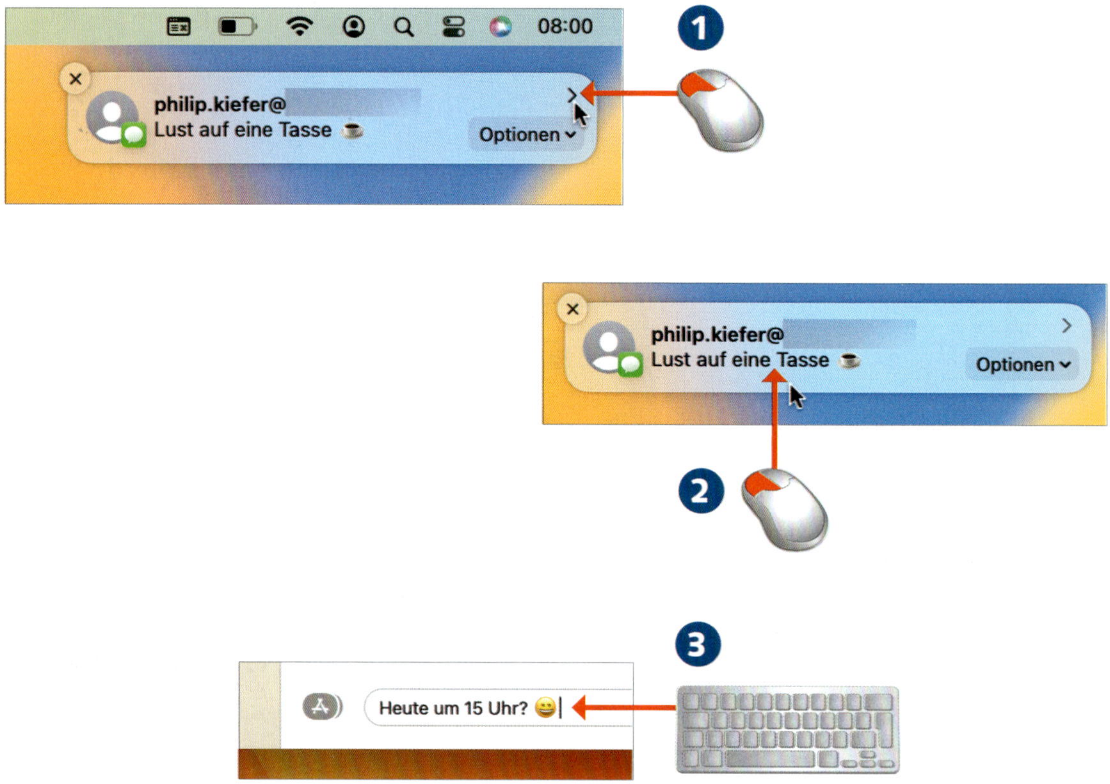

1. Bewegen Sie den Mauszeiger auf den Hinweis, erscheinen weitere Optionen, die Sie per Mausklick auswählen können.
2. Möchten Sie eine Nachricht beantworten, klicken Sie auf das Hinweisfenster.
3. Verfassen Sie, wie auf der vorherigen Doppelseite kennengelernt, Ihre Antwort-Nachricht und senden diese an den Empfänger.

WISSEN

Kurznachrichten sofort lesen und beantworten und auf die nützliche Mitteilungszentrale mit Hinweisen und weiteren Informationen zugreifen – wie das geht, erfahren Sie Schritt für Schritt und Bild für Bild auf dieser Doppelseite.

4 Um die Mitteilungszentrale aufzurufen, klicken Sie rechts oben auf dem Bildschirm auf die Uhrzeitanzeige.

5 Sie können eine Nachricht auch hier lesen. Um sie zu beantworten, klicken Sie sie an.

6 Es offnet sich die App *Nachrichten* und Sie können Ihre Antwortnachricht nun wie bereits kennengelernt eingeben und absenden.

Ende

TIPP

Die Elemente in der Mitteilungszentrale werden als Widgets bezeichnet. Klicken Sie ein Widget an, öffnet sich die entsprechende App.

TIPP

Auf einem Trackpad können Sie die Mitteilungszentrale auch einblenden, indem Sie mit zwei Fingern vom rechten Rand zur Mitte streichen.

Start

❶

❸

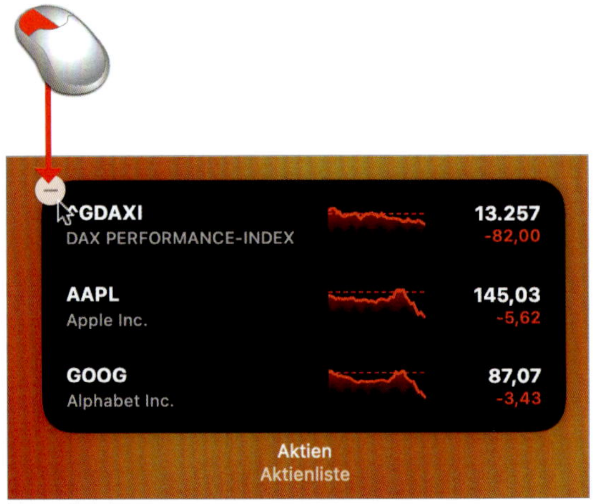

❷

❶ Klicken Sie auf die rechts oben auf dem Bildschirm angezeigte Uhrzeit, um die Mitteilungszentrale einzublenden.

❷ Scrollen Sie die Widgets gegebenenfalls zunächst nach oben. Unterhalb der Widgets klicken Sie auf die Schaltfläche *Widgets bearbeiten*.

❸ Um ein nicht benötigtes Widget aus der Mitteilungszentrale zu entfernen, klicken Sie auf das zugehörige Minussymbol ⊖.

WISSEN

Wenn Sie von der Mitteilungszentrale häufiger Gebrauch machen, lohnt es sich auf alle Fälle, diese nach Ihren individuellen Bedürfnissen einzurichten. Auf dieser Doppelseite lesen Sie, wie Sie nicht benötigte Widgets entfernen oder weitere Widgets hinzufügen.

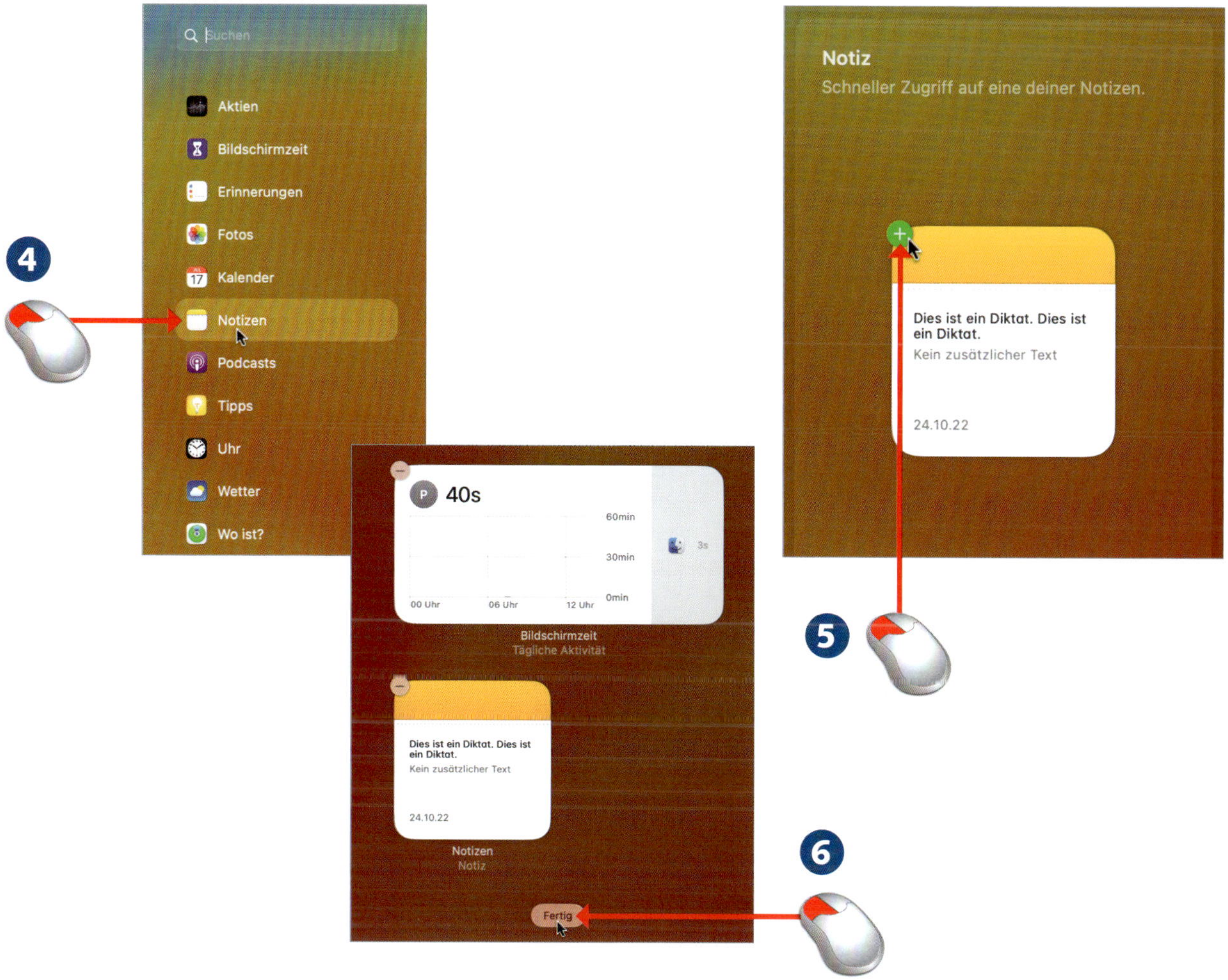

4 Klicken Sie in der Seitenleiste die App an, von der Sie ein Widget hinzufügen möchten. Hier wähle ich zum Beispiel die App *Notizen*.

5 Bewegen Sie den Mauszeiger auf das gewünschte Widget und klicken Sie zum Hinzufügen auf das eingeblendete Plussymbol +.

6 Bestätigen Sie mit der Schaltfläche *Fertig*, um Ihre Einstellungen zu übernehmen.

Ende

TIPP

Die Widgets anders anordnen: Ziehen Sie sie dazu unter *Widgets bearbeiten* oder direkt in der Mitteilungszentrale bei gedrückter Maustaste an eine neue Position.

HINWEIS

Sie sehen bei einem Widget, das Sie hinzufügen möchten, die Symbole *S*, *M* und *L*? Damit legen Sie fest, ob das Widget klein, mittel oder groß dargestellt werden soll.

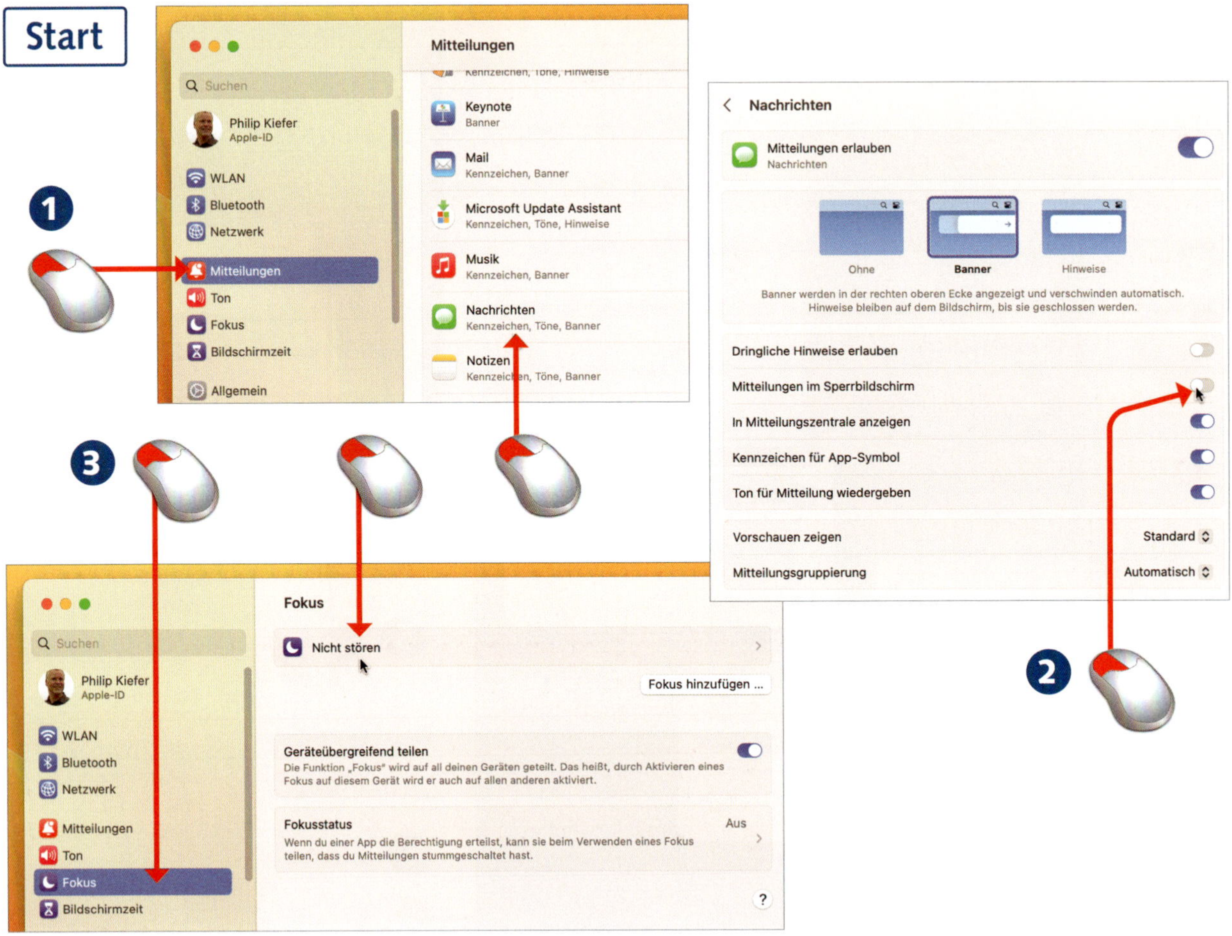

1. Um das Mitteilungsverhalten anzupassen, öffnen Sie die *Systemeinstellungen* und wählen in der Kategorie *Mitteilungen* eine App aus.

2. Legen Sie für die App fest, ob und in welcher Form Sie Mitteilungen von dieser App erhalten möchten.

3. Als Nächstes entscheiden Sie sich in den *Systemeinstellungen* für die Kategorie *Fokus* und klicken den Fokus *Nicht stören* an.

WISSEN

Das Mitteilungsverhalten Ihres Macs bzw. der von Ihnen verwendeten Apps lässt sich individuell anpassen: Stellen Sie die Mitteilungen für jede entsprechende App so ein, wie Sie sie brauchen, und sorgen Sie durch einen automatischen Nicht-stören-Modus sowie mit Fokusfiltern dafür, dass Sie nicht durch Hinweistöne gestört werden.

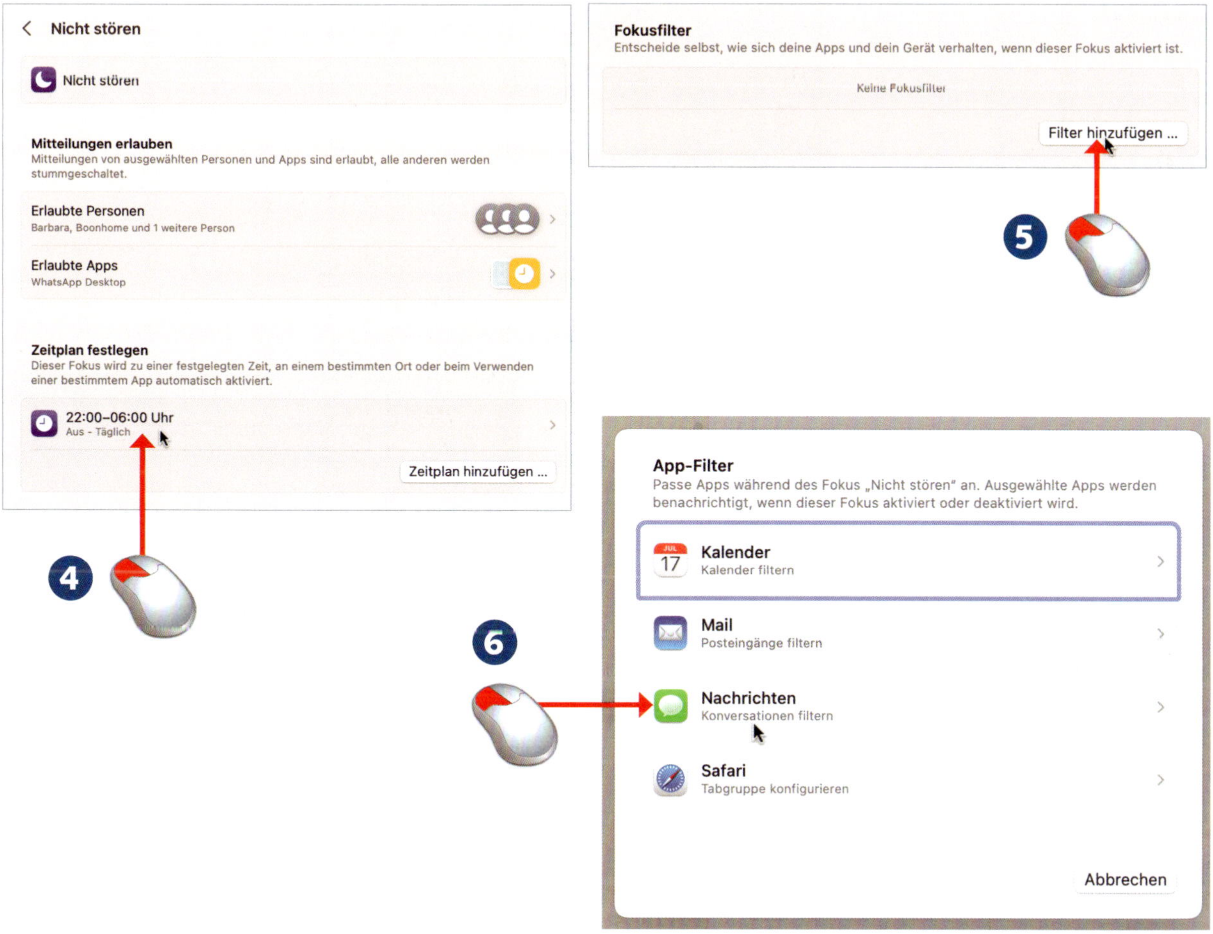

4 Für einen automatischen Nicht-stören-Modus wählen Sie *Zeitplan hinzufügen* bzw. klicken einen vorhandenen Zeitplan an. Machen Sie anschließend eine Zeitangabe, wann Sie ungestört sein möchten.

5 Sie können für den Fokus Personen und Apps als Ausnahmen festlegen. Außerdem können Sie einen Fokusfilter definieren, und zwar unter der Schaltfläche *Filter hinzufügen*.

6 Machen Sie anschließend Ihre App-Angaben. Auf einen einmal eingerichteten Fokus können Sie später jederzeit zugreifen, und zwar im Kontrollzentrum unter *Fokus*.

Ende

TIPP

Entscheiden Sie im Fenster aus Schritt 3 unter *Fokusstatus*, ob Sie Ihre Fokusinfos mit anderen Personen teilen möchten oder nicht.

TIPP

Wählen Sie im Fenster aus Schritt 3 die Schaltfläche *Fokus hinzufügen*, um weitere Fokusse für Achtsamkeit, Arbeiten und Co. zu erstellen.

Start

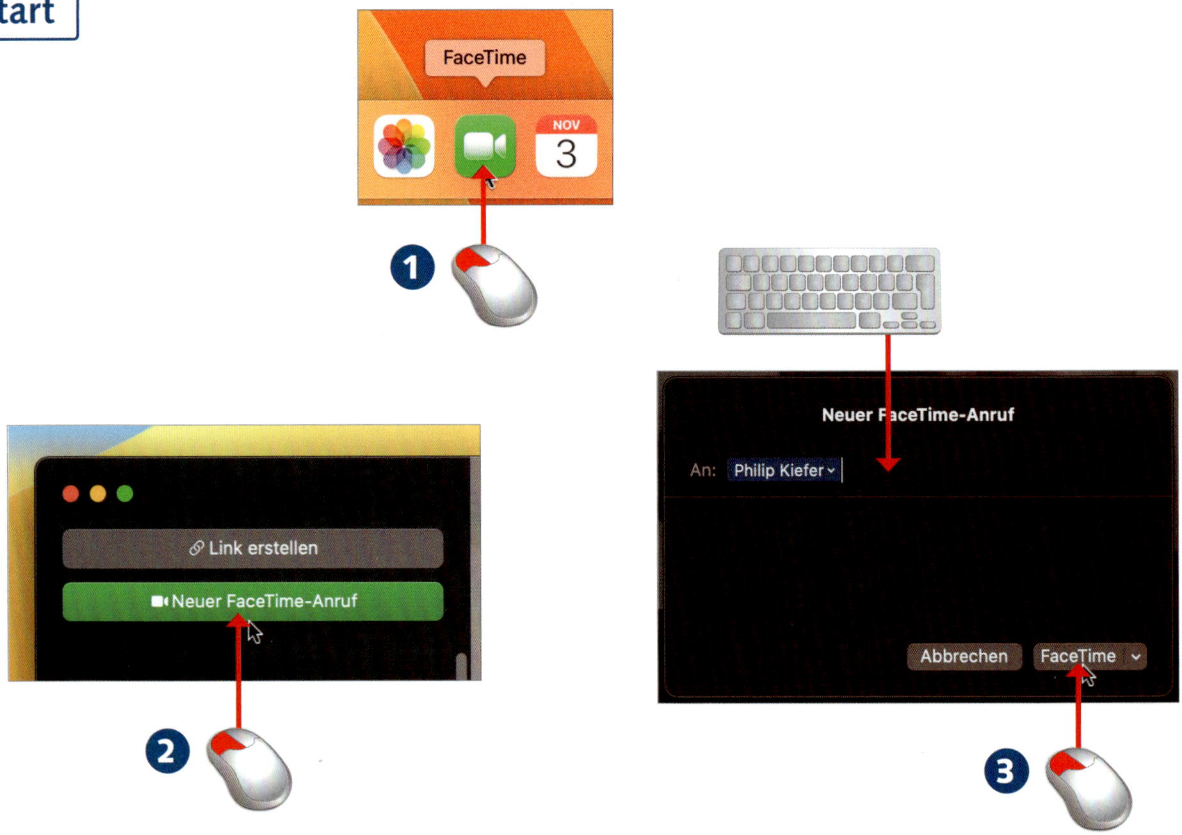

1. Klicken Sie im Dock auf das grün-weiße FaceTime-Symbol, um die App *FaceTime* zu öffnen. Falls Sie noch nicht mit Ihrer Apple-ID angemeldet sein sollten, holen Sie dies nach.

2. Die Kamera schaltet sich ein und Sie sehen zunächst sich selbst. Um jemanden anzurufen, wählen Sie *Neuer FaceTime-Anruf* oder alternativ *Link erstellen*, um einer Person, die kein Apple-Gerät nutzt, den FaceTime-Link zu schicken.

3. Wählen Sie einen oder mehrere Gesprächspartner aus. Um nun ein Videotelefonat zu starten, klicken Sie direkt auf die Schaltfläche *FaceTime*; zum Starten eines Audiotelefonats würden Sie diese Option unter dem zur Schaltfläche gehörenden Pfeil anklicken.

WISSEN

Mit dem Mac lassen sich ganz leicht Video-, aber auch Audiotelefonate übers Internet starten – und Sie können sich selbstverständlich auch anrufen lassen. Der bereits verfügbare Dienst heißt FaceTime und dient der Kommunikation mit anderen Personen. Die Schrittanleitung auf dieser Doppelseite führt Sie in das Thema ein.

4

5

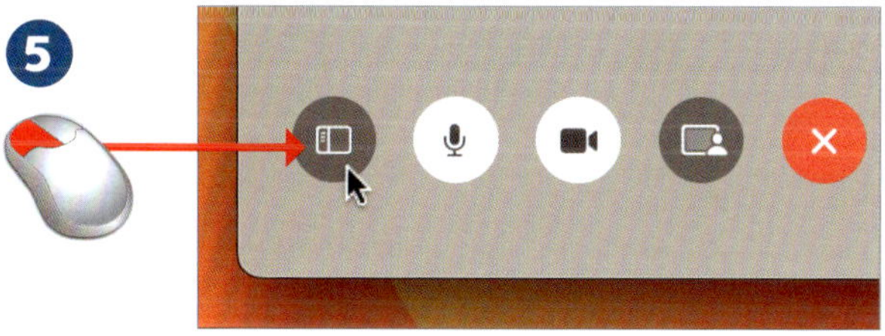

6

4 Die FaceTime-Verbindung wird nun aufgebaut, d. h., beim Empfänger klingelt es.

5 Möchten Sie dem FaceTime-Telefonat weitere Personen hinzufügen? Dies erfolgt unter dem Symbol .

6 Nun können Sie ein Telefonat führen, bei dem Sie Ihren Gesprächspartner im Live-Bild sehen können – selbst wenn dieser sich im Ausland befindet. Um das Gespräch zu beenden, klicken Sie auf das Symbol .

Ende

TIPP

Wenn Sie selbst einen Anruf erhalten, erscheint ein FaceTime-Fenster rechts oben auf dem Bildschirm mit den Optionen zum Annehmen oder Ablehnen des Gesprächs.

HINWEIS

Während eines FaceTime-Telefonats können Sie – dank der Funktion SharePlay – Ihren Bildschirm oder ein Fenster für Ihre Gesprächspartner freigeben. Dies erfolgt im FaceTime-Fenster unter dem Symbol .

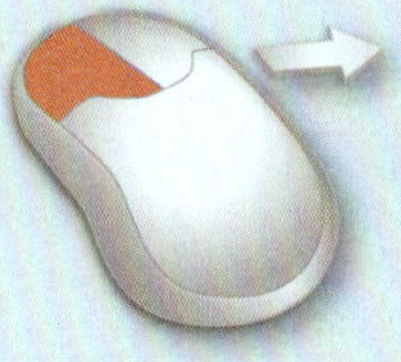

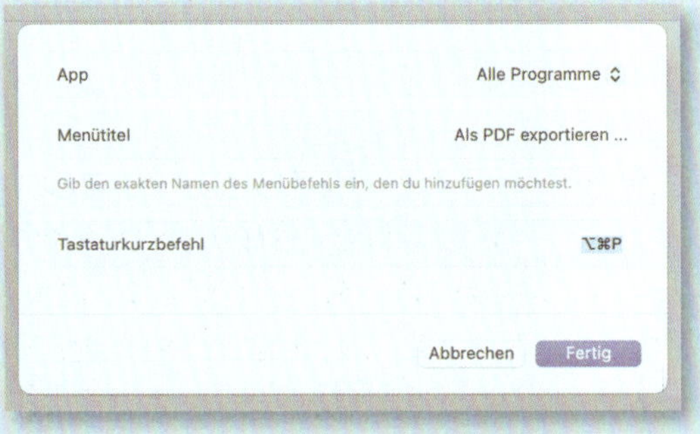
App
Alle Programme
Menütitel
Als PDF exportieren ...
Gib den exakten Namen des Menübefehls ein, den du hinzufügen möchtest.
Tastaturkurzbefehl
⌥⌘P
Abbrechen
Fertig

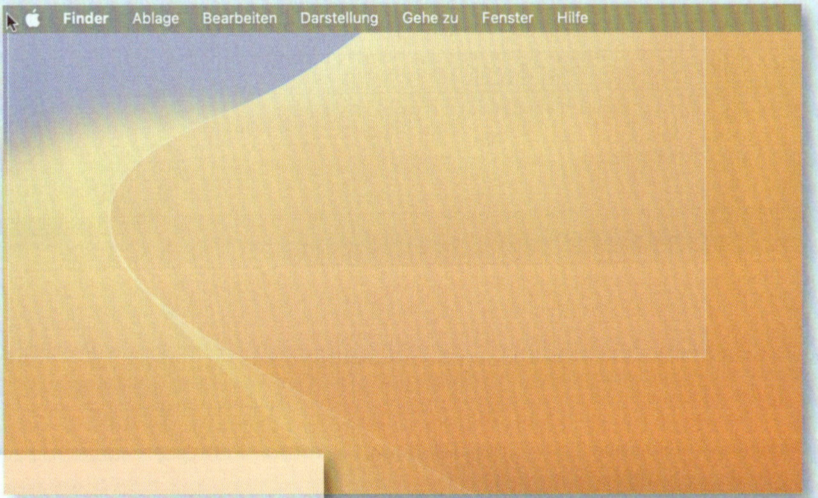
Finder
Ablage
Bearbeiten
Darstellung
Gehe zu
Fenster
Hilfe

Israelreise
November 2018
3 Fotos
Rückblick-Video wiedergeben
Diashow
Starte eine Diashow

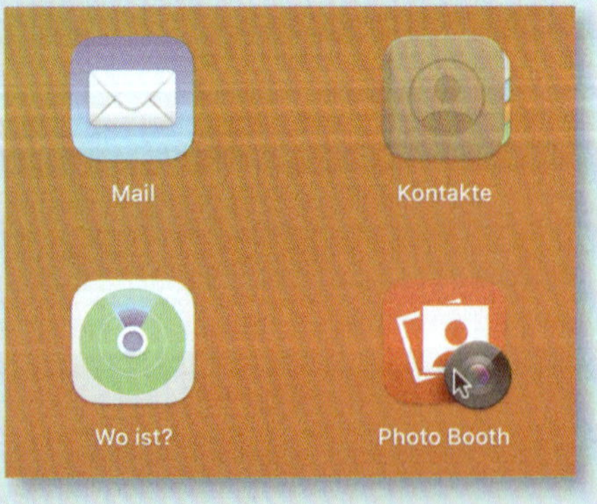
Mail
Kontakte
Wo ist?
Photo Booth

8

Ihre Aufnahmen bearbeiten und verwalten

Wenn Sie Bilder und vielleicht auch Videos mit einer Digitalkamera, einem Smartphone oder einem iPad aufgenommen haben, können Sie diese auf den Mac übertragen, um sie dort zu verwalten, aber auch nachzubessern. Wie Sie zum Übertragen Ihrer Aufnahmen vorgehen, lesen Sie in diesem Kapitel. Lernen Sie außerdem die wichtigsten Funktionen rund um das Verwalten, Bearbeiten und Präsentieren Ihrer Fotos und Videos kennen. Oder möchten Sie Ihre Aufnahmen übers Internet mit anderen Personen teilen? Auch dazu gibt es eine erhellende Anleitung.

Start

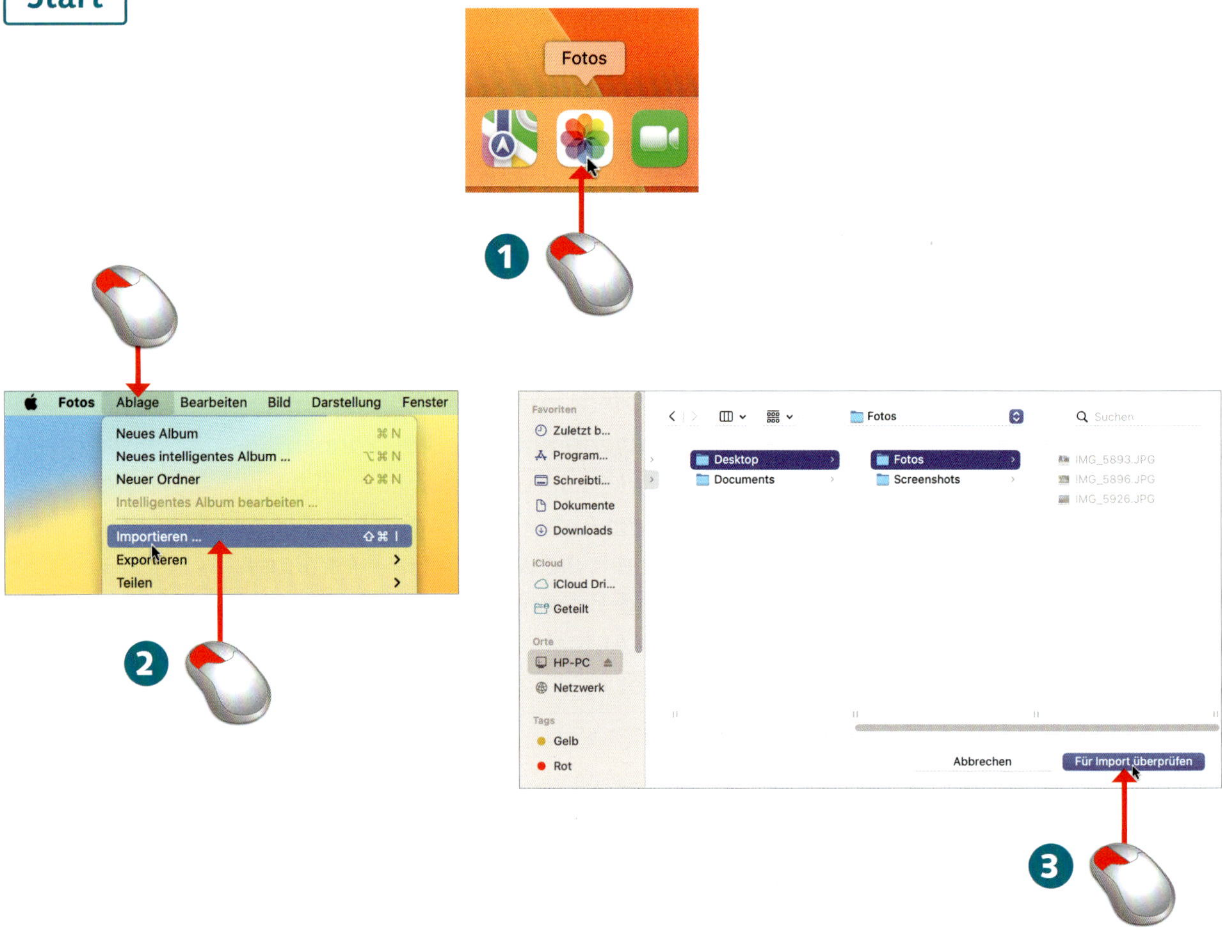

1 Entscheiden Sie sich im Dock für das Öffnen der App *Fotos*.

2 Klicken Sie in der Menüleiste der App auf *Ablage* und wählen Sie im Menü den Eintrag *Importieren*.

3 Wählen Sie einen Bilderordner aus und klicken Sie dann auf *Für Import überprüfen*.

WISSEN

Mit der App *Fotos* lassen sich Ihre Aufnahmen (Bilder und gegebenenfalls auch aufgenommene Videos) clever verwalten und bearbeiten. Zunächst mal müssen Sie die Bilder aber in der App *Fotos* verfügbar machen. Wie Sie dazu vorgehen, lernen Sie Schritt für Schritt auf dieser Doppelseite.

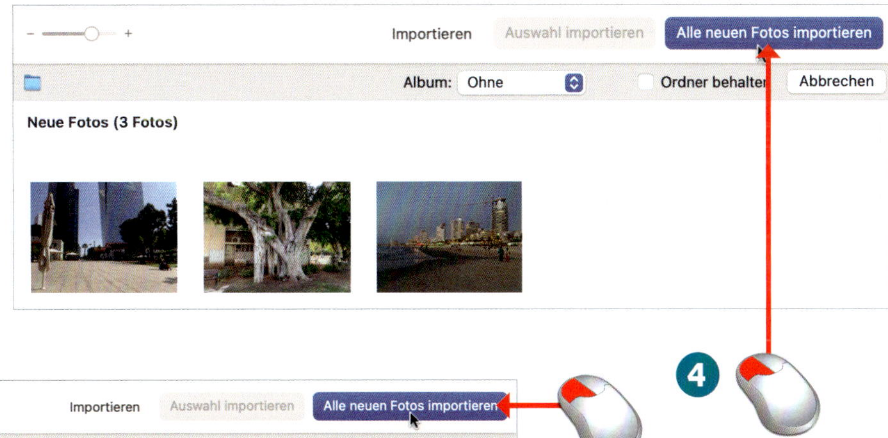

4

5

6

4 Die verfügbaren Fotos werden Ihnen angezeigt. Treffen Sie per Mausklick eine Auswahl bzw. klicken Sie auf *Alle neuen Fotos importieren*, um diese in der App *Fotos* verfügbar zu machen.

5 Entsprechende Optionen haben Sie auch, wenn Ihnen der Import von Bildern von einer angeschlossenen Digitalkamera – hier eines iPhones – angeboten wird.

6 Nachdem der Import erfolgt ist, stehen die Bilder in der App *Fotos* für weitere Schritte zur Verfügung.

Ende

TIPP

Die Import-Option rufen Sie alternativ auf, indem Sie die Tastenkombination ⇧ + *command* + *I* drücken.

HINWEIS

Wenn Sie ein iPhone oder iPad an den Mac anschließen, müssen Sie dem Computer gegebenenfalls erst per Fingertipp auf einen Hinweis »vertrauen«, um die Verbindung herzustellen.

Start

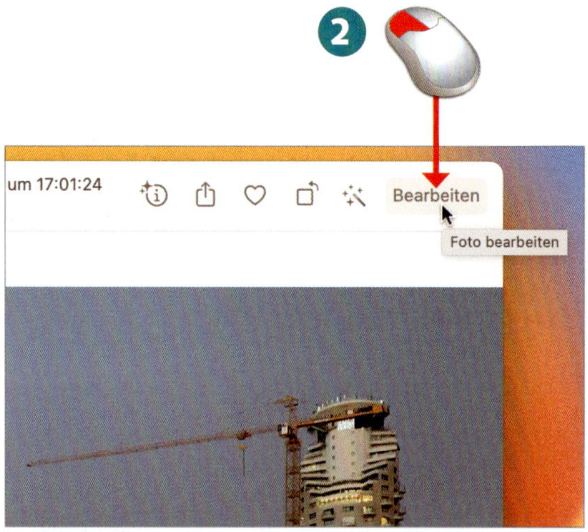

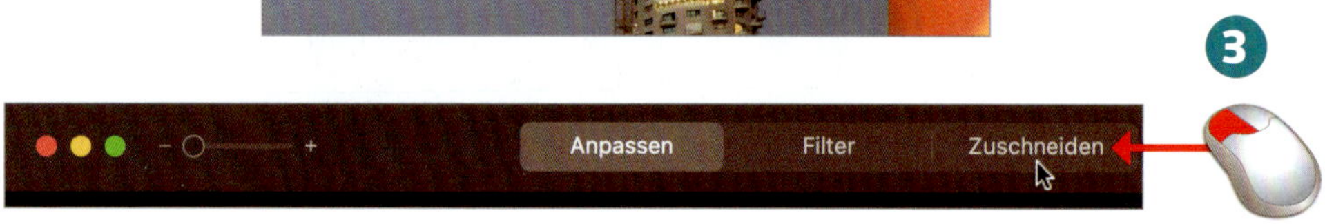

1. Wählen Sie per Doppelklick in der App *Fotos* zunächst das Bild aus, das Sie bearbeiten möchten.

2. Klicken Sie dann rechts oben im Fenster auf die Schaltfläche *Bearbeiten*.

3. Ihnen werden unter dem Reiter *Anpassen* verschiedene Anpassungsoptionen angezeigt, die Sie gleich noch kennenlernen werden. Zum Zuschneiden eines Bildes wählen Sie jedoch den Reiter *Zuschneiden*.

WISSEN

Die App *Fotos* bietet verschiedene Bearbeitungsoptionen, um Ihre Bilder zu optimieren. Möchten Sie beispielsweise störende Ränder beseitigen? Auf dieser Doppelseite zeige ich Ihnen, wie Sie die Bearbeitungsoptionen aufrufen und ein Bild mit wenigen Handgriffen zuschneiden.

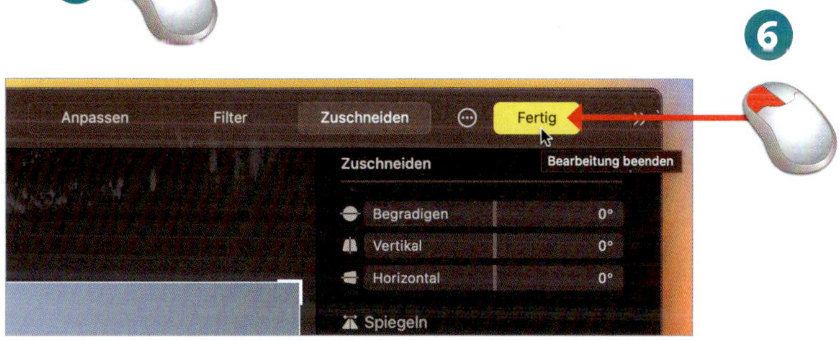

4 Klicken Sie mit der Maus in eine Ecke des Bildes und halten Sie die Maustaste gedrückt.

5 Ziehen Sie bei gedrückter Maustaste die Zuschneidemaske in die gewünschte Größe und Position. Um für die Zuschneidemaske ein bestimmtes Seitenverhältnis auszuwählen, klicken Sie auf die Schaltfläche *Verhältnis*.

6 Nehmen Sie gegebenenfalls noch weitere Bearbeitungsschritte vor oder beenden Sie die Bildbearbeitung mit einem Mausklick auf die Schaltfläche *Fertig*.

Ende

TIPP

Das Ergebnis der Bearbeitung ist nicht so wie gewünscht? Rufen Sie ein Bild auf und wählen Sie oben links *Zurück zum Original*, um den ursprünglichen Zustand wiederherzustellen.

HINWEIS

Ein ausgewähltes Bild um jeweils 90 Grad gegen den Uhrzeigersinn drehen: Dazu dient in der Leiste oben das Symbol .

Start

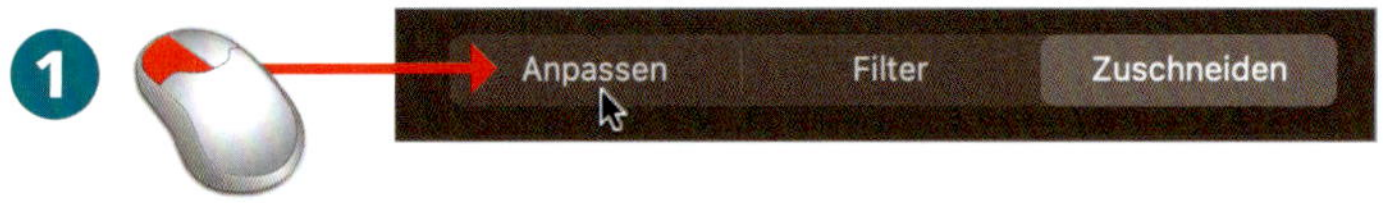

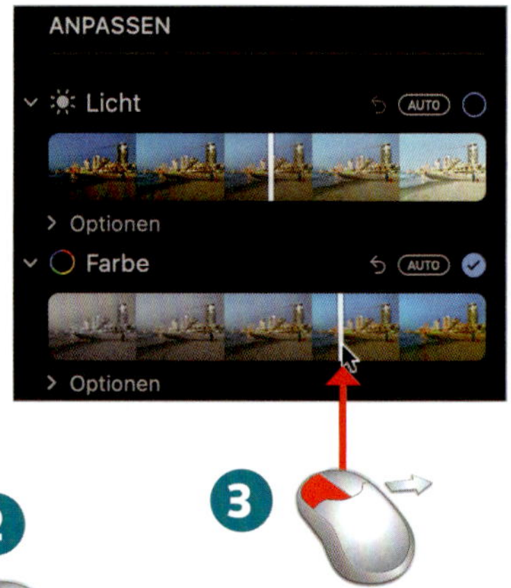

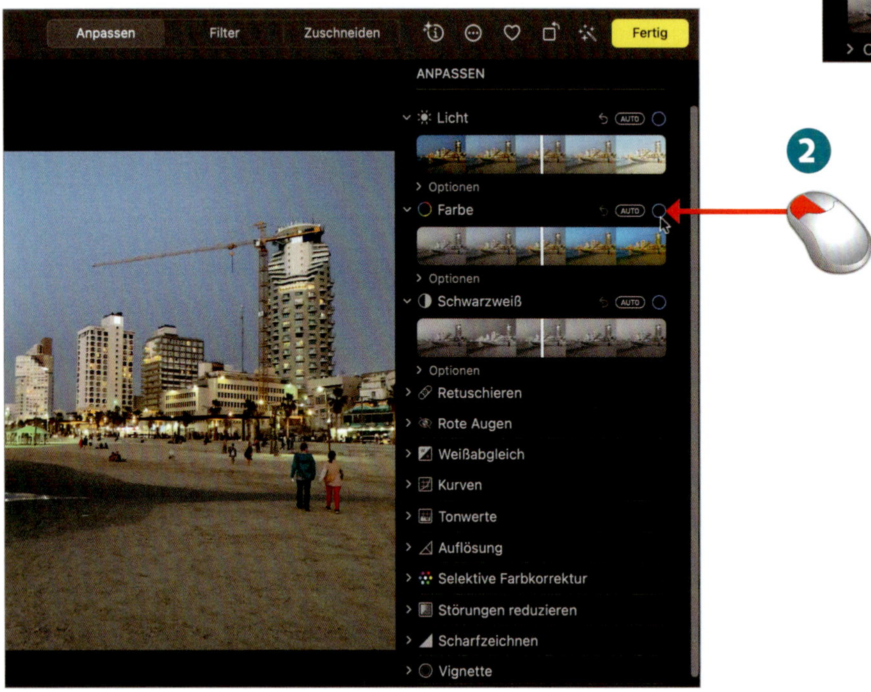

1. Sie haben bereits ein Bild ausgewählt und sich für *Bearbeiten* entschieden. Klicken Sie, wenn ein anderer Reiter ausgewählt wurde, auf *Anpassen*.

2. Nun sehen Sie im Bereich rechts viele Anpassungsoptionen. Um z. B. die Farben des Bildes automatisch anzupassen, klicken Sie in das Optionsfeld in der Rubrik *Farbe*.

3. Um die Farben manuell anzupassen, ziehen Sie den Schieberegler in der Rubrik *Farbe* bei gedrückter Maustaste nach rechts oder links. Das Ergebnis Ihrer Bearbeitung wird Ihnen jeweils direkt im Foto angezeigt.

WISSEN

Ein Bild ist zu hell oder zu dunkel geraten? Die Farben sind nicht perfekt? Nehmen Sie in diesem Fall entsprechende Anpassungen vor – die App *Fotos* bietet in diesem Zusammenhang eine ganze Reihe von Bearbeitungsoptionen. Wie Sie diese nutzen, erfahren Sie auf dieser Doppelseite.

HINWEIS

Sie möchten Ihre Anpassungen rückgängig machen? Dazu finden Sie unterhalb der Bearbeitungsoptionen die Schaltfläche *Anpassungen zurücksetzen*.

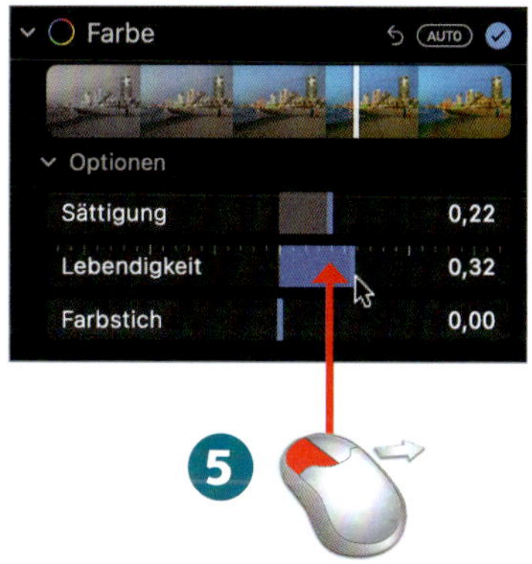

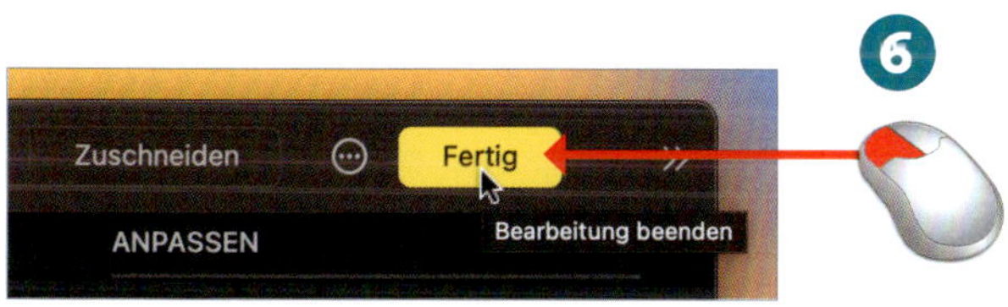

4 Für mehr Bearbeitungsmöglichkeiten bei einer Eigenschaft klicken Sie auf den Ausklapp-Pfeil bei *Optionen*.

5 Außer dem Hauptschieberegler einer Kategorie finden Sie nun noch untergeordnete Schieberegler, die – ebenfalls durch Ziehen bei gedrückter Maustaste – ein Feintuning ermöglichen.

6 Wie gehabt: Beenden Sie die Bildbearbeitung mit einem Mausklick auf *Fertig*.

Ende

HINWEIS

Wenn Sie eine Bearbeitungsoption nicht benötigen, klappen Sie diese ein, indem Sie in der Optionsleiste auf den Namen klicken. So behalten Sie einen besseren Überblick.

TIPP

Ein Bild automatisch verbessern: Versuchen Sie Ihr Glück mit dem Zauberstab in der Symbolleiste – in vielen Fällen kann sich das Ergebnis sehen lassen.

Start

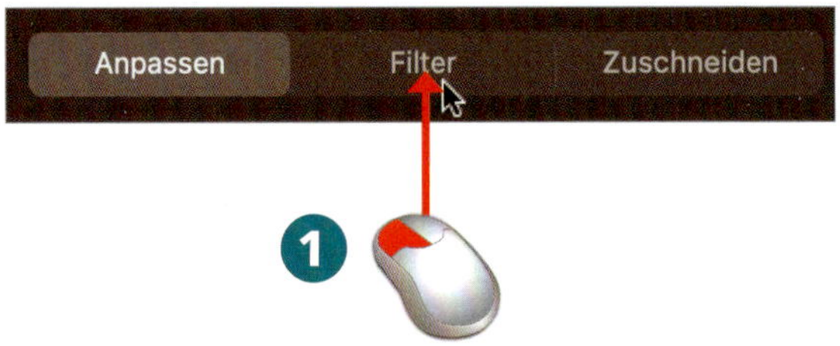

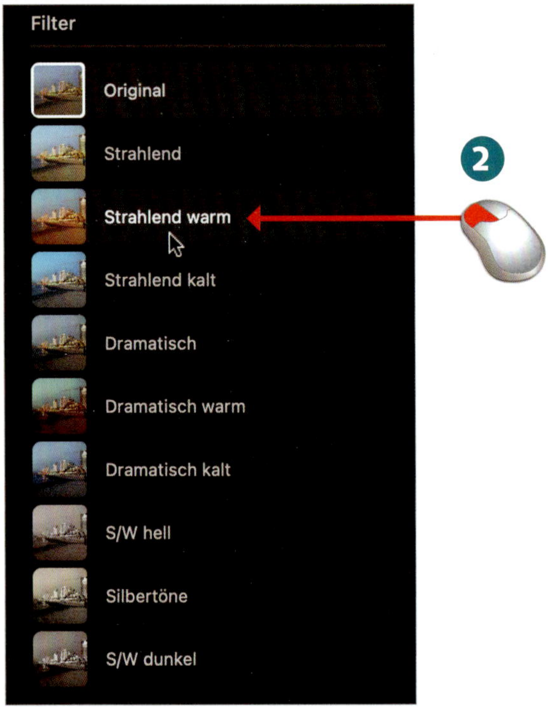

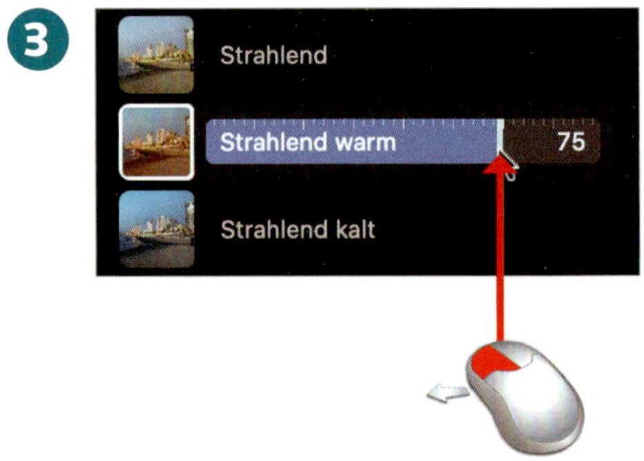

1. Entscheiden Sie sich im Bearbeitungsbereich des Bildes diesmal für den Reiter *Filter*.

2. Klicken Sie nun einfach auf einen Filter, den Sie verwenden möchten, hier wähle ich beispielsweise den Filter *Strahlend warm*.

3. Die Intensität des Filters legen Sie über den Schieberegler fest.

WISSEN

Um die Farben eines Bildes mit wenigen Handgriffen zu verändern und mit spannenden Farbeffekten zu versehen, wenden Sie einen der unterschiedlichen Filter an, die in der App *Fotos* zur Verfügung stehen. Wie Sie zum Anwenden eines Filters vorgehen, lesen Sie auf dieser Doppelseite.

TIPP

Infos zum ausgewählten Bild anzeigen: Klicken Sie dazu in der Symbolleiste auf das Symbol bzw. drücken Sie die Tastenkombination *command*+*I*.

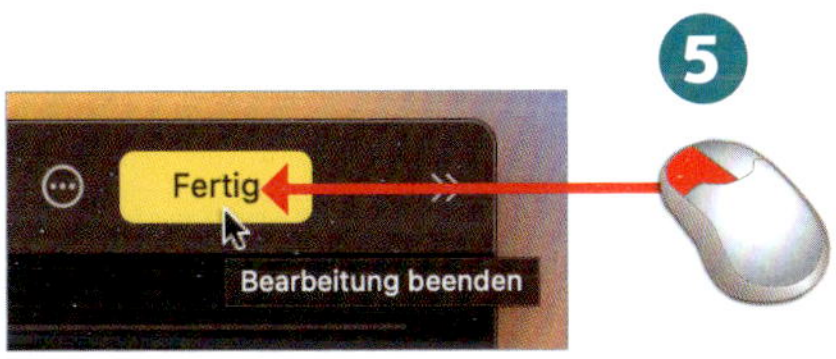

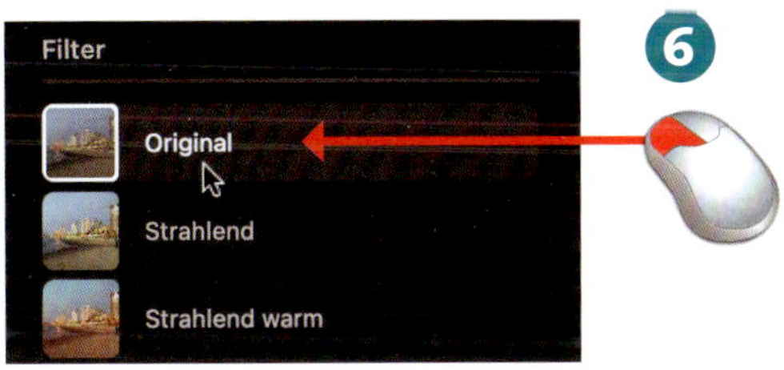

4 Das Bearbeitungsergebnis wird Ihnen direkt angezeigt. Um einen Vergleich mit dem Zustand ohne Änderungen darzustellen, halten Sie das Symbol ◧ gedrückt.

5 Wenn Sie die Bearbeitung beenden möchten, bestätigen Sie mit der Schaltfläche *Fertig*.

6 Oder möchten Sie den Filter wieder abschalten? Dann wählen Sie ganz oben in der Filter-Liste den Eintrag *Original*.

Ende

HINWEIS

Auch Funktionen von Drittanbieter-Apps lassen sich in der App *Fotos* nutzen. Auf gegebenenfalls verfügbare Funktionen greifen Sie in der Symbolleiste unter dem Symbol ⊙ zu.

HINWEIS

Im Infofenster lassen sich Bilder auch mit Schlagwörtern taggen. Für schnelleres Taggen nutzen Sie den Schlagwortmanager unter *Fenster/Schlagwortmanager*.

Start

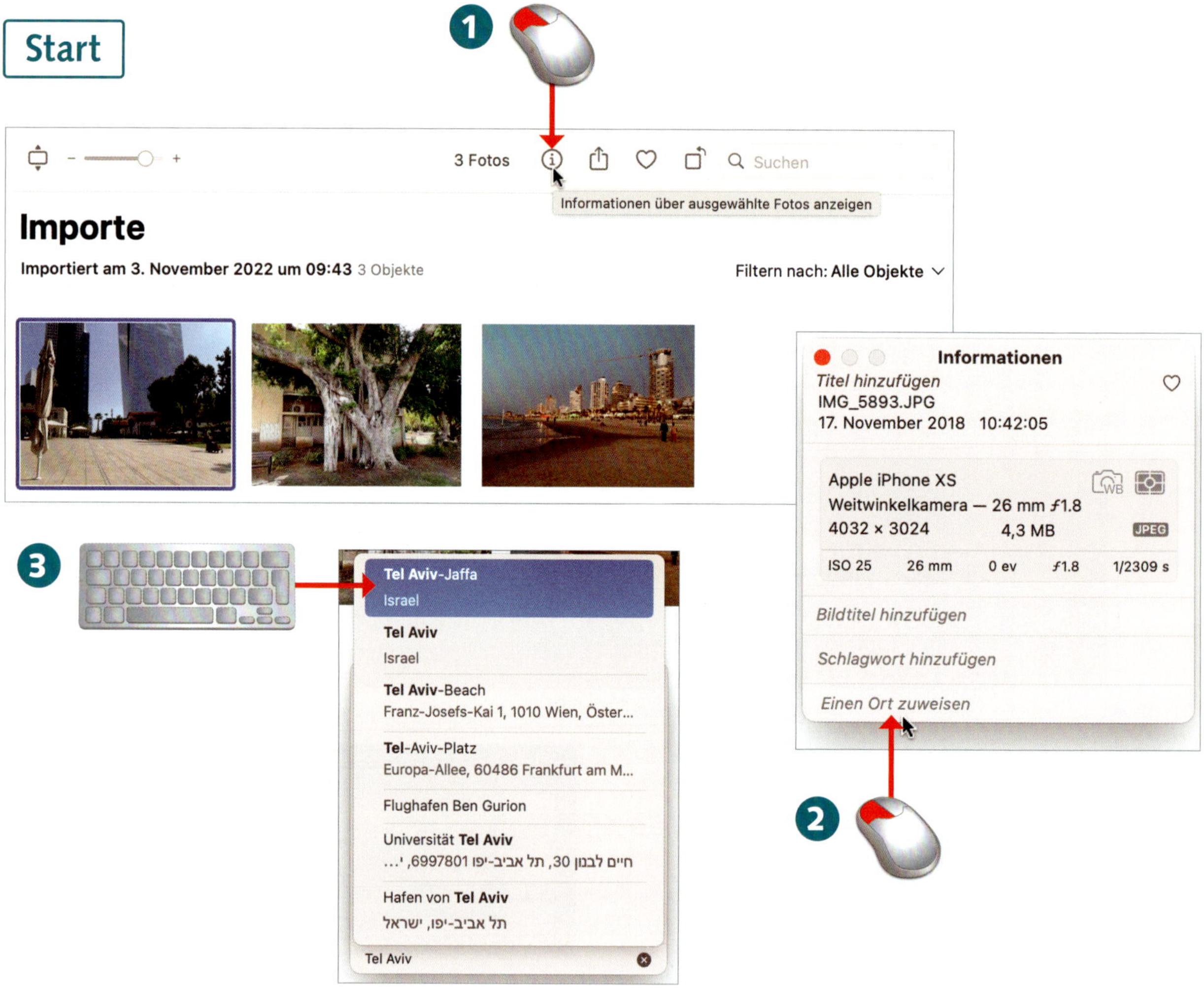

1. Wählen Sie ein Bild aus und klicken Sie oben in der App *Fotos* auf das Symbol ⓘ.

2. Klicken Sie im sich öffnenden Fenster auf *Einen Ort zuweisen*.

3. Machen Sie anschließend die gewünschte Ortsangabe.

WISSEN

Wenn Sie über eine entsprechende Kamera verfügen, lassen sich die Aufnahmen mit einem Geotag versehen, also einer Angabe zum Aufnahmeort. In der App *Fotos* lässt sich der Aufnahmeort eines Fotos aber auch nachträglich hinzufügen, und das Foto kann dann auf einer Karte dargestellt werden. Wie Sie vorgehen, zeigt diese Doppelseite.

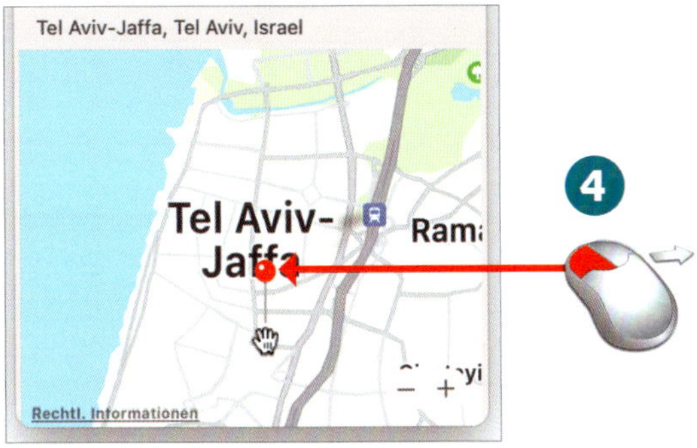

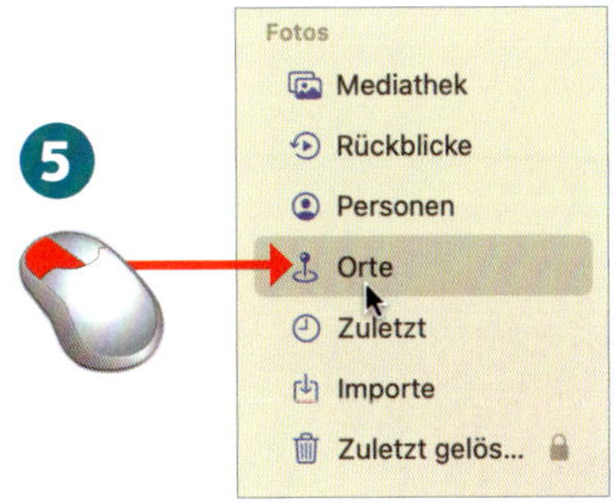

4 Der Ort wird durch eine Stecknadel 📍 auf einer Minikarte gekennzeichnet. Zur Feinjustierung können Sie den Stecknadelkopf anklicken und bei gedrückter Maustaste verschieben.

5 Um die mit einem Geotag versehenen Aufnahmen auf einer Karte zu betrachten, wählen Sie links in der App *Fotos* den Eintrag *Orte*.

6 Die Fotos werden auf der Karte jeweils an ihrem Aufnahmeort dargestellt.

Ende

HINWEIS

Wenn Sie eine Ortsangabe ausblenden möchten, klicken Sie ein Bild an und wählen in der Menüleiste *Bild/Ort/Ort ausblenden.*

TIPP

Auf einem iPhone oder iPad erlauben Sie der Kamera den Zugriff auf die Ortungsdienste, um die Aufnahmen automatisch mit einem Geotag zu versehen.

Start

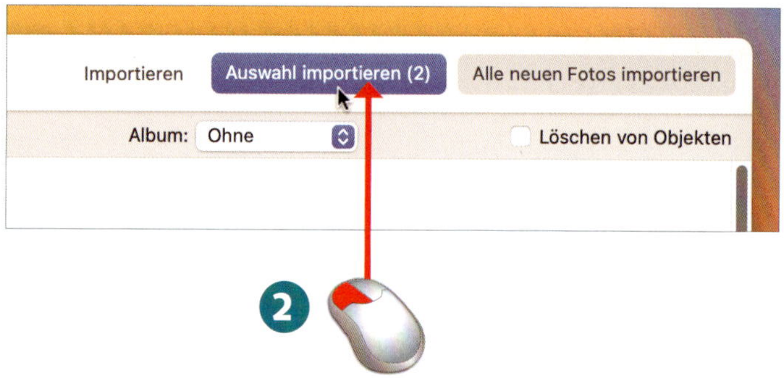

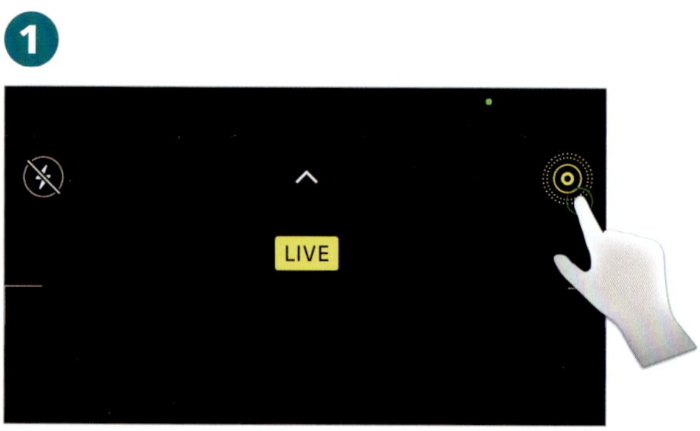

1 Um mit dem iPhone ein Live Photo aufzunehmen, achten Sie darauf, dass in der App *Kamera* die entsprechende Funktion aktiviert ist.

2 Importieren Sie das Live Photo, wie zu Beginn des Kapitels kennengelernt, in die App *Fotos* auf Ihrem Mac.

3 Doppelklicken Sie auf das Live Photo, um es auszuwählen, und entscheiden Sie sich anschließend für die Schaltfläche *Bearbeiten*.

WISSEN

Wer über ein neueres iPhone oder iPad verfügt, kann damit Live Photos aufnehmen und diese auf seinen Mac übertragen. Ein Live Photo ist eigentlich eine kleine Videosequenz, die in einer Fotodatei vorliegt. Wie Sie ein Live Photo auf einem Mac bearbeiten, zeige ich Ihnen hier.

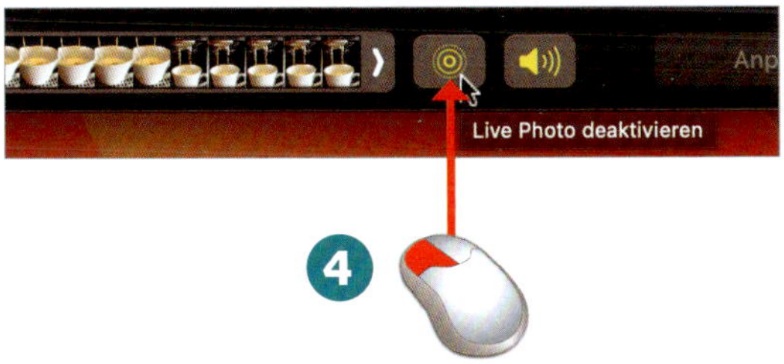

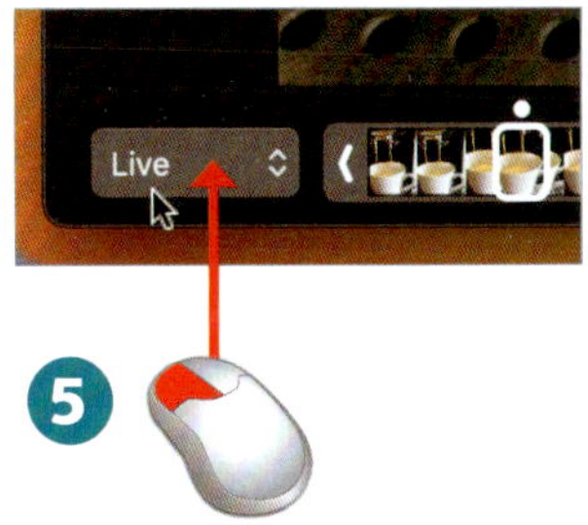

4 Sie erhalten rechts die gleichen Anpassungsoptionen wie beim Bearbeiten eines herkömmlichen Fotos. Unterhalb des Fotos können Sie per Symbol das Live Photo in ein herkömmliches Foto umwandeln.

5 Oder möchten Sie das Live Photo im Gegenteil in ein Video umwandeln, das in Endlosschleife läuft? Dann klicken Sie unterhalb des Live Photos auf das Drop-down-Menü, in dem standardmäßig *Live* steht.

6 Wählen Sie im Menü die gewünschte Option aus, in diesem Fall *Endlosschleife*. Die Wiedergabe des Videos erfolgt per Doppelklick darauf.

Ende

TIPP

Den Ton des Live Photos abschalten: Hierzu klicken Sie unterhalb des Live Photos auf das Symbol .

HINWEIS

Ihnen wird unterhalb des Live Photos die Bildsequenz angezeigt. Hier können Sie per Mausklick ein anderes Schlüsselfoto auswählen, das als Basis des Live Photos dient.

Start

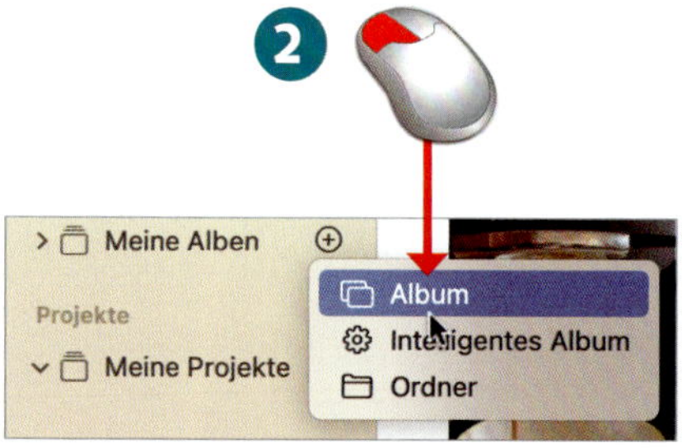

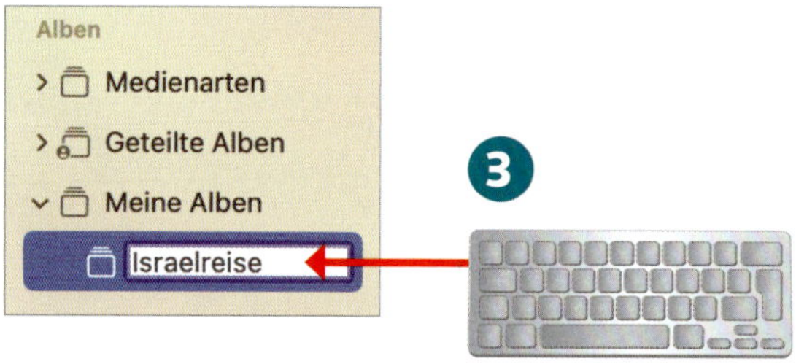

1. Um ein neues Album anzulegen, bewegen Sie den Mauszeiger in der Seitenleiste auf den Eintrag *Meine Alben* und klicken auf das eingeblendete Plussymbol ⊕.
2. Wählen Sie im sich öffnenden Menü den Eintrag *Album* aus.
3. Geben Sie dem neuen Album eine sinnvolle Bezeichnung und bestätigen Sie mit der ↵-Taste.

WISSEN

Fotos bewahrt man heutzutage nicht mehr in Fotoalben im Schrank auf, sondern auf dem Computer bzw. diversen Datenträgern. Auch auf dem Computer können Sie Fotoalben erstellen, um Ihre Bilder thematisch zu sortieren. Wie einfach das geht, lesen Sie auf dieser Doppelseite.

HINWEIS

Wenn Ihnen die Seitenleiste in der App *Fotos* zu schmal ist, klicken Sie auf deren Rand und ziehen Sie sie bei gedrückter Maustaste größer.

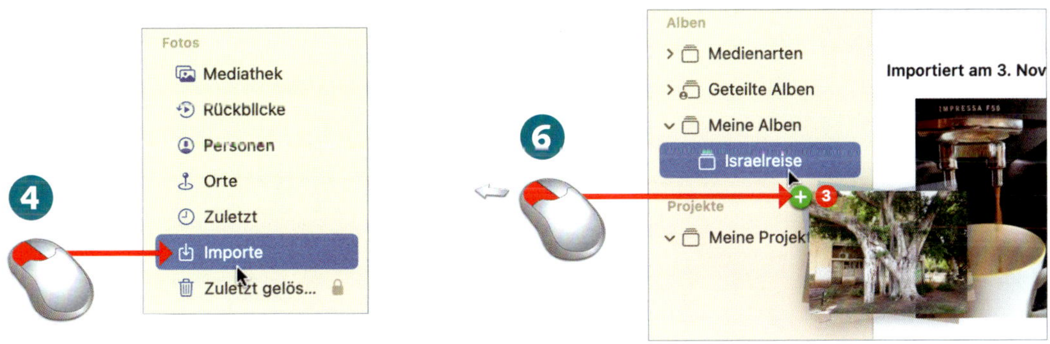

4 Klicken Sie in der Seitenleiste nun auf den Speicherort der Aufnahmen, die Sie in Ihr Album aufnehmen möchten, z. B. *Importe*.

5 Markieren Sie die Aufnahmen, die Sie in das Album einsortieren möchten. Mehrere Aufnahmen klicken Sie dazu bei gedrückter *command*-Taste an.

6 Ziehen Sie die Aufnahmen bei gedrückter Maustaste auf das Album in der Seitenleiste und lassen Sie die Maustaste dann los.

Ende

TIPP

Um einem Album nachträglich Bilder hinzuzufügen, ziehen Sie diese einfach erneut bei gedrückter Maustaste aus dem Anzeigebereich auf das links angezeigte Album.

HINWEIS

Statt eines herkömmlichen Albums lassen sich unter dem Symbol ⊕ auch »intelligente Alben« erstellen, die – wie intelligente Ordner – Bilder aufnehmen, die von Ihnen festgelegte Kriterien erfüllen.

Start

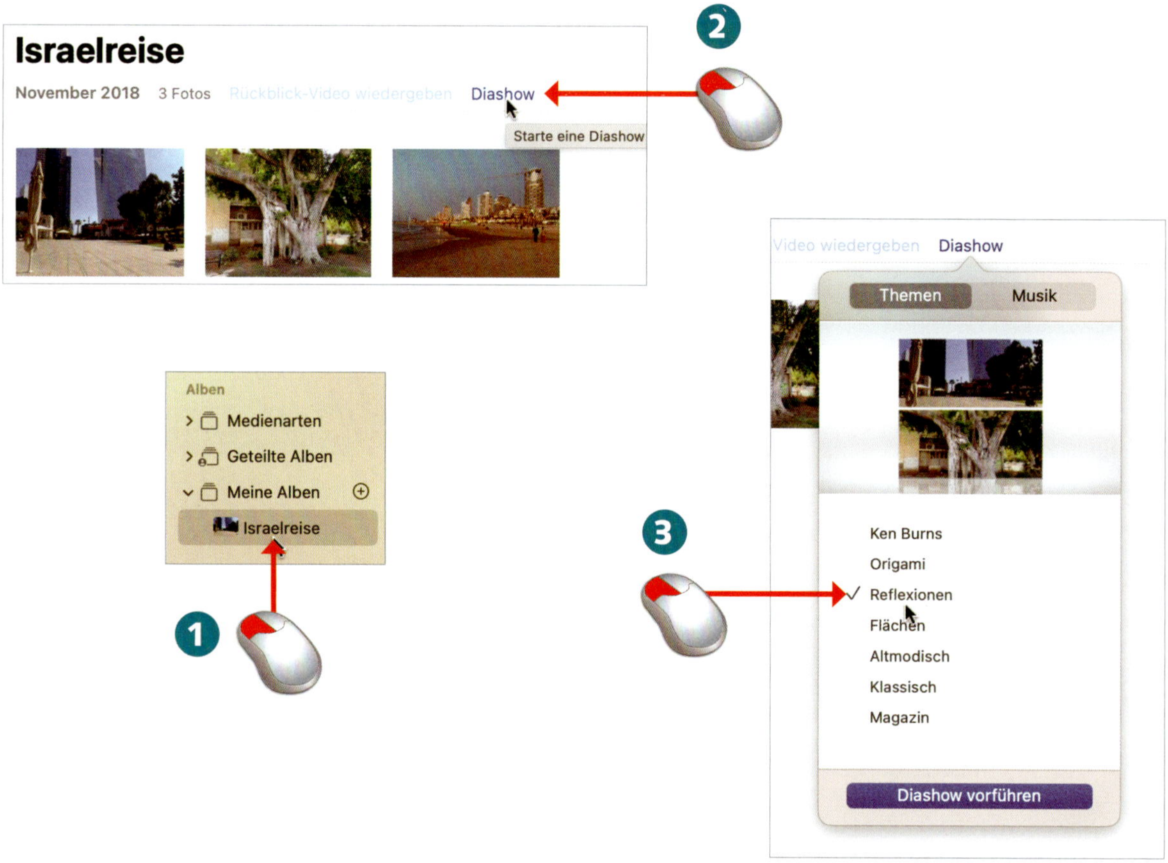

1. Wählen Sie in der Seitenleiste das Album aus, das als Diashow wiedergegeben werden soll.
2. Klicken Sie nun oberhalb der Fotos im Album auf *Diashow*. Alternativ klicken Sie das Album mit der rechten Maustaste bzw. bei gedrückter control-Taste an und wählen im Kontextmenü den Eintrag *Diashow vorführen*.
3. Wählen Sie ein Thema für Ihre Diashow aus – das Ergebnis Ihrer Auswahl wird Ihnen in einem kleinen Vorschaufenster angezeigt.

WISSEN

Um anderen Personen Ihre Bilder vorzuführen oder um diese selbst zu genießen, lassen Sie auf Ihrem Mac eine Diashow ablaufen – oder projizieren diese, wenn gewünscht, auf eine Beamer-Leinwand. Wie Sie in der App *Fotos* eine Diashow mit Musikuntermalung starten, zeige ich Ihnen auf dieser Doppelseite.

TIPP

Um die Diashow wieder zu beenden, drücken Sie die esc-Taste.

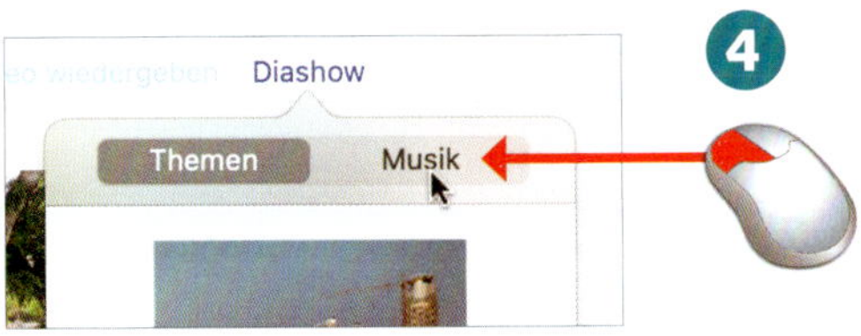

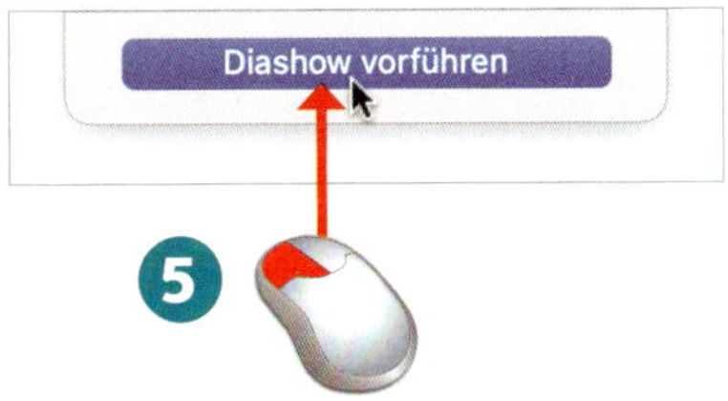

4 Klicken Sie als Nächstes auf den Reiter *Musik*, um sich ein Musikstück für die Musikuntermalung Ihrer Diashow auszusuchen.

5 Klicken Sie schließlich auf die Schaltfläche *Diashow vorführen*, um die Diashow zu starten.

6 Durch Bewegen des Mauszeigers lässt sich ein Steuerelement für die Diashow einblenden.

Ende

HINWEIS

Oder wünschen Sie eine automatisch generierte Diashow? Dazu wählen Sie in der Seitenleiste der App *Fotos* den Eintrag *Rückblicke*.

TIPP

Eine Diashow ohne Album starten: Wählen Sie dazu die Bilder aus und klicken Sie diese mit der rechten Maustaste bzw. bei gedrückter control-Taste an. Wählen Sie im Kontextmenü den Eintrag *Diashow vorführen*.

Start

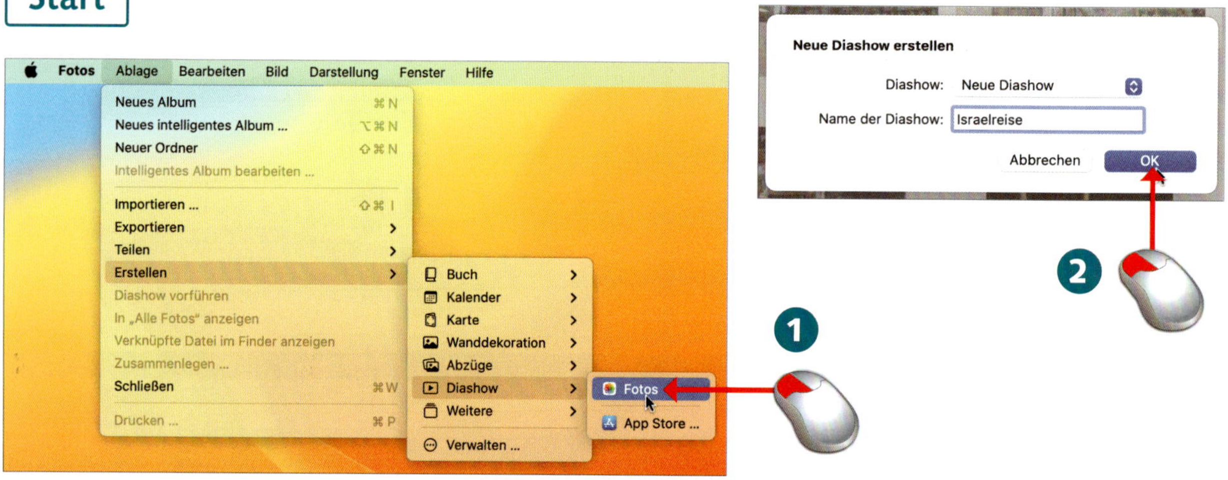

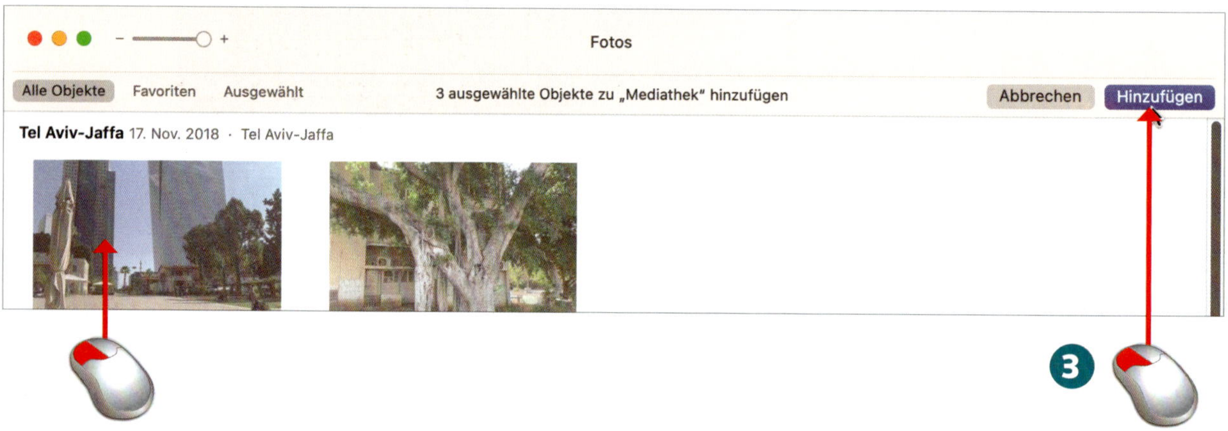

1. Um eine Diashow als Projekt zu erstellen, entscheiden Sie sich in der Menüleiste der App *Fotos* für *Ablage*, bewegen den Mauszeiger auf *Erstellen* und wählen dann unter *Diashow* den Eintrag *Fotos*.
2. Geben Sie der Diashow eine sinnvolle Bezeichnung und bestätigen Sie mit der Schaltfläche *OK*.
3. Wählen Sie die gewünschten Bilder aus und bestätigen Sie mit der Schaltfläche *Hinzufügen*.

WISSEN

Eine Diashow lässt sich auch als Projekt erstellen und dadurch als Videodatei auf dem Computer speichern bzw. an andere Personen weiterreichen. Wie Sie in diesem Fall vorgehen, erfahren Sie hier Schritt für Schritt.

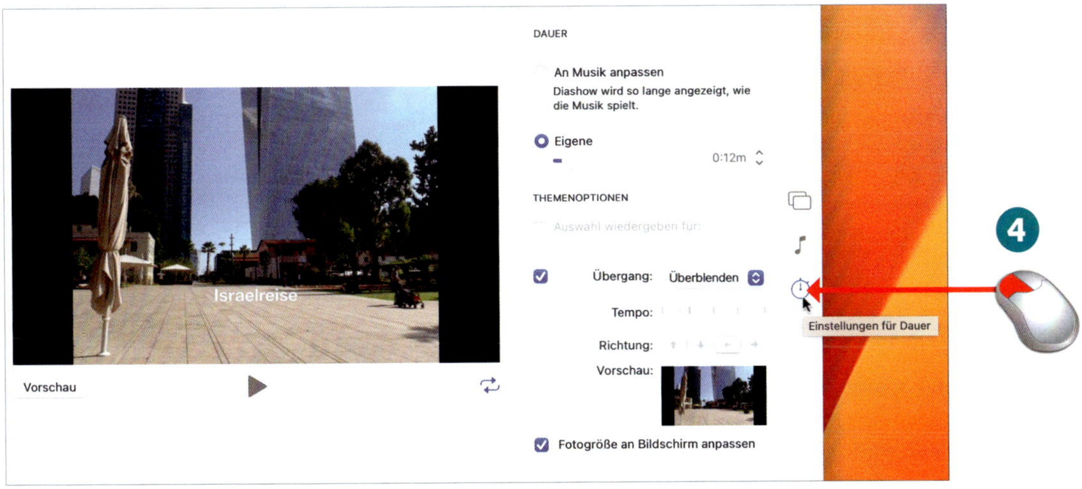

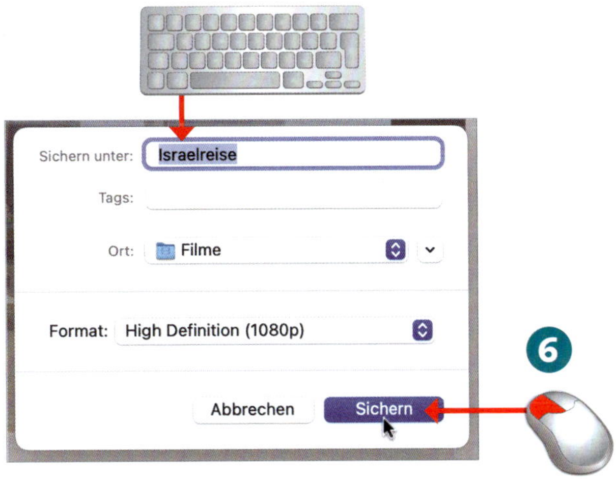

4 Passen Sie die Diashow im Hinblick auf Thema, Musikuntermalung etc. ganz Ihren Wünschen an.

5 Wenn Sie fertig sind, wählen Sie rechts oben die Schaltfläche *Exportieren*.

6 Geben Sie der Videodatei eine sinnvolle Bezeichnung. Bestimmen Sie den Speicherordner und die Videoqualität. Bestätigen Sie mit *Sichern*, um den Export zu starten.

Ende

HINWEIS

Die von Ihnen angelegten Projekte lassen sich jederzeit in der App *Fotos* in der Leiste links im Abschnitt *Projekte* aufrufen.

TIPP

Auch Fotobücher, Fotokarten und weitere Medien lassen sich mithilfe entsprechender Anbieter aus der App *Fotos* gestalten und in Auftrag geben. In der Menüleiste unter *Ablage/Erstellen* finden Sie die entsprechenden Einträge.

Start

1

3

2

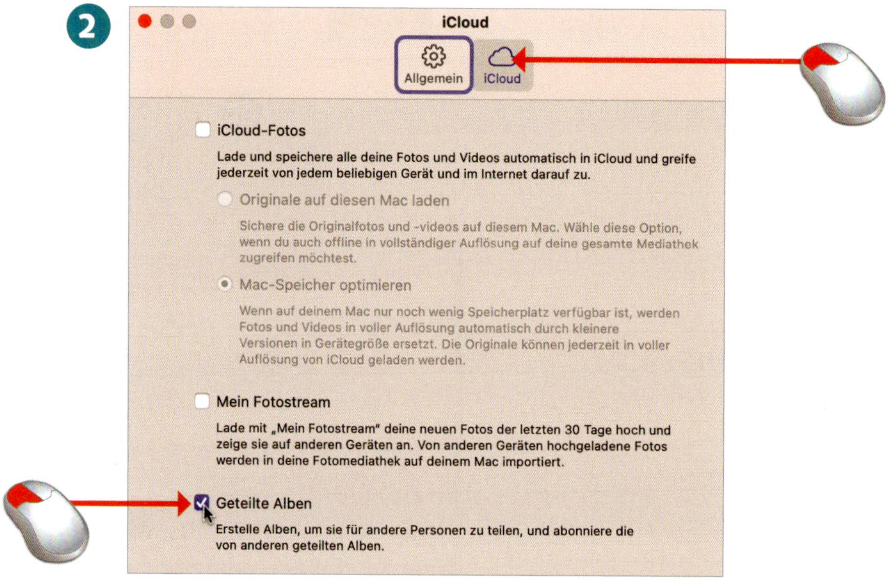

1. Sofern Sie noch nicht bei iCloud angemeldet sind bzw. die iCloud-Fotofunktionen noch nicht aktiviert haben, entscheiden Sie sich zunächst in der Menüleiste für *Fotos* und dann für *Einstellungen*.
2. Wählen Sie im folgenden Fenster die Rubrik *iCloud*. Für die Freigabe von Fotos an andere muss zumindest die Option *Geteilte Alben* aktiviert sein.
3. Wählen Sie nun die Bilder aus, die Sie für andere Personen freigeben möchten.

WISSEN

Um Ihre Bilder mit anderen zu teilen, bietet sich die Freigabe von Alben via iCloud an – andere Apple-Nutzer können damit die von Ihnen geteilten Bilder ganz leicht bei sich integrieren. Eine kleine Anleitung zu den geteilten Alben erhalten Sie auf dieser Doppelseite.

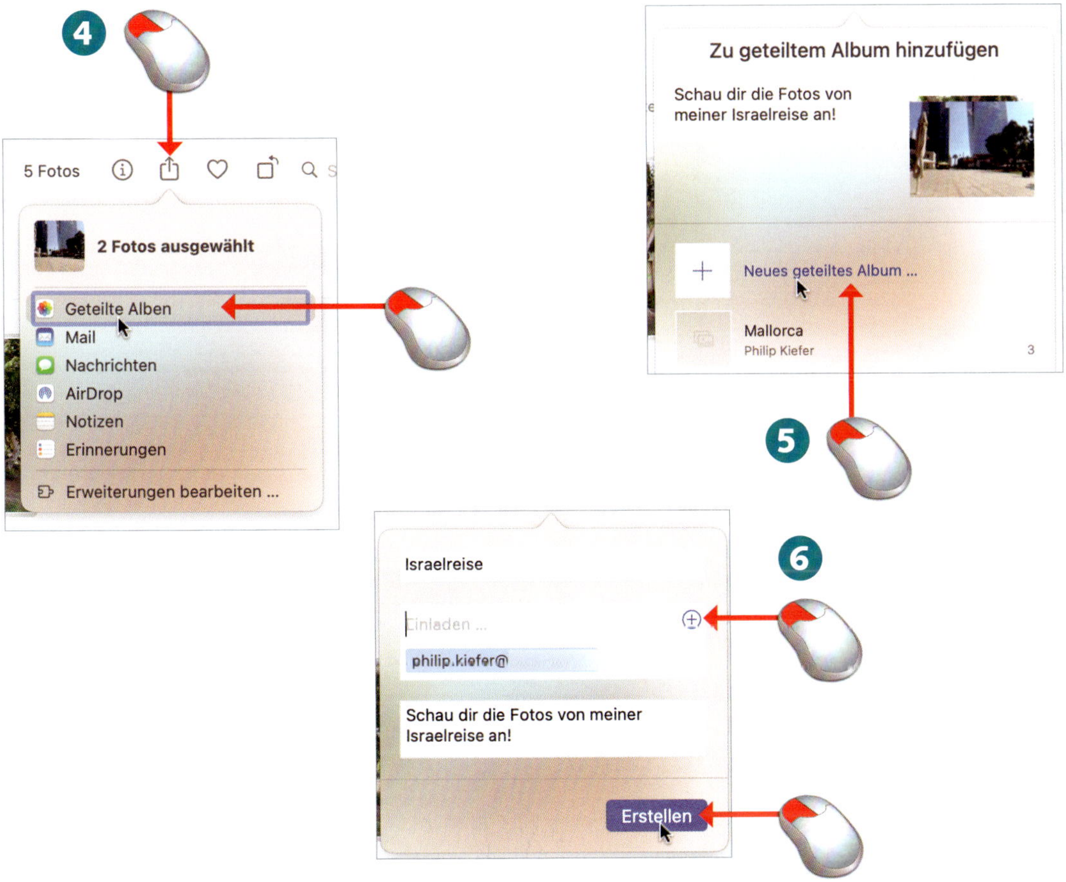

4 Klicken Sie oben in der App *Fotos* auf das Symbol ⎙. Dieses Symbol dient auch in anderen Apps dem Weiterreichen von Elementen. Entscheiden Sie sich im Menü für den Eintrag *Geteilte Alben*.

5 Geben Sie, wenn gewünscht, einen Text zu den Fotos ein und klicken Sie auf *Neues geteiltes Album*.

6 Geben Sie die Kontakte ein bzw. klicken Sie auf das Plussymbol ⊕, um Personen zur Betrachtung des Albums einzuladen. Bestätigen Sie mit *Erstellen*.

Ende

HINWEIS

Sie finden unter dem Symbol ⎙ auch Optionen zum Versand von Bildern in einer E-Mail, in einer Nachricht usw.

TIPP

Auch die geteilten Alben werden Ihnen in der Seitenleiste links angezeigt und Sie können Fotos aus Ihrer Mediathek auf das geteilte Album ziehen, um es weiter zu füllen.

Start

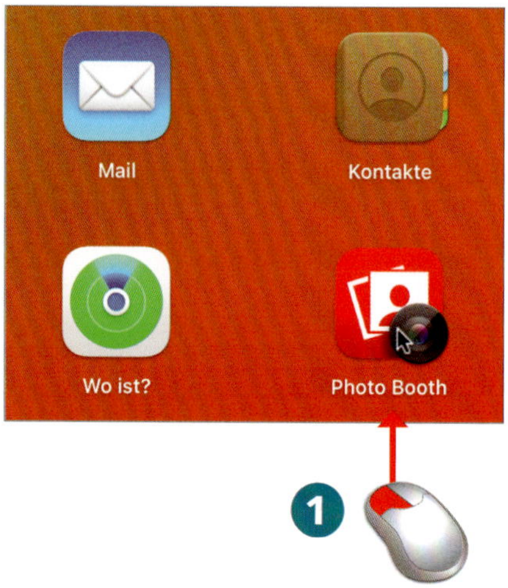

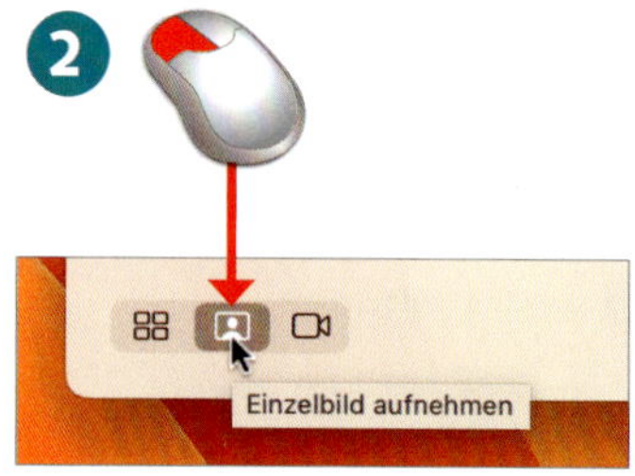

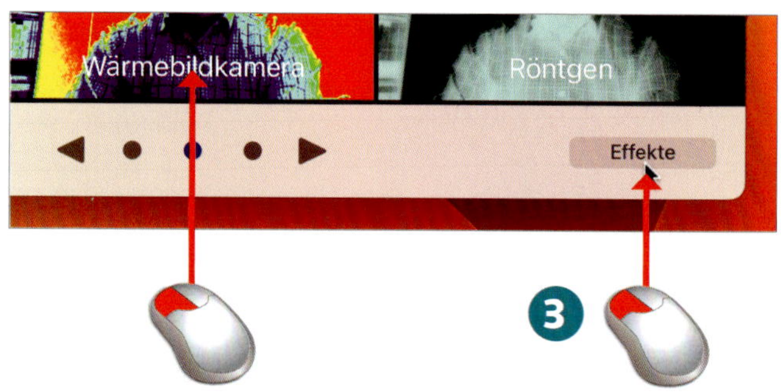

1. Öffnen Sie die App *Photo Booth* im Launchpad.

2. Sie können mit Photo Booth sowohl Foto- als auch Videoaufnahmen machen. Die Auswahl treffen Sie links unten im Fenster.

3. Klicken Sie nun rechts unten auf die Schaltfläche *Effekte* und wählen Sie einen Effekt aus, der Ihnen zusagt.

WISSEN

Sie möchten auf Ihrem Mac ein Selfie schießen? Zu diesem Zweck setzen Sie die App *Photo Booth* ein. Damit können Sie nicht nur normale Fotos aufnehmen, sondern Ihre Fotos mit witzigen Effekten versehen. Lassen Sie mich Ihnen die App *Photo Booth* auf dieser Doppelseite vorstellen.

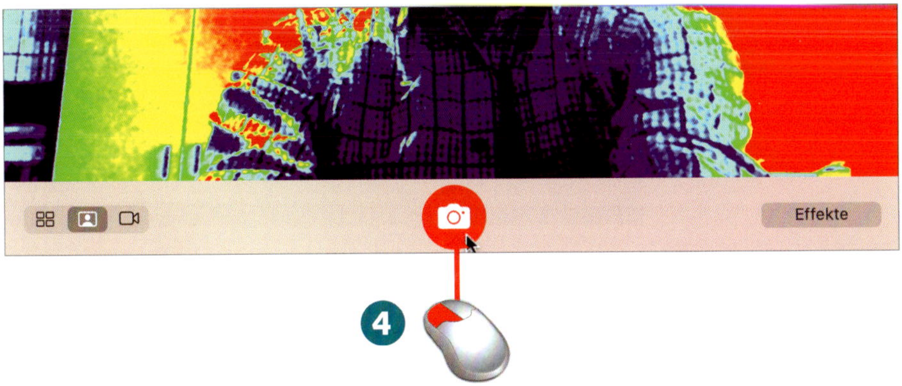

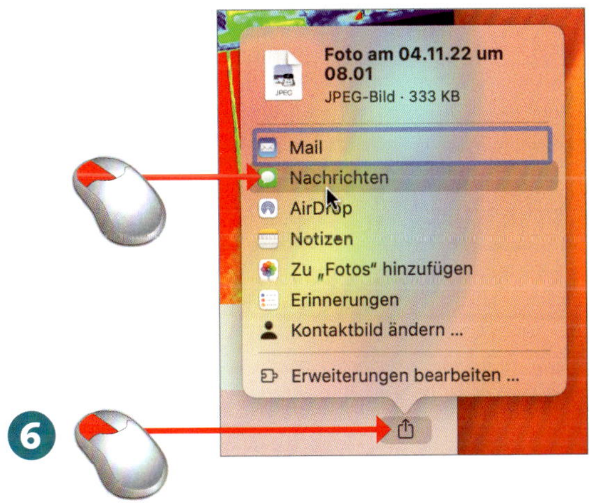

4 Klicken Sie auf den Auslöser, um eine Aufnahme zu tätigen.

5 Klicken Sie mit der rechten Maustaste bzw. bei gedrückter *control*-Taste auf die gemachte Aufnahme, um diese zu exportieren.

6 Oder mochten Sie die Aufnahme an eine andere Person senden? In diesem Fall wählen Sie unter dem Symbol [Teilen] die gewünschte Option aus.

Ende

HINWEIS

Auch mit Ihren Aufnahmen in Photo Booth lässt sich eine Diashow wiedergeben. Wählen Sie dazu in der Menüleiste *Darstellung* und dann *Diashow starten*.

TIPP

Apple hält auch eine App für die Videobearbeitung bereit: iMovie. Verwandeln Sie damit Ihre privaten Videoaufnahmen in ansprechende Clips.

Start

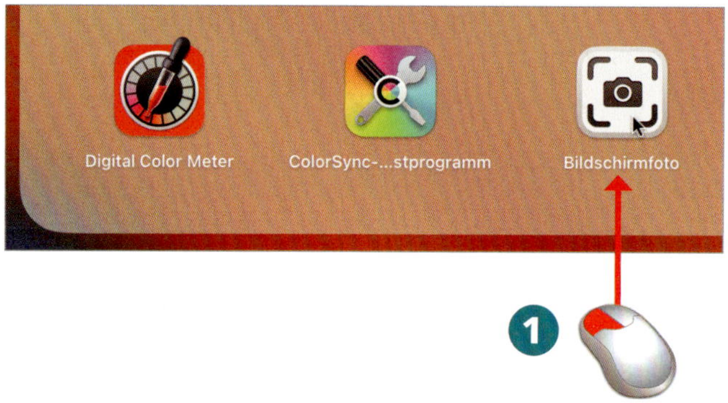

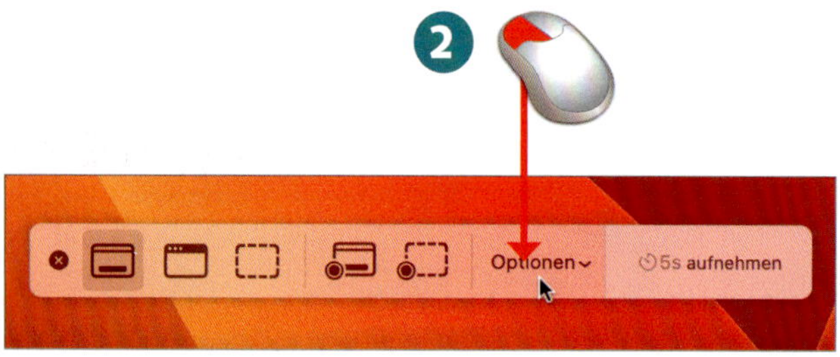

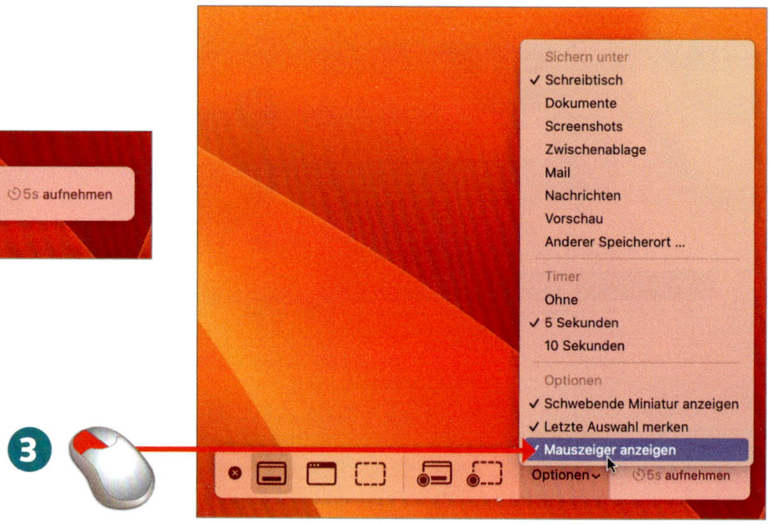

1. Entscheiden Sie sich im Launchpad für den Ordner *Andere* und wählen Sie dort die App *Bildschirmfoto*. Sie können die App auch mit der Tastenkombination ⇧+*command*+*5* starten.

2. Aufnahme mit oder ohne Mauszeiger gewünscht? Um das festzulegen, klicken Sie in der oberhalb des Docks eingeblendeten Leiste auf *Optionen*.

3. In diesem Fall wähle ich die Option, dass der Mauszeiger auf dem Bildschirmfoto zu sehen sein soll.

WISSEN

Bildschirmfotos können für verschiedene Zwecke benötigt werden, etwa um auf die Schnelle eine Info auf einer Webseite abzufotografieren oder um einen Fehler zu dokumentieren. Für die Aufnahme von Bildschirmfotos steht Ihnen auf Ihrem Mac eine hilfreiche App zur Verfügung, die Sie auf dieser Doppelseite kennenlernen.

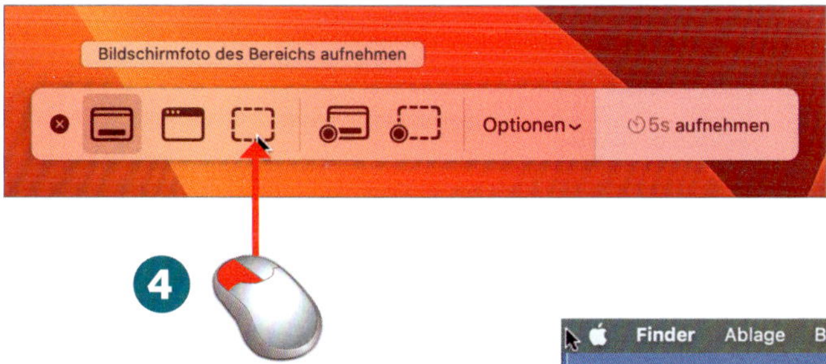

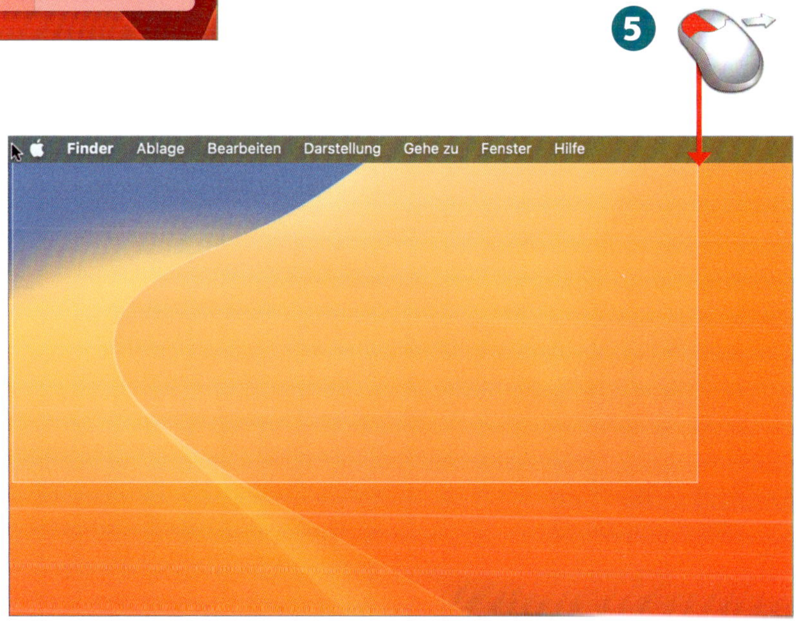

6

4 Wählen Sie in der Leiste nun, welche Art Bildschirmfoto Sie aufnehmen möchten. Hier entscheide ich mich für die Aufnahme eines ausgewählten Bereichs.

5 Der abzufotografierende Bereich wird bei gedrückter Maustaste auf den Bildschirm gezogen.

6 Das Bildschirmfoto wird per Mausklick aufgenommen und standardmäßig auf dem Schreibtisch abgelegt.

Ende

TIPP

Ein Bildschirmfoto direkt per Tastenkombination aufnehmen: Drücken Sie dazu die Tasten ⇧+command+3. Weitere Tastenkombinationen für Bildschirmfotos finden Sie in Kapitel 12.

HINWEIS

Um einen beliebigen Speicherort für Ihre Bildschirmfotos festzulegen, wählen Sie diesen im Optionsmenü (vgl. Schritt 3) unter *Anderer Speicherort* aus.

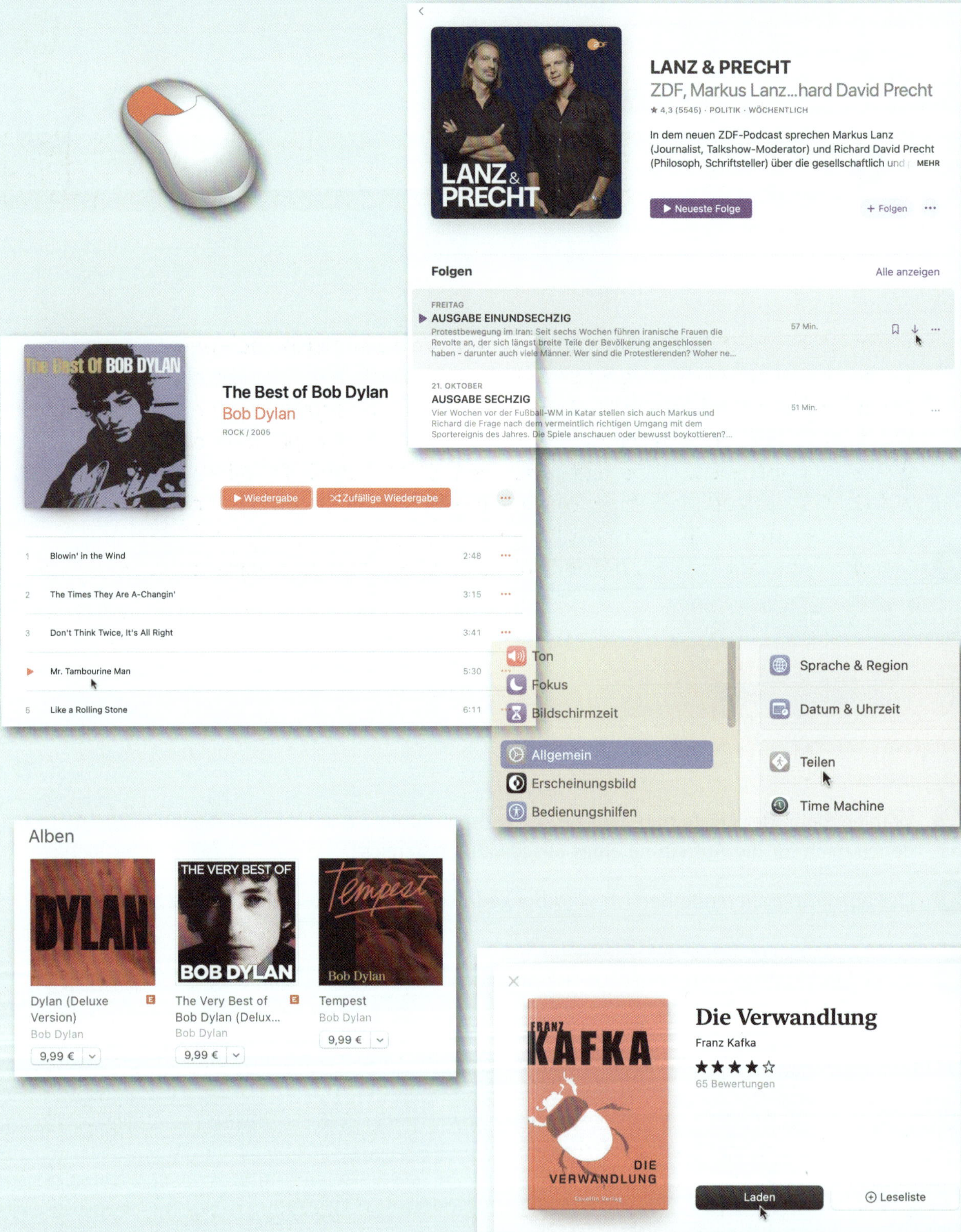

LANZ & PRECHT
ZDF, Markus Lanz...hard David Precht
★ 4,3 (5545) · POLITIK · WÖCHENTLICH
In dem neuen ZDF-Podcast sprechen Markus Lanz (Journalist, Talkshow-Moderator) und Richard David Precht (Philosoph, Schriftsteller) über die gesellschaftlich und MEHR
LANZ & PRECHT
Neueste Folge
+ Folgen
Folgen
Alle anzeigen
FREITAG
AUSGABE EINUNDSECHZIG
Protestbewegung im Iran: Seit sechs Wochen führen iranische Frauen die Revolte an, der sich längst breite Teile der Bevölkerung angeschlossen haben - darunter auch viele Männer. Wer sind die Protestierenden? Woher ne...
57 Min.
21. OKTOBER
AUSGABE SECHZIG
Vier Wochen vor der Fußball-WM in Katar stellen sich auch Markus und Richard die Frage nach dem vermeintlich richtigen Umgang mit dem Sportereignis des Jahres. Die Spiele anschauen oder bewusst boykottieren?...
51 Min.
The Best Of BOB DYLAN
The Best of Bob Dylan
Bob Dylan
ROCK / 2005
Wiedergabe
Zufällige Wiedergabe
1 Blowin' in the Wind 2:48
2 The Times They Are A-Changin' 3:15
3 Don't Think Twice, It's All Right 3:41
Mr. Tambourine Man 5:30
5 Like a Rolling Stone 6:11
Ton
Fokus
Bildschirmzeit
Allgemein
Erscheinungsbild
Bedienungshilfen
Sprache & Region
Datum & Uhrzeit
Teilen
Time Machine
Alben
DYLAN
Dylan (Deluxe Version)
Bob Dylan
9,99 €
THE VERY BEST OF BOB DYLAN
The Very Best of Bob Dylan (Delux...
Bob Dylan
9,99 €
Tempest
Bob Dylan
Tempest
Bob Dylan
9,99 €
FRANZ KAFKA
DIE VERWANDLUNG
Die Verwandlung
Franz Kafka
★★★★☆
65 Bewertungen
Laden
Leseliste

9

Medien auf Ihrem Mac wiedergeben

Ihnen stehen auf Ihrem Mac mit macOS Ventura gleich mehrere Medien-Apps zur Verfügung. Importieren und verwalten Sie damit Ihre Mediendateien oder kaufen Sie Musik und Filme im integrierten Store ein. Sie können auch kostenlose Podcasts nutzen – das klappt mit der passenden App ebenfalls perfekt. Und wenn Sie die Medien nicht nur auf dem Mac wiedergeben möchten: Geben Sie Ihre Mediathek frei oder streamen Sie Inhalte im Netzwerk auf ein anderes Gerät. Haben Sie viel Spaß mit den spannenden Anleitungen, Tipps und Infos in diesem Kapitel!

Start

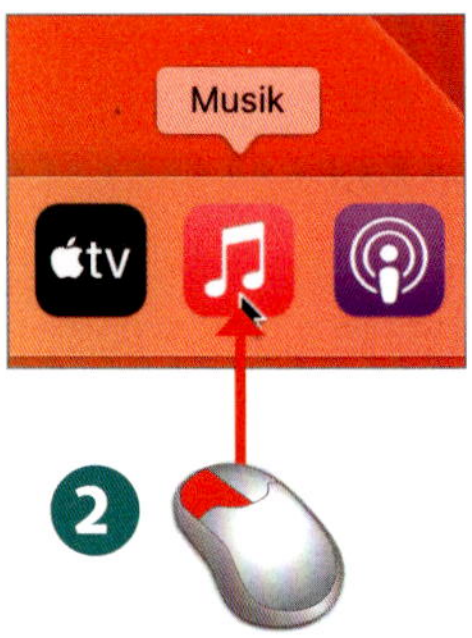

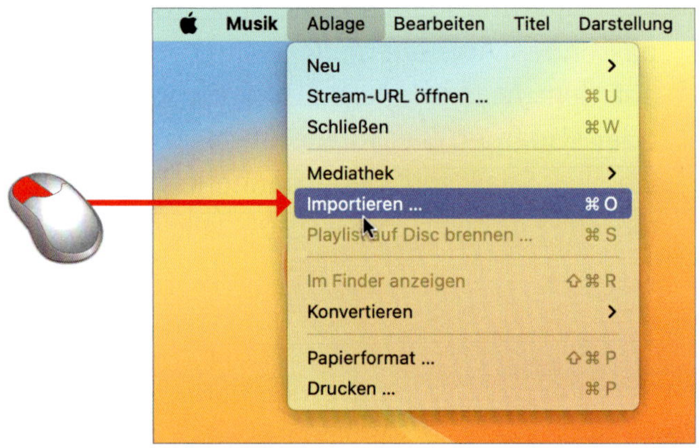

1. Mediendateien, die Sie in eine Medien-App aufnehmen möchten, müssen in einem kompatiblen Dateiformat zur Verfügung stehen. Hier möchte ich Titel im gängigen AAC-Format (Dateiendung in diesem Fall *.m4a*) in die App *Musik* importieren.
2. Öffnen Sie die App *Musik*.
3. Wenn die Mediathek noch leer ist, wird Ihnen das Durchsuchen des Computers nach Mediendateien angeboten. Sie können sich aber auch in der Menüleiste für *Ablage/Importieren* entscheiden.

WISSEN

Mediendateien, die bereits auf dem Computer zur Verfügung stehen, nehmen Sie in die entsprechende Medien-App auf, um sie dort zu verwalten, wiederzugeben, mit Ihrem iPhone oder iPad zu synchronisieren oder auf ein anderes Gerät zu streamen. Das Hinzufügen ist eine Sache weniger Handgriffe, wie Sie auf dieser Doppelseite am Beispiel der App *Musik* sehen.

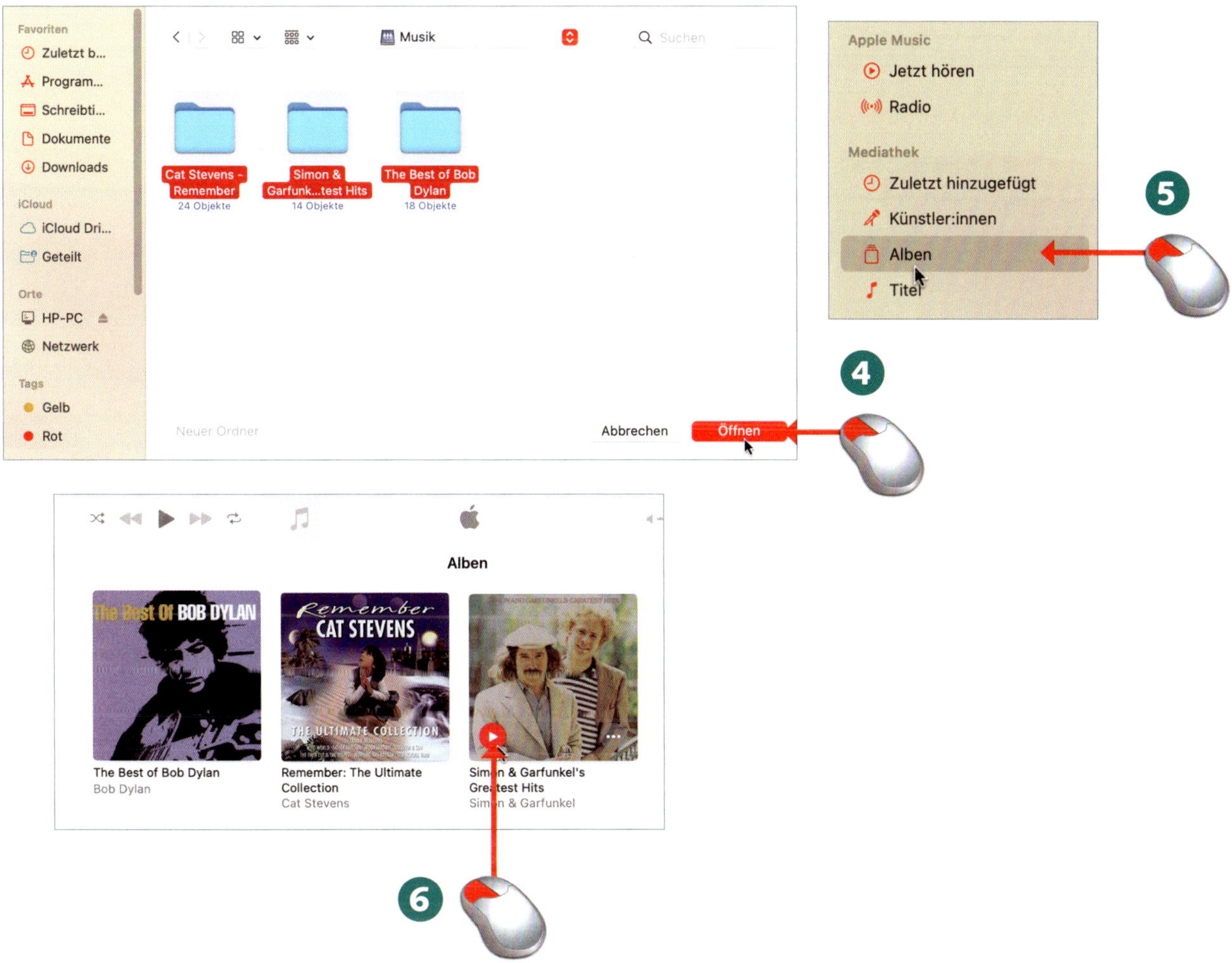

4 Wählen Sie das Element aus, das Sie hinzufügen möchten (in diesem Fall wähle ich den Ordner mit den Musikdateien), und bestätigen Sie mit *Öffnen*.

5 Nach dem Import steht das Album in der Musik-Mediathek zur Verfügung. Wählen Sie in der Seitenleiste der App *Musik* den Eintrag *Alben*.

6 Nun können Sie das Album aufrufen, um sich die darin enthaltenen Musikdateien anzusehen, oder es direkt wiedergeben.

Ende

HINWEIS

Gut zu wissen: Nicht kompatible Dateien werden beim Importieren von Mediendateien einfach ignoriert. Sie erhalten nicht mal einen Hinweis.

TIPP

Sofern Sie ein optisches Laufwerk mit Ihrem Mac verbunden haben, können Sie mit der App *Musik* auch Audio-CDs importieren. Eine Chance, Ihre geliebte CD-Sammlung dauerhaft und kratzerfrei zu archivieren!

Start

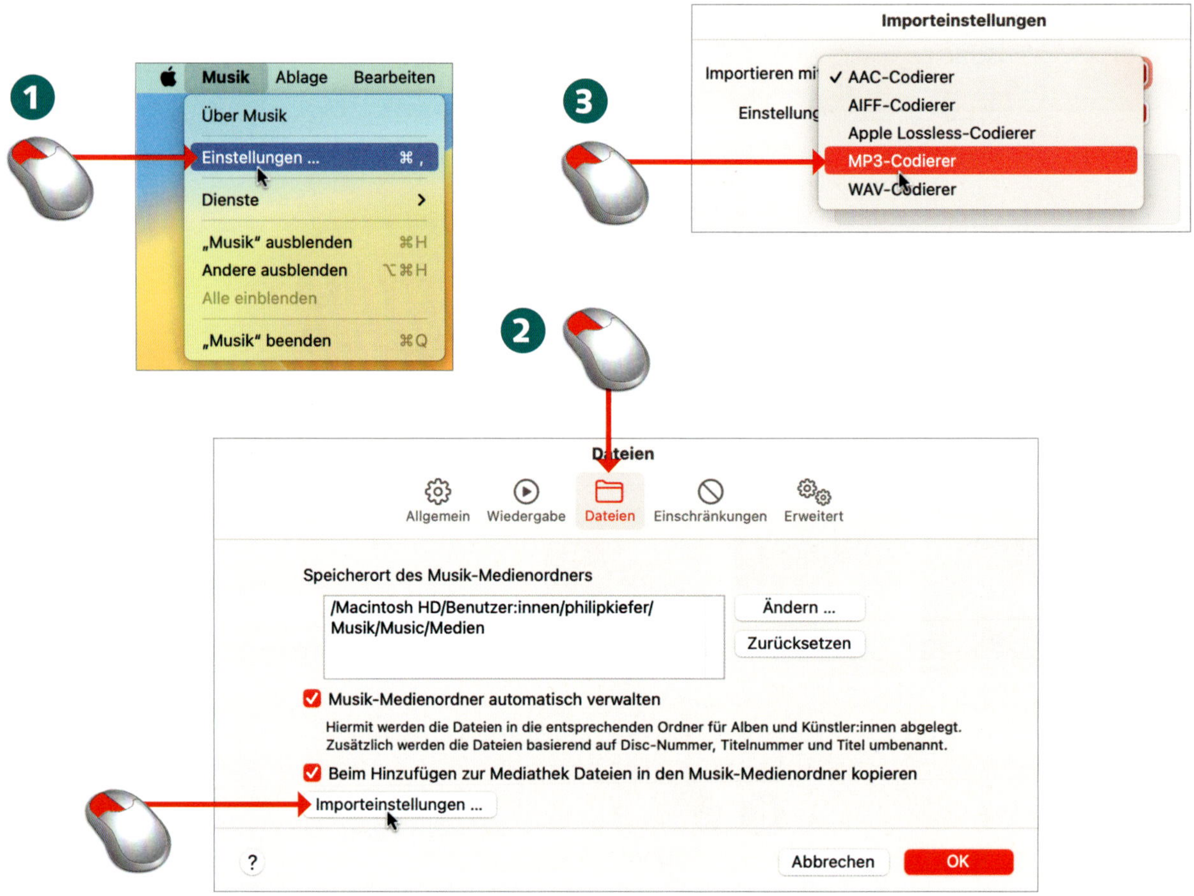

1. Wählen Sie in der Menüleiste *Musik* und dann *Einstellungen*.

2. Klicken Sie in den *Einstellungen* unter *Dateien* auf die Schaltfläche *Importeinstellungen*.

3. Entscheiden Sie sich im Menü *Importieren mit* für den Eintrag *MP3-Codierer*.

WISSEN

Das standardmäßige AAC-Format bietet eine bessere Musikqualität, jedoch kann nicht jedes Gerät AAC-Dateien abspielen. Eine Konvertierung in das noch gängigere MP3-Format lässt sich aber leicht bewerkstelligen. Wie Sie vorgehen, zeigt Ihnen die Schrittanleitung auf dieser Doppelseite.

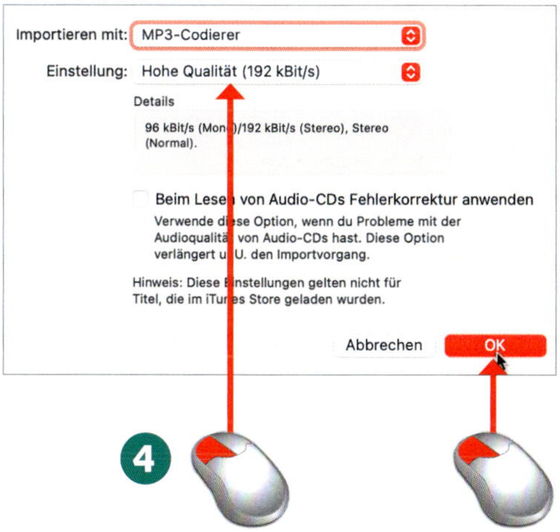

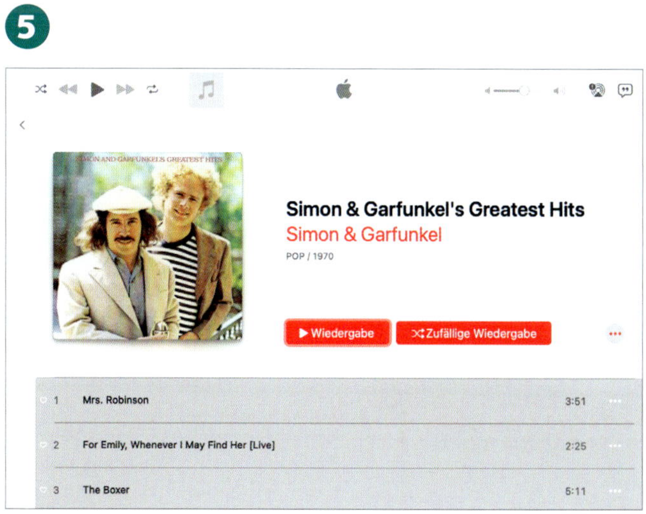

4 Wählen Sie anschließend noch im Menü *Einstellungen* mindestens den Eintrag *Hohe Qualität*, bevor Sie zweimal mit *OK* bestätigen.

5 Um alle Titel in einem Album ins MP3-Format zu konvertieren, wählen Sie das gewünschte Album aus und markieren die Titel mit der Tastenkombination *command*+*A*. Die Titel werden nun grau unterlegt dargestellt.

6 Wählen Sie dann in der Menüleiste *Ablage/Konvertieren/MP3-Version erstellen*.

Ende

HINWEIS

Im Finder finden Sie Ihre Mediatheken standardmäßig in den Benutzerordnern *Musik* und *Filme*.

HINWEIS

Sie können mehrere Mediatheken für unterschiedliche Zwecke nutzen. Das Erstellen bzw. später das Auswählen erfolgt, indem Sie beim Anklicken der App *Musik* bzw. *TV* die *option*-Taste gedrückt halten.

Start

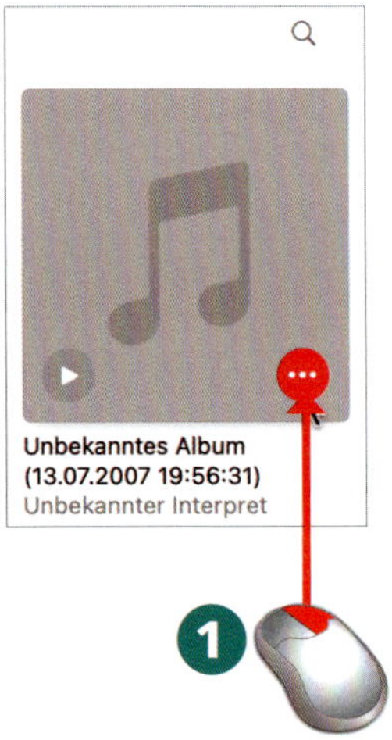

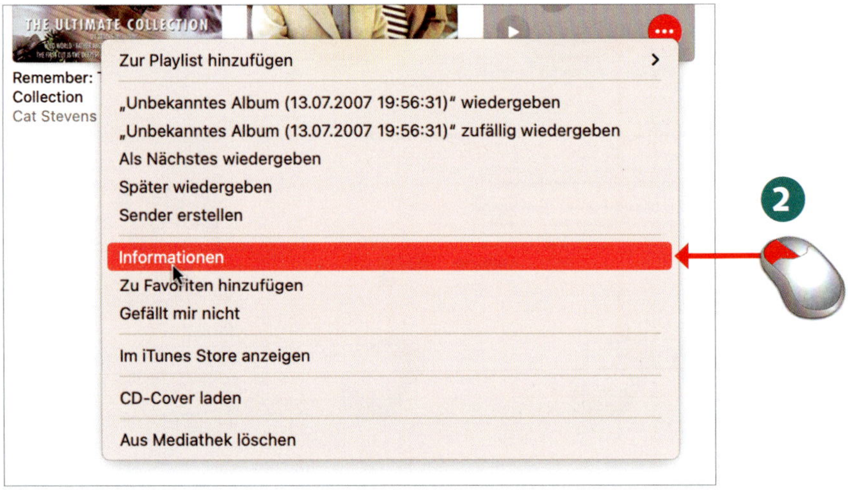

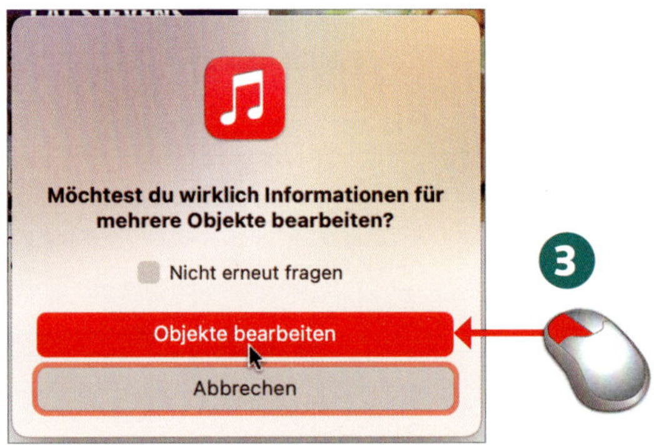

1. Bewegen Sie den Mauszeiger auf ein Album, dessen Informationen Sie bearbeiten möchten, und klicken Sie auf das eingeblendete Symbol ….
2. Entscheiden Sie sich im Menü für den Eintrag *Informationen*.
3. Bestätigen Sie bei einem Album das Bearbeiten der Informationen für mehrere Titel mit *Objekte bearbeiten*.

WISSEN

Wenn Sie Musikdateien in die App *Musik* importieren, möchten Sie vielleicht noch die Informationen anpassen, also beispielsweise Angaben zum Interpreten oder Genre ändern oder manuell ein Albumcover einfügen. Das ist eine einfache Sache!

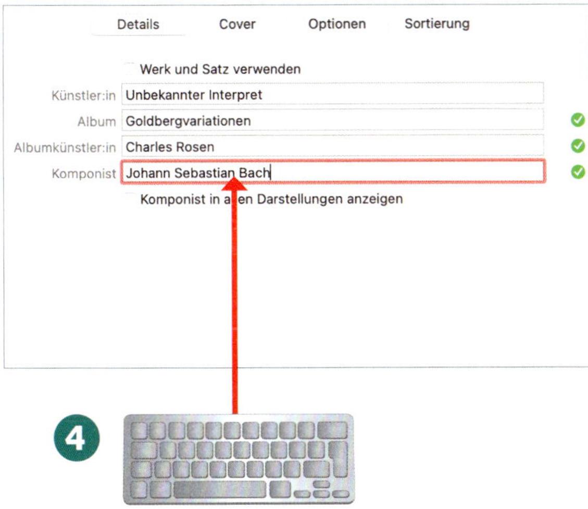

4

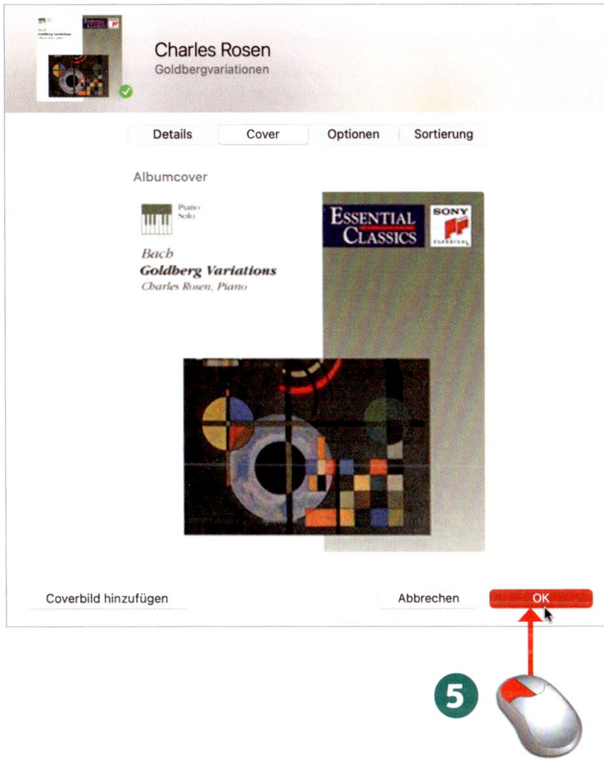

5

6

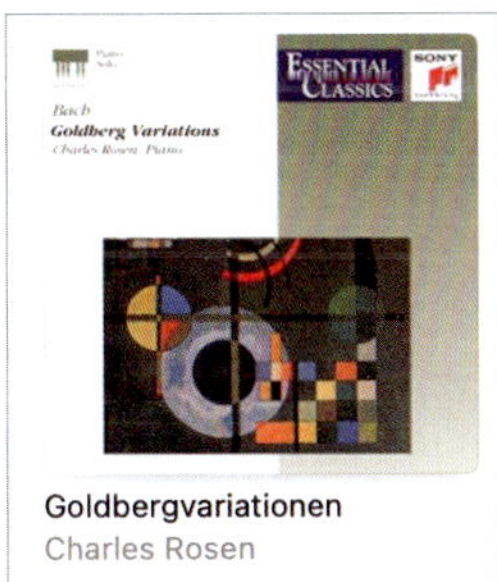

4 Tragen Sie zunächst unter *Details* die gewünschten Angaben ein.

5 Machen Sie gegebenenfalls auch noch unter den anderen Reitern Angaben. In diesem Fall füge ich beispielsweise unter *Cover* noch manuell ein CD-Cover ein. Bestätigen Sie zum Schluss mit *OK*.

6 Ihre Anpassungen werden in der App *Musik* prompt übernommen.

Ende

TIPP

Das Infofenster zu einem ausgewählten Element per Tastenkombination herzaubern: Drücken Sie dazu auch in der App *Musik* *command* + *I*.

TIPP

Soll ein Album mit einem bestimmten Equalizer oder einer bestimmten Lautstärke wiedergegeben werden? Solche Einstellungen nehmen Sie im Infofenster unter *Optionen* vor.

Start

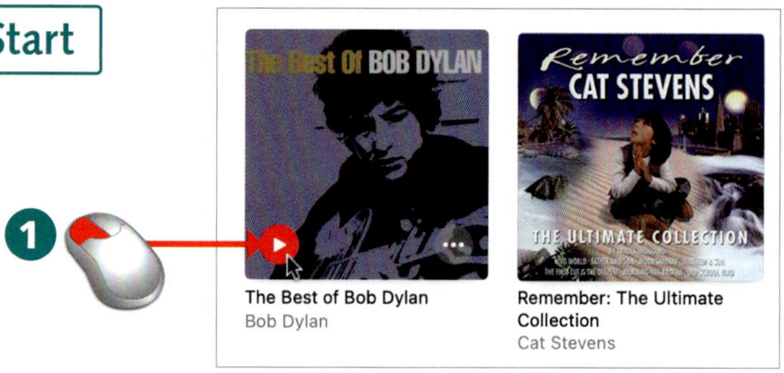

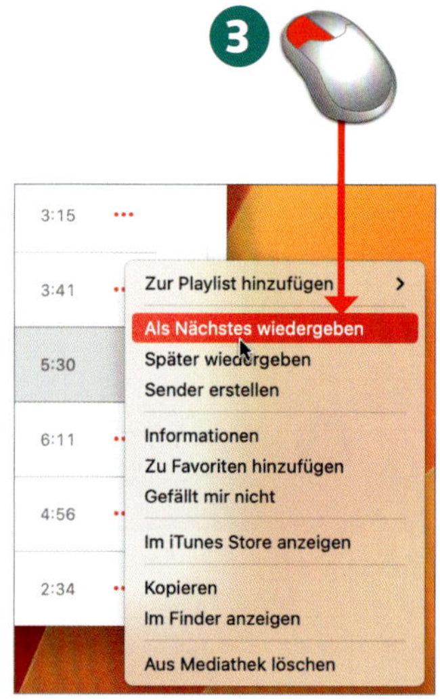

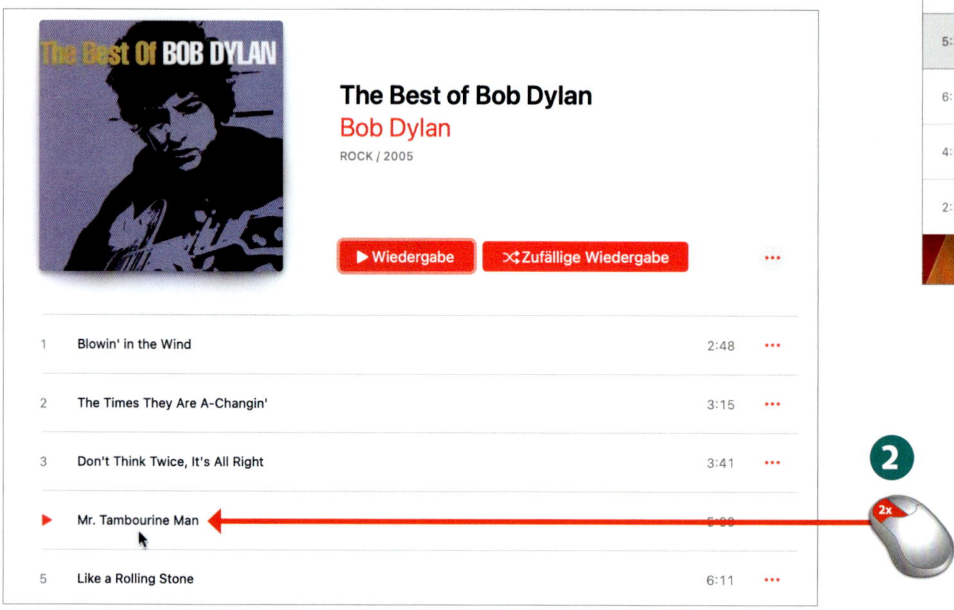

1. Möchten Sie ein ganzes Album wiedergeben, bewegen Sie den Mauszeiger darauf und klicken auf den eingeblendeten Play-Button ▶.
2. Soll die Wiedergabe bei einem bestimmten Titel im Album beginnen, klicken Sie auf ein Album, um sich die enthaltenen Titel anzeigen zu lassen. Doppelklicken Sie dann auf einen Titel.
3. Sie können einen Titel einer Liste der wiederzugebenden Titel hinzufügen. Bewegen Sie den Mauszeiger auf einen Titel, klicken auf das eingeblendete Symbol ••• und wählen *Als Nächstes wiedergeben*.

WISSEN

Ihre Musiktitel stehen in der App *Musik* zur Verfügung. Wie Sie zu deren Wiedergabe am besten vorgehen, zeige ich Ihnen auf dieser Doppelseite. Wie Sie sehen werden, gibt es im Vergleich mit der Musikwiedergabe auf einem CD-Player einige Besonderheiten.

TIPP

Steht für ein Lied der Liedtext zur Verfügung, rufen Sie diesen unter dem Symbol 💬 auf.

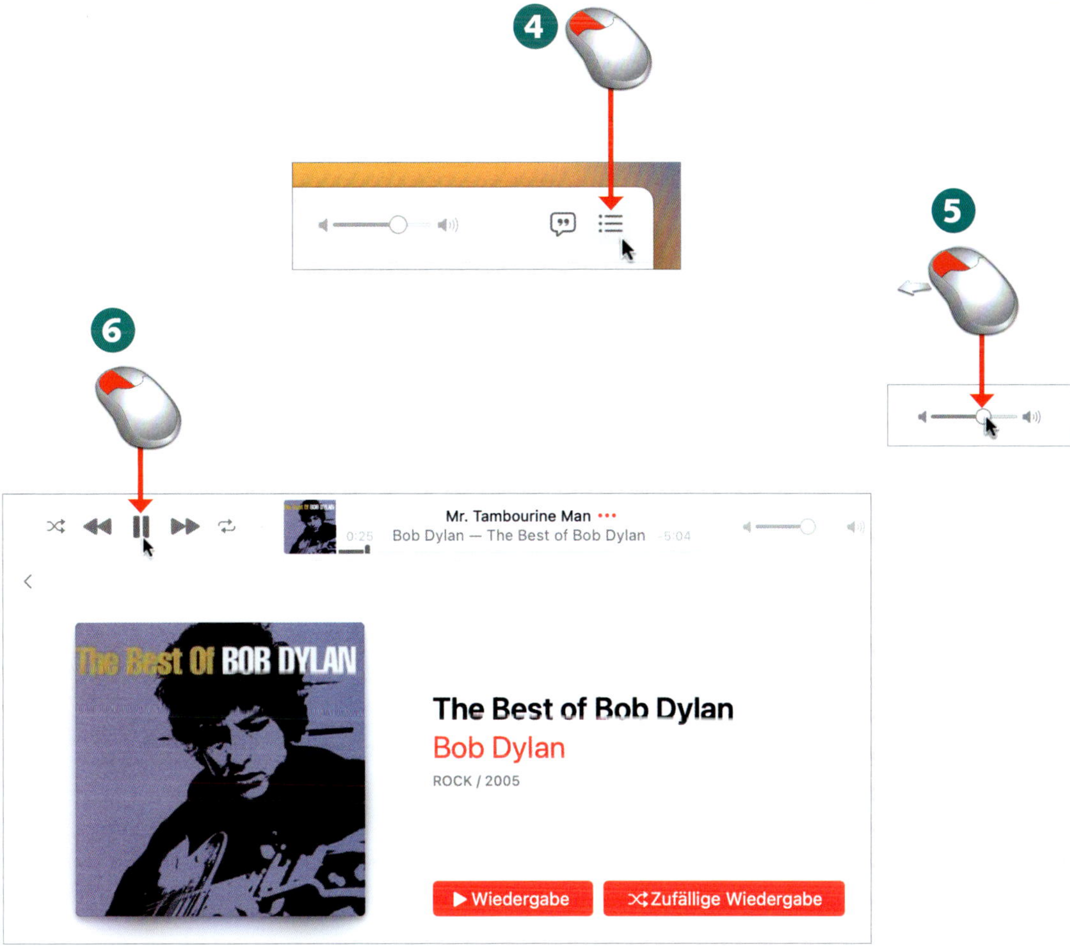

4. Der gerade wiedergegebene Titel wird Ihnen jeweils oben in der App *Musik* angezeigt. Die *Nächste Titel*-Liste rufen Sie per Mausklick auf das Symbol ☰ auf.

5. Andere Lautstärke gewünscht? Verwenden Sie den Schieberegler oben in der App *Musik*, um diese für die Wiedergabe – unabhängig von der Systemlautstärke – anzupassen.

6. Um die Wiedergabe zu pausieren, klicken Sie – wie bei einem CD-Player – auf das Symbol ‖. Die Wiedergabe lässt sich später an der gleichen Stelle fortsetzen.

Ende

HINWEIS

In der App *Musik* wird immer eine ganze Wiedergabeliste oder ein komplettes Album wiedergegeben. Per Symbol ⟲ lässt sich eine Wiederholung der gesamten Liste oder eines einzelnen Albums einrichten.

TIPP

Zufällige Wiedergabe gewünscht? Um diese zu aktivieren – und auch wieder zu deaktivieren – klicken Sie oben in der App *Musik* auf das Symbol ⤮.

Start

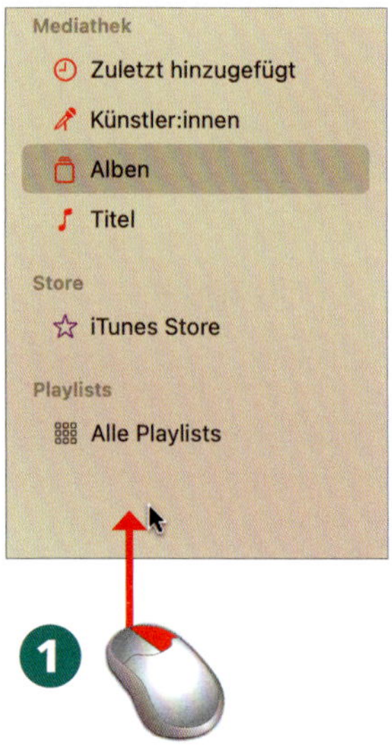

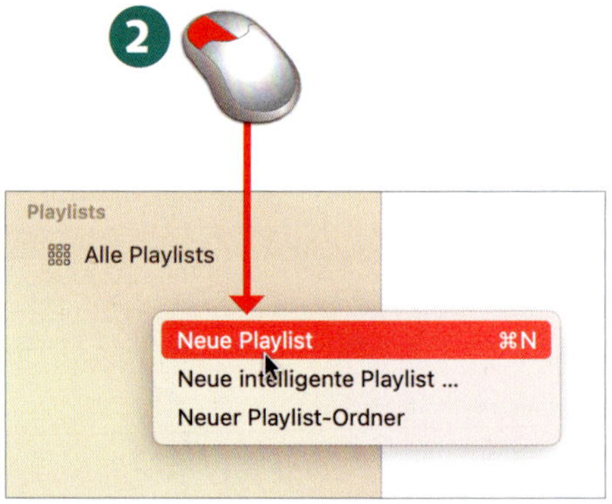

1. Klicken Sie mit der rechten Maustaste bzw. bei gedrückter [control]-Taste auf eine freie Fläche der Seitenleiste.
2. Klicken Sie im Kontextmenü auf den Eintrag *Neue Playlist*. Playlist ist das englische Wort für Wiedergabeliste.
3. Die Wiedergabeliste wird erstellt. Tippen Sie zunächst eine sinnvolle Bezeichnung dafür ein und bestätigen Sie mit der [↵]-Taste.

WISSEN

Mithilfe von Wiedergabelisten (Playlists) können Sie Ihre in der App *Musik* verfügbaren Musiktitel individuell organisieren. Erstellen Sie beispielsweise eine Liste für das nächste Candle-Light-Dinner oder eine Wiedergabeliste, die Sie im Hintergrund bei der Arbeit laufen lassen wollen. Diese Doppelseite zeigt Ihnen die Vorgehensweise.

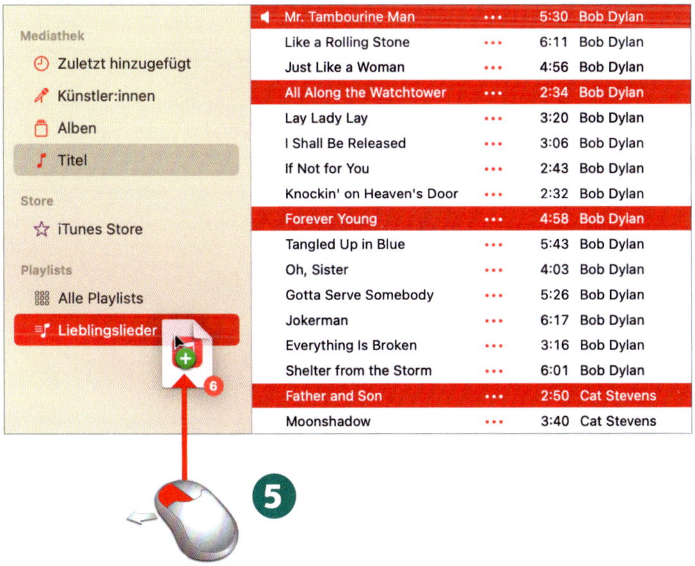

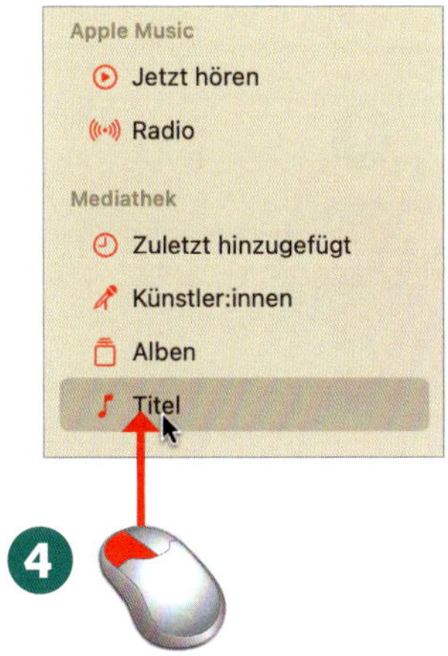

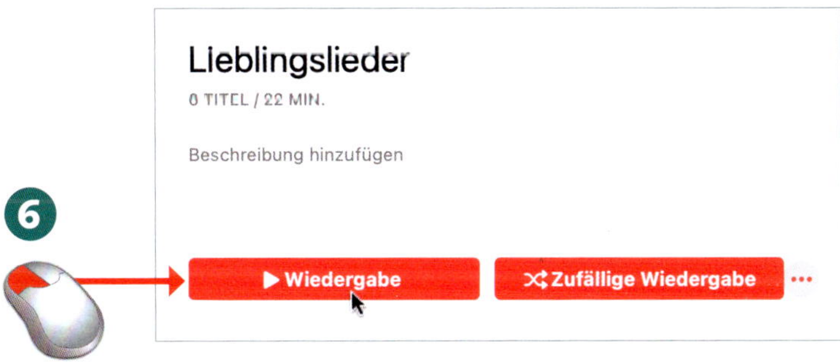

4 Wählen Sie in der Seitenleiste die Anzeige der Titel aus.

5 Markieren Sie die gewünschten Titel und ziehen Sie diese bei gedrückter Maustaste in die Wiedergabeliste links.

6 Die Titel stehen daraufhin in der Wiedergabeliste zur Verfügung und lassen sich abspielen.

Ende

HINWEIS

Wie intelligente Ordner und intelligente Alben lassen sich per Kontextmenü aus Schritt 2 auch intelligente Wiedergabelisten anlegen, die Titel nach von Ihnen festgelegten Kriterien aufnehmen.

TIPP

Um einer Wiedergabeliste später einen weiteren Titel hinzuzufügen, klicken Sie bei einem Titel auf das Symbol ••• und bestimmen dann unter *Zur Playlist hinzufügen* die gewünschte Wiedergabeliste.

Start

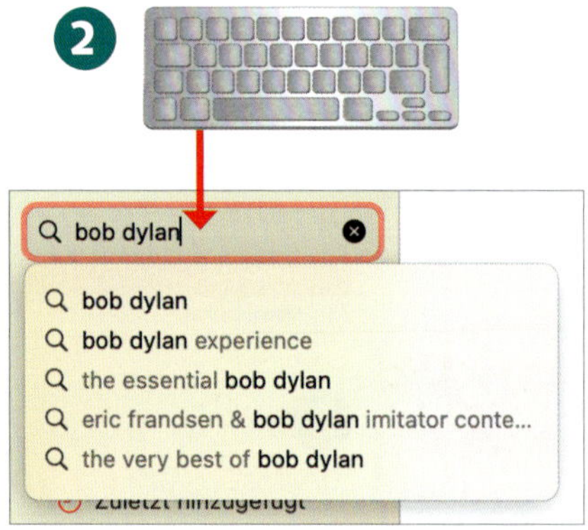

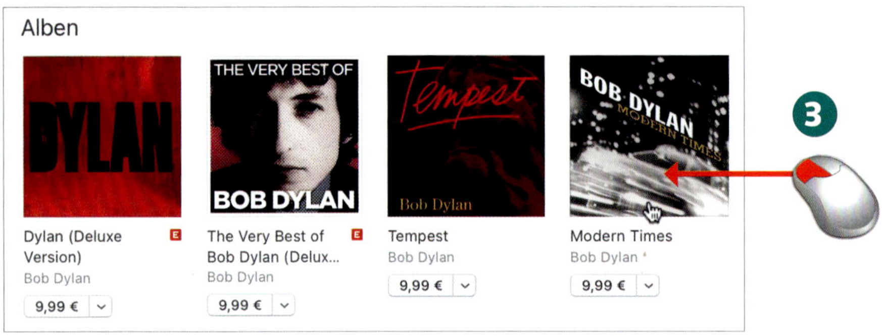

1. Um Musik zu kaufen, klicken Sie in der Seitenleiste der App *Musik* auf *iTunes Store*. In der App *TV* entscheiden Sie sich hingegen oben für eine Rubrik wie *Filme* oder *TV-Sendungen*.
2. Lassen Sie mich Ihnen anhand der App *Musik* zeigen, wie ein Einkauf funktioniert. In der App *TV* läuft es ähnlich. Stöbern Sie in den Kategorien oder verwenden Sie das eingebaute Suchfeld.
3. Klicken Sie einen Film – bzw. ein Album etc. – an, um nähere Informationen dazu zu erhalten.

WISSEN

Falls Sie auf Ihrem Computer noch nicht über Mediendateien verfügen sollten, bietet es sich an, diese im integrierten Store einzukaufen. Besonders attraktiv: Auf einmal gekaufte Artikel können Sie später jederzeit erneut zugreifen, auch von Ihren anderen Geräten aus. Wie einfach Sie einen Kauf im Store tätigen, lesen Sie hier.

HINWEIS

Filme müssen Sie sich in der App *TV* nicht unbedingt kaufen, sondern Sie können diese auch für 24 Stunden ausleihen.

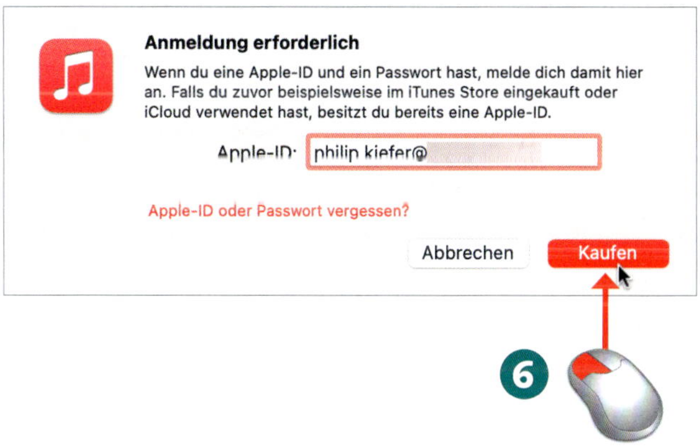

4 Sie können Musiktitel probehören. Bei Filmen schauen Sie sich den Trailer an.

5 Klicken Sie auf den angezeigten Preis. Voraussetzung ist selbstverständlich, dass Sie Ihrer Apple-ID eine Zahlungsmethode hinzugefügt haben, wie ich es bereits in Kapitel 3 beschrieben habe.

6 Melden Sie sich mit den zu Ihrer Apple-ID gehörenden Daten an und bestätigen Sie mit *Kaufen*.

Ende

TIPP

Wunschmusik als Flatrate? Klicken Sie in der Seitenleiste der App *Musik* auf *Jetzt hören*, um den Dienst *Apple Music* kostenlos zu testen. Apple Music ermöglicht den Zugriff auf Millionen Musiktitel – da ist auch Ihre Wunschmusik dabei!

HINWEIS

Ihre nicht heruntergeladenen Einkäufe werden in den Medien-Apps nur angezeigt, wenn Sie mit Ihrer Apple-ID angemeldet sind. Die Anmeldung erfolgt in der Menüleiste unter *Account/Anmelden*.

Start

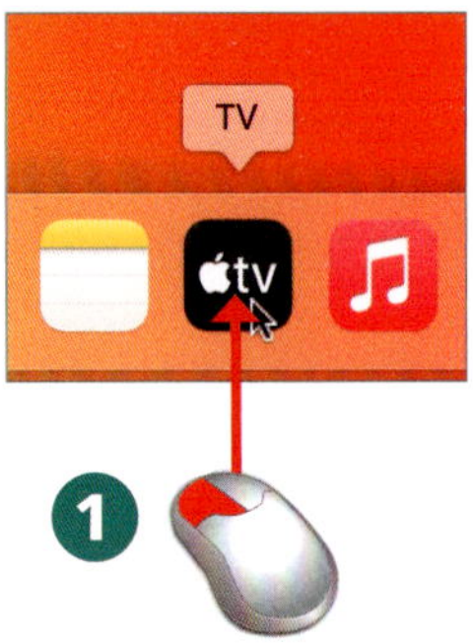

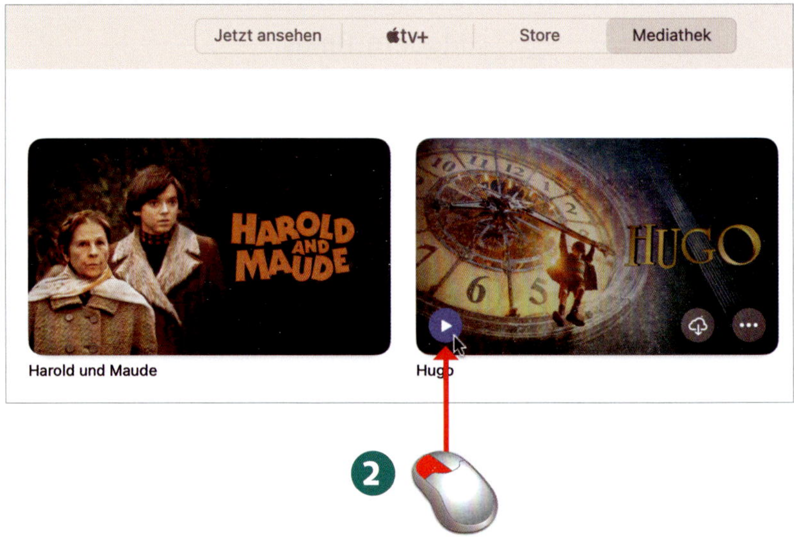

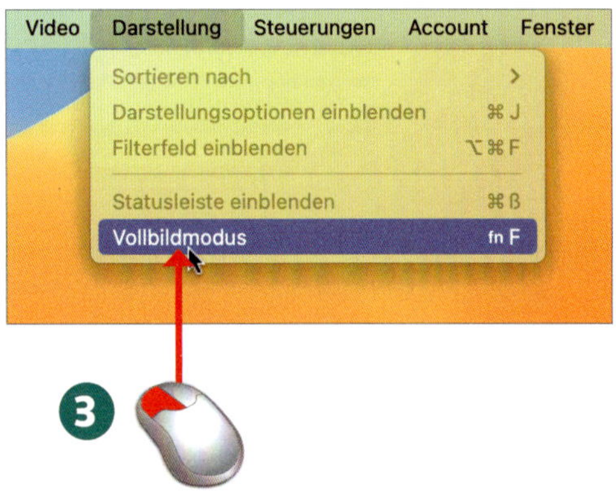

1. Entscheiden Sie sich im Dock für die App *TV*, um auf Ihre Film-Mediathek zuzugreifen.
2. Dazu bewegen Sie unter *Mediathek* den Mauszeiger auf einen Film und klicken auf das eingeblendete Play-Symbol ▶, um die Wiedergabe zu starten.
3. Sie wünschen die Wiedergabe im Vollbildmodus? Dazu klicken Sie in der Menüleiste der App *TV* unter *Darstellung* auf den Eintrag *Vollbildmodus*. Alternativ drücken Sie die Tastenkombination *control*+*command*+*F*.

WISSEN

Genauso einfach wie die Musikwiedergabe funktioniert auch die Wiedergabe von Filmen bzw. eigenen Videos. Wie Sie Inhalte aus dem integrierten Store ziehen, zeige ich Ihnen später in diesem Kapitel. Auf dieser Doppelseite lesen Sie zunächst, wie Sie zur Wiedergabe eines Films in der App *TV* vorgehen.

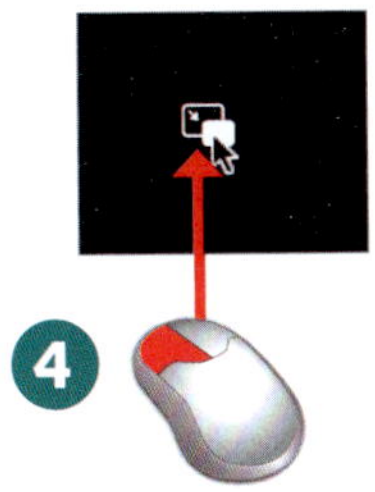

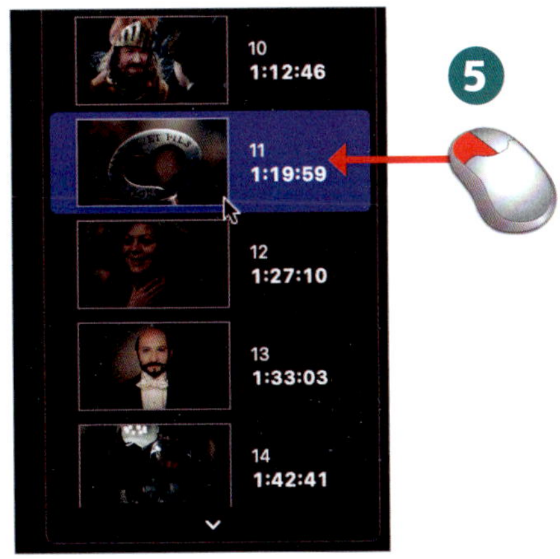

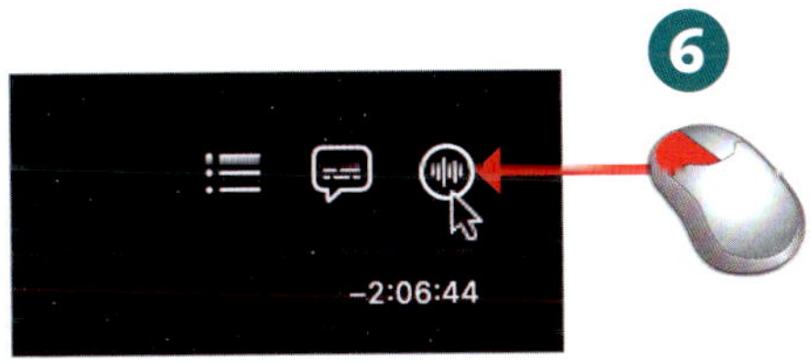

4 Auch die Wiedergabe in einem kleinen, im Vordergrund bleibenden Fenster ist möglich. Dazu klicken Sie auf das Symbol .

5 Die Kapitelauswahl treffen Sie – sofern verfügbar – unter dem Symbol .

6 Andere Sprache gewünscht? Diese Auswahl nehmen Sie gegebenenfalls über die Symbole (Audio) und (Untertitel) vor.

Ende

TIPP

Sie können, genau wie zu Beginn dieses Kapitels für die App *Musik* beschrieben, auch eigene Videos in die App *TV* importieren. Diese finden Sie dann, wenn Sie in der Seitenleiste auf *Eigene Videos* klicken.

HINWEIS

Filme, die Sie übers Internet wiedergeben, werden standardmäßig in der besten Auflösung wiedergegeben. Das lässt sich in den Einstellungen der App *TV* unter *Wiedergabe* ändern, falls die Wiedergabe bei zu langsamer Internetverbindung stocken sollte.

Start

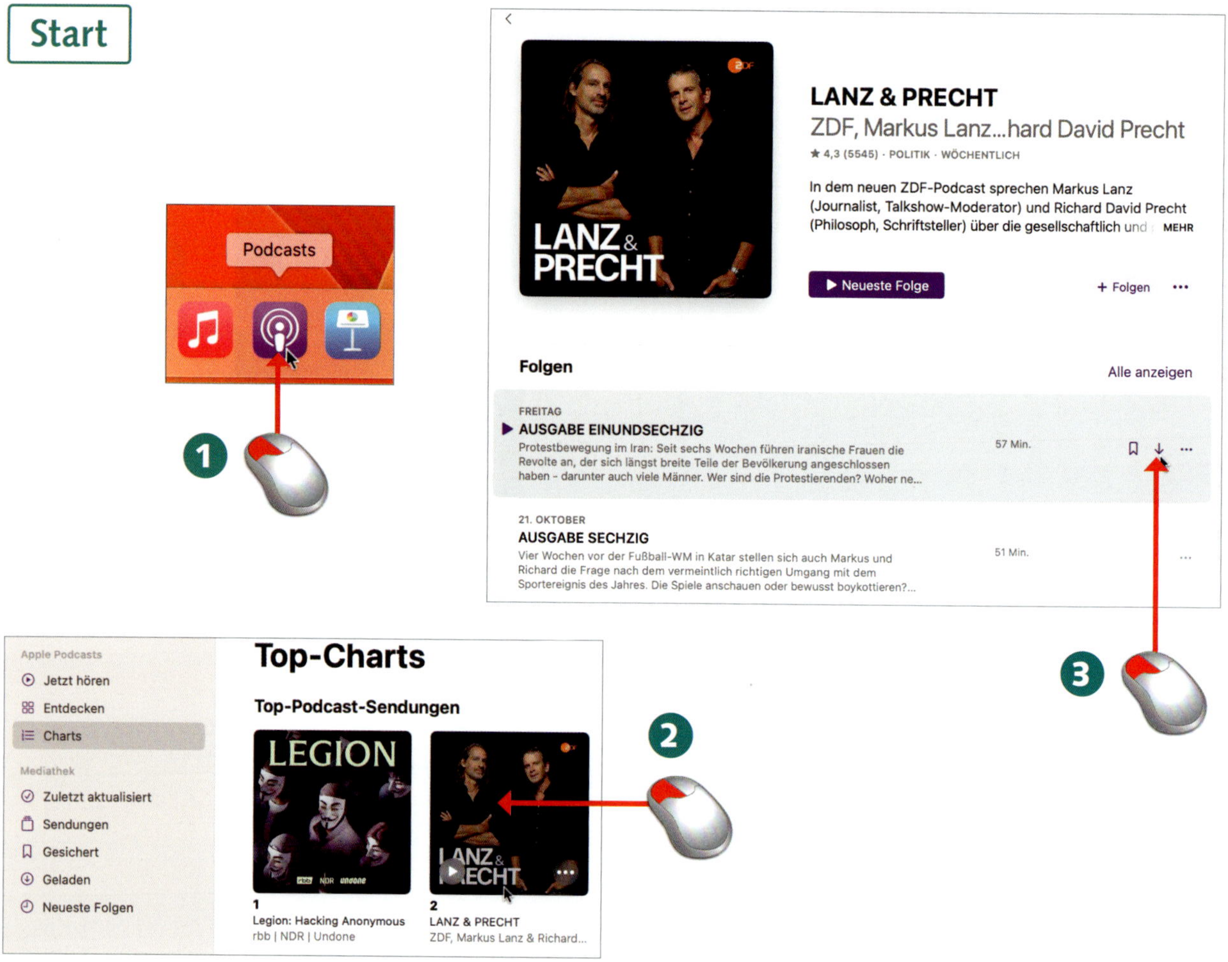

1. Öffnen Sie im Dock die App *Podcasts*.
2. Klicken Sie, z. B. unter *Charts*, auf einen Podcast, der Sie interessiert – es stehen Unmengen sowohl von Audio-Podcasts als auch von Video-Podcasts zu allen möglichen Themen zur Verfügung.
3. Sie haben nun mehrere Möglichkeiten: Klicken Sie auf den Pfeil nach unten ↓, um eine Folge auf den Mac herunterzuladen, oder doppelklicken Sie auf eine Folge, um diese zu streamen. Wählen Sie *Folgen*, um zukünftige Folgen des Podcasts automatisch herunterzuladen.

WISSEN

Hörbücher, Motivationsseminare, Radiosendungen zum Nachhören und mehr – Sie finden mit der gleichlautenden App viele interessante Podcasts, die von Radio- und Fernsehsendern, Unternehmen, Organisationen, aber auch von Privatleuten ins Internet hochgeladen wurden. Meistens gibt es in mehr oder weniger regelmäßigen Abständen neue Folgen. Erfahren Sie auf dieser Doppelseite, wie es funktioniert.

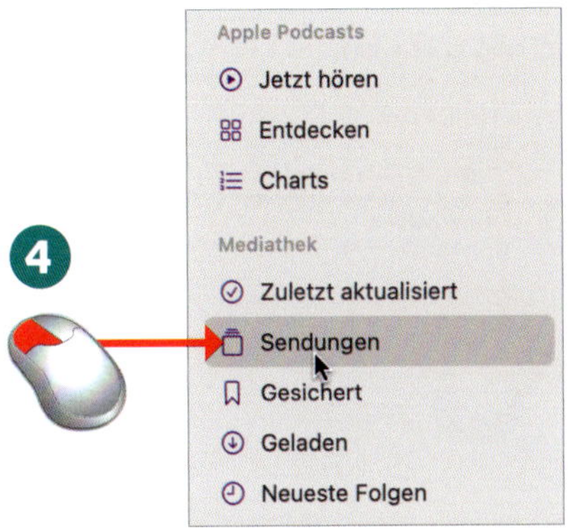

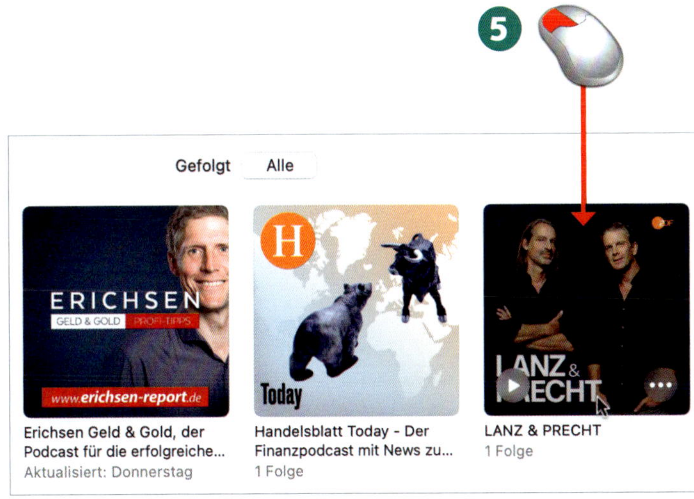

4. Um später auf Ihre Podcasts zuzugreifen, klicken Sie in der Seitenleiste im Abschnitt *Mediathek* zum Beispiel auf *Sendungen*.
5. Klicken Sie den gewünschten Podcast – in diesem Fall unter dem Reiter *Alle* – an.
6. Nun erhalten Sie wieder die Optionen zum Abspielen

Ende

FACHWORT

Podcast ist übrigens ein Kofferwort aus »iPod« (Apples Mediaplayer) und »Broadcast« (dem englischen Wort für Rundfunk).

HINWEIS

Auf Ihrem iPhone oder iPad steht für die Podcasts – sowohl zum Herunterladen als auch zum Wiedergeben – ebenfalls eine extra Podcast-App zur Verfügung.

Start

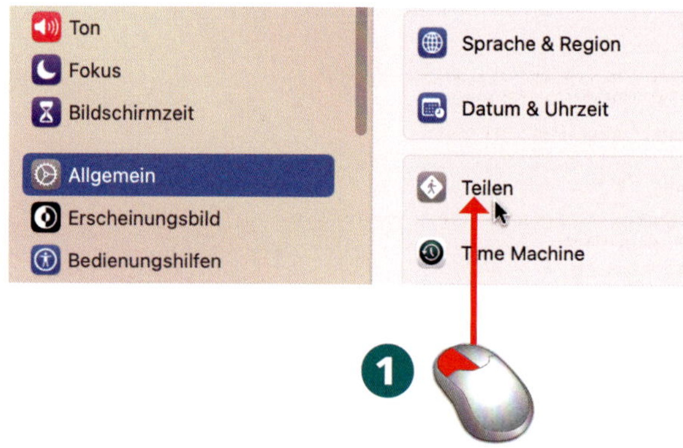

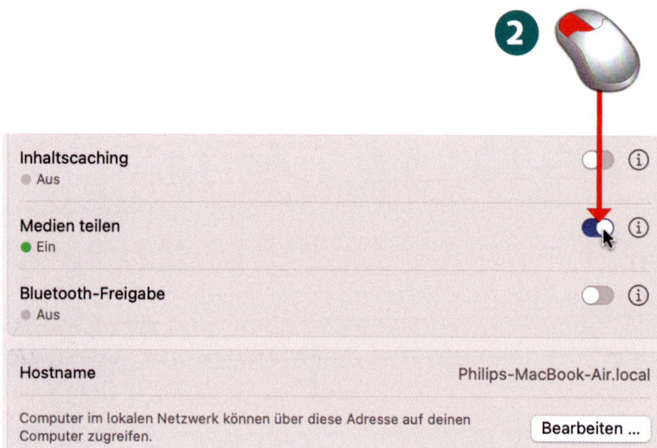

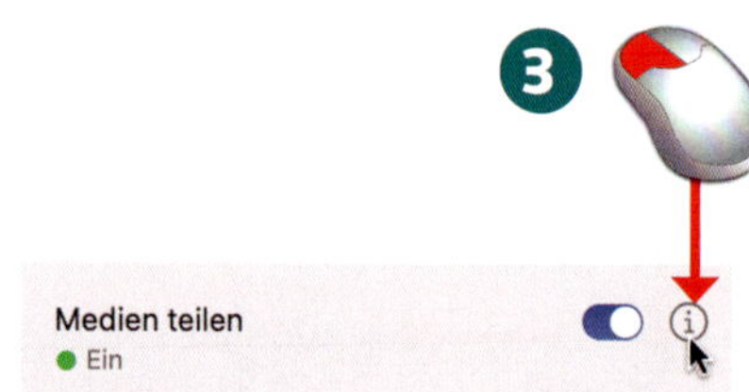

1. Um die Privatfreigabe zu aktivieren, wählen Sie in den *Systemeinstellungen* in der Kategorie *Allgemein* den Eintrag *Teilen*.
2. Aktivieren Sie den Schalter *Medien teilen*.
3. Klicken Sie anschließend auf das Symbol ⓘ rechts neben dem Schalter.

WISSEN

Sie möchten die auf Ihrem Mac gespeicherten Mediendateien auch auf anderen Apple-Geräten wie dem iPhone oder iPad nutzen? Mit der Privatfreigabe, die Sie in den *Systemeinstellungen* aktivieren, ist dies eine wirklich simple Sache. Diese Doppelseite liefert den Beweis.

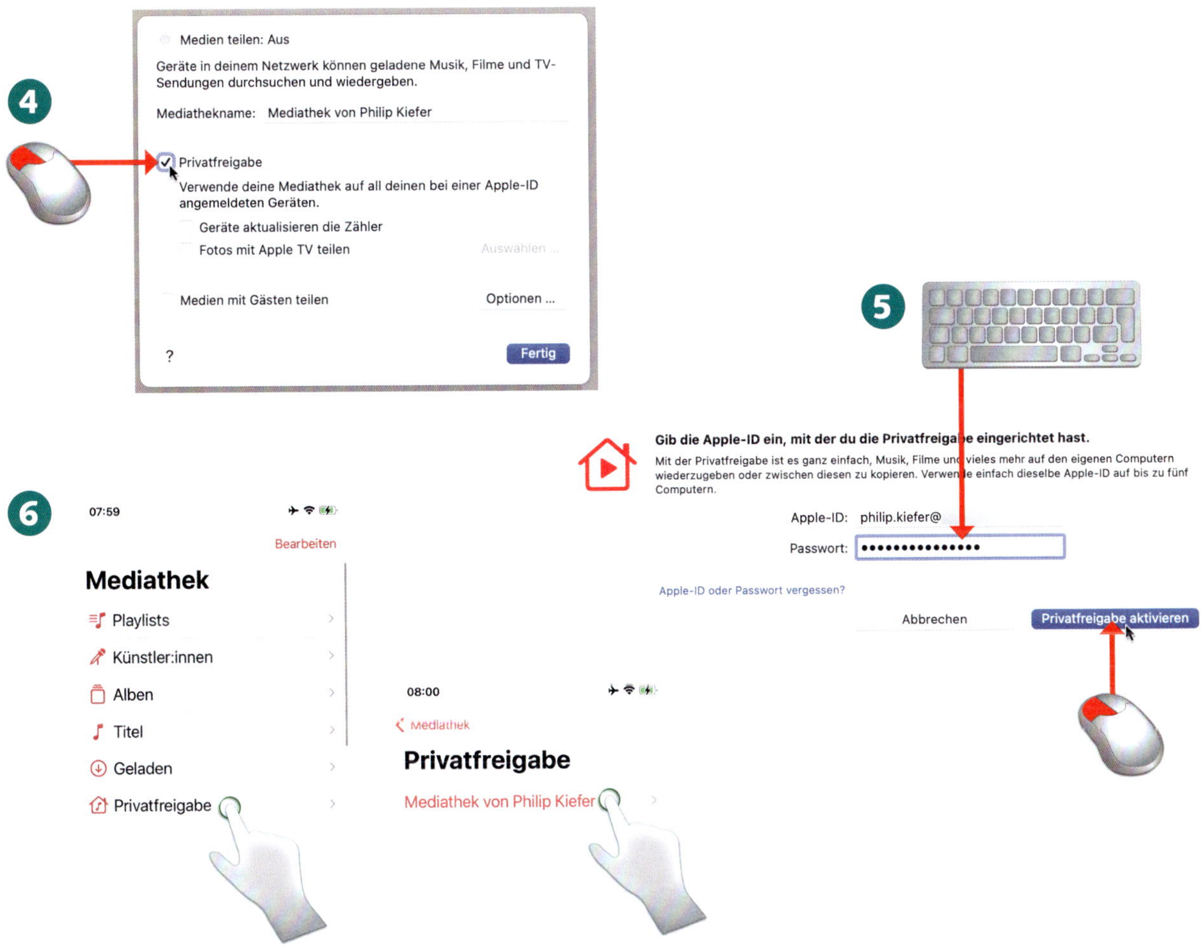

4 Aktivieren Sie im folgenden Fenster die Option *Privatfreigabe*.

5 Geben Sie die zu Ihrer Apple-ID gehörenden Daten ein und bestätigen Sie mit der Schaltfläche *Privatfreigabe aktivieren*.

6 Auf einem iPhone oder iPad wählen Sie den Eintrag *Privatfreigabe* zum Beispiel in der Mediathek der App *Musik*. Tippen Sie auf die freigegebene Mediathek, um diese aufzurufen.

Ende

HINWEIS

Die Mediathek mit anderen Personen im Netzwerk teilen: Dazu finden Sie im Fenster aus Schritt 4 die Option *Medien mit Gästen teilen*.

TIPP

Dank Privatfreigabe lässt sich die Medienwiedergabe auf dem Mac mit einem iPhone oder iPad fernsteuern. Sie verwenden dazu die kostenlose App *iTunes Remote*.

Start

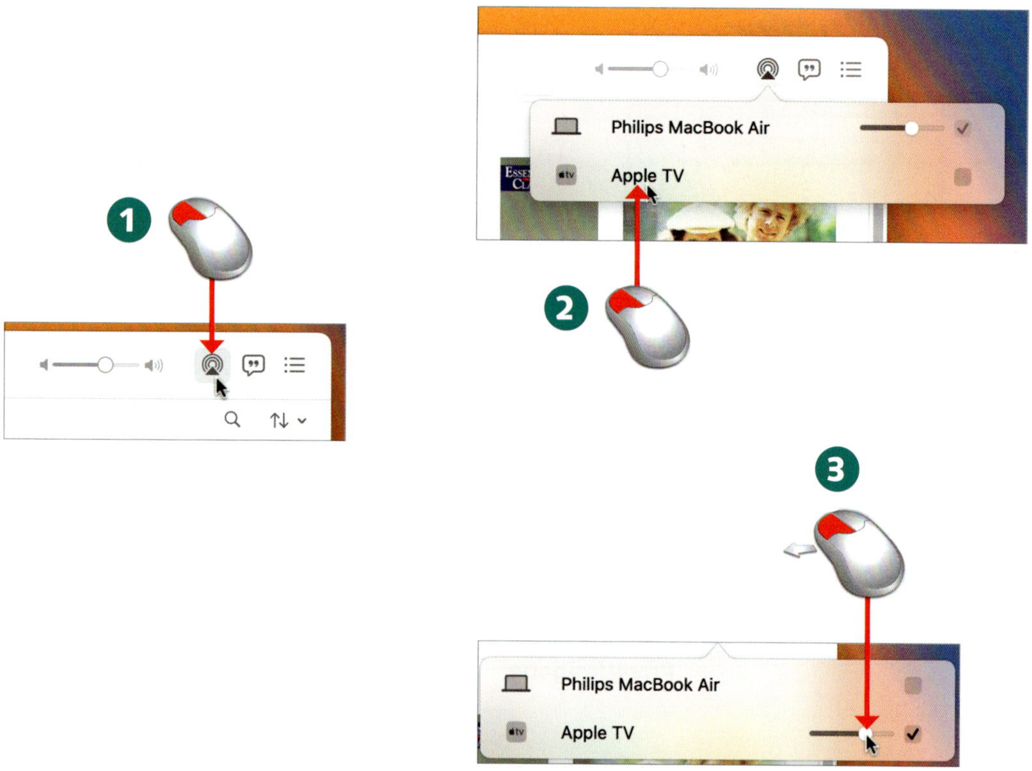

1. Klicken Sie in der App *Musik* oder *Podcasts* auf das Symbol, in der App *TV* auf das Symbol. In den beiden erstgenannten Apps wird es in der Leiste oben angezeigt, in der App *TV* wird es während der Medienwiedergabe eingeblendet.
2. Setzen Sie im Menü ein Häkchen bei *Apple TV*, um die Übertragung auf dem Apple TV durchzuführen.
3. Die Übertragung auf das Apple TV wird gestartet. Sie können nun noch per Schieberegler die Lautstärke anpassen.

WISSEN

Mit Apple TV lassen sich Inhalte von Ihrem Mac – aber auch vom iPhone oder iPad – bequem aufs TV-Gerät oder einen Beamer übertragen. Richten Sie Ihr Apple TV nach dem Anschließen ans TV-Gerät oder den Beamer ein. Wie es dann weitergeht, lesen Sie auf dieser Doppelseite.

HINWEIS

Das Symbol bzw. aus Schritt 1 wird jeweils nur eingeblendet, wenn ein entsprechendes Gerät zur Verfügung steht.

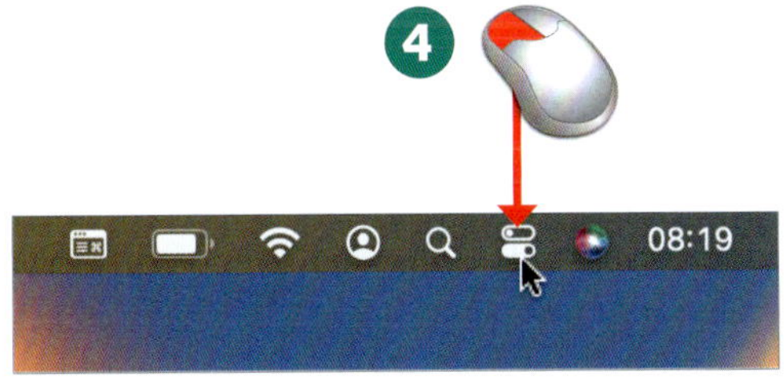

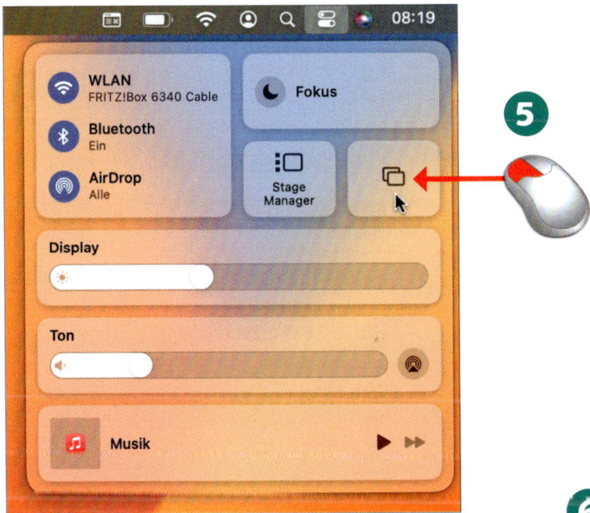

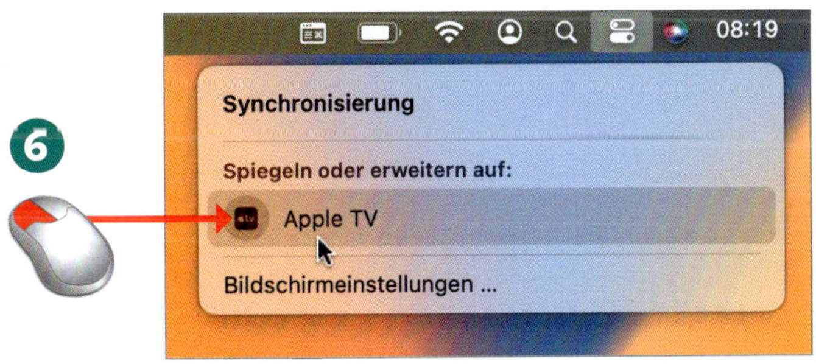

4 Oder möchten Sie sämtliche Displayinhalte aufs Apple TV übertragen? Dazu öffnen Sie zunächst per Menulet das Kontrollzentrum.

5 Entscheiden Sie sich im Kontrollzentrum für das Symbol .

6 Wahlen Sie den Eintrag *Apple TV*. Um die Übertragung wieder zu beenden, klicken Sie den Eintrag einfach erneut an.

Ende

FACHWORT

Die Technologie, die der Übertragung vom Mac aufs Apple TV zugrunde liegt, nennt sich AirPlay – »Luftspiel«. Übrigens lassen sich mit AirPlay auch Medien auf Ihren Mac mit macOS Ventura übertragen.

HINWEIS

Auf Ihre Käufe im integrierten Store können Sie im Apple TV auch direkt zugreifen. Außerdem lassen sich Filme direkt im Store ausleihen – so haben Sie Ihre Videothek direkt an den Fernseher angeschlossen.

Start

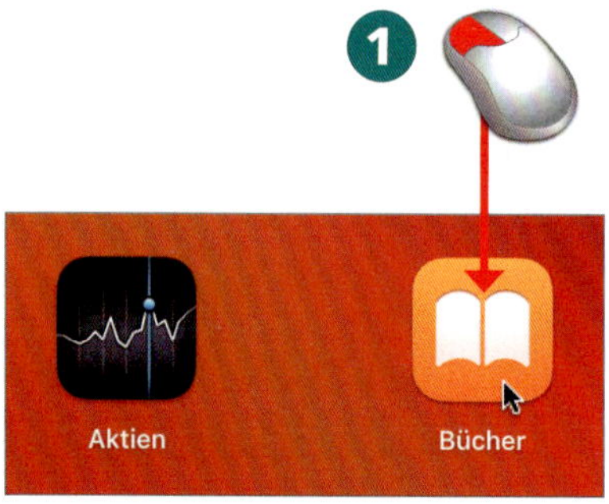

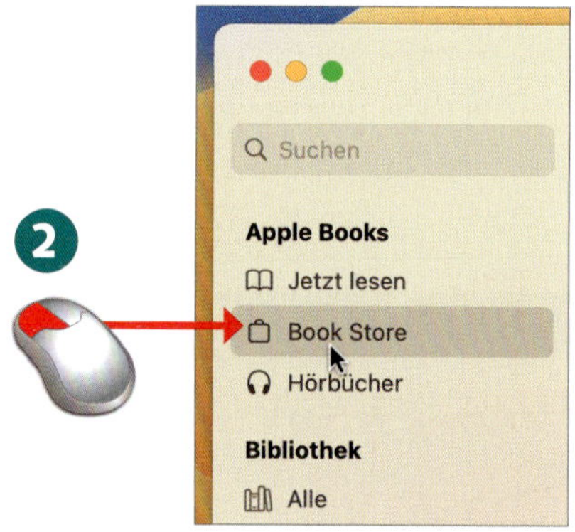

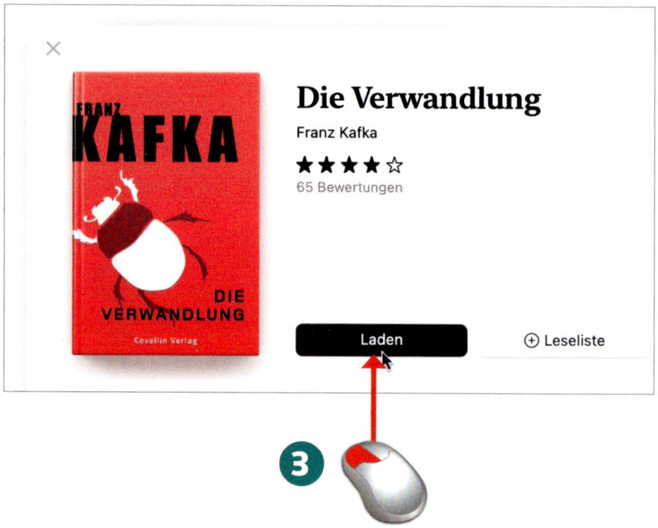

1. Entscheiden Sie sich im Launchpad für das Öffnen der App *Bücher*.

2. Um Bücher in die Bibliothek herunterzuladen, wählen Sie in der Seitenleiste den *Book Store*.

3. Klicken Sie bei einem Buch, das Sie haben möchten, auf *Laden* (bei kostenlosen bzw. bereits erworbenen E-Books) oder bei einem kostenpflichtigen E-Book auf den angezeigten Preis.

WISSEN

Auf Ihrem Mac ist Platz für eine ganze Bibliothek, auch wenn das elektronische Lesen etwas gewöhnungsbedürftig sein mag. Wie Sie die bereits verfügbare App *Bücher* verwenden, um E-Books auf Ihren Mac herunterzuladen und dort zu öffnen, stelle ich auf dieser Doppelseite dar.

6

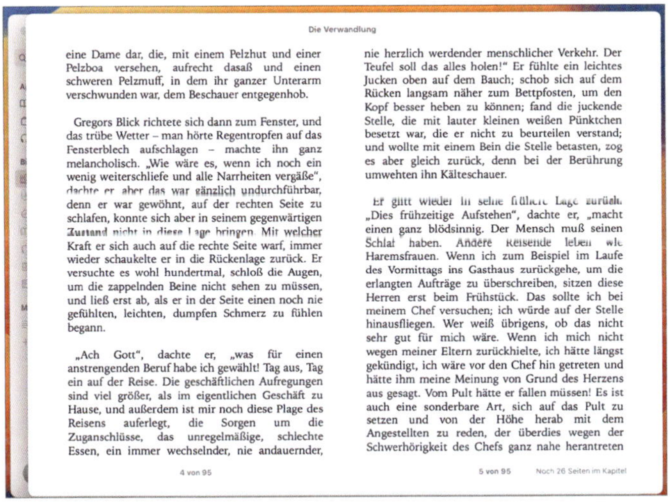
Die Verwandlung

eine Dame dar, die, mit einem Pelzhut und einer Pelzboa versehen, aufrecht dasaß und einen schweren Pelzmuff, in dem ihr ganzer Unterarm verschwunden war, dem Beschauer entgegenhob.

Gregors Blick richtete sich dann zum Fenster, und das trübe Wetter – man hörte Regentropfen auf das Fensterblech aufschlagen – machte ihn ganz melancholisch. „Wie wäre es, wenn ich noch ein wenig weiterschliefe und alle Narrheiten vergäße", dachte er, aber das war gänzlich undurchführbar, denn er war gewöhnt, auf der rechten Seite zu schlafen, konnte sich aber in seinem gegenwärtigen Zustand nicht in diese Lage bringen. Mit welcher Kraft er sich auch auf die rechte Seite warf, immer wieder schaukelte er in die Rückenlage zurück. Er versuchte es wohl hundertmal, schloß die Augen, um die zappelnden Beine nicht sehen zu müssen, und ließ erst ab, als er in der Seite einen noch nie gefühlten, leichten, dumpfen Schmerz zu fühlen begann.

„Ach Gott", dachte er, „was für einen anstrengenden Beruf habe ich gewählt! Tag aus, Tag ein auf der Reise. Die geschäftlichen Aufregungen sind viel größer, als im eigentlichen Geschäft zu Hause, und außerdem ist mir noch diese Plage des Reisens auferlegt, die Sorgen um die Zuganschlüsse, das unregelmäßige, schlechte Essen, ein immer wechselnder, nie andauernder, nie herzlich werdender menschlicher Verkehr. Der Teufel soll das alles holen!" Er fühlte ein leichtes Jucken oben auf dem Bauch; schob sich auf dem Rücken langsam näher zum Bettpfosten, um den Kopf besser heben zu können; fand die juckende Stelle, die mit lauter kleinen weißen Pünktchen besetzt war, die er nicht zu beurteilen verstand; und wollte mit einem Bein die Stelle betasten, zog es aber gleich zurück, denn bei der Berührung umwehten ihn Kälteschauer.

Er glitt wieder in seine frühere Lage zurück. „Dies frühzeitige Aufstehen", dachte er, „macht einen ganz blödsinnig. Der Mensch muß seinen Schlaf haben. Andere Reisende leben wie Haremsfrauen. Wenn ich zum Beispiel im Laufe des Vormittags ins Gasthaus zurückgehe, um die erlangten Aufträge zu überschreiben, sitzen diese Herren erst beim Frühstück. Das sollte ich bei meinem Chef versuchen; ich würde auf der Stelle hinausfliegen. Wer weiß übrigens, ob das nicht sehr gut für mich wäre. Wenn ich mich nicht wegen meiner Eltern zurückhielte, ich hätte längst gekündigt, ich wäre vor den Chef hin getreten und hätte ihm meine Meinung von Grund des Herzens aus gesagt. Vom Pult hätte er fallen müssen! Es ist auch eine sonderbare Art, sich auf das Pult zu setzen und von der Höhe herab mit dem Angestellten zu reden, der überdies wegen der Schwerhörigkeit des Chefs ganz nahe herantreten

4 von 95 5 von 95 Noch 26 Seiten im Kapitel

4 Melden Sie sich mit Ihrer Apple-ID an und bestätigen Sie den Download des E-Books.

5 Wechseln Sie mit den Einträgen in der Seitenleiste zur Bibliothek. Um ein E-Book zu öffnen, doppelklicken Sie darauf.

6 Das E-Book steht nun zum Lesen zur Verfügung. Das Umblättern erfolgt durch horizontales Streichen auf der Magic Mouse oder dem Trackpad. Alternativ verwenden Sie die Tasten → bzw. ←.

Ende

HINWEIS

Sie können neben E-Book-Dateien auch PDF-Dateien in Ihre Bibliothek aufnehmen. Wählen Sie dazu in der Menüleiste *Ablage/Importieren*.

TIPP

Um ein E-Book wieder zu schließen, bewegen Sie den Mauszeiger in die Titelleiste oben im E-Book-Fenster und klicken auf das gewohnte Fenstersymbol ●. Die Bibliothek bleibt hierbei geöffnet.

Start

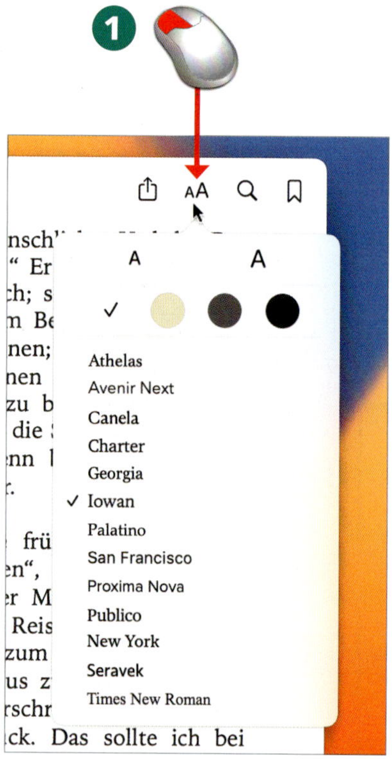

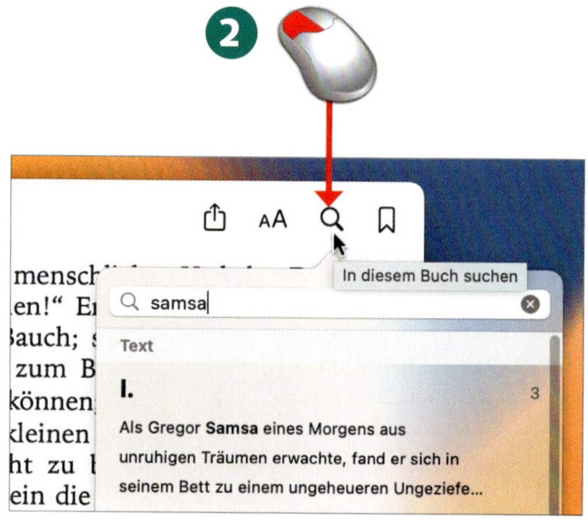

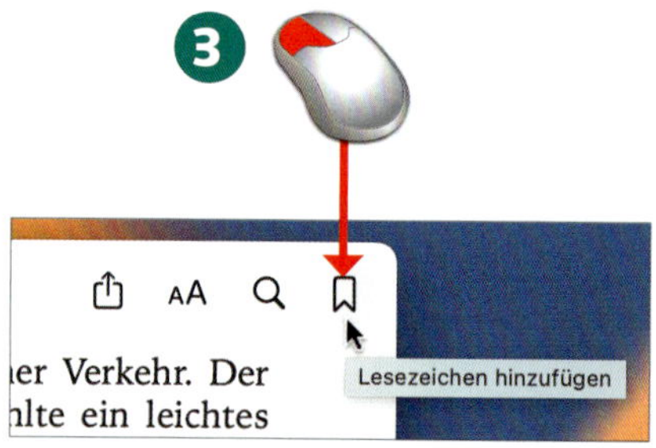

1. Passen Sie Schriftgröße, Schriftart und Hintergrundfarbe wunschgemäß an. Die Optionen finden Sie im E-Book-Fenster unter dem Symbol AA (zum Einblenden der Symbole Mauszeiger in die Titelleiste bewegen).

2. Das E-Book lässt sich nach beliebigen Begriffen durchsuchen. Klicken Sie auf das Symbol, um ein Suchfeld einzublenden und Ihren Begriff einzutippen. Klicken Sie einen Eintrag an, um zur gefundenen Stelle zu springen.

3. Schnell ein Lesezeichen setzen: Dazu klicken Sie auf das Symbol. Das Aufrufen der mit einem Lesezeichen versehenen Seiten erfolgt unter dem Symbol.

WISSEN

Dem elektronischen Lesen fehlt der Charme, den ein Buch ausübt. Aber es bietet auch ein paar Vorteile. Lassen Sie mich Ihnen auf dieser Doppelseite einige wichtige Funktionen rund um das E-Book-Lesen in der App *Bücher* vorstellen. Übrigens: Wenn Sie neben Ihrem Mac auch ein iPhone oder iPad verwenden, haben Sie Ihre E-Books dort ebenfalls in der App *Bücher* verfügbar.

4

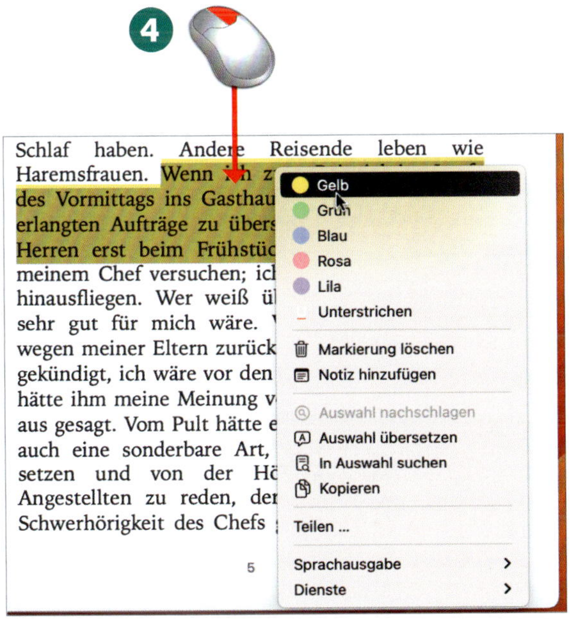

5

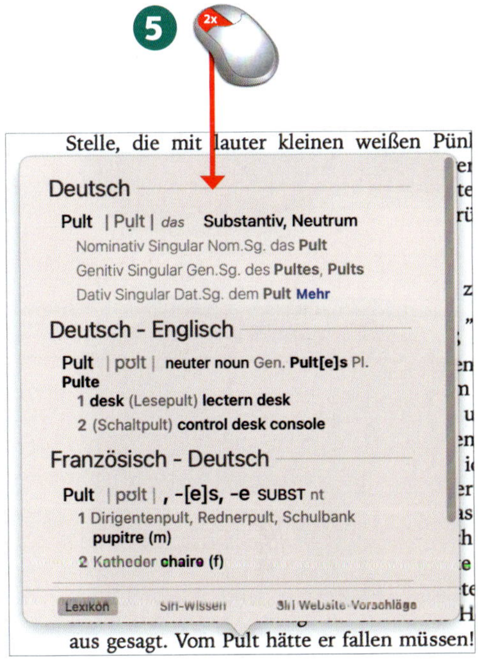

6

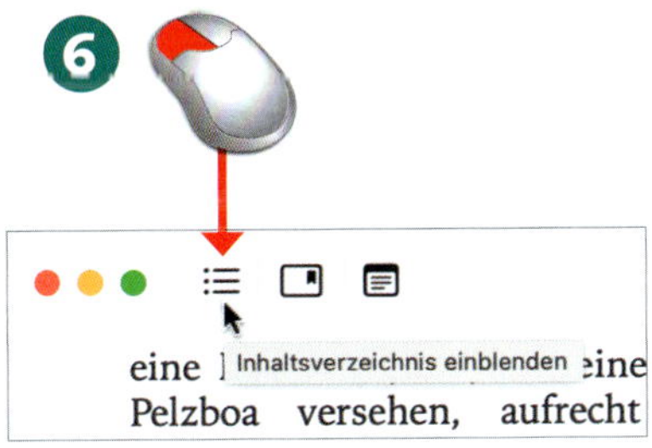

4 Text markern oder mit einer Notiz versehen geht auch im E-Book. Markieren Sie den Text mit der Maus, um diese Optionen zu erhalten. Ihre Notizen und Markierungen rufen Sie unter dem Symbol ▤ auf.

5 Doppelklicken Sie auf einen Begriff und wählen Sie im Menü *Auswahl nachschlagen*, um eine Definition zu erhalten.

6 Um schließlich jederzeit auf das Inhaltsverzeichnis zuzugreifen und per Mausklick zu einer bestimmten Stelle zu wechseln, klicken Sie auf das Symbol ☰.

Ende

HINWEIS

Fremdsprachige Passagen auf die Schnelle übersetzen: Markieren Sie dazu im E-Book die Passage und wählen Sie im Menü die Option *Auswahl übersetzen*.

TIPP

Wenn Sie viele Bücher in Ihrer Bibliothek haben, organisieren Sie diese in Sammlungen. Wählen Sie in der Menüleiste *Ablage/Neue Sammlung*, um eine neue Sammlung anzulegen.

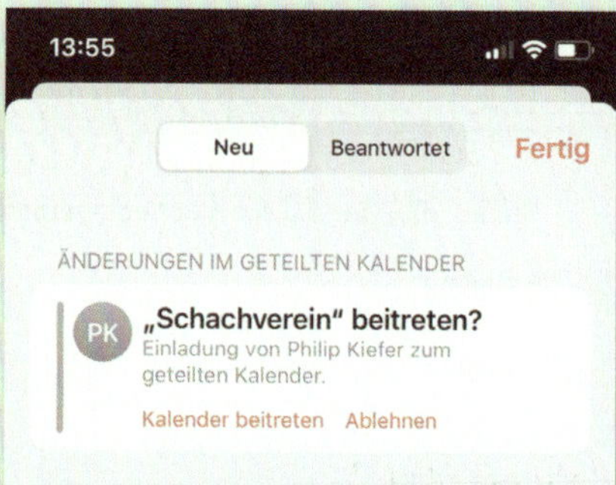
13:55
Neu
Beantwortet
Fertig
ÄNDERUNGEN IM GETEILTEN KALENDER
PK
„Schachverein" beitreten?
Einladung von Philip Kiefer zum geteilten Kalender.
Kalender beitreten
Ablehnen

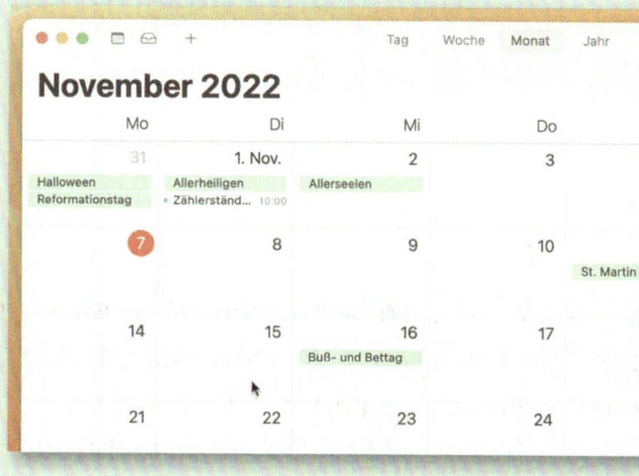
Tag
Woche
Monat
Jahr
November 2022
Mo
Di
Mi
Do
31
1. Nov.
2
3
Halloween
Reformationstag
Allerheiligen
Zählerständ... 10:00
Allerseelen
7
8
9
10
St. Martin
14
15
16
17
Buß- und Bettag
21
22
23
24

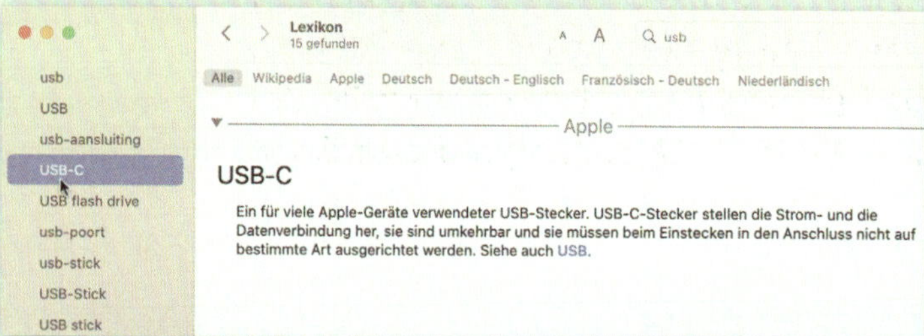
Lexikon
15 gefunden
usb
Alle
Wikipedia
Apple
Deutsch
Deutsch - Englisch
Französisch - Deutsch
Niederländisch
usb
USB
usb-aansluiting
USB-C
USB flash drive
usb-poort
usb-stick
USB-Stick
USB stick
Apple
USB-C
Ein für viele Apple-Geräte verwendeter USB-Stecker. USB-C-Stecker stellen die Strom- und die Datenverbindung her, sie sind unmkehrbar und sie müssen beim Einstecken in den Anschluss nicht auf bestimmte Art ausgerichtet werden. Siehe auch USB.

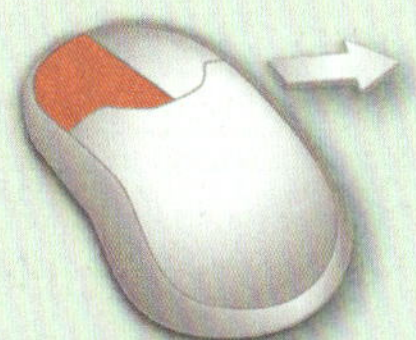

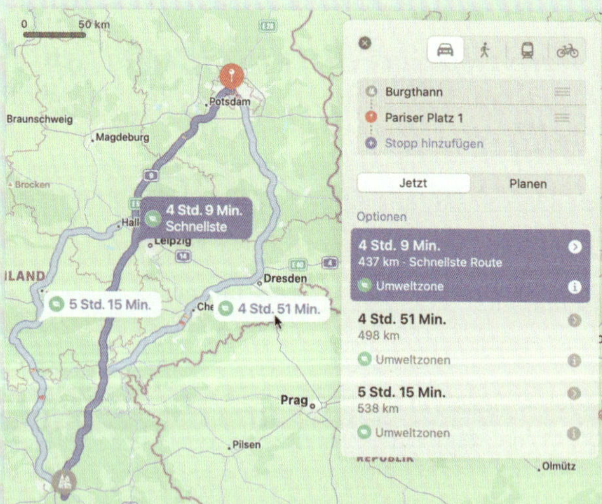
0
50 km
Potsdam
Braunschweig
Magdeburg
Brocken
4 Std. 9 Min.
Schnellste
Leipzig
Dresden
5 Std. 15 Min.
4 Std. 51 Min.
Prag
Pilsen
Olmütz
Burgthann
Pariser Platz 1
Stopp hinzufügen
Jetzt
Planen
Optionen
4 Std. 9 Min.
437 km · Schnellste Route
Umweltzone
4 Std. 51 Min.
498 km
Umweltzonen
5 Std. 15 Min.
538 km
Umweltzonen

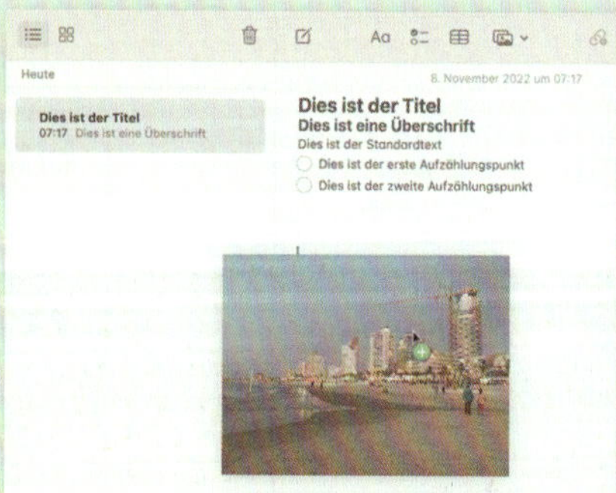
Heute
8. November 2022 um 07:17
Dies ist der Titel
Dies ist der Titel
Dies ist eine Überschrift
Dies ist der Standardtext
Dies ist der erste Aufzählungspunkt
Dies ist der zweite Aufzählungspunkt

10

Noch mehr nützliche Apps

Auf Ihrem Mac stehen Ihnen noch einige weitere nützliche Standard-Apps zur Verfügung, deren wichtigste Sie in diesem Kapitel in kurzen Anleitungen kennenlernen werden. Erfahren Sie, wie Sie auf Ihrem Mac Adressdaten verwalten oder sich an Ihre Termine erinnern lassen, wie Sie Ihre Aufgaben stets im Blick behalten, sich vom Mac wecken lassen, auf Ihrem Mac Routen planen, Notizen erstellen, Sprachmemos aufnehmen, mit der unter macOS Ventura neu hinzugekommenen App Freeform brainstormen, Wertpapiere verwalten, schwierige Begriffe mithilfe des Mac-Lexikons blitzschnell klären oder zur Entspannung zwischendurch eine Partie Schach spielen.

Start

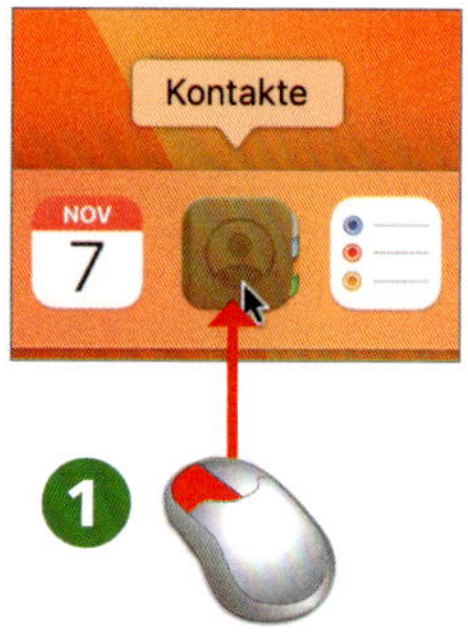

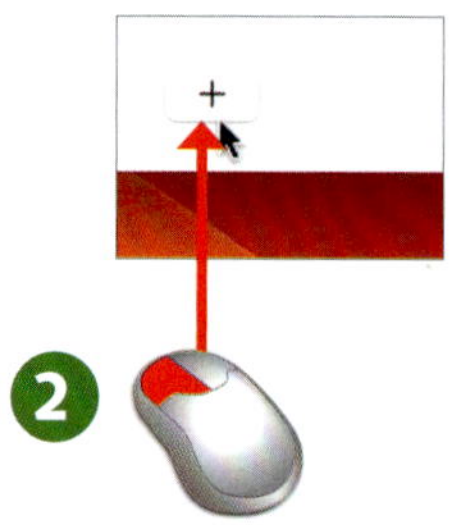

1. Entscheiden Sie sich im Dock für das Öffnen der App *Kontakte* – das Symbol der App zeigt ein hellbraunes Adressbuch.
2. Um einen neuen Kontakt zu erstellen, klicken Sie unten in der App auf das Plussymbol + .
3. Im Menü wählen Sie anschließend den Eintrag *Neuer Kontakt*.

WISSEN

Ein elektronisches Adressbuch bietet nicht nur den Vorteil, dass es nicht verlegt werden kann. Es bietet Ihnen auch die Möglichkeit, Kontaktdaten zwischen mehreren Quellen zu synchronisieren. So haben Sie – bei einer Synchronisierung mit iCloud – Ihre auf dem Mac eingegebenen Kontaktdaten auch auf dem iPhone oder iPad immer mit dabei.

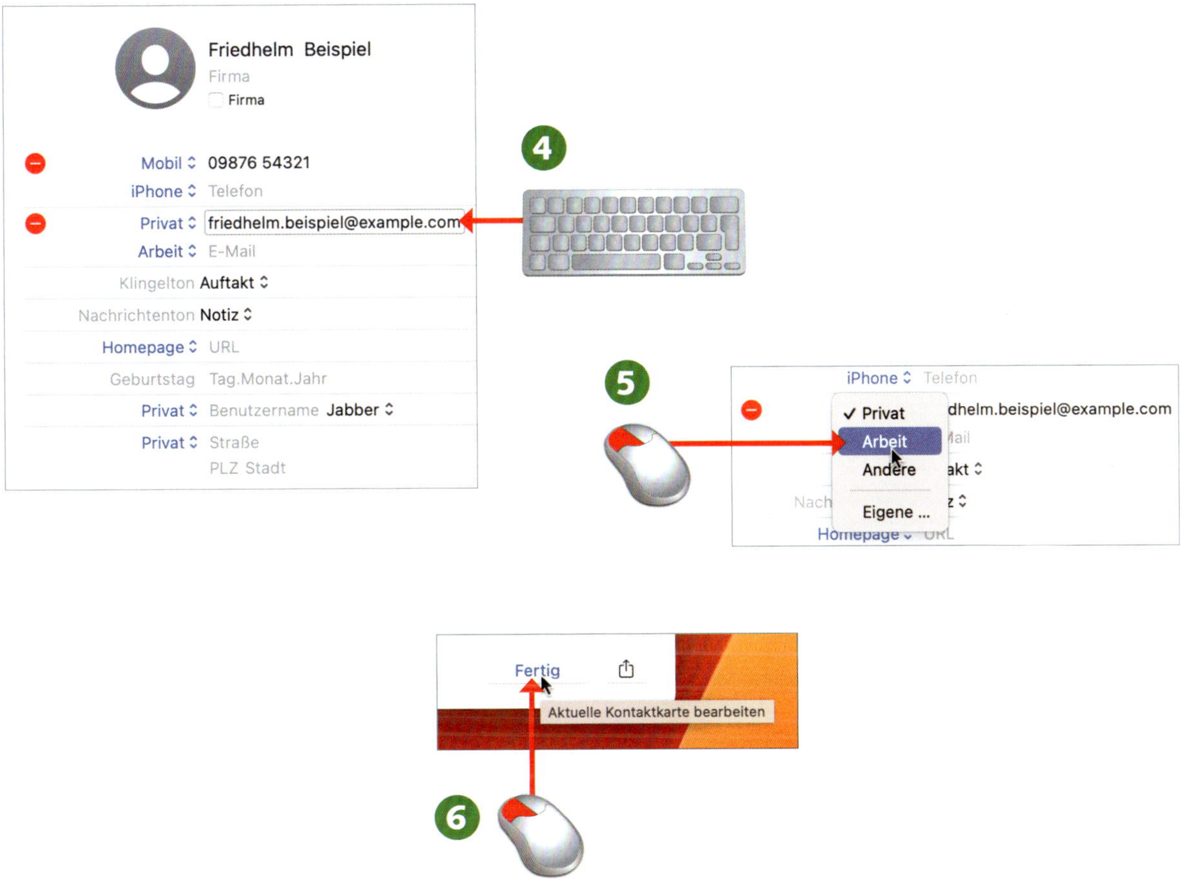

4 Machen Sie in den einzelnen Feldern Ihre Eingaben und fügen Sie, wenn gewünscht, unter dem Platzhalter links neben dem Namen dem Kontakt ein Bild hinzu.

5 Viele Felder sind mit einem blauen Etikett versehen. Klicken Sie ein Etikett an, um es per Menü anzupassen.

6 Bestätigen Sie zum Schluss mit *Fertig*, um die Eingabe abzuschließen.

Ende

TIPP

Auch in der App *Kontakte* funktioniert die Tastenkombination *command* + *N*, in diesem Fall dient sie dem Anlegen eines neuen Kontaktes (= einer neuen Visitenkarte).

HINWEIS

Wenn Sie Ihre Kontakte bereits bei einem anderen Anbieter, etwa Google Kontakte, gespeichert haben, wählen Sie in der Menüleiste *Kontakte/Account hinzufügen*, um die Kontakte aus dieser Quelle zu übernehmen.

Start

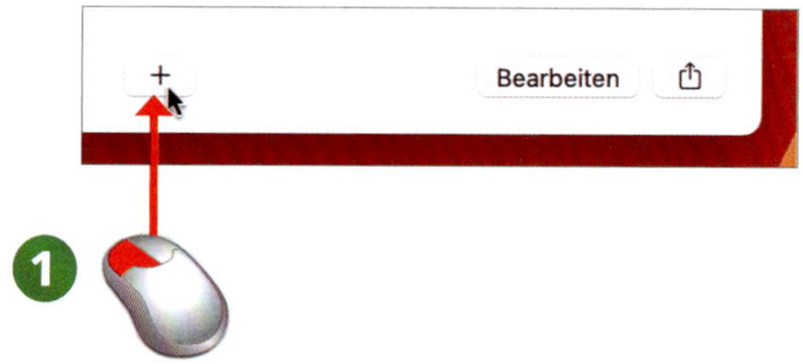

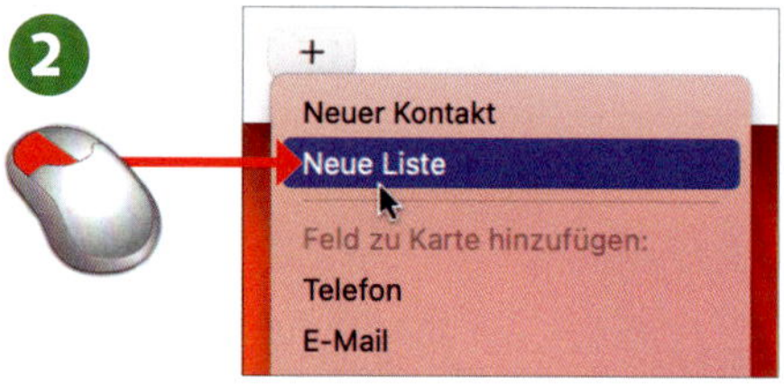

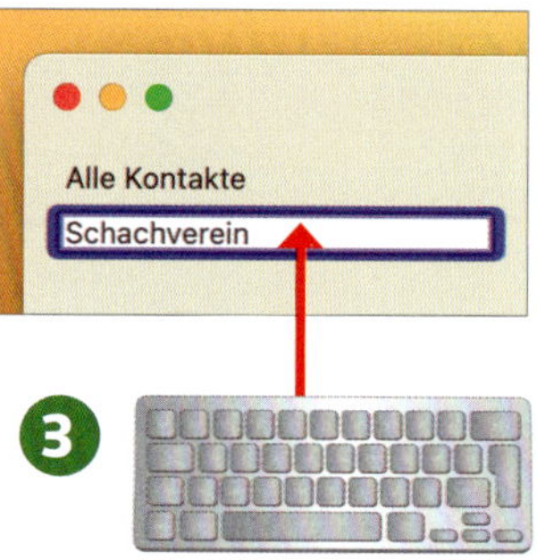

1. Klicken Sie unten in der App *Kontakte* auf das Plussymbol + .

2. Wählen Sie im sich öffnenden Menü den Eintrag *Neue Liste*.

3. Geben Sie eine sinnvolle Bezeichnung für die neue Kontaktliste ein und bestätigen Sie mit der ↵-Taste.

WISSEN

Die von Ihnen angelegten Kontakte lassen sich in Kontaktlisten organisieren. Legen Sie beispielsweise eine Liste für alle Familienmitglieder oder für alle Mitglieder Ihres Vereins an. Das macht es unter anderem möglich, eine E-Mail an alle in der Liste befindlichen Personen zu senden.

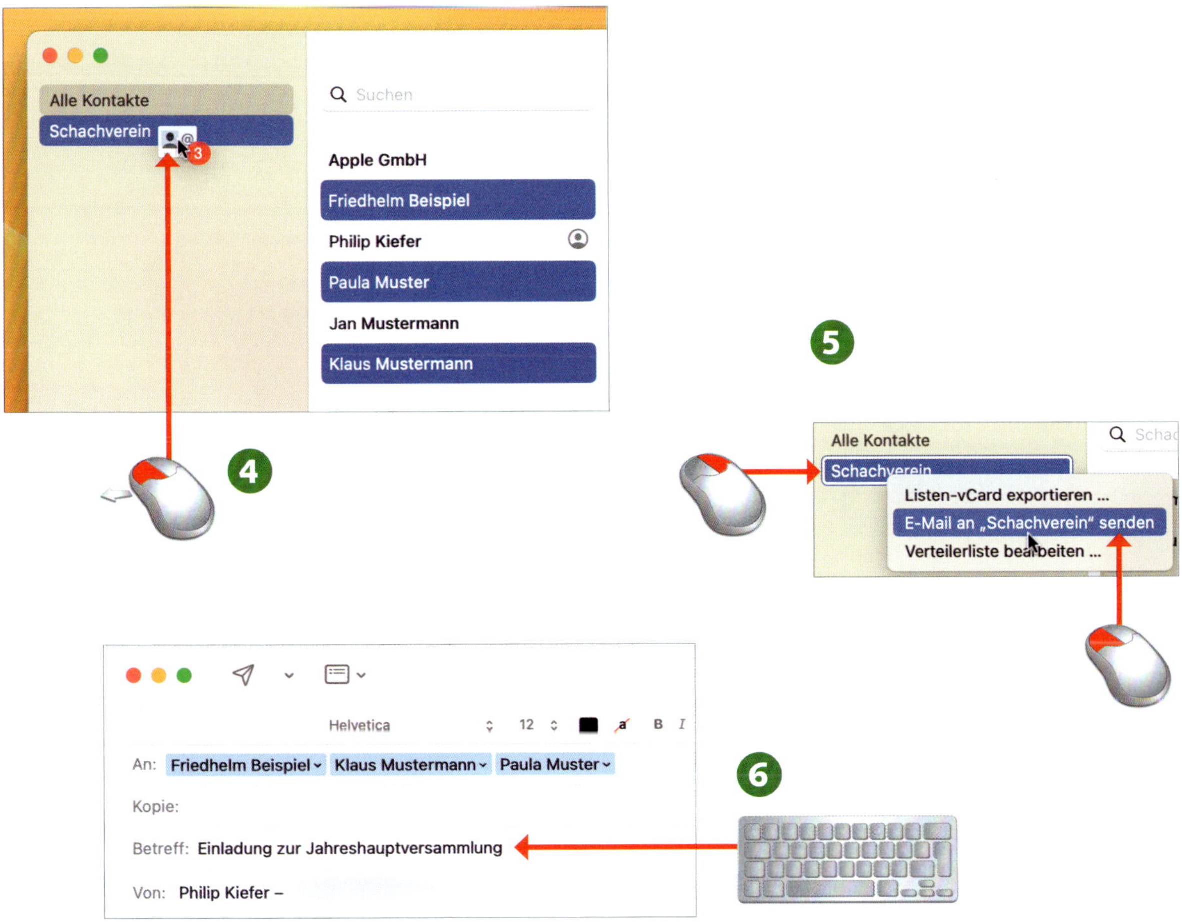

4 Wählen Sie in der Leiste links den Eintrag *Alle Kontakte* und ziehen Sie die gewünschten Kontakte bei gedrückter Maustaste auf die von Ihnen erstellte Liste.

5 Möchten Sie eine E-Mail an alle Personen in der Kontaktliste senden, klicken Sie die Liste mit der rechten Maustaste bzw. bei gedrückter control-Taste an und wählen im Kontextmenü die *E-Mail*-Option.

6 Es wird ein E-Mail-Fenster mit den entsprechenden Kontakten in der *An*-Zeile aufgerufen und Sie können nun Ihre weiteren Angaben machen.

Ende

HINWEIS

Möchten Sie einen Kontakt wieder aus einer Liste entfernen, wählen Sie ihn aus und drücken die ←-Taste. Bestätigen Sie mit der Schaltfläche *Von der Liste entfernen*.

HINWEIS

Wollen Sie eine Kontaktliste löschen, wählen Sie diese in der Leiste links aus. Entscheiden Sie sich anschließend in der Menüleiste für *Bearbeiten/Liste löschen*.

Start

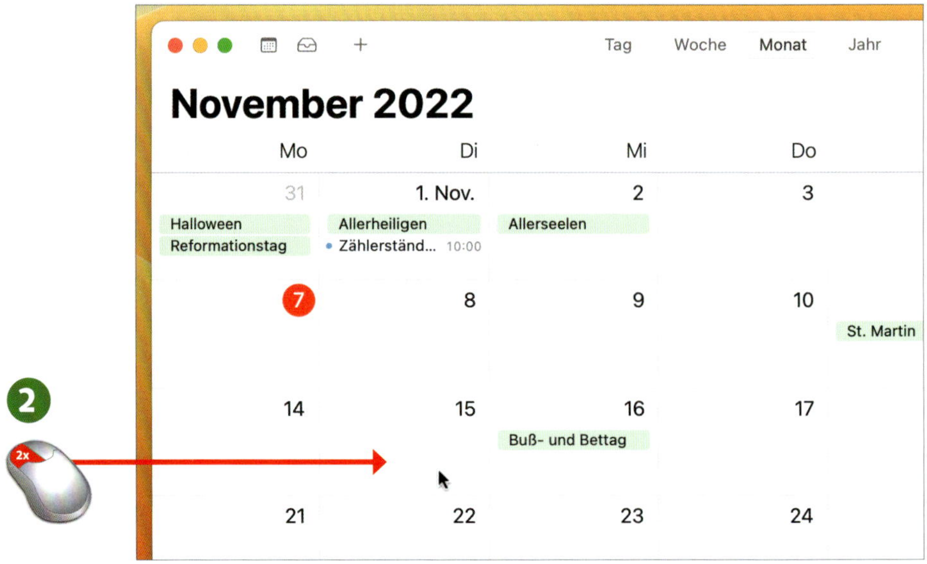

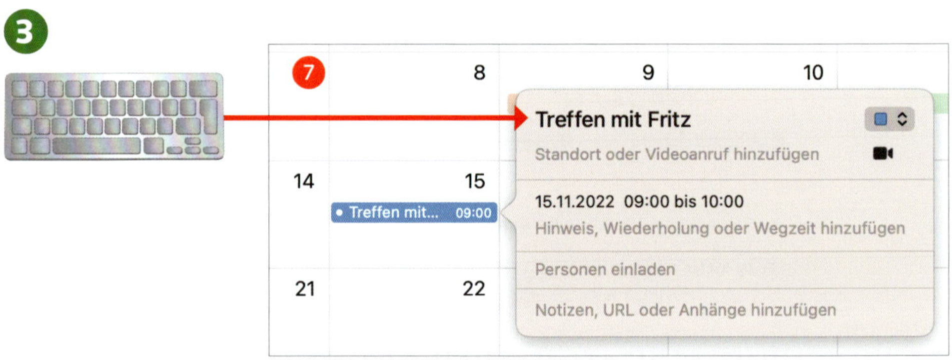

1. Klicken Sie im Dock auf das Kalenderblatt-Symbol, um die App *Kalender* zu öffnen. Auf dem Symbol wird Ihnen übrigens jeweils der aktuelle Tag angezeigt.
2. Wechseln Sie bei Bedarf mit den Schaltflächen oben im Fenster die Kalenderansicht. Um einen neuen Termin zu erstellen, doppelklicken Sie in ein Kalenderfeld.
3. Geben Sie dem neuen Termin (dem neuen Ereignis) zunächst einen Namen und machen Sie gegebenenfalls Angaben zum Ort.

WISSEN

Auch Ihre Termine lassen sich auf dem Mac clever verwalten und gegebenenfalls mit anderen Geräten synchronisieren. Lesen Sie auf dieser Doppelseite zunächst, wie Sie einen neuen Termin anlegen und diesen mit einer Terminerinnerung versehen.

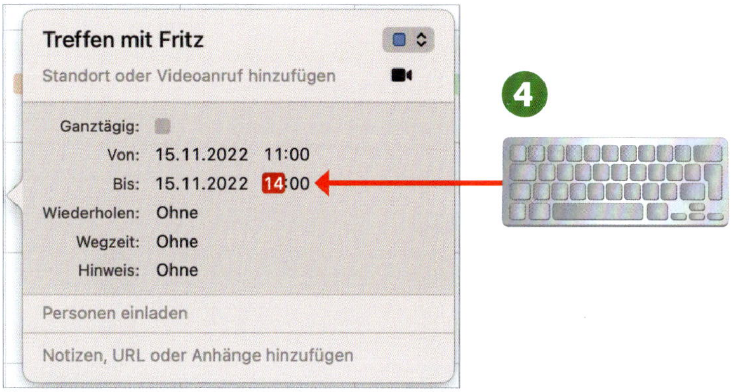

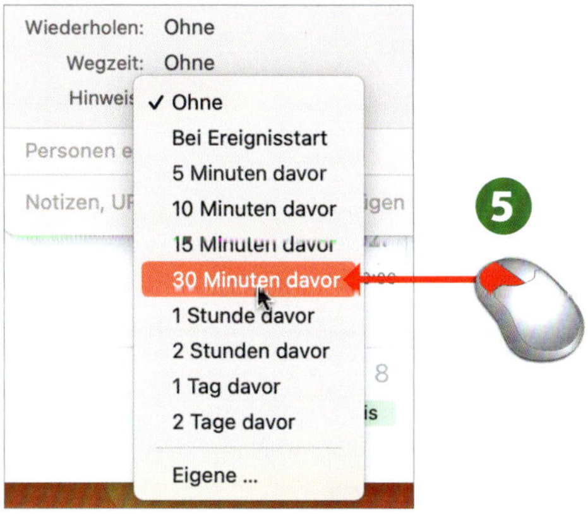

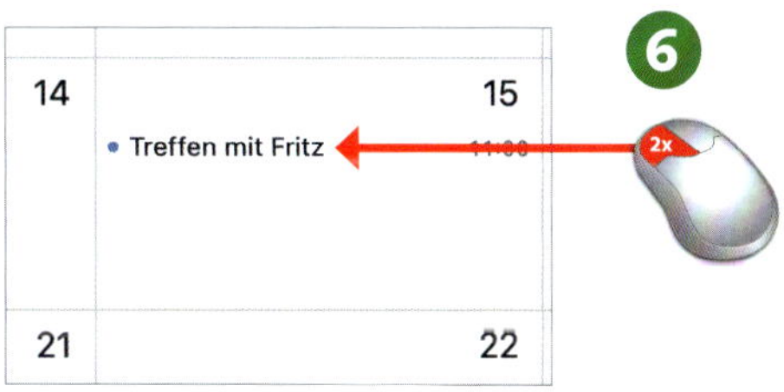

4 Klicken Sie auf die Zeitangabe, um diese anzupassen.

5 Klicken Sie dann auf das Menü *Hinweis*, um den Zeitpunkt der Terminerinnerung festzulegen. Unter *Wegzeit* können Sie auch die Anfahrtszeit mit einplanen.

6 Klicken Sie in den Kalender, um das Bearbeitungsfenster wieder zu schließen. Per Doppelklick auf den Termin lässt es sich jederzeit erneut aufrufen.

Ende

TIPP

Auch für die App *Kalender* gilt, dass Sie Daten aus Internetquellen übernehmen können. Wählen Sie in der Menüleiste *Kalender/Account hinzufügen*, um einen entsprechenden Account zu ergänzen.

HINWEIS

Wiederkehrende Termine, beispielsweise Geburtstage oder Steuertermine, brauchen Sie nicht jedes Mal neu einzutragen. Wählen Sie einfach im Menü *Wiederholen* ein Intervall aus – das Eintragen erfolgt dann automatisch.

Start

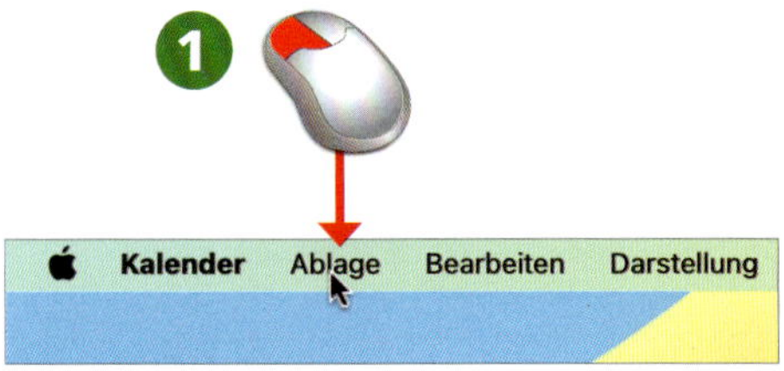

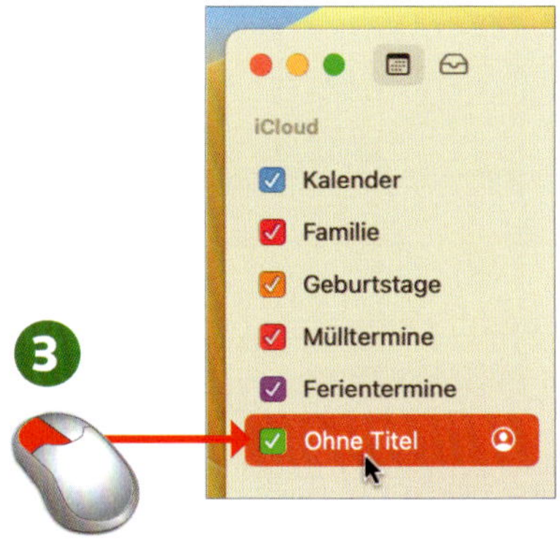

1 Um einen neuen Kalender anzulegen, entscheiden Sie sich in der Menüleiste der App *Kalender* für *Ablage*.

2 Wählen Sie im Menü den Eintrag *Neuer Kalender*.

3 Der neue Kalender erhält zunächst die Bezeichnung *Ohne Titel*. Um diese zu ändern, klicken Sie zweimal langsam nacheinander auf den neuen Kalender (kein Doppelklick!).

WISSEN

Legen Sie mehrere Kalender an, um Ihre privaten, geschäftlichen, Vereins- oder Geburtstagstermine voneinander zu trennen. Auf dieser Doppelseite erkläre ich Ihnen Schritt für Schritt, wie Sie zum Anlegen eines neuen Kalenders vorgehen.

TIPP

Einen Kalender zu Papier bringen: Wählen Sie *Ablage/Drucken*, um einen entsprechenden Druckassistenten aufzurufen.

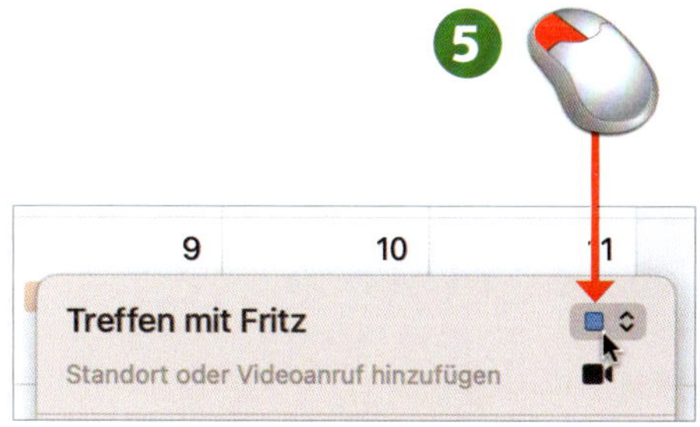

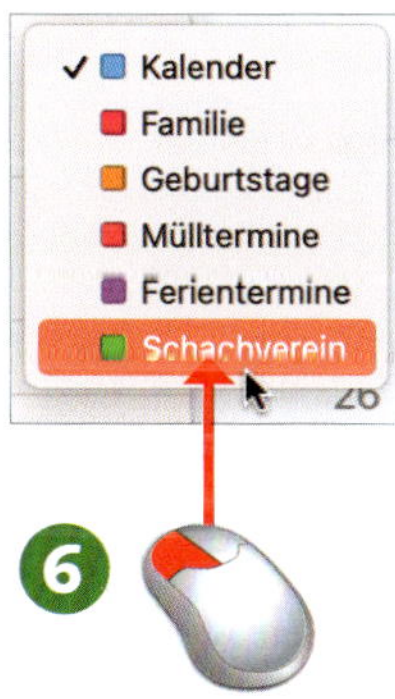

4 Geben Sie dem Kalender eine sinnvolle Bezeichnung und bestätigen Sie mit der ↵-Taste.

5 Um im Bearbeitungsfenster eines Termins den Kalender auszuwählen, klicken Sie auf das Symbol ■ ⇕.

6 Wählen Sie dann im Menü den gewünschten Kalender aus.

Ende

HINWEIS

Per Mausklick auf das Symbol lässt sich in der Kalender App die Kalenderleiste aus- bzw. einblenden.

TIPP

Einen Standardkalender festlegen: Dazu klicken Sie unter *Kalender* auf *Einstellungen* und nehmen die gewünschte Einstellung unter *Allgemein* im Menü *Standardkalender* vor.

Start

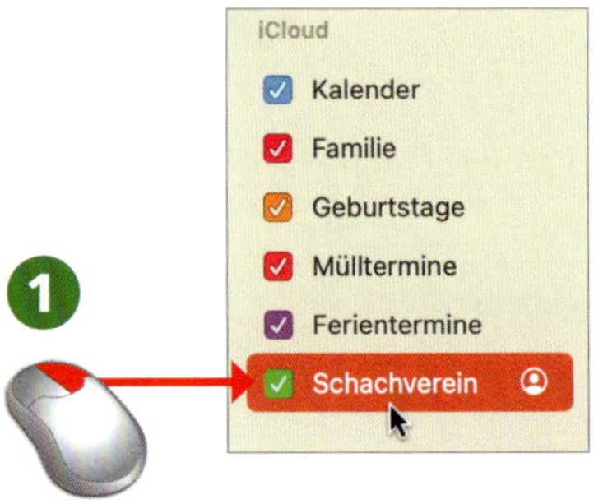

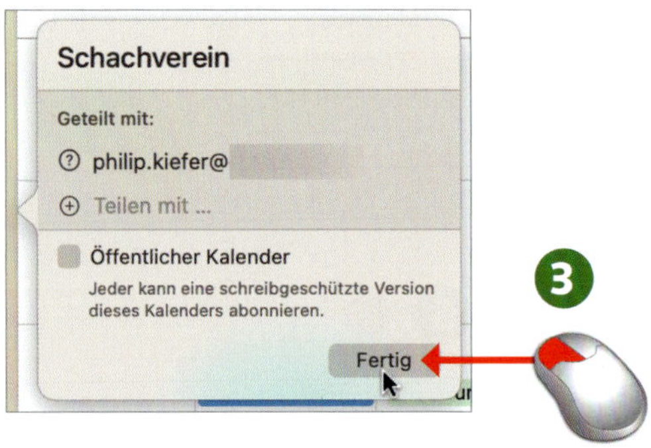

1. Klicken Sie einen iCloud-Kalender, den Sie freigeben möchten, in der Kalenderleiste mit der rechten Maustaste bzw. bei gedrückter *control*-Taste an.

2. Klicken Sie im Kontextmenü auf den Eintrag *Kalender teilen*.

3. Geben Sie die E-Mail-Adresse der Person ein und bestätigen Sie mit *Fertig*. Alternativ können Sie den Kalender durch Aktivieren der Option *Öffentlicher Kalender* auch auf einer Webseite veröffentlichen.

WISSEN

Wenn Sie einen iCloud-Kalender nutzen, lassen sich Ihre Termine nicht nur auf den eigenen anderen Geräten verfügbar machen. Auch die Freigabe eines Kalenders für andere Personen ist kein Problem – ideal zum Terminabgleich! Lesen Sie auf dieser Doppelseite, wie Sie vorgehen.

4

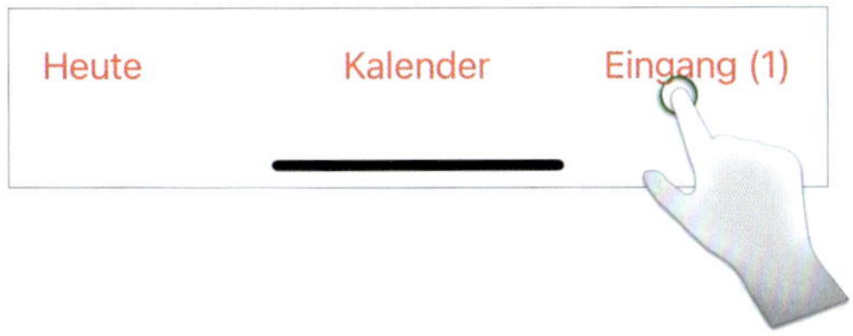

5

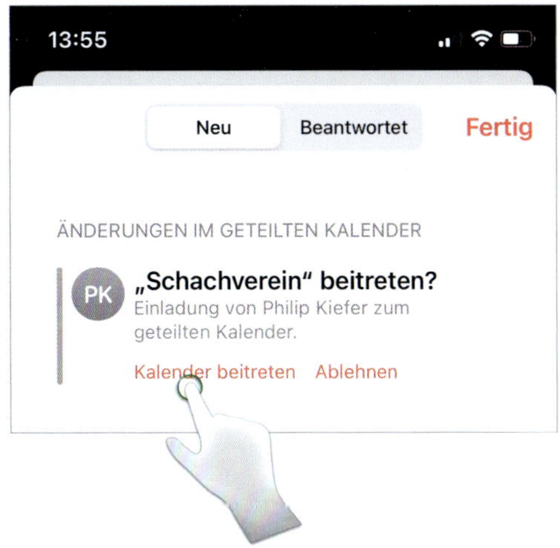

6

4 In diesem Fall nehme ich die Einladung auf einem iPhone in der dortigen App *Kalender* an, indem ich rechts unten auf *Eingang* tippe.

5 Anschließend bestätigen Sie mit *Kalender beitreten* – die Termine des Kalenders stehen nun auch auf dem iPhone zur Verfügung.

6 In der Kalender App auf dem Mac rufen Sie die Meldungen (Kalender-Einladungen und Bestätigungen) bei Verfügbarkeit unter dem Symbol 1 auf.

Ende

TIPP

Eine Kalenderfreigabe wieder beenden: Dazu klicken Sie den freigegebenen Kalender mit der rechten Maustaste bzw. bei gedrückter control-Taste an und wählen das Beenden der Freigabe.

HINWEIS

Kalender exportieren oder importieren: Diese Optionen finden Sie in der Menüleiste unter *Ablage*.

Start

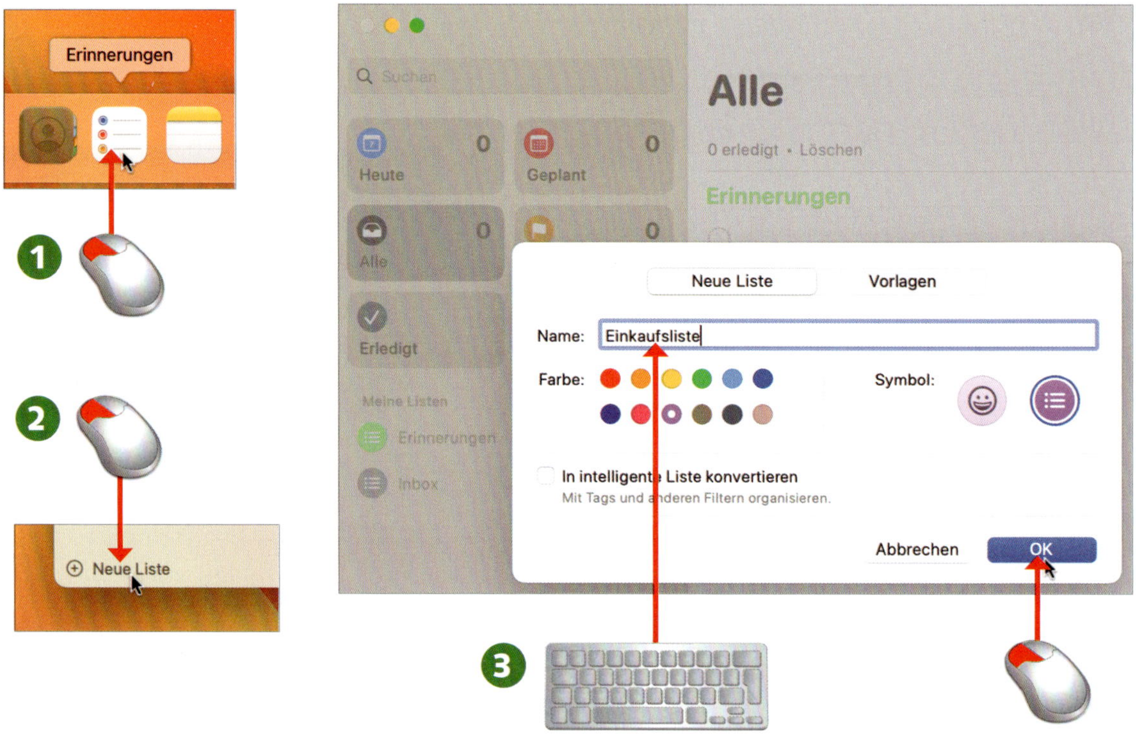

1. Öffnen Sie die App *Erinnerungen*.

2. Ihnen stehen bereits die Standardlisten zur Verfügung. Um eine neue Erinnerungsliste anzulegen, klicken Sie links unten im Fenster der App auf *Neue Liste*.

3. Geben Sie der neuen Liste eine sinnvolle Bezeichnung, entscheiden Sie sich gegebenenfalls für eine andere Listenfarbe und bestätigen Sie mit *OK*.

WISSEN

Mit der App *Erinnerungen* behalten Sie Ihre Aufgaben aller Art stets im Blick und können sich sowohl zu einer bestimmten Zeit als auch an einem bestimmten Ort an die Erledigung erinnern lassen – und natürlich ist auch in diesem Fall eine Synchronisierung mit iCloud möglich. Auf dieser Doppelseite zeige ich Ihnen, wie Sie eine Erinnerungsliste und in dieser Liste eine Erinnerung anlegen.

TIPP

Eine Aufgabe als erledigt markieren: Dazu klicken Sie in das zugehörige Optionsfeld ◯.

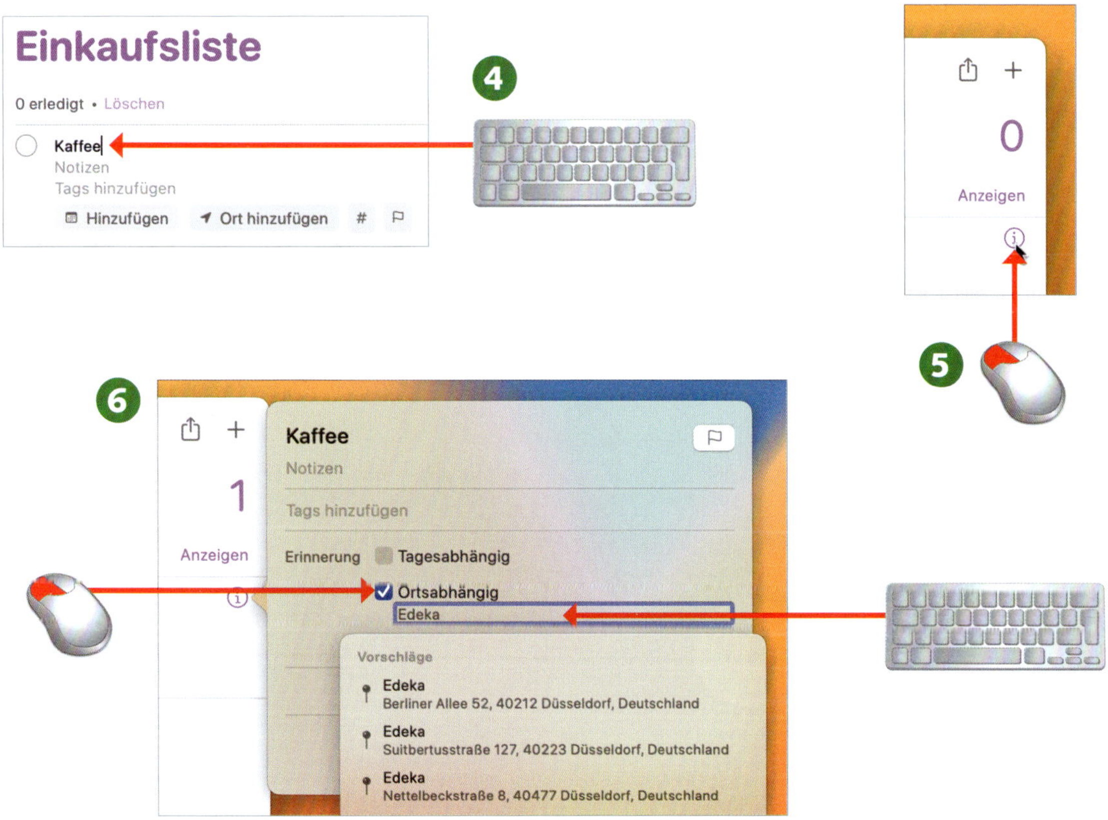

4 Um in der ausgewählten Liste eine neue Erinnerung zu erstellen, klicken Sie einfach in das Listenfeld und machen Ihre Eingabe. Bestätigen Sie mit der [↵]-Taste.

5 Sie möchten sich an einem bestimmten Ort an die Aufgabe erinnern lassen? Dazu wählen Sie unterhalb des Eintrags *Ort hinzufügen* bzw. klicken rechts neben der Erinnerung auf das Symbol ⓘ.

6 Aktivieren Sie das Kontrollkästchen *Ortsabhängig* und machen Sie eine Ortsangabe oder das Kontrollkästchen *Tagesabhängig* für die gewünschte Zeitangabe.

Ende

HINWEIS

Einträge in Ihren Listen können Sie unter macOS Ventura mit Schlüsselbegriffen versehen, um sie leichter durchsuchbar zu machen. Dazu klicken Sie einen Eintrag in der Liste an und wählen das Feld *Tags hinzufügen*.

HINWEIS

Bei vielen tagesabhängigen Erinnerungen erhalten Sie einen Überblick, indem Sie sich in der Leiste links für die Schaltfläche *Geplant* entscheiden.

Start

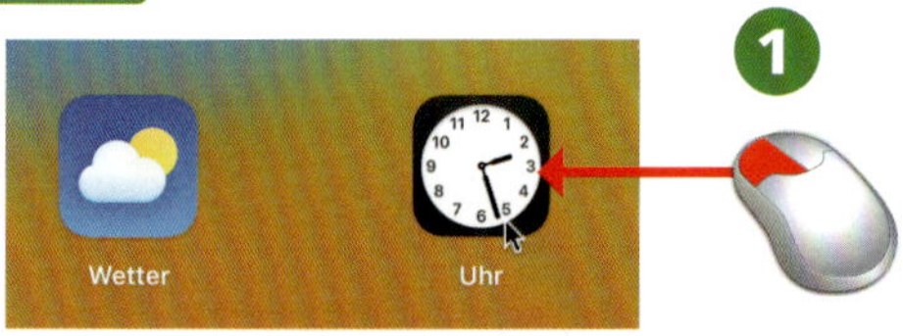

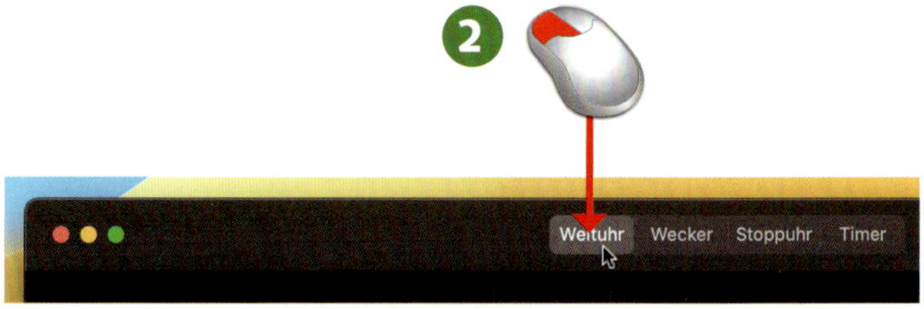

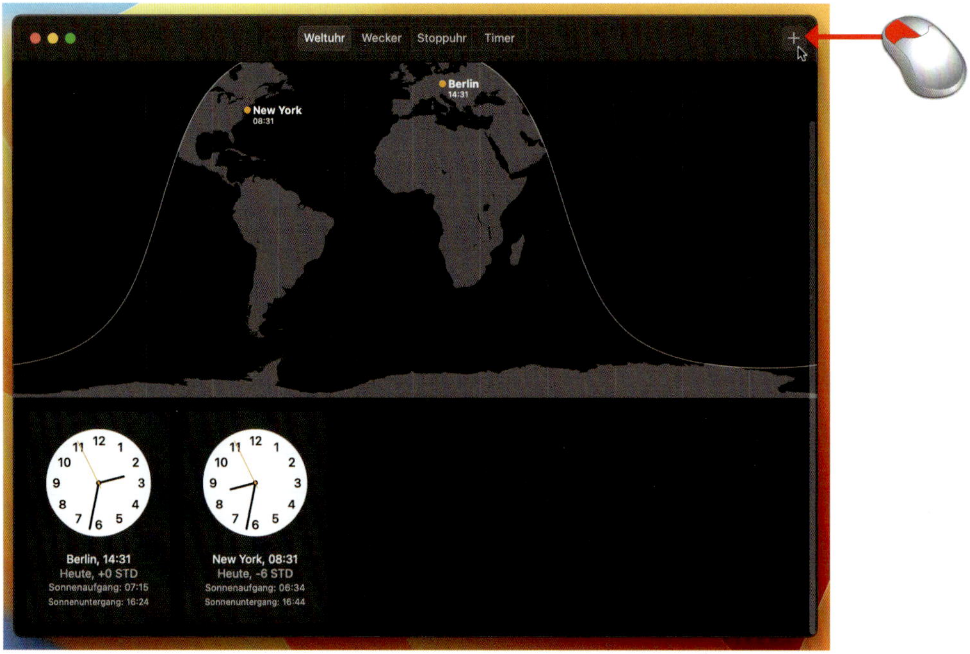

1 Rufen Sie die App *Uhr* im Launchpad auf, in diesem Fall auf der zweiten Seite des Launchpads.

2 Oben in der App treffen Sie die Funktionsauswahl per Mausklick auf den entsprechenden Reiter.

3 Um eine neue Weltuhr anzulegen, klicken Sie rechts oben auf das Plussymbol + und machen anschließend die Ortsangabe. Die einzelnen Orte werden mit der jeweiligen Uhrzeit auf einer Karte dargestellt.

WISSEN

Eine neue App unter macOS Ventura ist die bereits von iPhone und iPad bekannte App *Uhr*. Sie beinhaltet vier Funktionen: eine Weltuhr, einen Wecker, eine Stoppuhr sowie einen Timer. Auf dieser Doppelseite erhalten Sie einen kurzen Überblick.

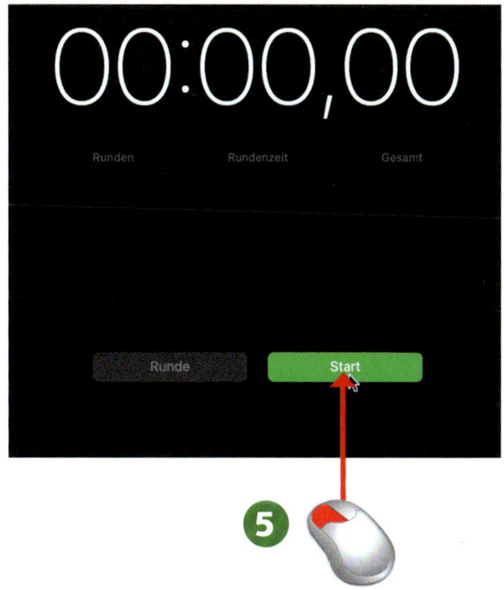

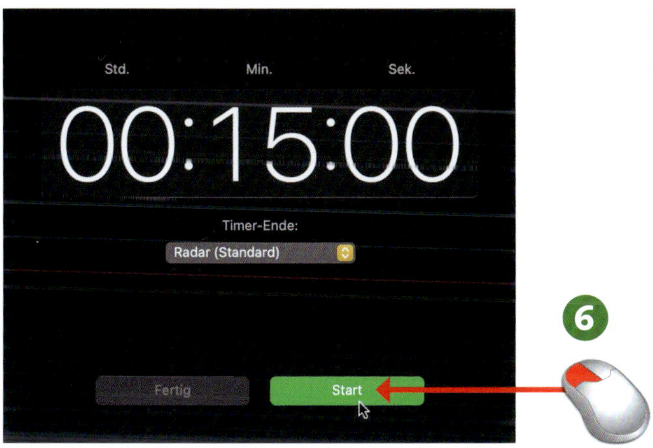

4 Auch ein neuer Wecker wird – auf der Registerkarte *Wecker* – per Plussymbol angelegt. Bestimmen Sie Uhrzeit, Wiederholungsturnus, Sound und Co. und bestätigen Sie mit *Sichern*.

5 Einfacher geht's kaum: Klicken Sie auf *Start* und *Stopp*, um die Stoppuhr-Funktion zu nutzen. Auch Runden können gezählt werden – auf dem Mac vielleicht Arbeitsrunden?

6 Schließlich können Sie – unter dem Reiter *Timer* – einen Timer starten, der nach einer festgelegten Zeit einen Alarm ausgibt. So brennt der Kuchen im Backofen garantiert nicht an.

Ende

TIPP

Die Wetter-App ist von iPhone und iPad ebenfalls schon länger bekannt. Die dort eingerichteten Örtlichkeiten können nun per App *Wetter* auch auf dem Mac angezeigt werden.

TIPP

Die analoge Stoppuhr sieht stylisher aus. Um diese einzublenden, wählen Sie in der Menüleiste *Darstellung/Analoge Stoppuhr anzeigen*.

Start

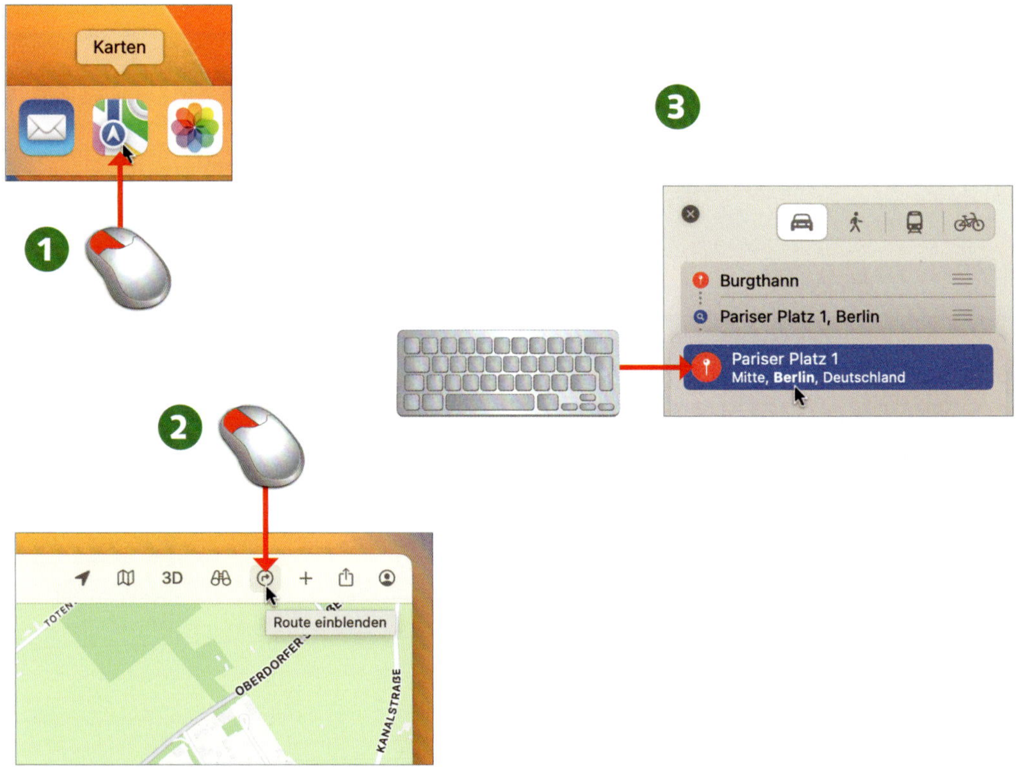

1. Entscheiden Sie sich im Dock für das Öffnen der App *Karten* – das Symbol zeigt eine kleine Straßenkarte.

2. Mit dem Symbol rufen Sie Ihren eigenen Standort auf. Sie können aber auch mithilfe des eingebauten Suchfeldes nach Adressen oder Geschäften suchen. Um eine Route zu planen, klicken Sie auf das Symbol.

3. Bestimmen Sie Start- und Zieladresse. Bereits während des Eintippens werden Ihnen Vorschläge gemacht, die Sie per Mausklick auswählen können.

WISSEN

Mit der App *Karten*, die auf Ihrem Mac bereits zur Verfügung steht, lassen sich Örtlichkeiten auf der ganzen Welt aufrufen. Und falls Sie noch kein Navigationsgerät Ihr Eigen nennen sollten, verwenden Sie die App auch zur Routenplanung, um die beste Strecke für die nächste längere Fahrt zu ermitteln. Sie sind zu Fuß unterwegs? Dann wechseln Sie die Planungsoption. Auch für Fahrrad und öffentlichen Nahverkehr stehen Planungsoptionen zur Verfügung.

4

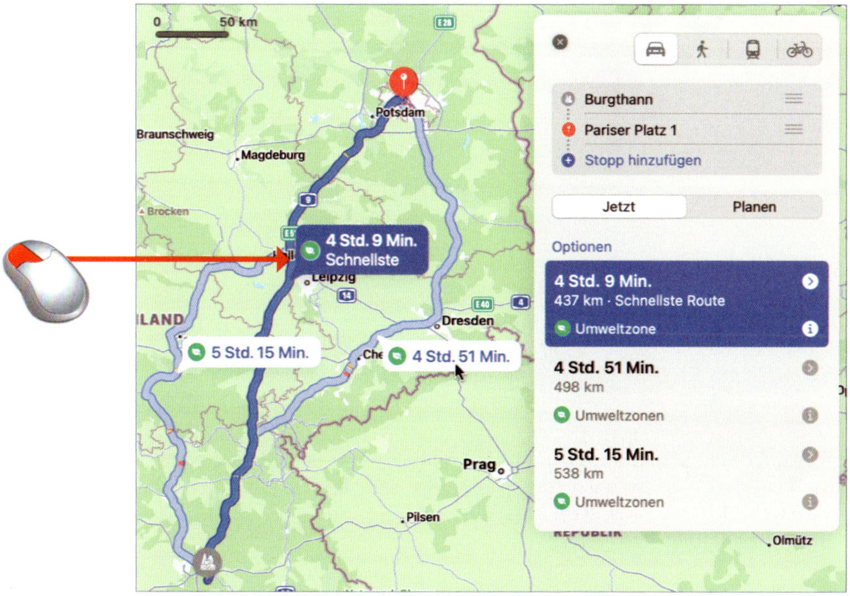

5

6

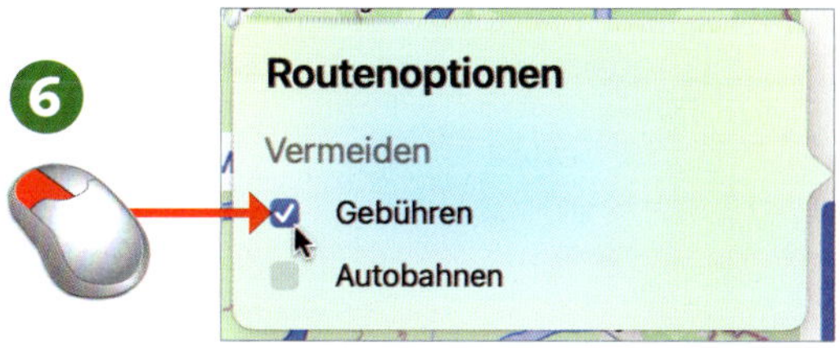

4 Ihnen werden häufig mehrere Strecken angeboten, wählen Sie dann per Mausklick die gewünschte aus. Sie können auch noch weitere Stopps hinzufügen.

5 Möchten Sie gebührenpflichtige Straßen oder Autobahnen von der Routenplanung ausschließen? Dann wählen Sie *Optionen*.

6 Machen Sie per Kontrollkästchen die entsprechenden Angaben.

Ende

TIPP

Stehen an einem Ort Straßenansichten zur Verfügung? Dann können Sie sich per Mausklick auf das Symbol 🔭 direkt in die Straße zoomen und sind mittendrin!

TIPP

In der Karte zoomen: Verwenden Sie dazu die Tastenkombinationen command + + und command + - oder alternativ die Symbole unten in der Karte.

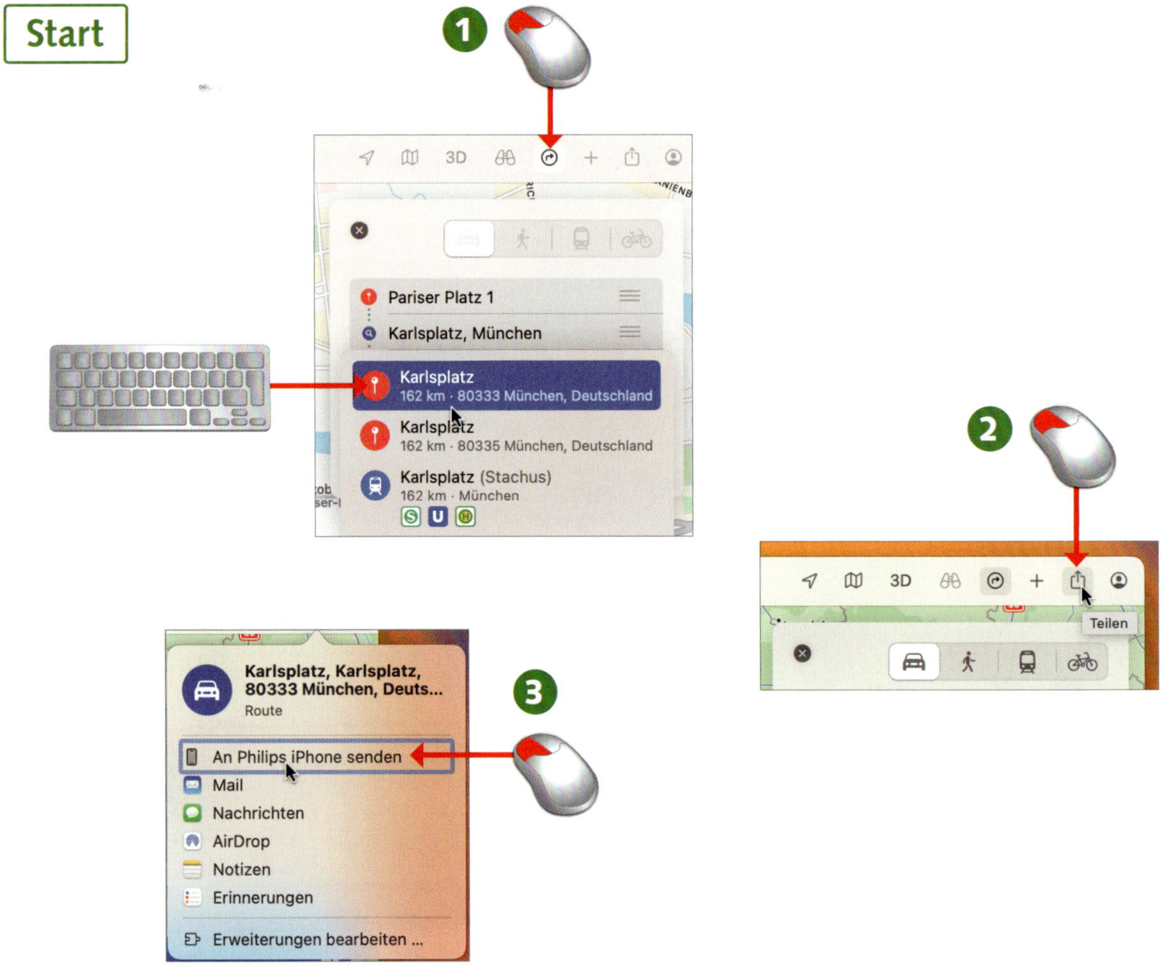

1. Planen Sie – wie auf der vorherigen Doppelseite beschrieben – Ihre Route.
2. Klicken Sie nun oben in der App *Karten* auf das Symbol ⎙.
3. Wählen Sie im sich öffnenden Menü das Senden an Ihr iPhone aus.

WISSEN

Routen lassen sich bequem auf dem Mac planen und dann zwecks Navigation auf das iPhone senden. Voraussetzung ist lediglich, dass Sie auf den Geräten mit derselben Apple-ID iCloud nutzen. Wie Sie vorgehen, stellt – Schritt für Schritt – diese Doppelseite dar.

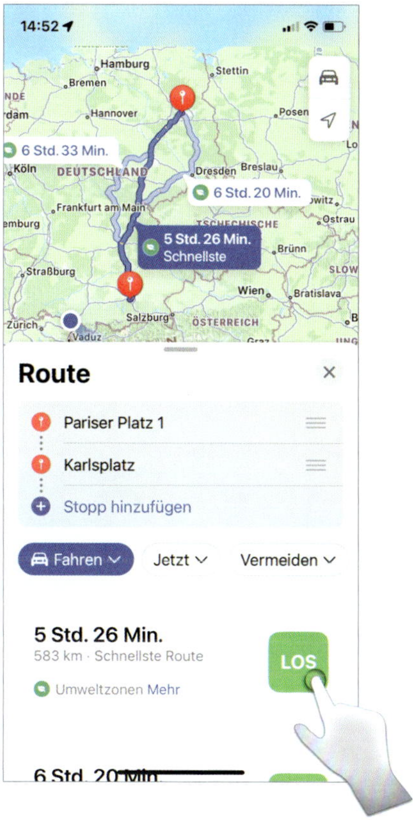

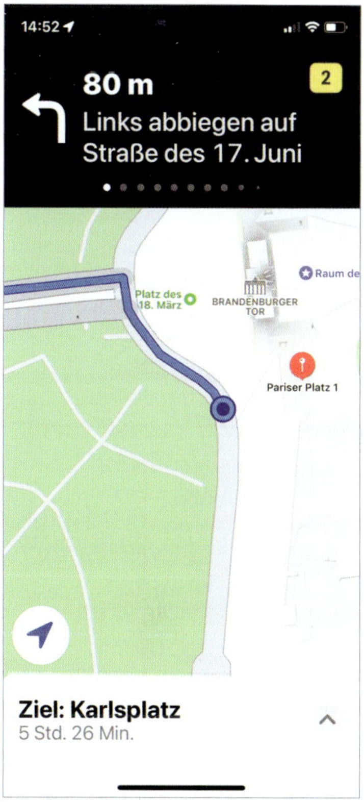

4 Tippen Sie die auf das iPhone gesandte Route an.

5 Tippen Sie auf *Los*, um sich vom iPhone zur Zieladresse navigieren zu lassen.

6 Die Navigation wurde gestartet. Folgen Sie den Hinweisen, die das iPhone ausgibt, um Ihr Ziel zu erreichen.

Ende

TIPP

Eine Route an andere Personen senden (die zu Ihnen finden möchten?): Dazu wählen Sie unter dem Symbol [Teilen-Symbol] zum Beispiel *AirDrop* oder *Nachrichten*.

HINWEIS

Wenn Sie auf dem iPhone die Navigation gestartet haben, streichen Sie das Fenster unten auf dem Bildschirm nach oben, um Tankstellen oder Restaurants auf dem Weg aufzuspüren.

Start

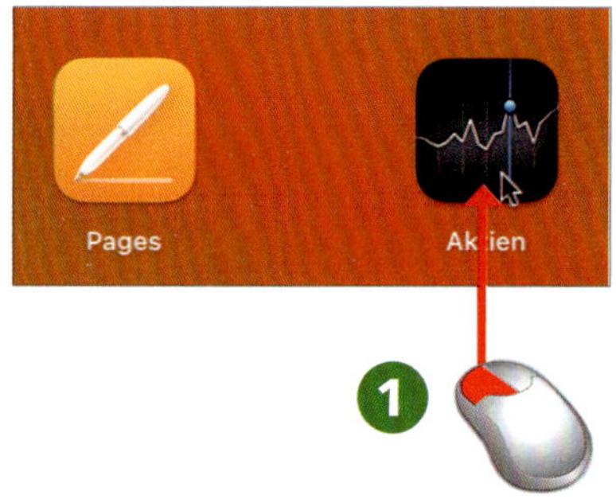

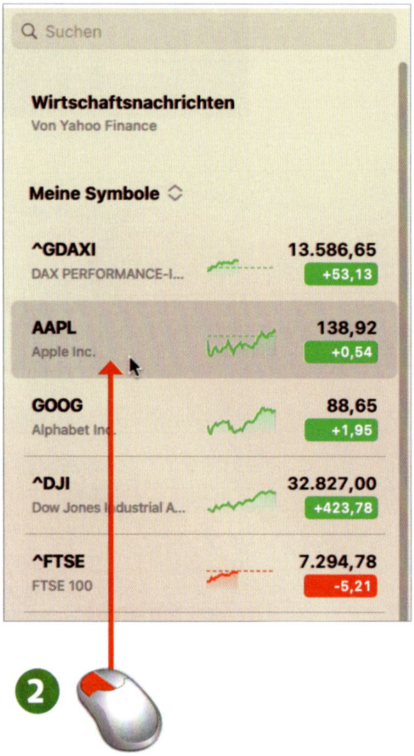

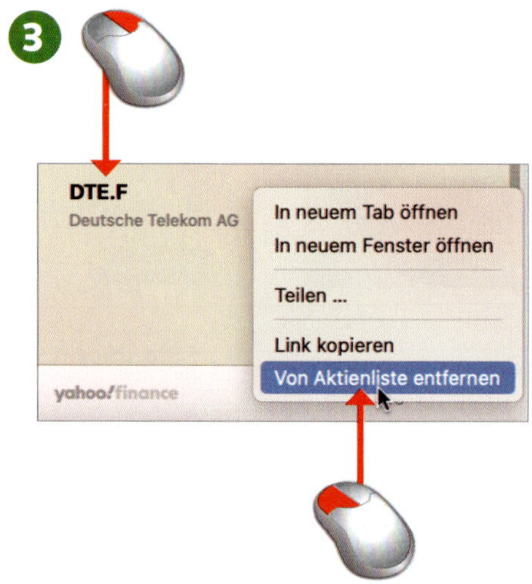

1. Entscheiden Sie sich im Launchpad für die App *Aktien*.

2. Es sind bereits verschiedene Aktien und Indizes in der Liste eingetragen. Um zu einem Eintrag Details aufzurufen, klicken Sie diesen in der Seitenleiste an.

3. Um einen Eintrag aus der Liste zu entfernen, klicken Sie diesen mit der rechten Maustaste bzw. bei gedrückter control-Taste an und wählen im Kontextmenü *Von Aktienliste entfernen*.

WISSEN

Um Ihre Wertpapiere und die für Sie wichtigen Wertpapierindizes stets im Blick zu behalten, können Sie auf Ihrem Mac die App *Aktien* verwenden. Auf dieser Doppelseite erfahren Sie, wie einfach Sie in dieser App Wertpapiere suchen und der Liste hinzufügen.

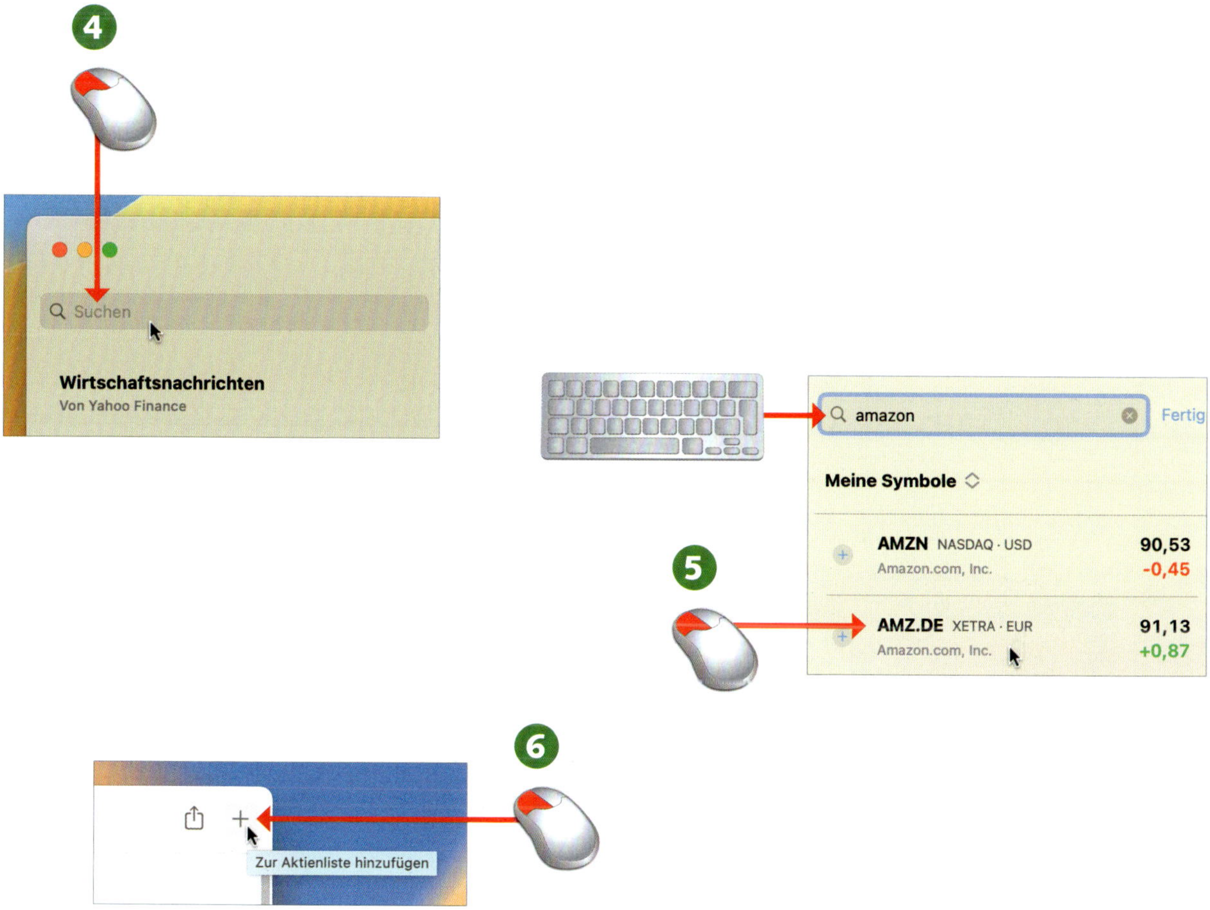

4 Möchten Sie ein Wertpapier oder einen Index hinzufügen, klicken Sie links oben in der App in das eingebaute Suchfeld.

5 Geben Sie einen passenden Suchbegriff ein und klicken Sie den gefundenen Eintrag an.

6 Klicken Sie zu guter Letzt rechts oben auf das Plussymbol +, um Ihrer Liste einen Wert hinzuzufügen.

Ende

HINWEIS

Bestimmen Sie in der Menüleiste unter *Darstellung*, welche Informationen zu den Wertpapieren und Indizes in der Seitenleiste angezeigt werden sollen.

TIPP

In der App *Aktien* lassen sich auch Wirtschaftsnachrichten aufrufen. Klicken Sie eine Schlagzeile an, wird der entsprechende Artikel in der App *Safari* geladen.

Start

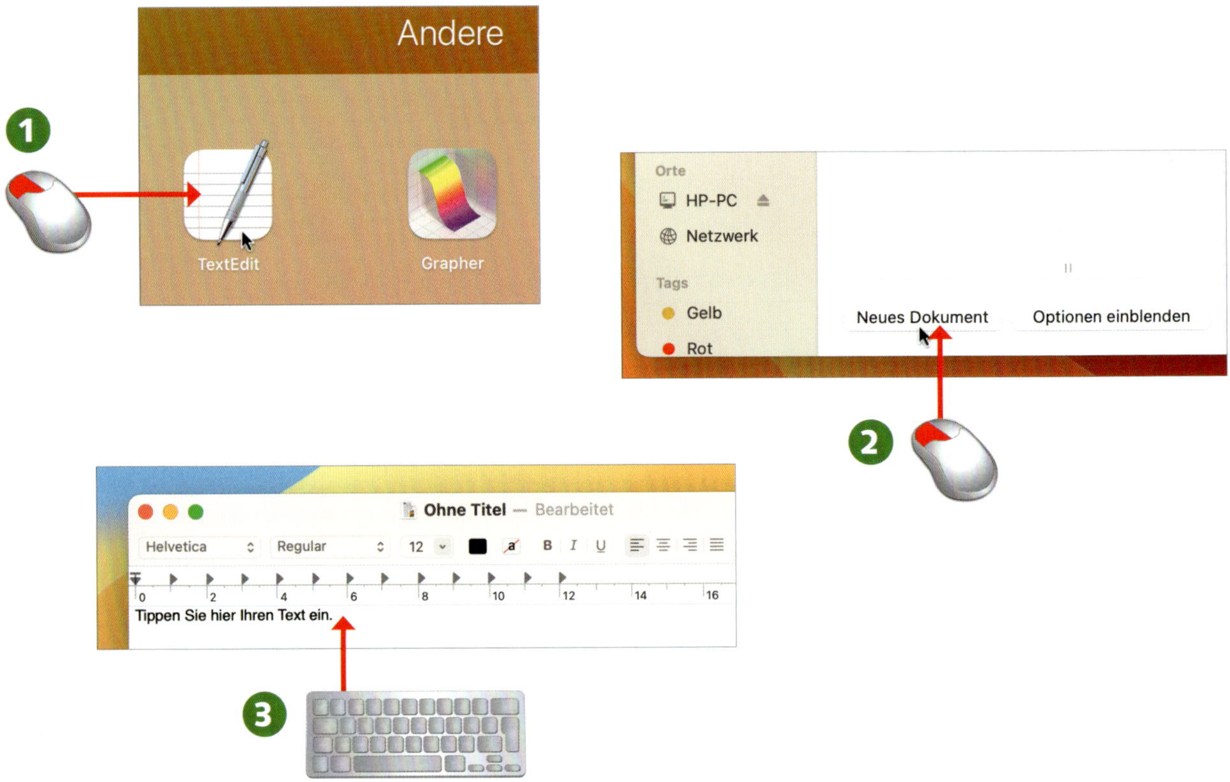

1. Öffnen Sie die App *TextEdit* im Launchpad, standardmäßig im Ordner *Andere*.

2. Klicken Sie im folgenden Fenster auf die Schaltfläche *Neues Dokument*. Sie können in dem Fenster später auch ein bereits vorhandenes Dokument zum Öffnen auswählen.

3. Geben Sie nun einfach Ihren Text in das Dokumentfeld ein.

WISSEN

Um auf die Schnelle ein Dokument zu erstellen, müssen Sie nicht unbedingt eine umfangreiche Textverarbeitungs-App wie *Pages*, Microsoft Office oder ein Gratis-Office-Paket wie LibreOffice einsetzen. Lassen Sie mich Ihnen auf dieser Doppelseite zeigen, wie simpel das Erstellen eines Dokumentes mit der bereits verfügbaren App *TextEdit* sein kann.

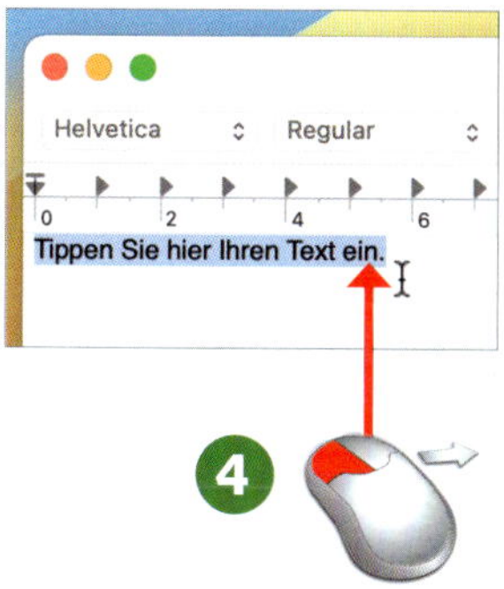

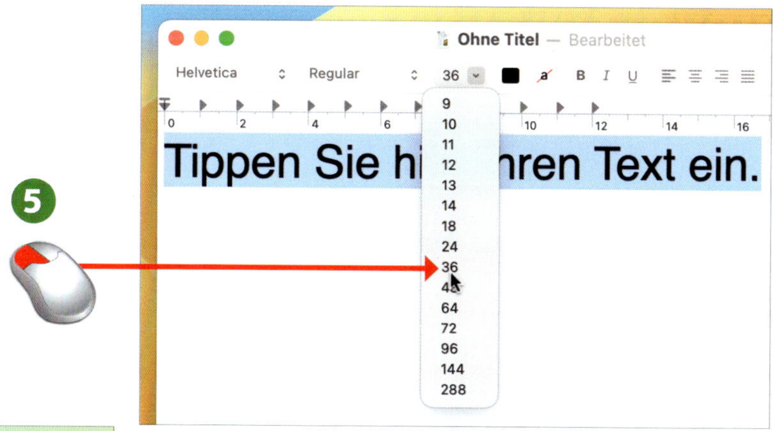

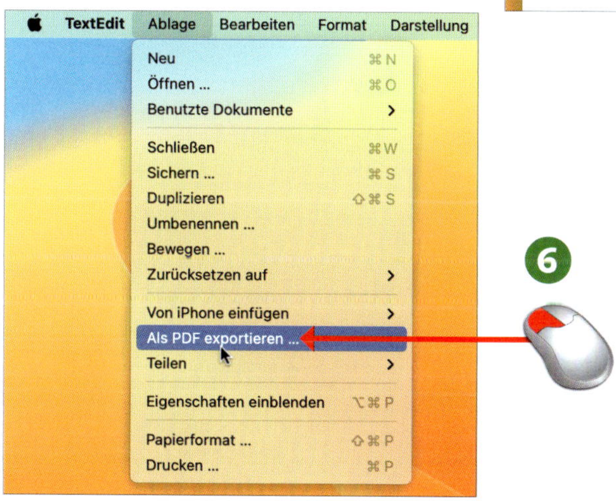

4 Möchten Sie den Text formatieren, dann markieren Sie ihn, indem Sie den Mauszeiger bei gedrückter Maustaste darüber bewegen.

5 Sie finden Formatieroptionen sowohl in der Symbolleiste als auch in der Menüleiste der App. In diesem Fall wähle ich eine größere Schrift. Auch einfache Tabellen lassen sich, unter *Format/Tabelle*, ins Dokument einfügen.

6 Wählen Sie *Ablage/Drucken*, um Ihr Dokument zu Papier zu bringen, oder *Ablage/Sichern*, um es zu speichern. Mit *Ablage/Als PDF exportieren* können Sie es auch als PDF-Datei speichern.

Ende

HINWEIS

Einem Dokument können Sie den Autorennamen und weitere zusätzliche Angaben hinzufügen, was sich unter *Ablage/Eigenschaften einblenden* bewerkstelligen lässt.

HINWEIS

Sie möchten ein Dokument auf eine frühere Version zurücksetzen? Eine Übersicht über die gespeicherten Versionen finden Sie unter *Ablage/Zurücksetzen auf.*

Start

1. Öffnen Sie die App *Notizen* per Mausklick auf das entsprechende Symbol im Dock.

2. Klicken Sie in der App *Notizen* auf das Symbol [Symbol], um ein neues Notizblatt zu erstellen. Standardmäßig können Sie unter macOS Ventura auch eine Schnellnotiz erstellen, indem Sie in die rechte untere Ecke des Bildschirms klicken.

3. Geben Sie als Nächstes Ihren Text ein. Das Formatieren erfolgt erst anschließend. Die erste Zeile ist standardmäßig als »Titel« formatiert.

WISSEN

Auch mit der App *Notizen* lassen sich Texte erfassen – und nicht nur das! Auf dieser Doppelseite erfahren Sie Schritt für Schritt, wie Sie neue Notizen erstellen, Absätze in einem Notizblatt formatieren und Dateien in eine Notiz einfügen.

TIPP

Einige weitere Formatierungsoptionen für markierten Text finden Sie in der Menüleiste der App *Notizen* unter *Format*.

4

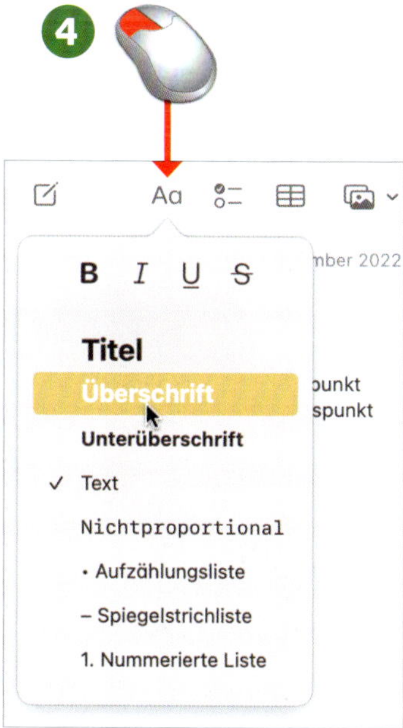

5

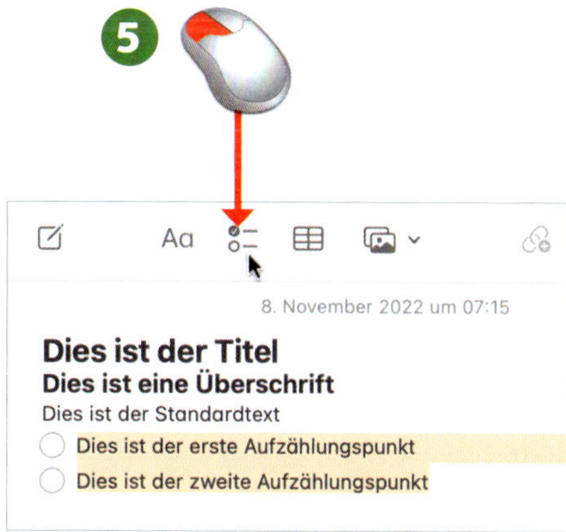

6

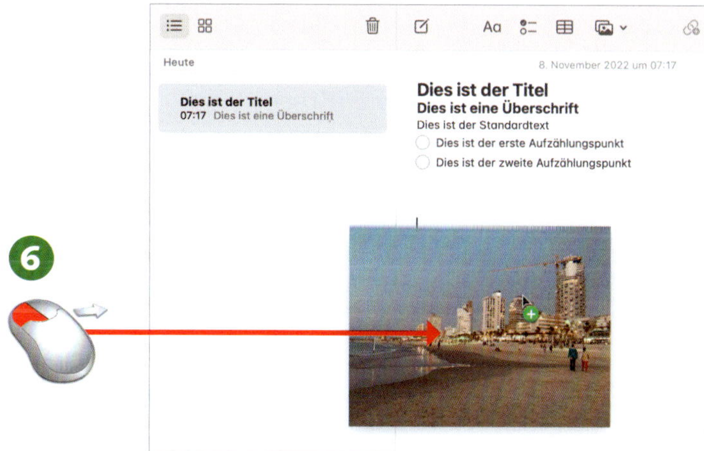

4 Klicken Sie in einen Absatz, den Sie formatieren möchten, um diesen zu markieren. Wählen Sie dann unter dem Symbol Aa die gewünschte Formatierung aus.

5 Oder möchten Sie eine Checkliste erstellen, z. B. für Ihre To-dos? Markieren Sie auch in diesem Fall per Mausklick einen Absatz und wählen Sie das Symbol ☰.

6 Um ein Bild oder sonstige Dateien einzufügen, ziehen Sie diese bei gedrückter Maustaste in das Notizblatt. Das Einfügen von Bildern ist alternativ auch unter dem Symbol ⌄ möglich.

Ende

TIPP

Bei vielen vorhandenen Notizzetteln pinnen Sie einen oben in der Liste an, indem Sie ihn mit der rechten Maustaste bzw. bei gedrückter *control* -Taste anklicken und dann im Kontextmenü *Notiz anpinnen* wählen.

HINWEIS

Notizen mit einem Passwort versehen, um sie gegen ungewünschte Zugriffe zu schützen: Dies erfolgt unter dem Symbol 🔒⌄.

Start

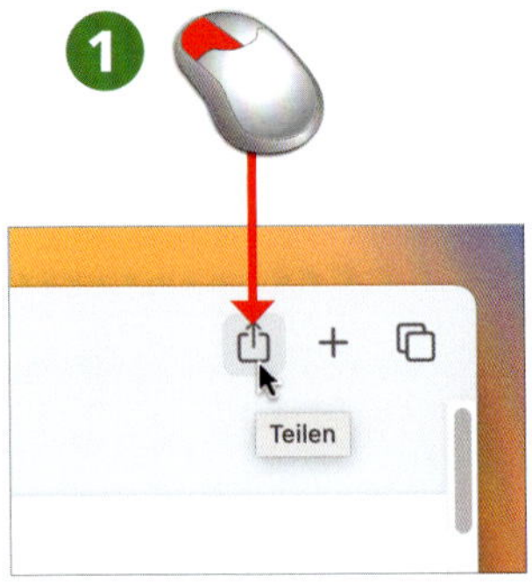

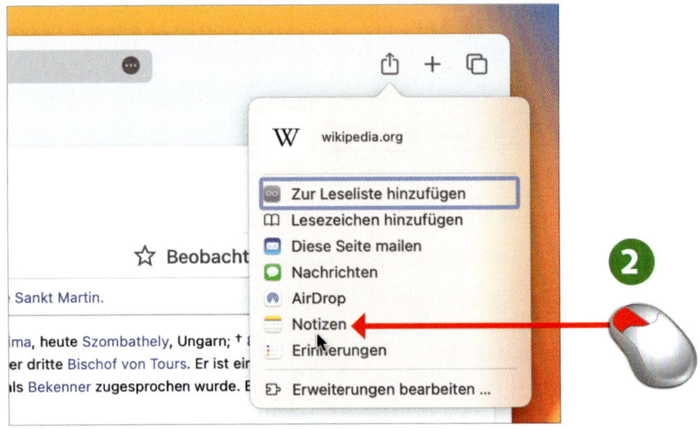

1. Um einen Link in die App *Notizen* aufzunehmen, rufen Sie die Webseite in Safari auf und klicken dann auf das Symbol .
2. Wählen Sie im sich öffnenden Menü den Eintrag *Notizen*.
3. Bestätigen Sie den angezeigten Inhalt mit *Sichern*, um ihn in der App *Notizen* verfügbar zu machen.

WISSEN

In die App *Notizen* können Sie Inhalte nicht nur direkt eingeben, sondern auch aus anderen Apps übernehmen. Wie das gemacht wird, erkläre ich Ihnen auf dieser Doppelseite anhand des Webbrowsers Safari.

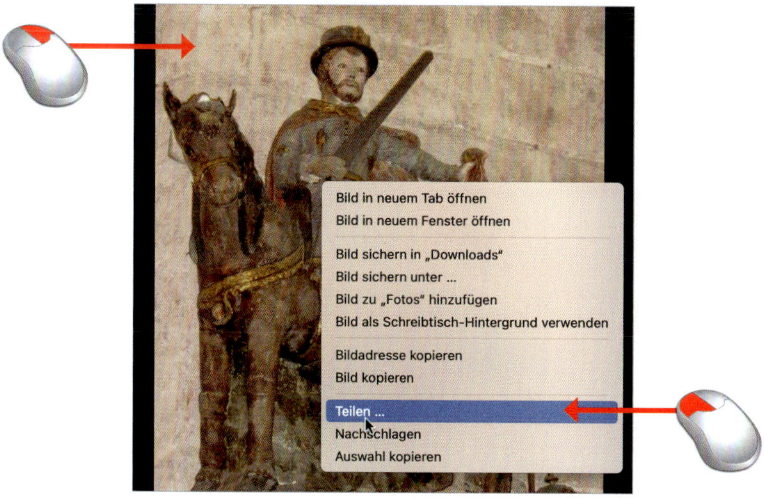

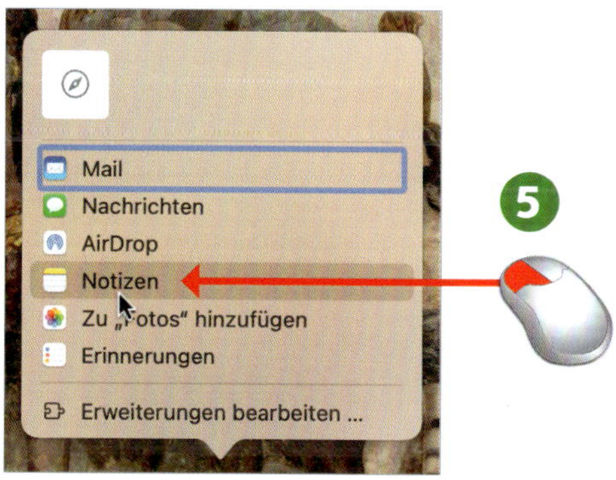

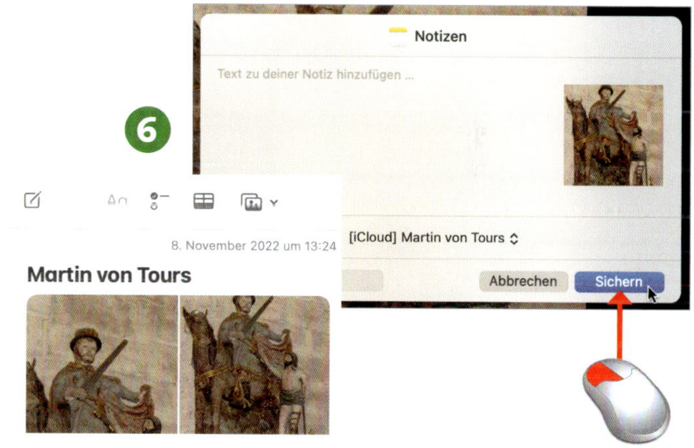

4 Um einen einzelnen Inhalt auf einer Webseite in Ihre Notizen zu übernehmen, klicken Sie diesen mit der rechten Maustaste bzw. bei gedrückter *control*-Taste an (hier ein Bild) und wählen *Teilen*.

5 Entscheiden Sie sich als Nächstes wieder für die Option *Notizen*.

6 Bestätigen Sie mit *Sichern*. Anschließend können Sie die aus Safari gesendeten Notizen in der App *Notizen* aufrufen.

Ende

HINWEIS

Text von einer Webseite in die App *Notizen* aufnehmen: Markieren Sie den Text dazu mit der Maus, klicken ihn mit der rechten Maustaste bzw. bei gedrückter *control*-Taste an und wählen Sie *Teilen* und dann *Notizen*.

HINWEIS

Auch die Übernahme von Inhalten in Apps von Drittanbietern ist möglich, dazu wählen Sie im Menü aus Schritt 2 den Eintrag *Mehr* und entscheiden sich im folgenden Fenster für die gewünschte App.

Start

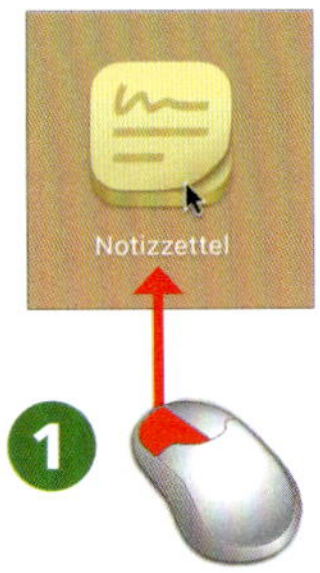

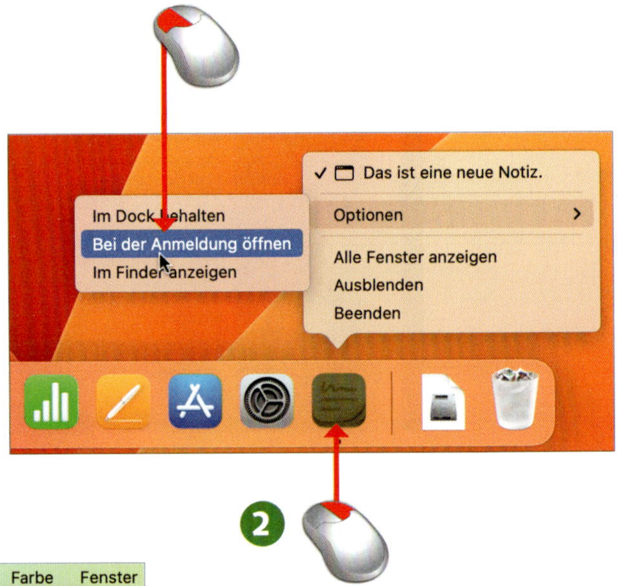

1. Öffnen Sie im Launchpad im Ordner *Andere* die App *Notizzettel*.

2. Die App soll zukünftig automatisch starten? Dazu klicken Sie das Symbol im Dock bei gedrückter control-Taste bzw. mit der rechten Maustaste an und wählen *Optionen/Bei der Anmeldung öffnen*.

3. Wählen Sie nun in der Menüleiste der App *Notizzettel* die Option *Ablage/Neue Notiz*.

WISSEN

Eine kleine, aber feine App, die auf Ihrem Mac bereits zur Verfügung steht, nennt sich *Notizzettel*. Damit lassen sich kleinere Notizen direkt auf den Schreibtisch »kleben«. Den besten Umgang mit der App erkläre ich Ihnen auf dieser Doppelseite.

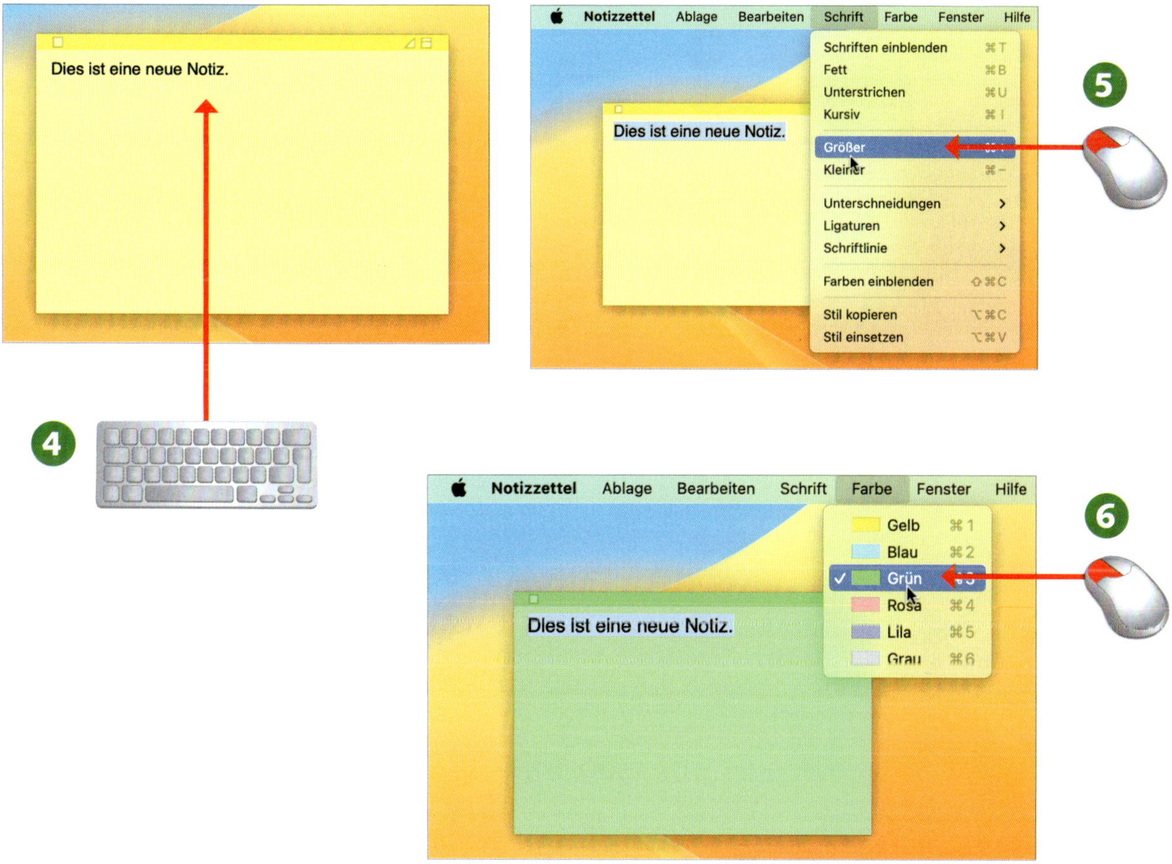

4 Tippen Sie Ihre Notiz ein. Mit *Ablage/Text importieren* lässt sich alternativ Text aus einem bereits vorhandenen Dokument übernehmen.

5 Um den Notizentext zu formatieren, markieren Sie diesen und wählen dann in der Menüleiste unter *Schrift* eine Formatieroption aus.

6 Auch die Farbe des Notizzettels ist nicht in Stein gemeißelt. Wenn Sie es gern bunt haben, wählen Sie in der Menüleiste unter *Farbe* eine andere Farbe aus.

Ende

HINWEIS

Die Größe eines Notizzettels ändern: Bewegen Sie den Mauszeiger an den Rand oder in eine Ecke des Zettels und ziehen Sie ihn bei gedrückter Maustaste größer.

TIPP

Um einen Notizzettel auf dem Schreibtisch zu positionieren, klicken Sie auf die Titelleiste und ziehen den Zettel bei gedrückter Maustaste in die gewünschte Position.

Start

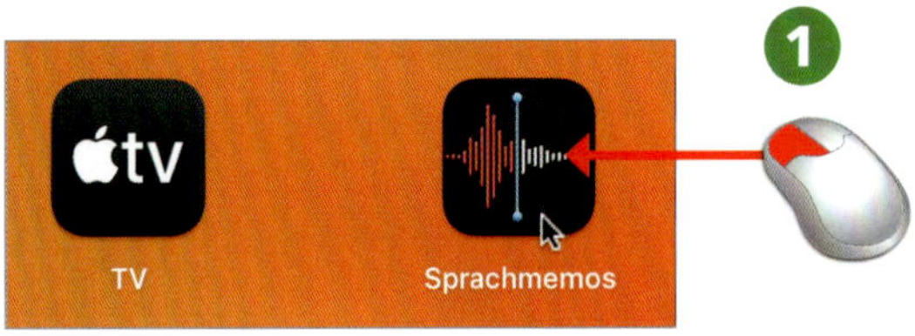

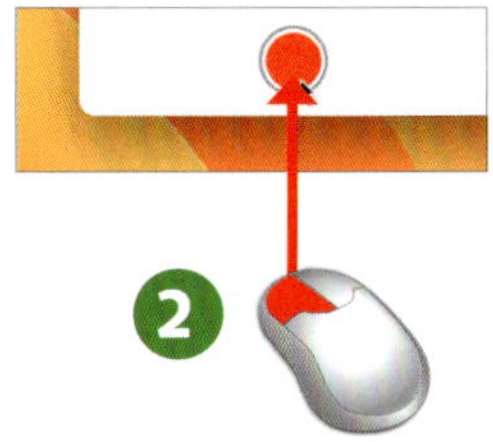

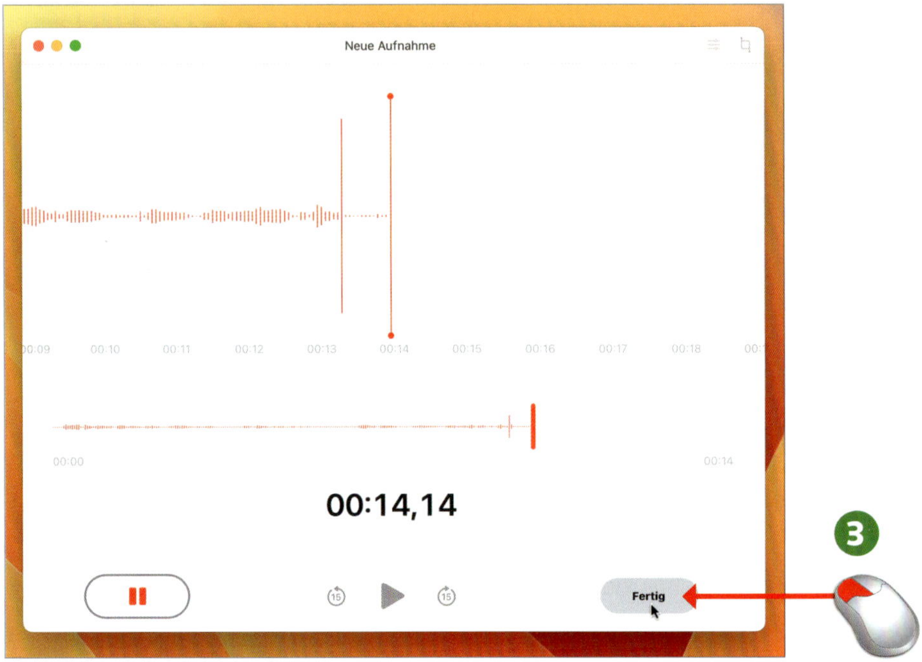

1 Öffnen Sie die App *Sprachmemos* im Launchpad.

2 Klicken Sie auf den roten Aufnahme-Button, um die Sprachaufnahme zu starten.

3 Sprechen Sie Ihr Sprachmemo ins Mikrofon und bestätigen Sie zum Schluss mit *Fertig*, um es zu speichern. Die Sprachaufnahme lässt sich zwischendurch auch pausieren.

WISSEN

Statt Notizen aufzuschreiben, können Sie diese auch über das in Ihren Mac integrierte Mikrofon aufnehmen. Diesem Zweck dient auf Ihrem Mac die App *Sprachmemos*, deren wichtigste Funktionen ich Ihnen auf dieser Doppelseite vorstelle.

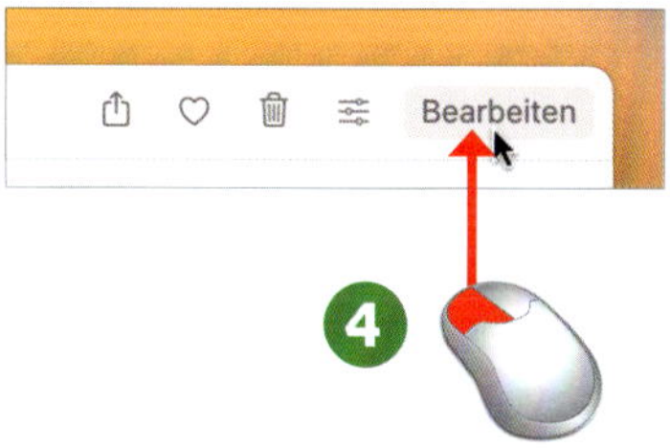

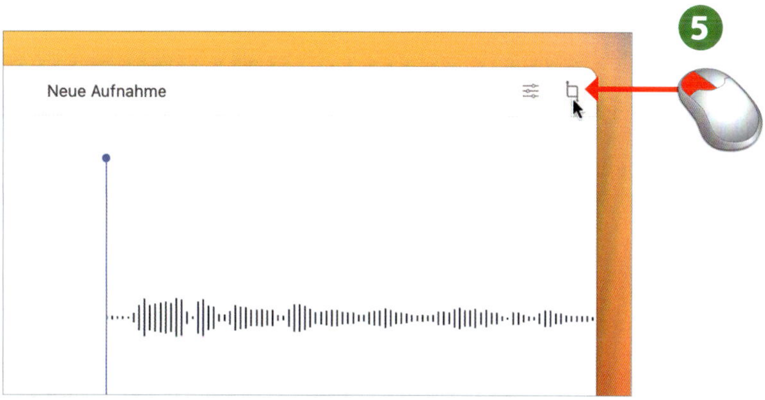

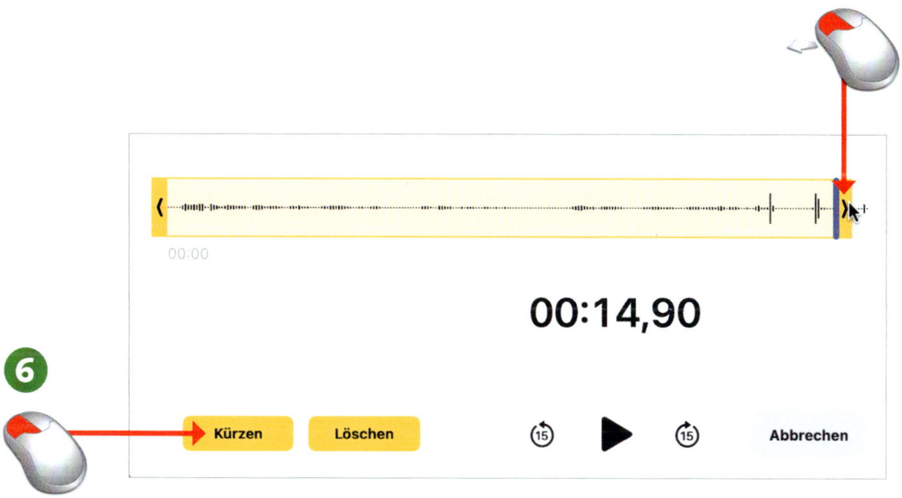

4 Möchten Sie eine Sprachaufnahme kürzen? Dazu klicken Sie rechts oben im Fenster auf die Schaltfläche *Bearbeiten*.

5 Klicken Sie anschließend auf das Symbol ⌑. Unter dem Symbol ☰ finden Sie weitere Optionen wie z. B. *Stille überspringen*.

6 Positionieren Sie durch Ziehen bei gedrückter Maustaste den Zuschnittrahmen und bestätigen Sie mit *Kürzen*.

Ende

HINWEIS

Möchten Sie eine Sprachaufnahme durch eine andere austauschen? Dazu klicken Sie unter *Bearbeiten* auf die Schaltfläche *Ersetzen*.

HINWEIS

Standardmäßig werden die Sprachmemos in einem komprimierten Format gespeichert. Falls Sie eine verlustfreie Speicherung wünschen, wählen Sie *Sprachmemos/Einstellungen* und entscheiden sich im Menü *Audioqualität* für den Eintrag *Verlustfrei*.

Start

1

2

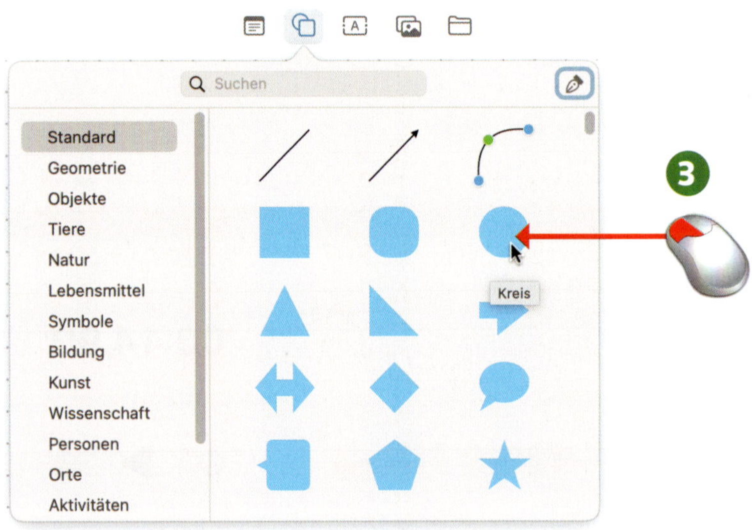

3

1. Rufen Sie die App *Freeform* im Launchpad auf, in diesem Fall habe ich die App auf die zweite Seite des Launchpads gelegt.

2. Legen Sie nun beliebig viele Whiteboards – weiße Tafeln – an. Zum Anlegen eines neuen Whiteboards klicken Sie auf das Ihnen bereits aus anderen Apps bekannte Symbol.

3. Wählen Sie per Symbol den Inhalt aus, den Sie auf einer Tafel darstellen möchten, etwa Notizen, Formen, Text, Bilder oder Dateien. Hier wähle ich das Zeichnen einer Form.

WISSEN

Mit der App *Freeform* wurde in macOS Ventura eine Whiteboard-App hinzugefügt. Auf einer großen Tafel können mehrere Personen übers Internet Ideen auf der Tafel sammeln und teilen. Das ist z. B. ideal für ein gemeinsames Brainstorming, aber auch für Onlineunterricht und weitere Anwendungsbereiche. Auf dieser Doppelseite wird die Verwendung der App skizziert.

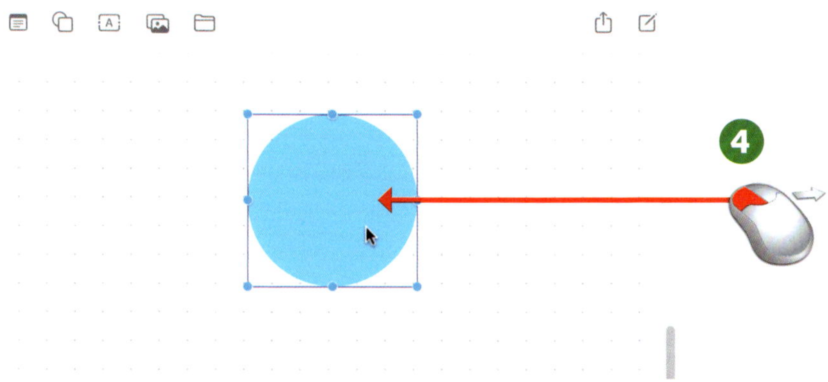

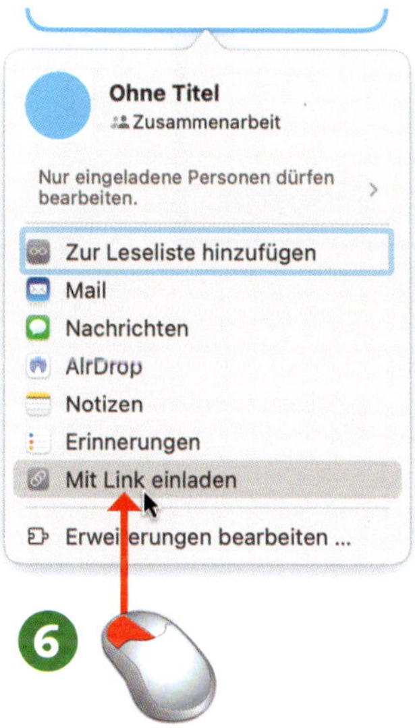

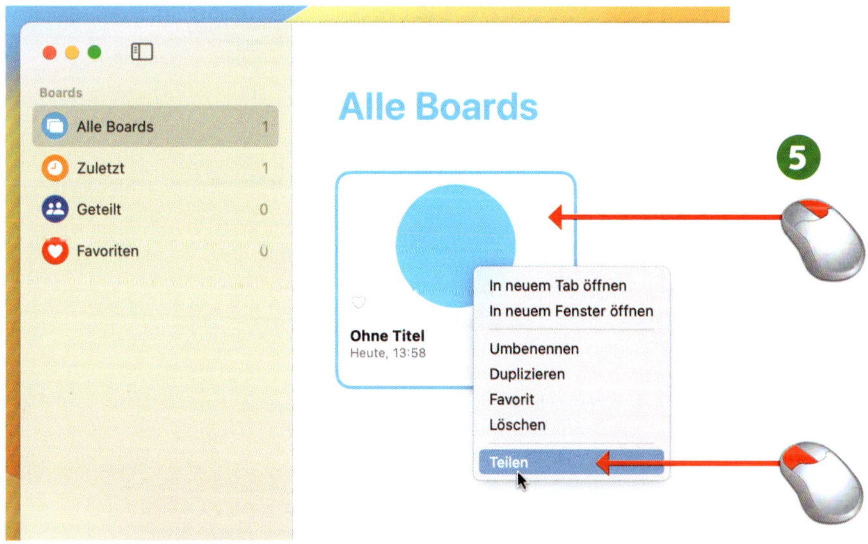

4 Platzieren Sie die Inhalte völlig frei auf der Tafel, auch die Größe lässt sich – durch Ziehen bei gedrückter Maustaste – noch anpassen.

5 Wenn Sie ein Whiteboard schließen, wird es in der Übersicht angezeigt. Klicken Sie es z. B. mit der rechten Maustaste bzw. bei gedrückter control-Taste an und wählen Sie *Teilen*.

6 Wählen Sie *Mit Link einladen*, um das Whiteboard mit anderen Personen gemeinsam zu bearbeiten.

Ende

HINWEIS

Ab iOS 16.2 steht *Freeform* auch für iPhone und iPad zur Verfügung – verwenden Sie diese Geräte für Freihandzeichnungen.

HINWEIS

Möchten Sie ein Whiteboard umbenennen, klicken Sie es mit der rechten Maustaste bzw. bei gedrückter control-Taste an und wählen Sie *Umbenennen*.

Start

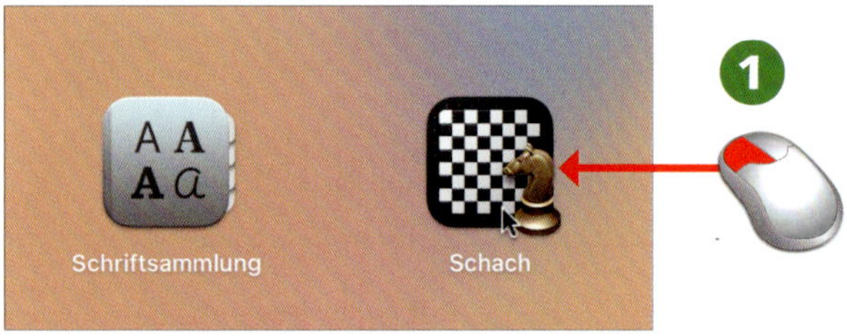

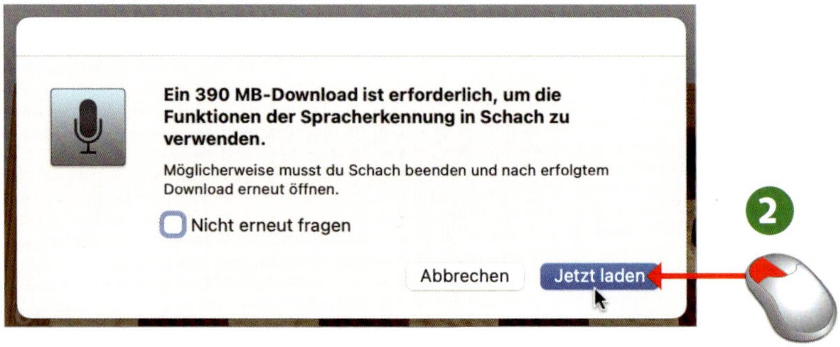

1. Öffnen Sie die App *Schach* im Launchpad.

2. Ihnen wird angeboten, eine Spracherkennung für das Schachspiel herunterzuladen. Wenn Sie dies wünschen, bestätigen Sie mit *Jetzt laden*.

3. Bevor es losgeht, möchten Sie zunächst die Schwierigkeitsstufe und weitere Einstellungen festlegen. Wählen Sie dazu in der Menüleiste *Schach/Einstellungen*.

WISSEN

Sie finden im Mac App Store unzählige Spiele, aber ein gutes Schachspiel brauchen Sie nicht erst lange zu suchen – ein solches steht auf Ihrem Mac bereits zur Verfügung. Entnehmen Sie dieser Doppelseite eine kleine Anleitung zur Nutzung der Schach-App.

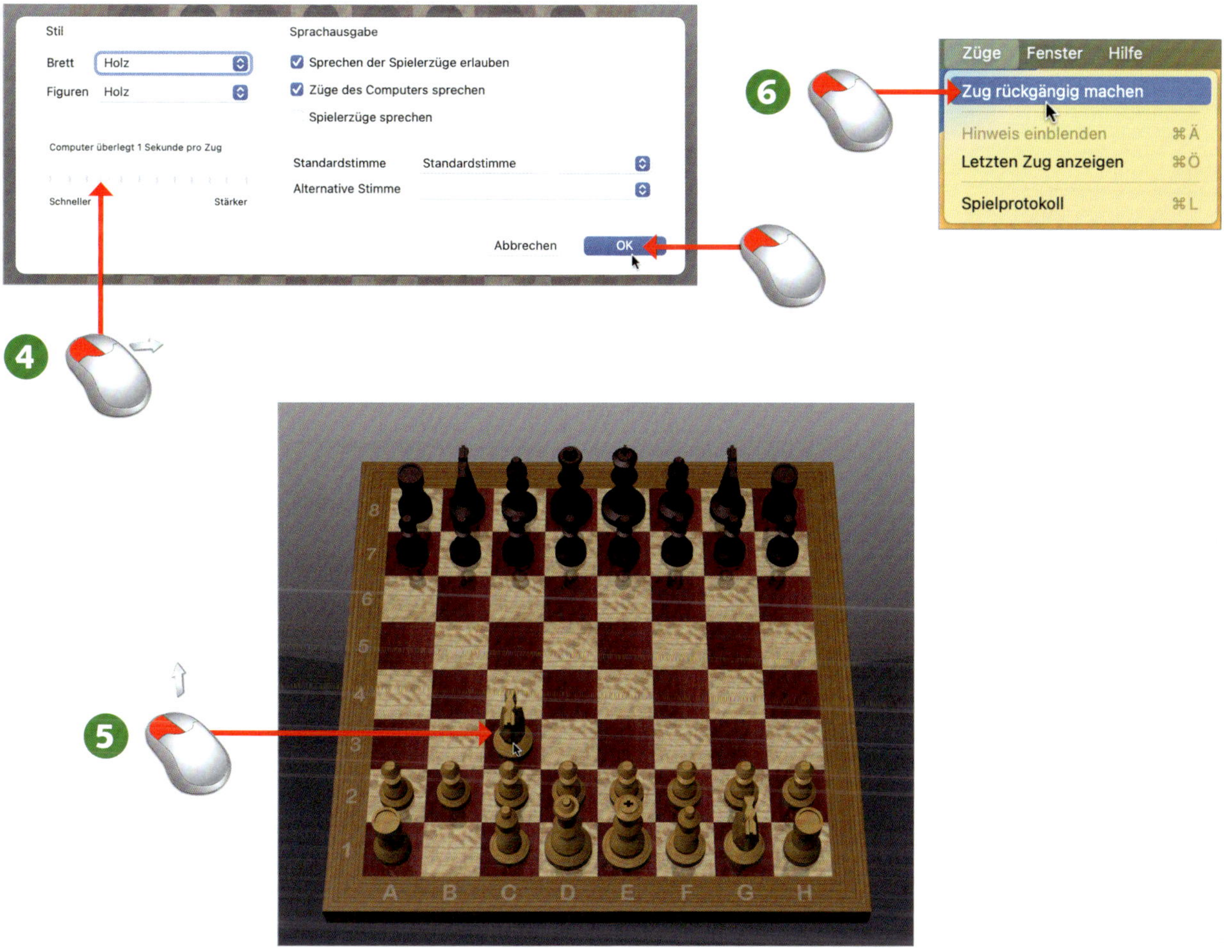

4 Die Schwierigkeitsstufe bestimmen Sie per Schieberegler. Nehmen Sie gegebenenfalls weitere Einstellungen vor und bestätigen Sie mit *OK*.

5 Um einen Zug mit der Maus zu tätigen, ziehen Sie die Figur bei gedrückter Maustaste in die gewünschte Position.

6 Möchten Sie einen Zug zurücknehmen? Dazu wählen Sie in der Menüleiste *Züge/Zug rückgängig machen*.

Ende

HINWEIS

Sie können eine Partie speichern (dies wird Ihnen beim Schließen automatisch angeboten) und später fortsetzen – wählen Sie hierzu unter *Spiel/Benutzte Dokumente* eine Schachdatei aus.

TIPP

Verwenden Sie die Tastenkombination command + L, um rechts neben dem Schachbrett ein Spielprotokoll ein- und auch wieder auszublenden.

Start

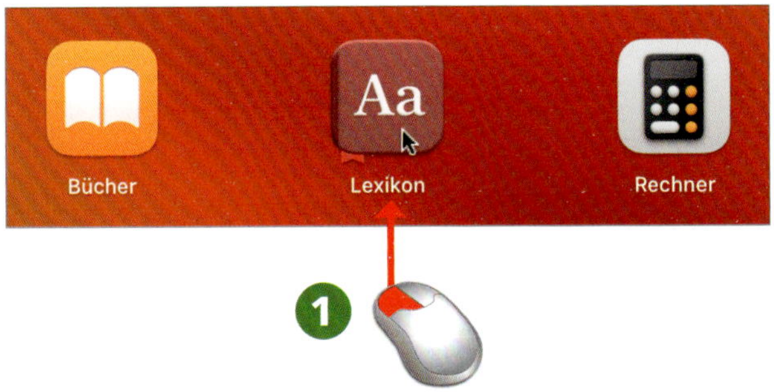

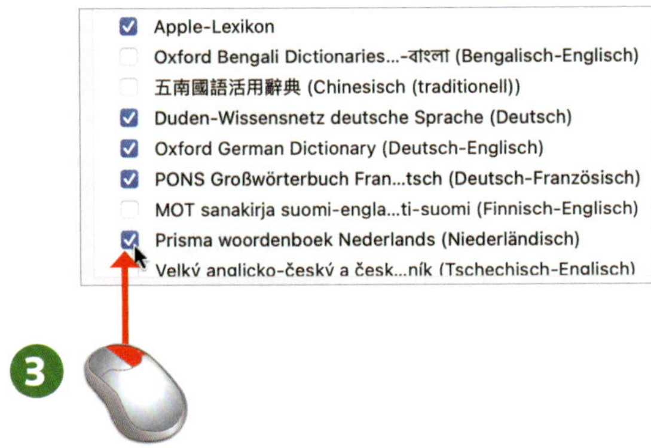

1. Öffnen Sie im Launchpad die App *Lexikon*.

2. Zunächst wählen Sie die Lexika aus, die Sie verwenden möchten. Dazu klicken Sie in der Menüleiste unter *Lexikon* auf *Einstellungen*.

3. Bestimmen Sie nun per Kontrollkästchen, welche Lexika Sie verwenden möchten und welche nicht.

WISSEN

Zum schnellen Nachschlagen hält Ihr Mac die App *Lexikon* bereit, die aber nicht nur eines, sondern gleich mehrere Lexika enthält. Schlagen Sie beispielsweise schwierige Wörter im Duden nach oder klären Sie unbekannte Begriffe in der Online-Enzyklopädie Wikipedia. Die Anleitung auf dieser Doppelseite zeigt Ihnen, wie es gemacht wird.

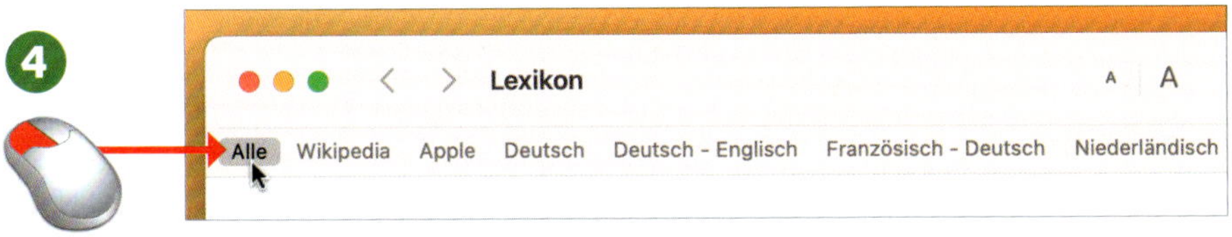

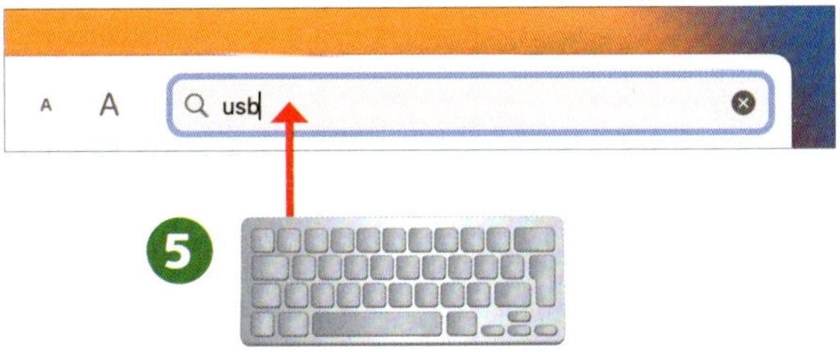

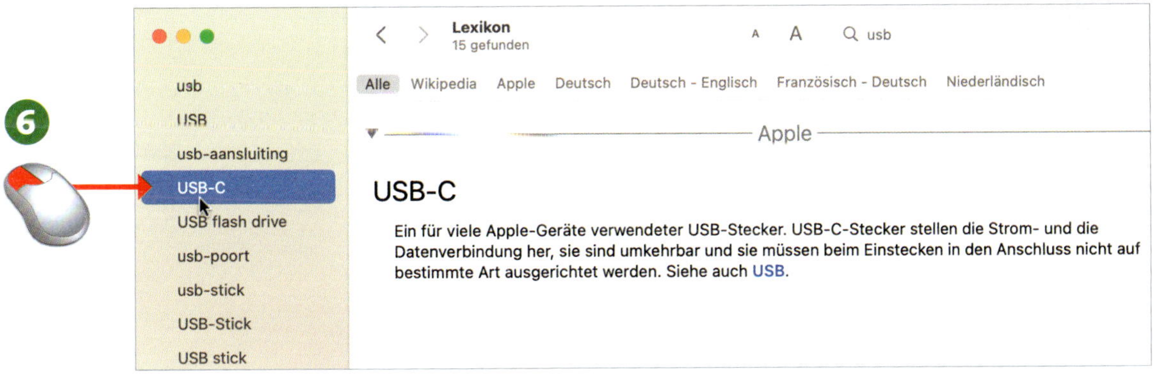

4 Legen Sie in der Leiste oben im *Lexikon*-Fenster fest, welches der ausgewählten Lexika Sie durchsuchen möchten. Um sämtliche Lexika zu durchsuchen, klicken Sie auf *Alle*.

5 Geben Sie rechts oben im Fenster einen Suchbegriff in das Suchfeld ein.

6 Klicken Sie einen Treffer an, um den entsprechenden Artikel zu lesen.

Ende

TIPP

Das Lexikon lässt sich noch erweitern. Nur ein Beispiel ist das Plug-in OpenThesaurus, das Sie hier herunterladen: *www.tekl.de/deutsch/OpenThesaurus_Deutsch.html*.

HINWEIS

Sie können auch mit Tastenkombinationen zwischen den einzelnen Lexika wechseln: command+0 steht für alle Lexika, command+1 für das erste Nachschlagewerk in der Liste, command+2 für das zweite Nachschlagewerk usw.

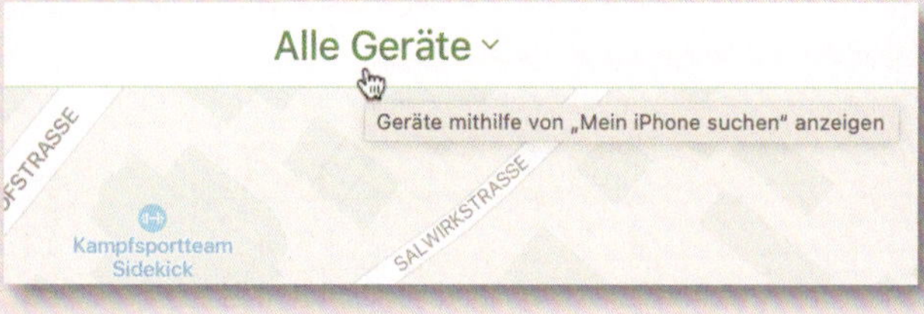
Alle Geräte
Geräte mithilfe von „Mein iPhone suchen“ anzeigen
SALWIRKSTRASSE
Kampfsportteam
Sidekick

Time Machine
Time Machine
Time Machine erstellt Backups deines Computers und behält lokale Schnappschüsse sowie stündliche Backups der letzten 24 Stunden, tägliche Backups für den letzten Monat und wöchentliche Backups für alle vorhergehenden Monate. Die ältesten Backups und lokale Schnappschüsse werden gelöscht, wenn Speicherplatz benötigt wird.
Backup-Volume hinzufügen ...
?

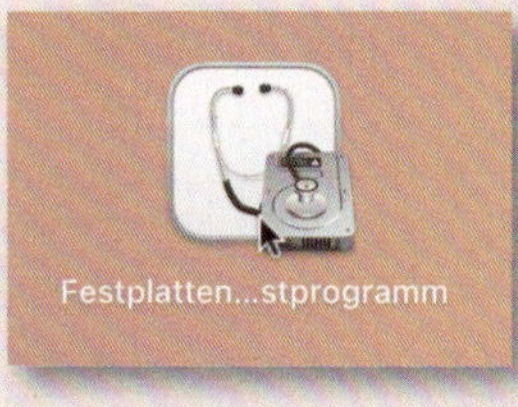
Festplatten...stprogramm

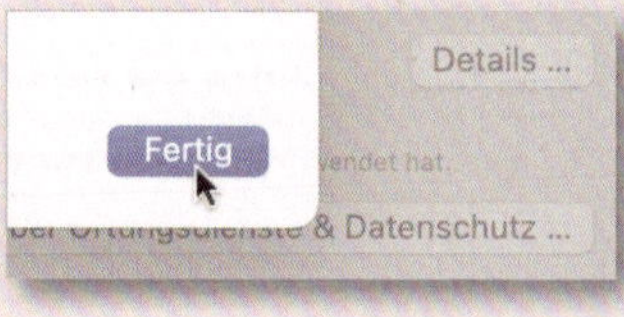
Details ...
Fertig

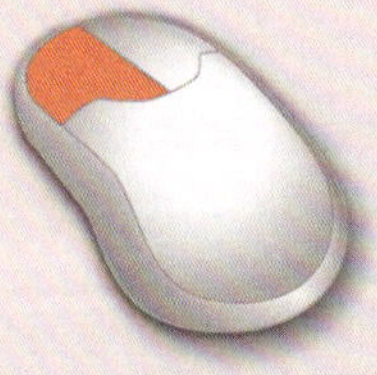

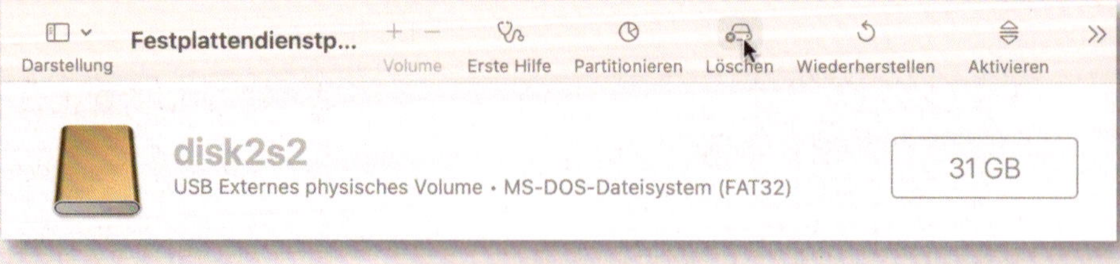
Darstellung
Festplattendienstp...
Volume
Erste Hilfe
Partitionieren
Löschen
Wiederherstellen
Aktivieren
disk2s2
USB Externes physisches Volume • MS-DOS-Dateisystem (FAT32)
31 GB

11

Sicherheit und Problemlösungen

Auch heute noch besteht einer der großen Vorteile eines Macs gegenüber einem Windows-Rechner in der erhöhten Sicherheit und geringeren Fehleranfälligkeit. Ein Mac ist deutlich weniger anfällig für Angriffe von außen, aber eine uneinnehmbare Festung ist der Mac nicht. Machen Sie sich deshalb in diesem Kapitel mit allen wichtigen Sicherheitsfunktionen des Macs vertraut und nehmen Sie essenzielle Sicherheitseinstellungen vor. Lernen Sie außerdem einige Problemlösungen kennen: das Beenden hakeliger Apps, das Wiederherstellen verloren gegangener Daten, das Zurücksetzen eines vergessenen Passworts sowie die Ortung eines verschwundenen Macs übers Internet.

Start

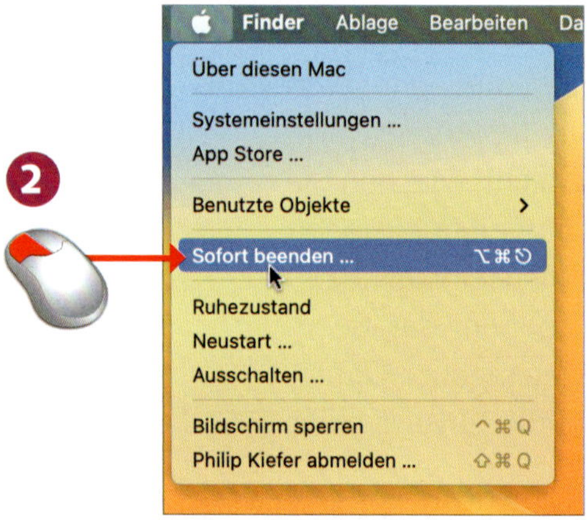

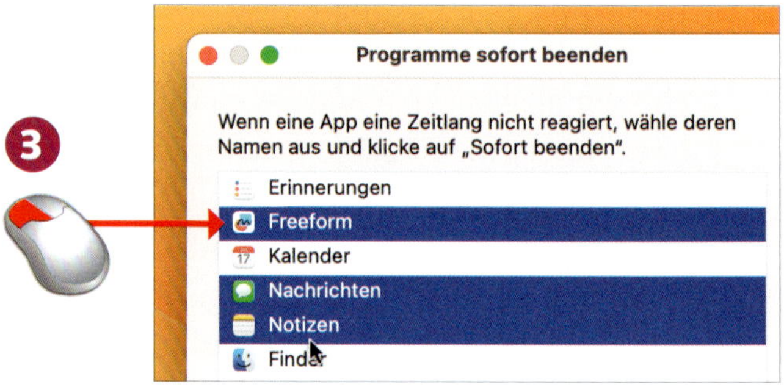

1 Klicken Sie links oben auf dem Bildschirm auf das Apfel-Symbol .

2 Wählen Sie im Apfel-Menü den Eintrag *Sofort beenden*.

3 Wählen Sie per Mausklick die zu beendende App aus. Mehrere Apps markieren Sie bei gedrückter command-Taste.

WISSEN

Falls sich eine App mal nicht auf herkömmliche Weise beenden lassen sollte, verwenden Sie das Fenster *Sofort beenden* – mit dessen Hilfe beenden Sie eine App rigoros und ohne Speicherversuche. Die Anwendung ist ganz simpel, wie Sie auf dieser Doppelseite sehen.

4 Klicken Sie unten im Fenster auf die Schaltfläche *Sofort beenden*.

5 Bestätigen Sie im folgenden Fenster erneut mit *Sofort beenden*.

6 Die App wird beendet, wobei nicht gespeicherte Informationen allerdings verloren gehen. Beenden Sie noch weitere Apps oder schließen Sie das Fenster.

Ende

TIPP

Das Fenster *Sofort beenden* schneller aufrufen: Drücken Sie dazu die Tastenkombination option + command + esc.

HINWEIS

So können Sie eine App ebenfalls sofort beenden: Klicken Sie das App-Symbol im Dock mit der rechten Maustaste bzw. bei gedrückter control-Taste an. Drücken Sie dann die option-Taste, um im Kontextmenü die Option *Sofort beenden* einzublenden.

Start

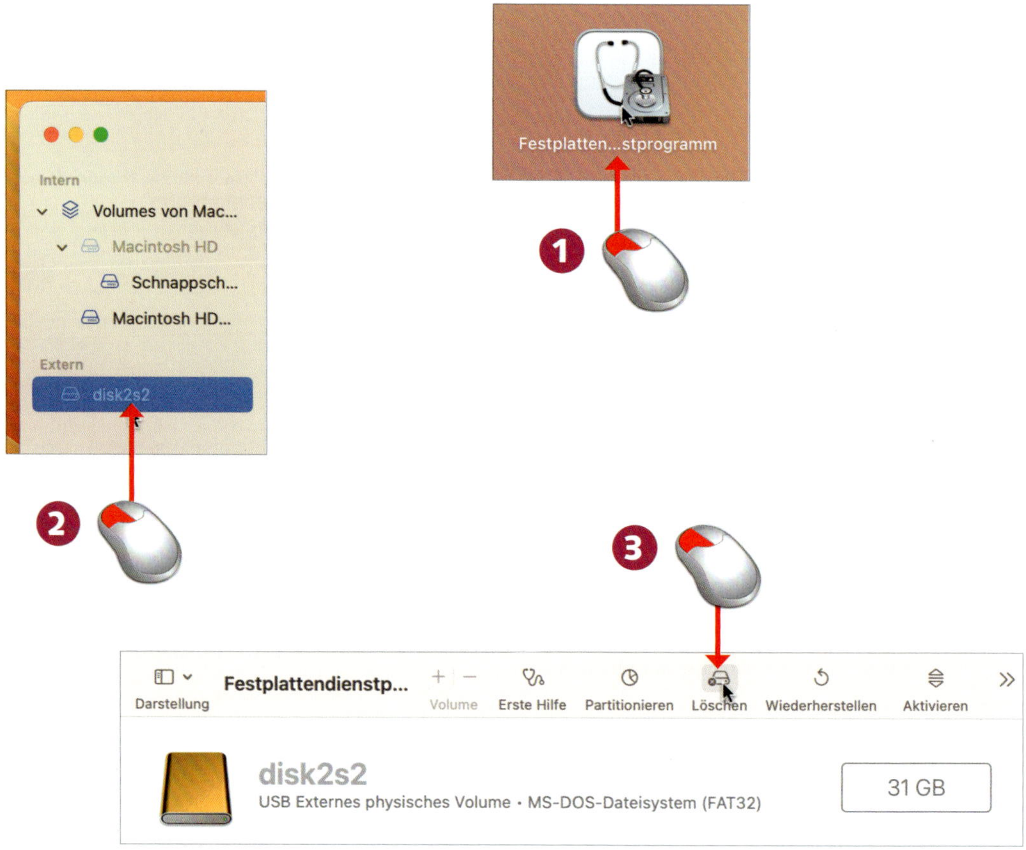

1. Öffnen Sie im Launchpad und dort im Ordner *Andere* das *Festplattendienstprogramm*.

2. Wählen Sie in der Liste links einen Datenträger aus, in diesem Fall den zu formatierenden USB-Speicherstick.

3. Sie finden oben im Fenster des Festplattendienstprogramms verschiedene Schaltflächen. Klicken Sie auf *Löschen*.

WISSEN

Für die Verwaltung der Festplatte und anderer Datenträger steht auf Ihrem Mac ein Festplattendienstprogramm zur Verfügung. Lassen Sie mich Ihnen auf dieser Doppelseite exemplarisch zeigen, wie Sie mit dem Festplattendienstprogramm einen an den Mac angeschlossenen USB-Speicherstick formatieren.

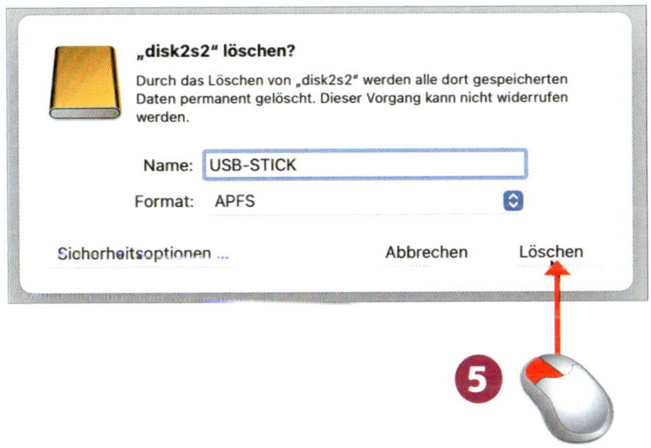

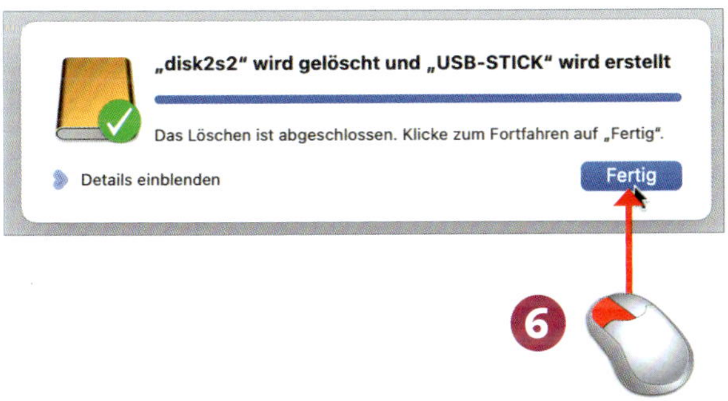

4 Passen Sie gegebenenfalls den Laufwerknamen an. Legen Sie im Menü *Format* fest, welches Format für die Formatierung angewendet werden soll.

5 Passen Sie gegebenenfalls auch noch den Laufwerknamen an. Klicken Sie dann auf *Löschen*.

6 Die Formatierung wird daraufhin durchgeführt. Bestätigen Sie nach erfolgter Formatierung mit *Fertig*.

Ende

HINWEIS

Ein Laufwerk auf Fehler überprüfen: Dazu klicken Sie im Festplattendienstprogramm auf die Schaltfläche *Erste Hilfe* und wählen dann *Ausführen*.

TIPP

Eine Festplatte in mehrere Laufwerke partitionieren: Dazu wählen Sie die Festplatte im Festplattendienstprogramm aus und entscheiden sich für *Partitionieren*.

Start

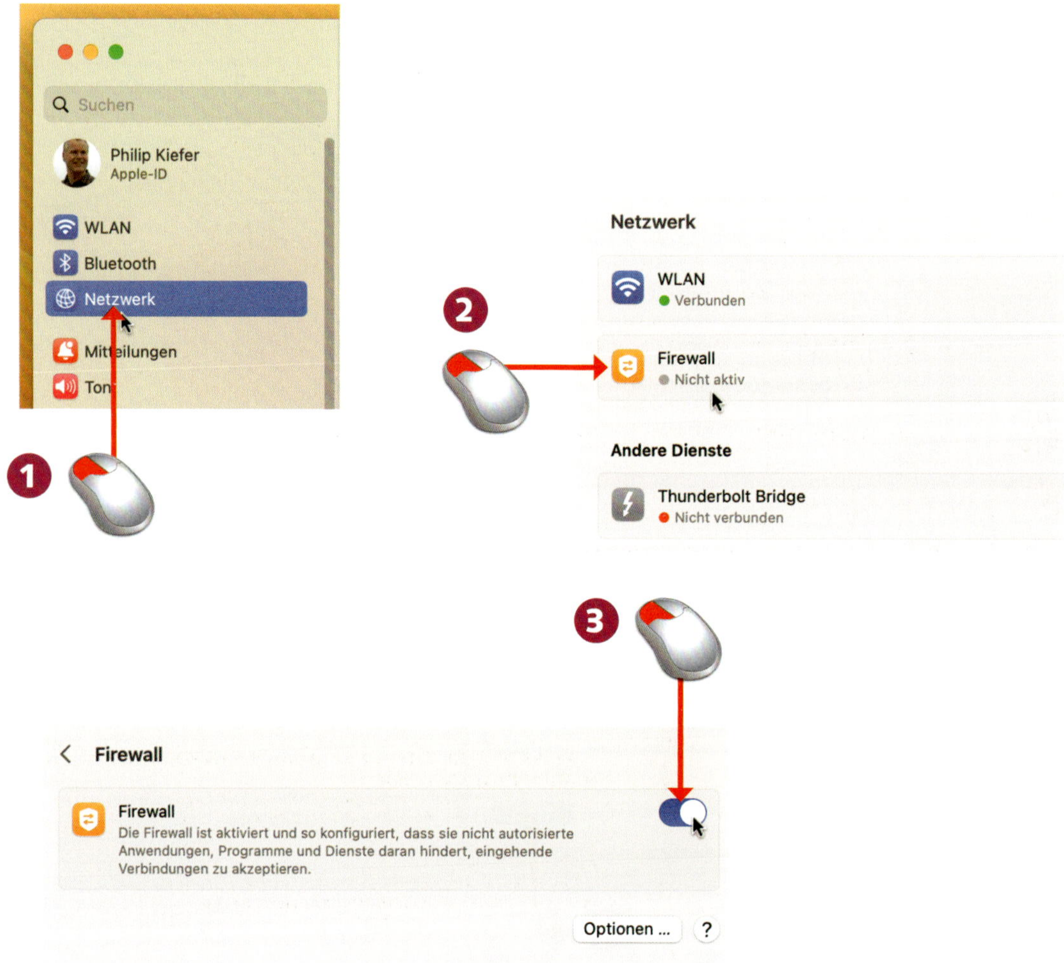

1. Öffnen Sie die *Systemeinstellungen* und wählen Sie in der Leiste links die Kategorie *Netzwerk*.

2. Wählen Sie nun den Eintrag *Firewall*. Ihnen wird bei dem Eintrag jeweils angezeigt, ob die Firewall aktiv oder nicht aktiv ist.

3. Aktivieren Sie die Firewall nun einfach per Schalter.

WISSEN

Ein Mac ist weitaus sicherer als ein Windows-PC. Aber einige Sicherheitsvorkehrungen sollten Sie doch treffen. Auf dieser Doppelseite zeige ich Ihnen, wie Sie auf Ihrem Mac eine bereits integrierte Firewall aktivieren, die für die Überwachung des eingehenden Datenverkehrs zuständig ist.

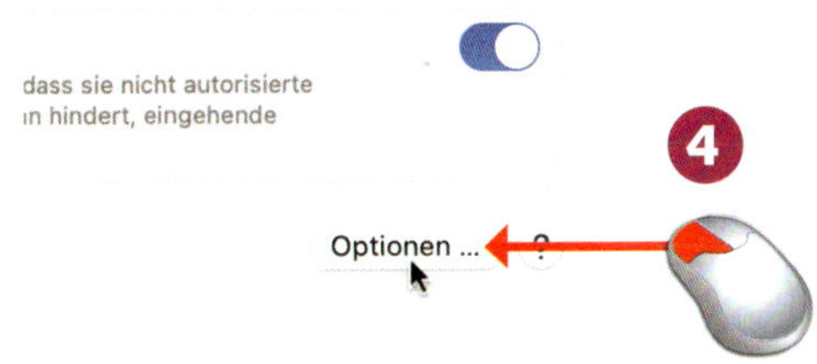

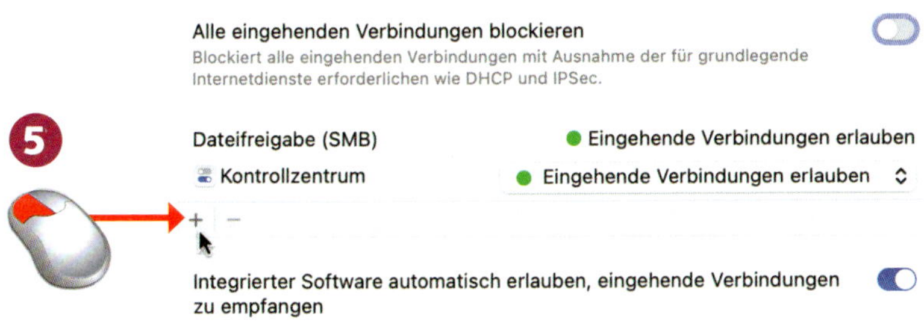

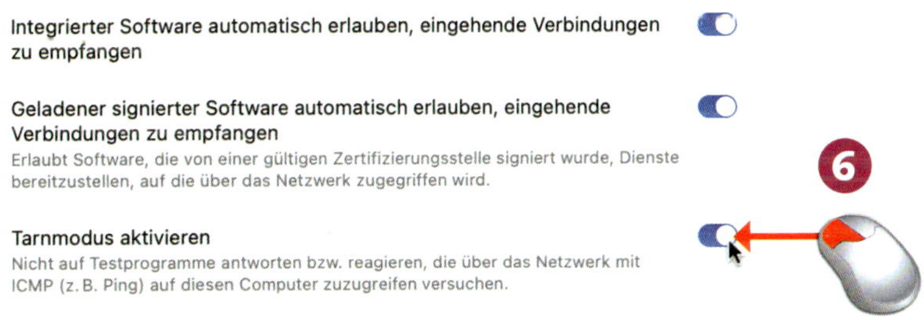

4 Möchten Sie einzelnen Apps oder Diensten den Datenverkehr erlauben bzw. verweigern? Dazu klicken Sie auf die Schaltfläche *Optionen*.

5 Wählen Sie eine App, der Sie erlauben möchten, eingehende Verbindungen zu empfangen, unter dem Symbol + aus. Integrierten und signierten Apps ist dies standardmäßig erlaubt.

6 Um Ihren Mac für Testprogramme unsichtbar zu machen, aktivieren Sie den *Tarnmodus*.

Ende

HINWEIS

Signierter Software werden eingehende Verbindungen automatisch gestattet. Um das zu unterbinden, deaktivieren Sie im Fenster aus Schritt 5 den Schalter *Geladener signierter Software automatisch erlauben, eingehende Verbindungen zu empfangen.*

TIPP

Suchen Sie nach einer Antivirus-Software für Ihren Mac? Diesem Zweck könnte z. B. die kostenlose Software *Free Antivirus für Mac* dienen, die Sie unter der Webadresse *https://www.avira.com/de/free-antivirus-mac* finden.

Start

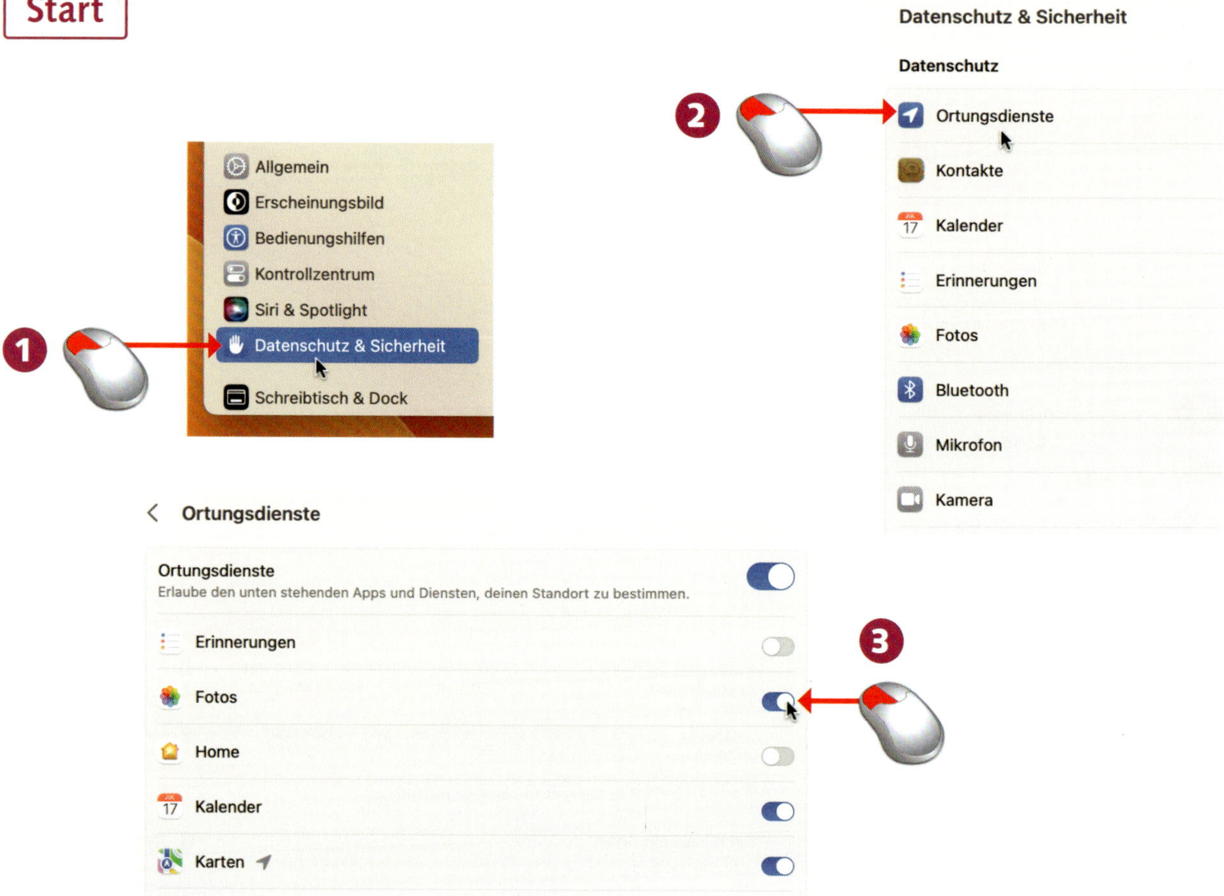

1. Die Datenschutzeinstellungen nehmen Sie in den *Systemeinstellungen* in der Kategorie *Datenschutz & Sicherheit* vor.

2. Sie erhalten eine Liste der im Hinblick auf den Datenschutz relevanten Funktionen. Wählen Sie einen Eintrag aus, z. B. *Ortungsdienste*.

3. Bestimmen Sie per Schalter, welche Apps auf den Standort Ihres Macs zugreifen dürfen und welche nicht.

WISSEN

Es wird ein Hinweisfenster angezeigt, wenn eine App auf sensible Daten wie Ihren Standort oder Ihre Kamera zugreifen will, und Sie können selbst entscheiden, ob Sie den Zugriff auf diese Daten gewähren möchten. Die Datenschutzeinstellungen lassen sich aber auch noch nachträglich ändern, wie Sie hier erfahren.

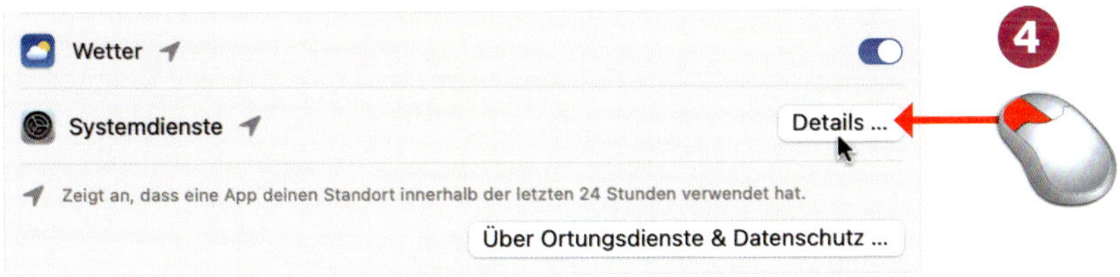

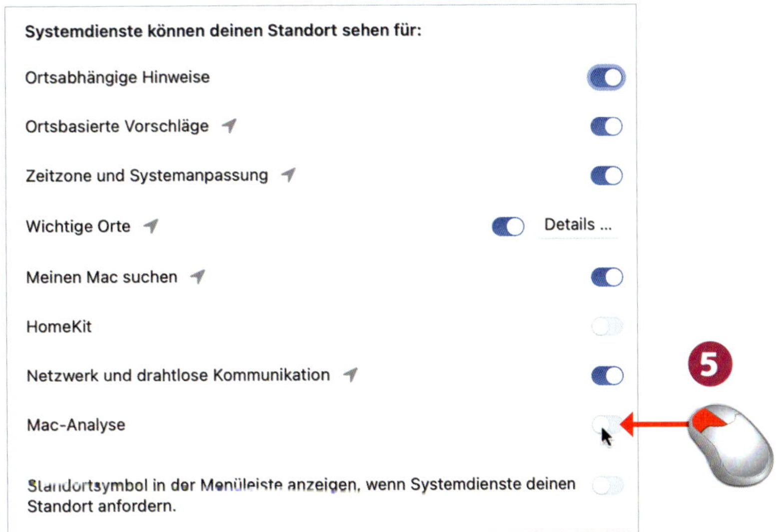

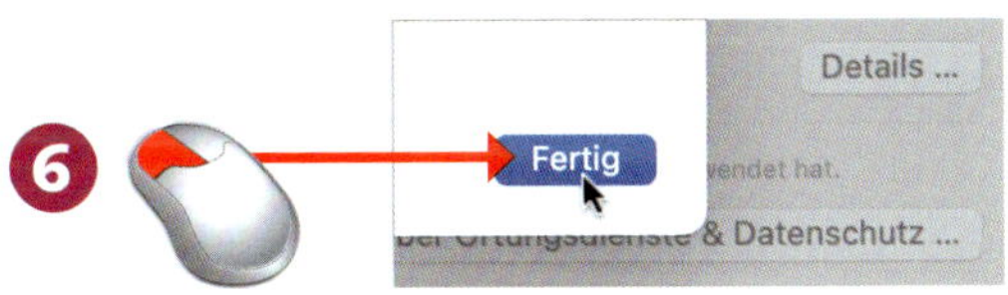

4 Speziell im Zusammenhang mit den Ortungsdiensten ist interessant, welche Systemdienste auf Ihren Standort zugreifen. Klicken Sie unten unter *Ortungsdienste* bei *Systemdienste* auf die Schaltfläche *Details*.

5 Hier können Sie eine Menge Schalter deaktivieren, etwa zu ortsbasierten Vorschlägen, zur Mac-Analyse usw.

6 Bestätigen Sie Ihre Einstellungen mit der Schaltfläche *Fertig*.

Ende

HINWEIS

Eine generelle Empfehlung: Gewähren Sie gerade so viel Zugriff auf Ihre Daten, wie unbedingt notwendig ist. Zu »neugierige« Apps sollten Sie gar nicht erst verwenden.

TIPP

Für die Ortung Ihres Macs werden übrigens in der Nähe befindliche WLANs ausgewertet. Um vorübergehend eine Ortung zu unterbinden, können Sie also auch einfach die WLAN-Funktion deaktivieren.

Start

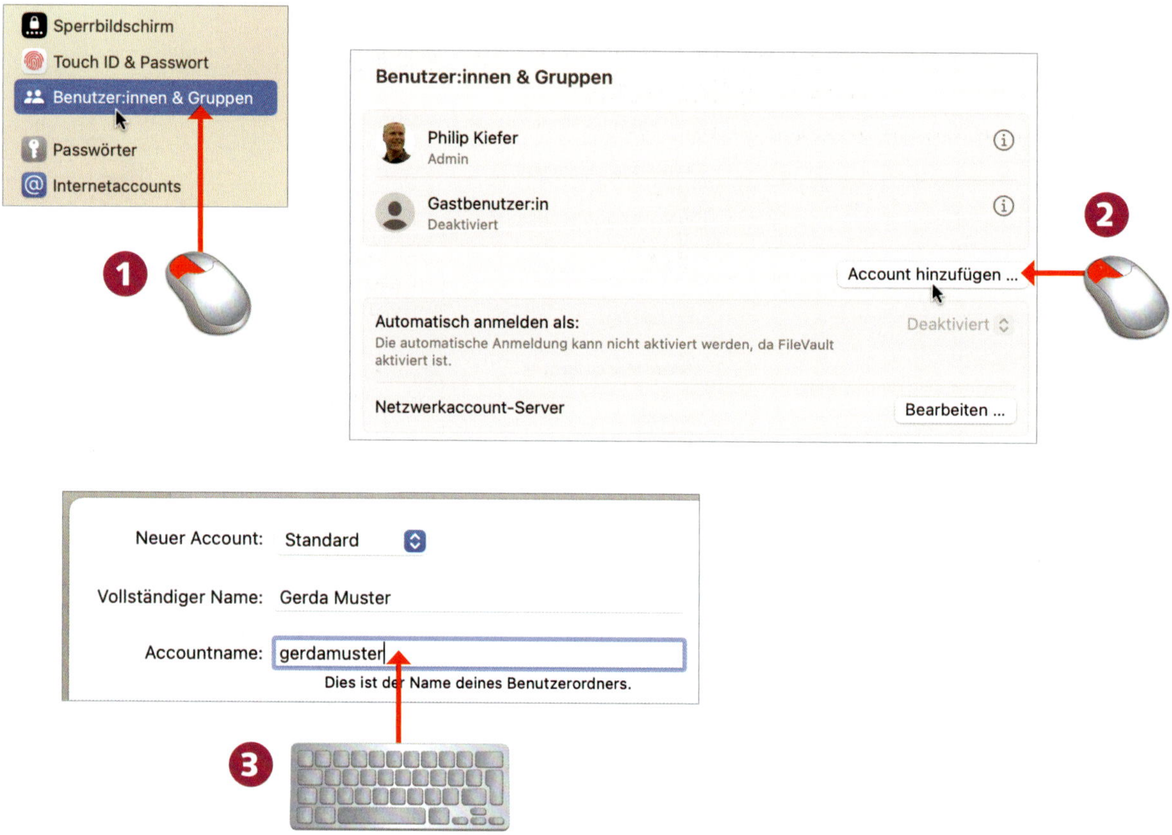

1. Entscheiden Sie sich in den *Systemeinstellungen* für die Kategorie *Benutzer:innen & Gruppen*.
2. Klicken Sie auf die Schaltfläche *Account hinzufügen*. Anschließend heben Sie mit Ihrem Mac-Passwort den Schutz auf.
3. Legen Sie im Menü *Neuer Account* fest, um was für einen Kontotyp es sich handeln soll. Nur ein Administrator hat Vollzugriff, andere Benutzer haben eingeschränkte Rechte. Geben Sie den Namen des Benutzers ein und wählen Sie einen Accountnamen.

WISSEN

Wenn Sie Ihren Mac nicht allein nutzen, empfiehlt es sich unbedingt, für jeden Nutzer ein eigenes Benutzerkonto anzulegen. Es erlaubt jedem Benutzer, die eigenen Einstellungen zu speichern. Außerdem werden für jeden Benutzer verschiedene Benutzerordner angelegt, in denen er seine eigenen Dateien speichern kann. Benutzerkonten sind auf dem Mac schnell erstellt!

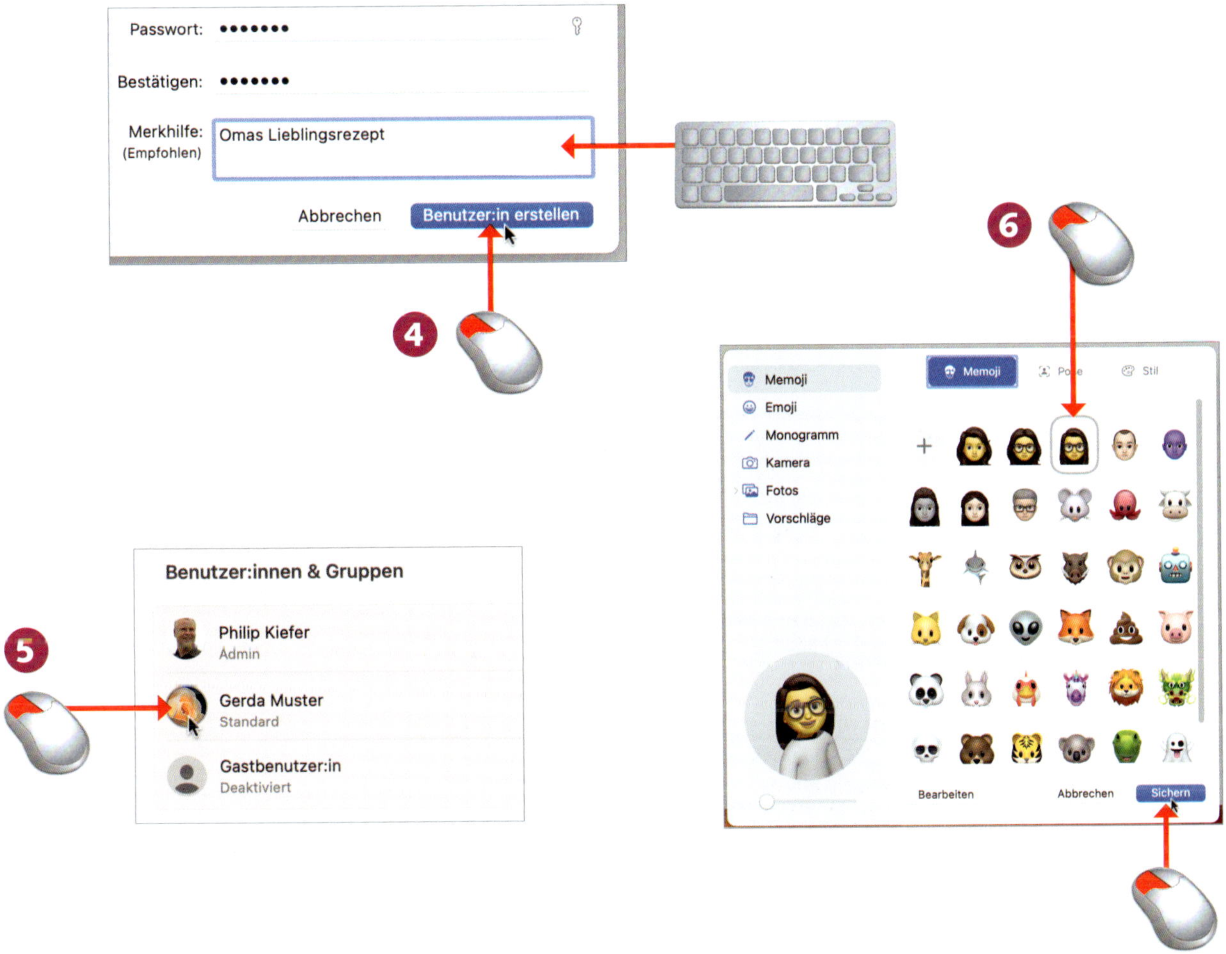

4 Geben Sie zweimal ein Passwort sowie eine Merkhilfe dazu ein. Klicken Sie schließlich auf *Benutzer:in erstellen*.

5 Der neue Benutzer wird nun in der Liste aufgeführt. Möchten Sie das automatisch erstellte Bild des Benutzers ändern, klicken Sie auf das Bild.

6 Wählen Sie ein anderes Bild aus und bestätigen Sie Ihre Auswahl mit *Sichern*.

Ende

TIPP

Ihre Tante Luise ist zu Besuch und möchte Ihren Mac verwenden? Aktivieren Sie die Option *Gastbenutzer:in*, um ihr auf die Schnelle Zugriff darauf zu gewähren, ohne dass sie im System Schaden anrichten kann.

HINWEIS

Einen Account wieder löschen: Diese Option finden Sie bei einem Benutzernamen unter dem Symbol ⓘ.

Start

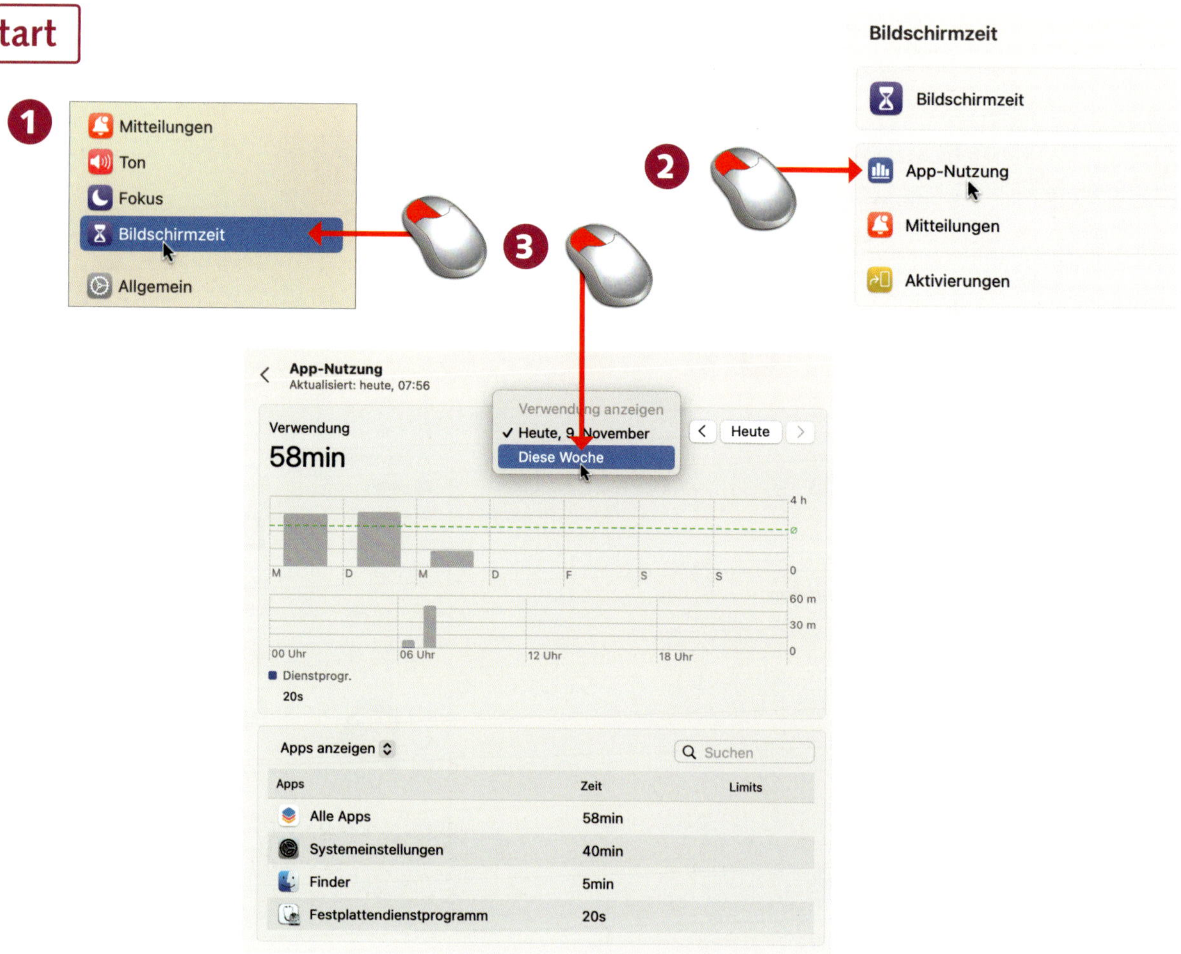

1. Entscheiden Sie sich in den *Systemeinstellungen* für die Kategorie *Bildschirmzeit*.

2. Befassen Sie sich zunächst mit den informierenden Einträgen, etwa zu Ihrer *App-Nutzung*, um den Ist-Zustand zu ermitteln.

3. Sie erhalten eine entsprechende Statistik und können sich diese für einen einzelnen Tag oder für die ganze Woche anzeigen lassen.

WISSEN

Vergessen Sie die Zeit, wenn Sie vor dem Bildschirm sitzen? Dann geht es Ihnen wie so vielen. Um Ihre Bildschirmzeit – oder die Bildschirmzeit Ihres Sprösslings – im Blick zu behalten, verwenden Sie die unter macOS Ventura verfügbare Funktion *Bildschirmzeit*. Damit verschaffen Sie sich nicht nur einen Überblick über die Bildschirmzeit, sondern Sie können auch verschiedene Limits festlegen.

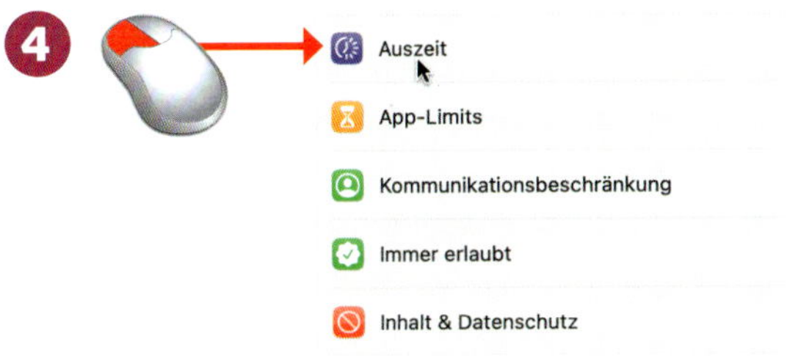

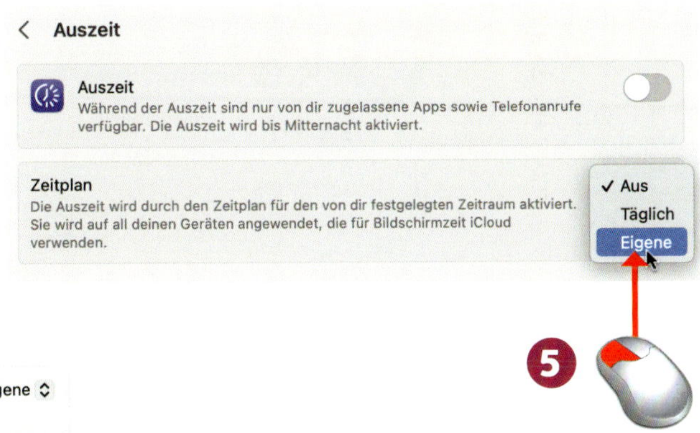

4 Daneben bieten sich Ihnen einschränkende Elemente. Konfigurieren Sie z. B. eine *Auszeit* vom Bildschirm, indem Sie den entsprechenden Eintrag anklicken.

5 Legen Sie einen Zeitplan für eine bildschirmfreie Zeit fest. Dazu klicken Sie im Menü *Zeitplan* auf den Eintrag *Eigene*.

6 Bestimmen Sie nun die gewünschten Auszeiten für jeden einzelnen Tag der Woche.

Ende

HINWEIS

Soll die Nutzung von Apps aus bestimmten Kategorien (z. B. Spiele oder soziale Netzwerke) zeitlich begrenzt werden, bestimmen Sie dies unter *App-Limits*.

TIPP

Wenn Sie das Benutzerkonto eines Kindes verwalten, empfiehlt es sich, unter *Inhalt & Datenschutz* kindgerechte Beschränkungen zu konfigurieren.

Start

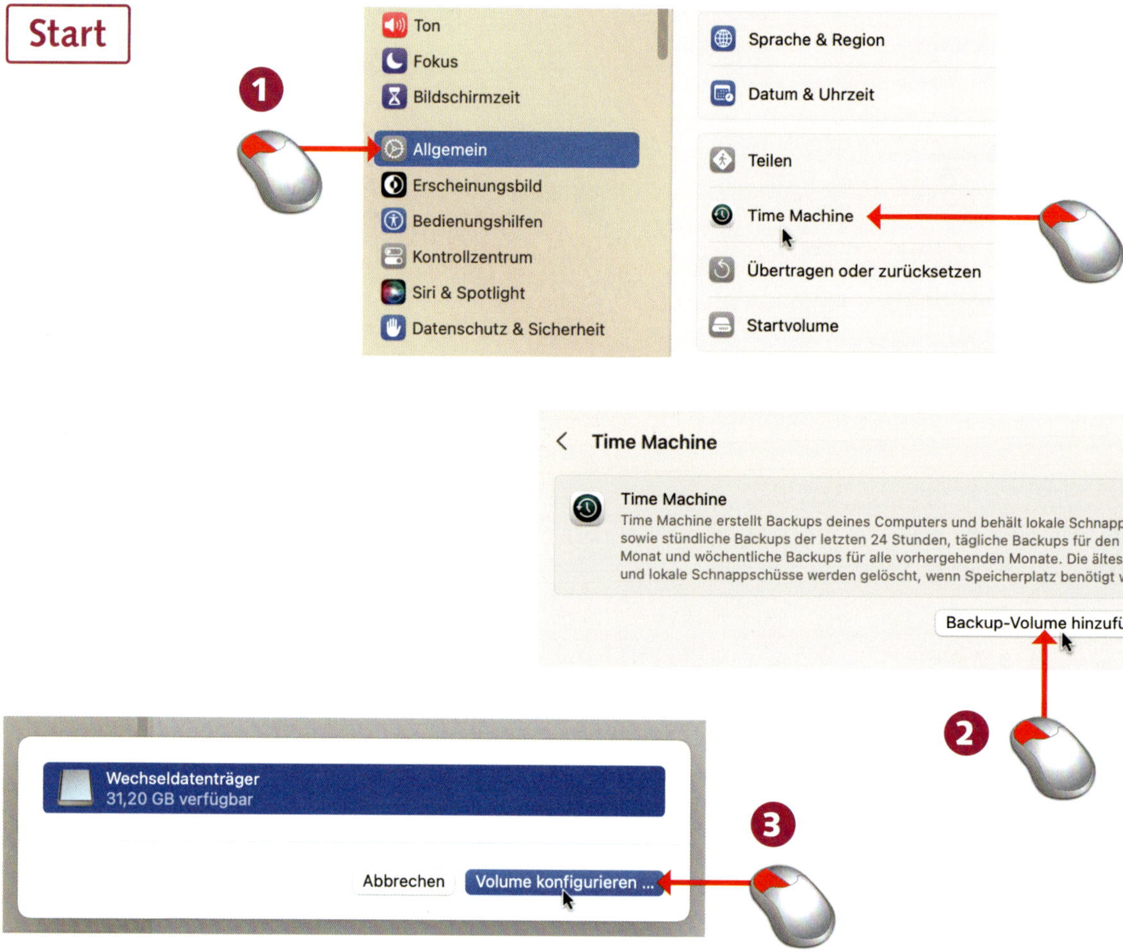

1. Um Ihre Daten zu sichern, entscheiden Sie sich zunächst mal in den *Systemeinstellungen* in der Kategorie *Allgemein* für den Eintrag *Time Machine*.
2. Der Datenträger zum Speichern des Backups ist bereits verbunden. Klicken Sie auf die Schaltfläche *Backup-Volume hinzufügen*.
3. Wählen Sie das Laufwerk aus, auf dem die Datensicherung durchgeführt werden soll – etwa eine externe Festplatte –, und bestätigen Sie mit *Volume konfigurieren*.

WISSEN

Die auf Ihrem Mac bereits verfügbare Funktion *Time Machine* (»Zeitmaschine«) macht die Datensicherung zum reinsten Kinderspiel. Voraussetzung ist lediglich, dass Sie über ein passendes Speichermedium verfügen. Wie Sie zur Konfiguration der Time Machine vorgehen, erklärt diese Doppelseite.

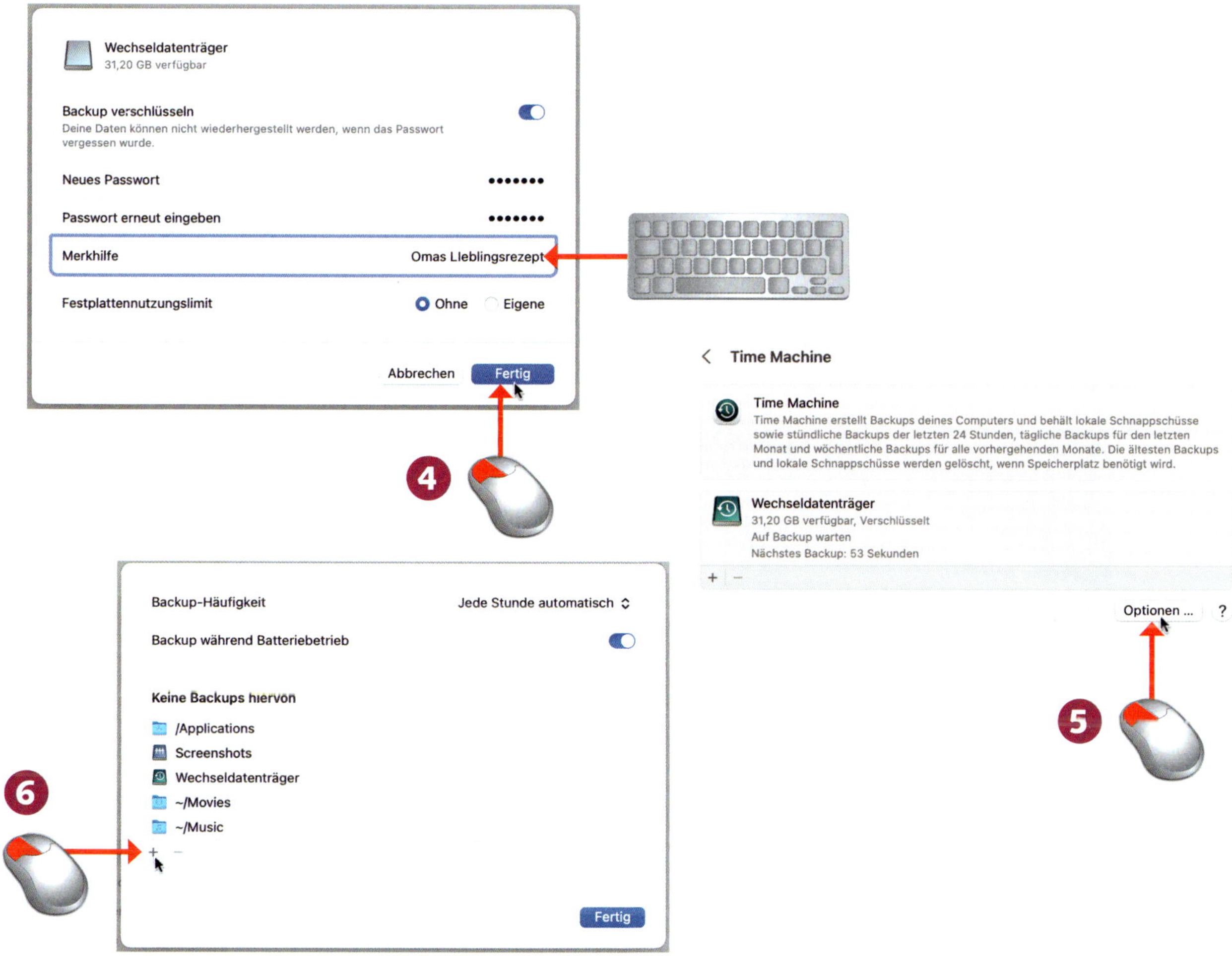

4 Vergeben Sie ein Passwort für das Backup und versehen Sie dieses mit einer Merkhilfe, bevor Sie auf die Schaltfläche *Fertig* klicken.

5 Wählen Sie nun noch die Schaltfläche *Optionen*, falls Sie bestimmte Elemente von der Datensicherung ausschließen möchten.

6 Schließen Sie z. B. speicherintensive Ordner wie Medienordner von der Datensicherung aus. Bestätigen Sie erneut mit *Fertig*. Das erste Backup wird anschließend automatisch durchgeführt.

Ende

HINWEIS

Bei der Datensicherung werden stundlich die Daten der letzten 24 Stunden gesichert, täglich die Daten des letzten Monats und wöchentlich die Daten der vorherigen Monate. Ist das Laufwerk voll, werden ältere Sicherungsdaten automatisch gelöscht.

TIPP

Ist die Time Machine aktiviert, wird das Menulet automatisch eingeblendet. Unter diesem Menulet können Sie ein Backup jederzeit auch manuell anstoßen.

Start

1

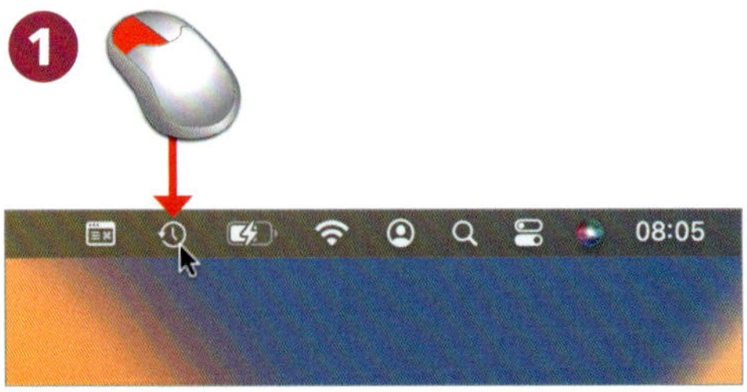

2

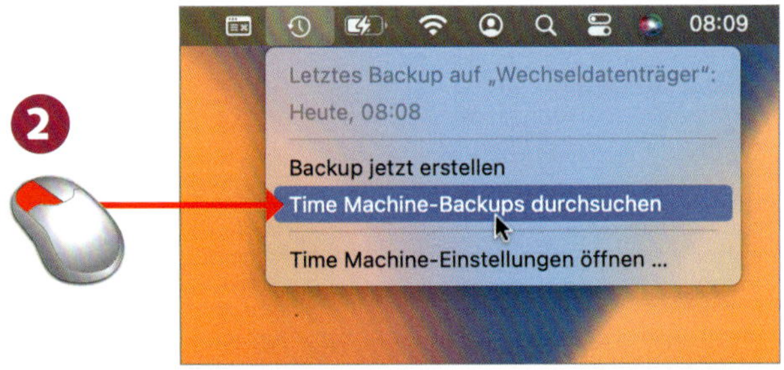

3

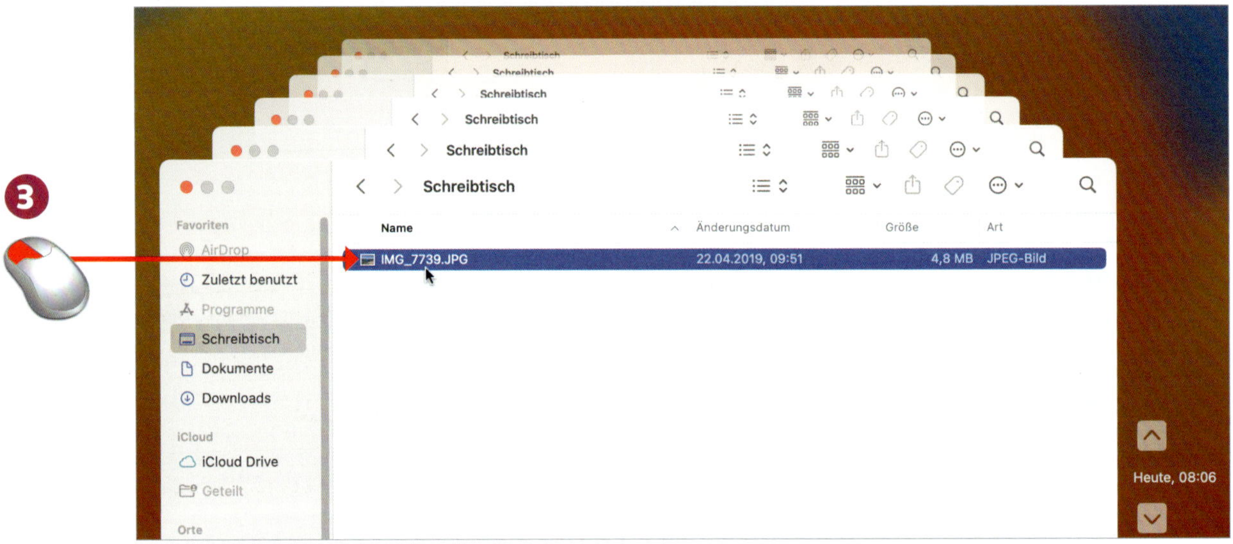

1. Um Dateien aus einer Time-Machine-Sicherung wiederherzustellen, klicken Sie auf das Menulet .

2. Entscheiden Sie sich im Menü für *Time Machine-Backups durchsuchen*.

3. Wählen Sie eine Datensicherung aus und klicken Sie das wiederherzustellende Element an.

WISSEN

Sobald eine Datensicherung vorliegt, lassen sich Ihre Daten bei Bedarf wiederherstellen – sowohl insgesamt als auch im Hinblick auf einzelne Elemente, die vielleicht verloren gegangen oder ungewünscht geändert worden sind. Wie Sie für die Wiederherstellung Ihrer Daten vorgehen, erfahren Sie hier.

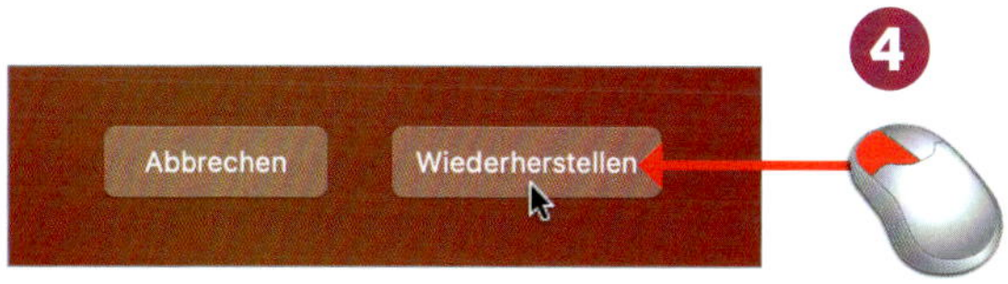

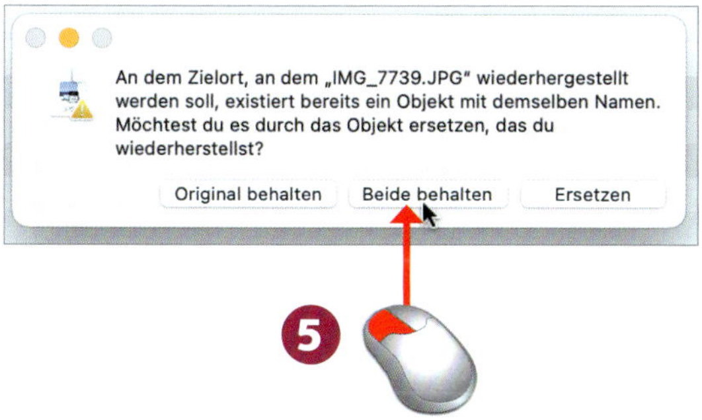

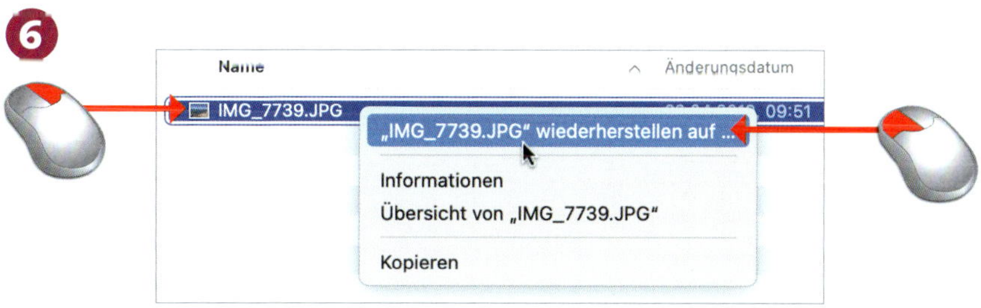

4 Bestätigen Sie Ihre Auswahl mit der *Wiederherstellen*-Schaltfläche.

5 Falls ein Element mit diesem Namen vorhanden ist, entscheiden Sie per Schaltfläche, ob Sie beide Elemente behalten möchten oder ob das Original ersetzt werden soll.

6 Alternativ können Sie den Speicherort für die Wiederherstellung festlegen, indem Sie ein Element in der Time Machine mit der rechten Maustaste bzw. bei gedrückter control-Taste anklicken. Im Kontextmenü wählen Sie ... *wiederherstellen auf*.

Ende

HINWEIS

Die Datensicherung lässt sich auch für eine komplette Systemwiederherstellung einsetzen. Dazu halten Sie beim Starten des Macs die Tasten command+R gedrückt. In den angezeigten Wiederherstellungsoptionen wählen Sie *Aus Time Machine-Backup wiederherstellen*.

TIPP

Oder möchten Sie macOS neu installieren? Dazu halten Sie beim Starten ebenfalls command+R gedrückt und wählen dann die entsprechende Wiederherstellungsoption.

Start

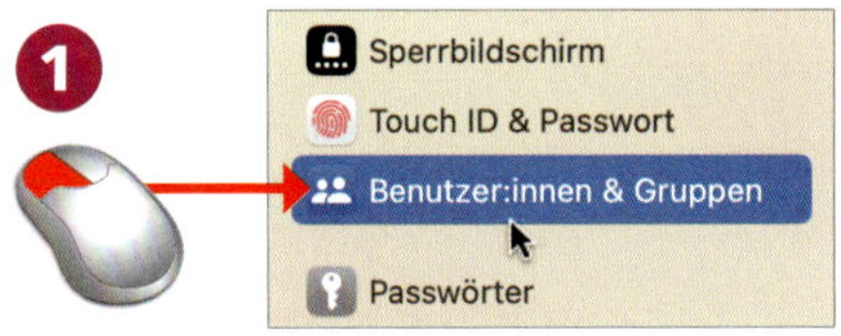

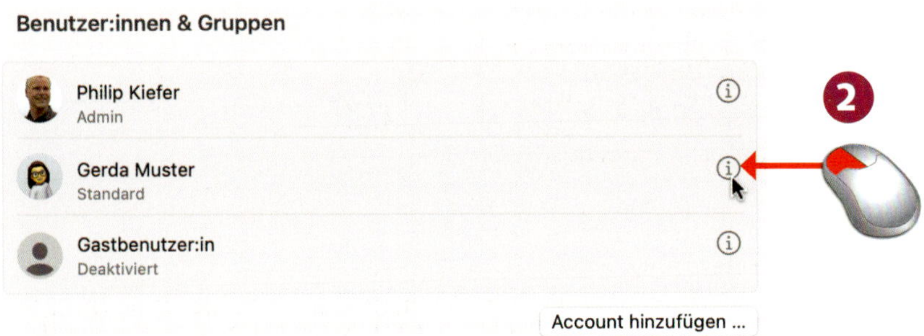

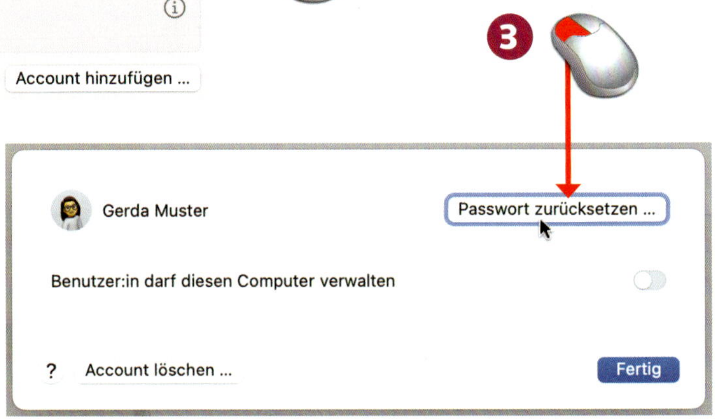

1. Ein Administrator entscheidet sich in den *Systemeinstellungen* für die Kategorie *Benutzer:innen & Gruppen*.
2. Klicken Sie bei dem Benutzerkonto, für das das Passwort zurückgesetzt werden soll, auf das Symbol ⓘ.
3. Klicken Sie im folgenden Fenster auf die Schaltfläche *Passwort zurücksetzen*.

WISSEN

Falls ein Benutzer einmal sein Passwort vergessen sollte, ist das kein Beinbruch. Als Administrator können Sie ein Passwort mit wenigen Handgriffen zurücksetzen. Wie das geht, lesen Sie auf dieser Doppelseite.

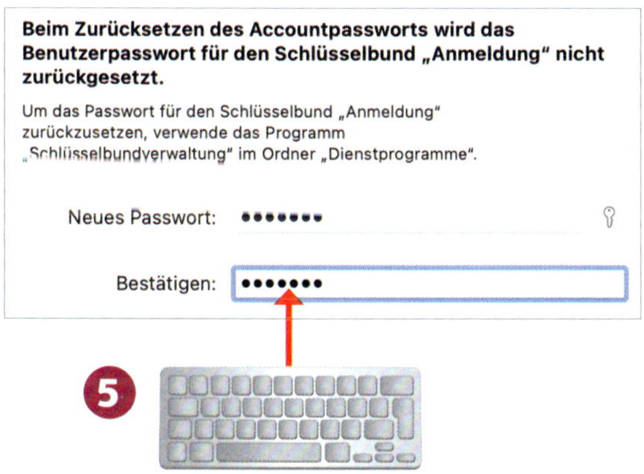

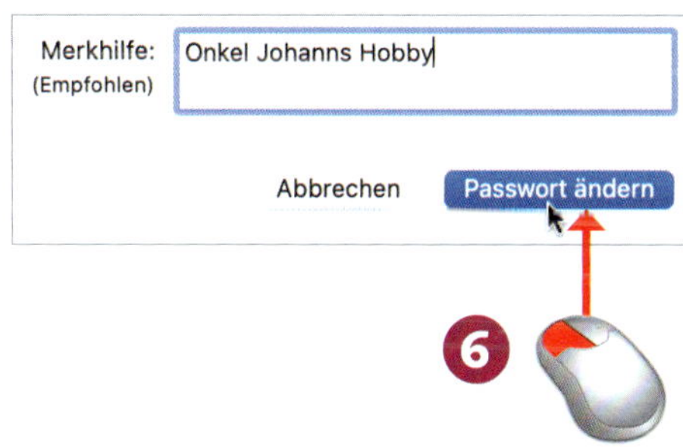

4 Geben Sie das zu Ihrem eigenen Administratorkonto gehörende Passwort ein und klicken Sie auf *Schutz aufheben*.

5 Nun wird zweimal das gewünschte neue Passwort eingetippt.

6 Schließlich wird noch eine Merkhilfe eingegeben und dann das Zurücksetzen des Passworts mit *Passwort ändern* bestätigt.

Ende

HINWEIS

Wenn Sie sich bei der Eingabe des Passworts vertippen, wird Ihnen automatisch die Merkhilfe angezeigt. Wählen Sie eine Merkhilfe, die Sie wirklich an das Passwort erinnert, aber ohne dass andere Personen damit das Passwort ermitteln können.

TIPP

Falls Sie das zu Ihrer Apple-ID gehörende Passwort vergessen haben, finden Sie unter der Webadresse *https://iforgot.apple.com* Optionen zum Zurücksetzen.

Start

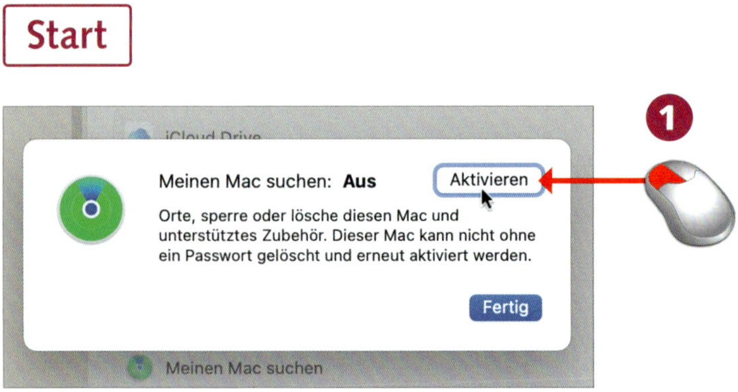

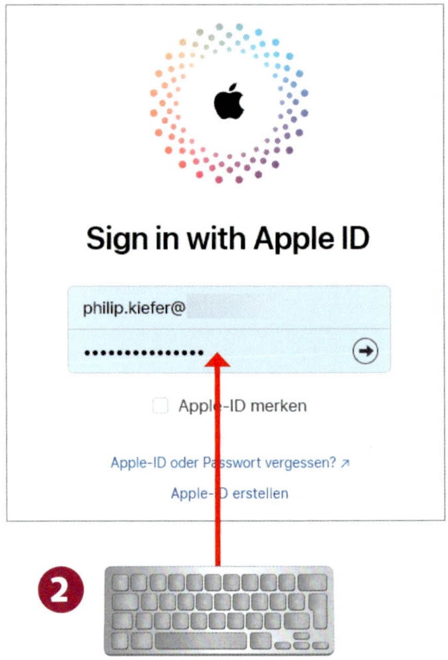

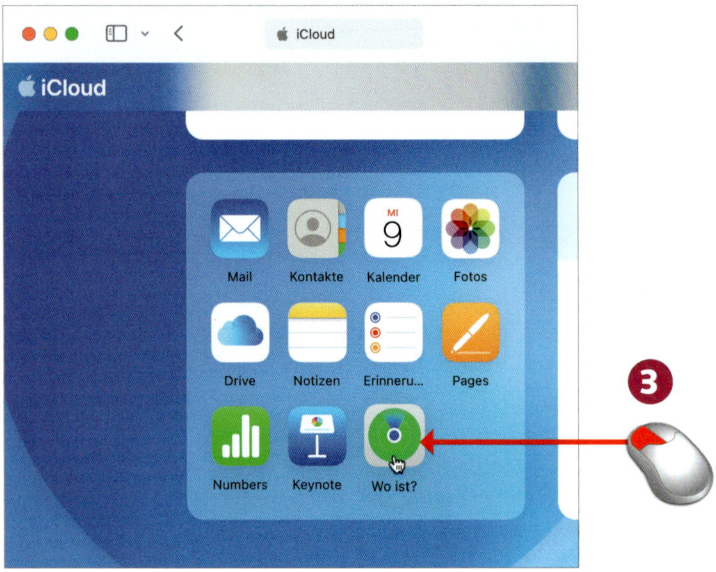

1 Aktivieren Sie, falls noch nicht geschehen, in den *Systemeinstellungen* unter *Apple-ID/iCloud* die Option *Meinen Mac suchen*.

2 Um die Ortung durchzuführen, öffnen Sie in einem beliebigen Browser die Webadresse *www.icloud.com* und melden sich mit Ihrer Apple-ID an.

3 Ihnen werden die verschiedenen Web-Apps präsentiert. Sie wählen die Web-App *Wo ist?*.

WISSEN

Falls Sie Ihren Mac – insbesondere ein MacBook – mal verlegt haben sollten, lässt sich dieses übers Internet orten. Voraussetzungen sind, dass die entsprechende iCloud-Funktion aktiviert wurde (vgl. Schritt 1), dass das Gerät eingeschaltet und die WLAN-Funktion aktiviert ist, über die die Ortung erfolgt. Alles Weitere erfahren Sie in dieser Schrittanleitung.

4 Ihnen wird eine Karte angezeigt. Falls Sie über mehrere Apple-Geräte verfügen, klicken Sie zunächst oben auf *Alle Geräte*.

5 Wählen Sie Ihren Mac in der Liste aus. Er wird als grüner Punkt ● auf der Karte angezeigt.

6 Mithilfe des eingeblendeten Menüs lässt sich auf dem Mac ein lauter Signalton abspielen, der Mac lässt sich außerdem aus der Ferne sperren sowie im äußersten Notfall auch löschen.

Ende

TIPP

In die Ortungskarte können Sie sich hineinzoomen, indem Sie in die Karte doppelklicken. Um sich wieder herauszuzoomen, doppelklicken Sie bei gedrückter option-Taste.

TIPP

Auf einem Mac mit macOS Ventura steht Ihnen die Ortungs-App *Wo ist?* auch im Launchpad zur Verfügung. Die App ist auf einem iPhone oder iPad ebenfalls vorhanden.

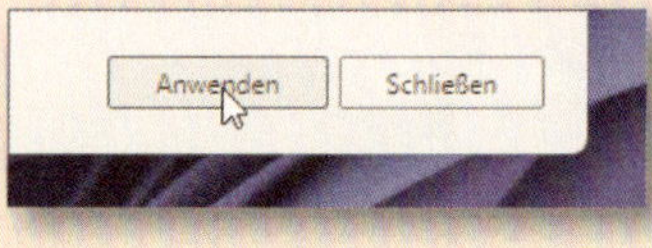
Anwenden
Schließen

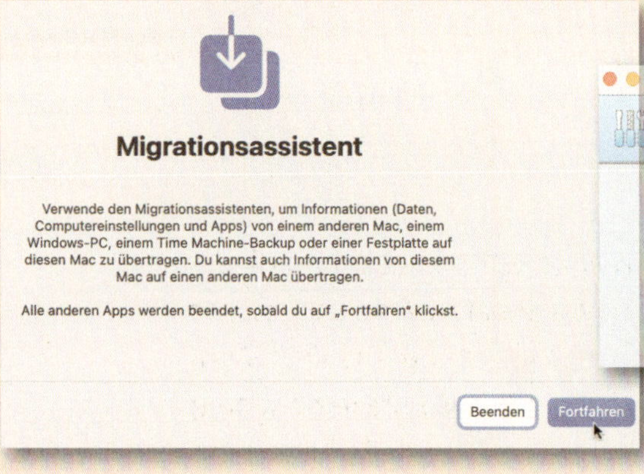
Migrationsassistent
Verwende den Migrationsassistenten, um Informationen (Daten, Computereinstellungen und Apps) von einem anderen Mac, einem Windows-PC, einem Time Machine-Backup oder einer Festplatte auf diesen Mac zu übertragen. Du kannst auch Informationen von diesem Mac auf einen anderen Mac übertragen.
Alle anderen Apps werden beendet, sobald du auf „Fortfahren" klickst.
Beenden
Fortfahren

Oracle VM VirtualBox Manager
Werkzeuge
Einstellungen
Importieren
Exportieren
Neu
Hinzufügen
Neu (Ctrl+N)
Willkommen zu VirtualBox!
Der linke Teil dieses Fensters zeigt allgemeine Werkzeuge sowie eine Liste aller virtuellen Maschinen auf Ihrem Computer.Um virtuelle Maschinen zu importieren,hinzuzufügen oder zu erstellen,können die entsprechenden Werkzeug-Schaltflächen benutzt werden.

iCloud
Auswählen, was synchronisiert werden soll, dann auf „Anwenden" klicken
iCloud Drive
Optionen ...
Fotos
Optionen ...
Kontakte und Kalender
Mit Outlook
Lesezeichen
Mit Microsoft Edge
Erweiterung installieren ...
Mit Google Chrome
Erweiterung installieren ...
Passwörter
Mit Microsoft Edge
Erweiterung installieren ...
Mit Google Chrome
Erweiterung installieren ...
iCloud
Philip Kiefer
iCloud-Benutzerhandbuch
Accountdetails ...
iCloud-Speicher: 589 MB von 5,00 GB verwendet
4,42 GB
Speicher
Abmelden
Anwenden
Schließen

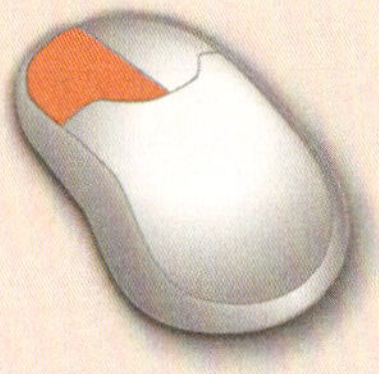

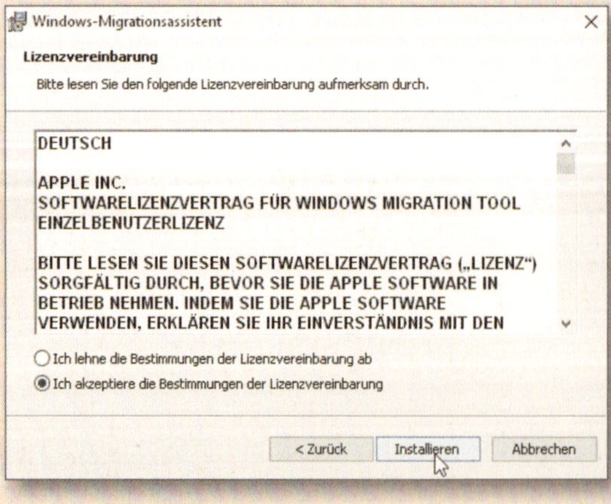
Windows-Migrationsassistent
Lizenzvereinbarung
Bitte lesen Sie den folgende Lizenzvereinbarung aufmerksam durch.
DEUTSCH
APPLE INC.
SOFTWARELIZENZVERTRAG FÜR WINDOWS MIGRATION TOOL
EINZELBENUTZERLIZENZ
BITTE LESEN SIE DIESEN SOFTWARELIZENZVERTRAG („LIZENZ") SORGFÄLTIG DURCH, BEVOR SIE DIE APPLE SOFTWARE IN BETRIEB NEHMEN. INDEM SIE DIE APPLE SOFTWARE VERWENDEN, ERKLÄREN SIE IHR EINVERSTÄNDNIS MIT DEN
Ich lehne die Bestimmungen der Lizenzvereinbarung ab
Ich akzeptiere die Bestimmungen der Lizenzvereinbarung
< Zurück
Installieren
Abbrechen

12

Tipps für Windows-Umsteiger & Tastenkombis

Steigen Sie von einem Windows-PC auf den Mac um, bietet Ihnen dieses Kapitel weitere Unterstützung: Erfahren Sie, wie Sie am bequemsten Ihre Daten übertragen und wie Sie auch auf dem Mac weiterhin Ihre Windows-Programme ausführen können. Ich habe außerdem die wichtigsten Tastenkombinationen für Sie zusammengestellt, mit denen Sie Ihren Mac noch schneller bedienen werden. Und wenn Ihnen die Standard-Tastenkombinationen nicht ausreichen sollten, erstellen Sie kurzerhand eigene.

Start

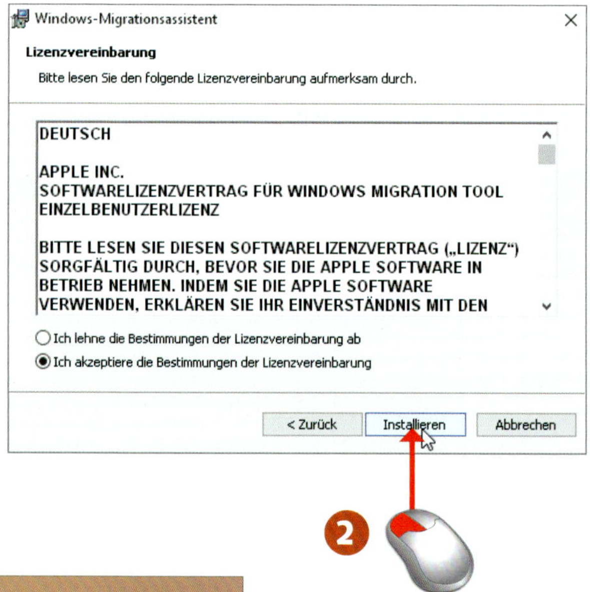

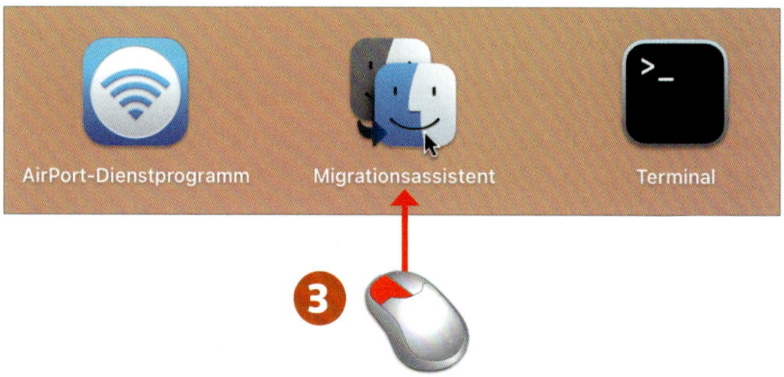

1. Auf Ihrem Mac steht der Windows-Migrationsassistent bereits zur Verfügung. Auf einem Windows-Computer laden Sie ihn unter der Webadresse *www.apple.com/migrate-to-mac* aus dem Internet.

2. Installieren Sie den Windows-Migrationsassistenten auf dem Windows-Computer und starten Sie die Software.

3. Rufen Sie den Migrationsassistenten auch auf dem Mac auf, und zwar standardmäßig im Launchpad im Ordner *Andere*.

WISSEN

Mithilfe des Migrationsassistenten lassen sich sowohl Dateien als auch Einstellungen von Ihrem alten Computer bequem auf Ihren Mac übertragen, wobei die Datenübertragung im Netzwerk erfolgt. Die Verwendung des Migrationsassistenten wird Ihnen bereits bei der Inbetriebnahme Ihres Macs angeboten. Er lässt sich aber auch noch nachträglich nutzen.

4 Bestätigen Sie im ersten Schritt mit *Fortfahren*, um den Assistenten zu starten. Ein MacBook muss mit dem Stromnetz verbunden werden. Geben Sie Ihr Mac-Passwort ein.

5 Bestimmen Sie, von welcher Art Computer Sie Daten übernehmen möchten. Hier wähle ich die Option *Von einem Windows-PC*. Bestätigen Sie erneut mit *Fortfahren*.

6 Stellen Sie die Verbindung her und wählen Sie aus, welche Daten Sie vom Windows-PC auf den Mac übertragen möchten. Tipp: Nutzen Sie den Computerwechsel zum Ausmisten!

Ende

HINWEIS

Selbstverständlich. Die Daten werden bei der Migration nur kopiert, auf Ihrem Windows-PC wird dabei nichts gelöscht.

TIPP

Unter Windows suchen Sie nach der Funktion *Apps über die Windows-Firewall kommunizieren lassen*. Setzen Sie das passende Häkchen bei *Migration Assistant*.

Start

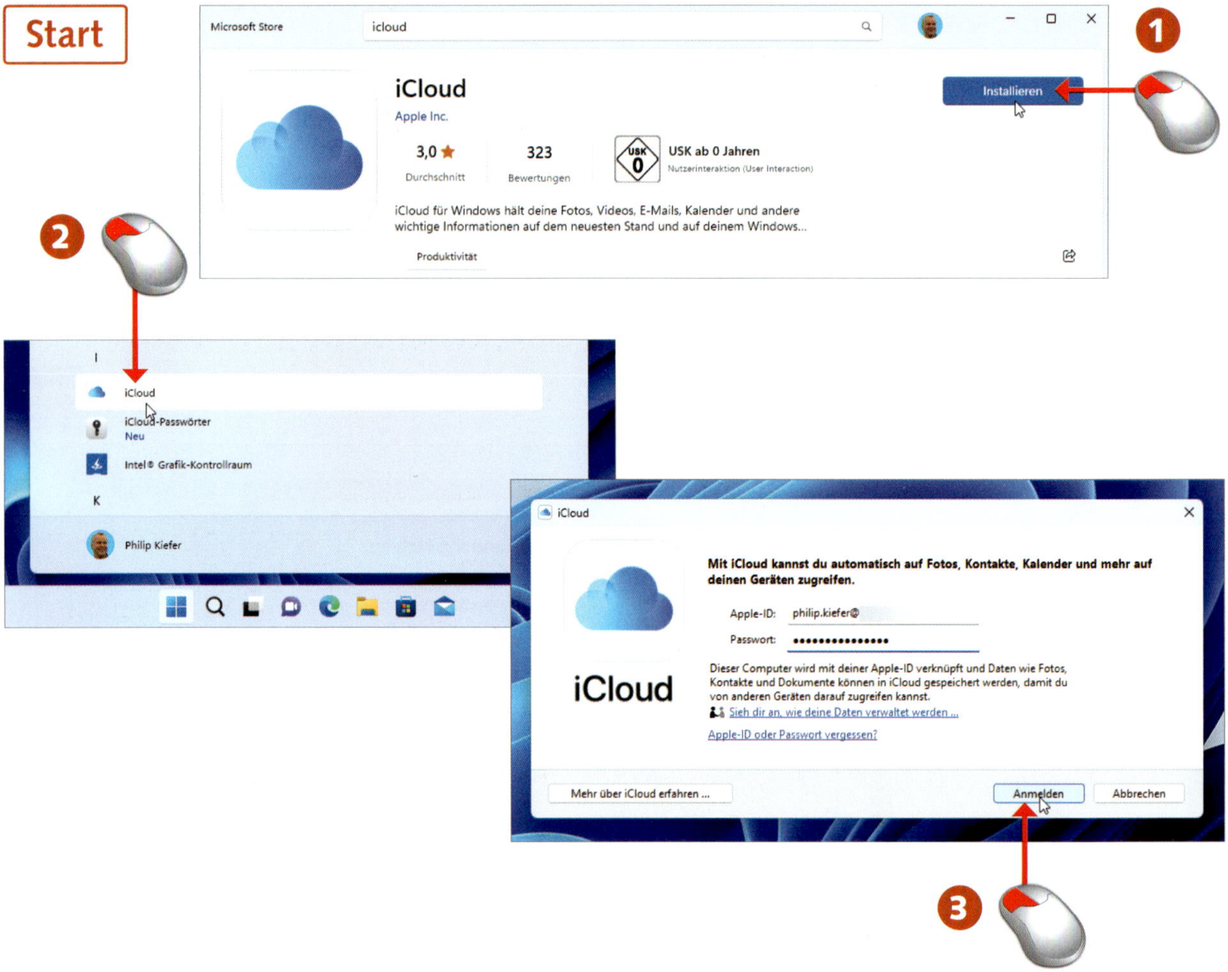

1. Laden Sie die App *iCloud* auf Ihrem Windows-PC aus dem integrierten Microsoft Store herunter.

2. Rufen Sie die App nach der Installation im Startmenü auf.

3. Warten Sie einen Moment, bis sich das Fenster für die Anmeldung mit Ihrer Apple-ID öffnet. Geben Sie Ihre Daten ein und bestätigen Sie mit der Schaltfläche *Anmelden*.

WISSEN

Auch auf einem Windows-PC können Sie auf einige der iCloud-Funktionen zugreifen, etwa den Austausch von Fotos oder – via iCloud Drive – von Dateien aller Art. Wie Sie iCloud für Windows einrichten, erfahren Sie auf dieser Doppelseite.

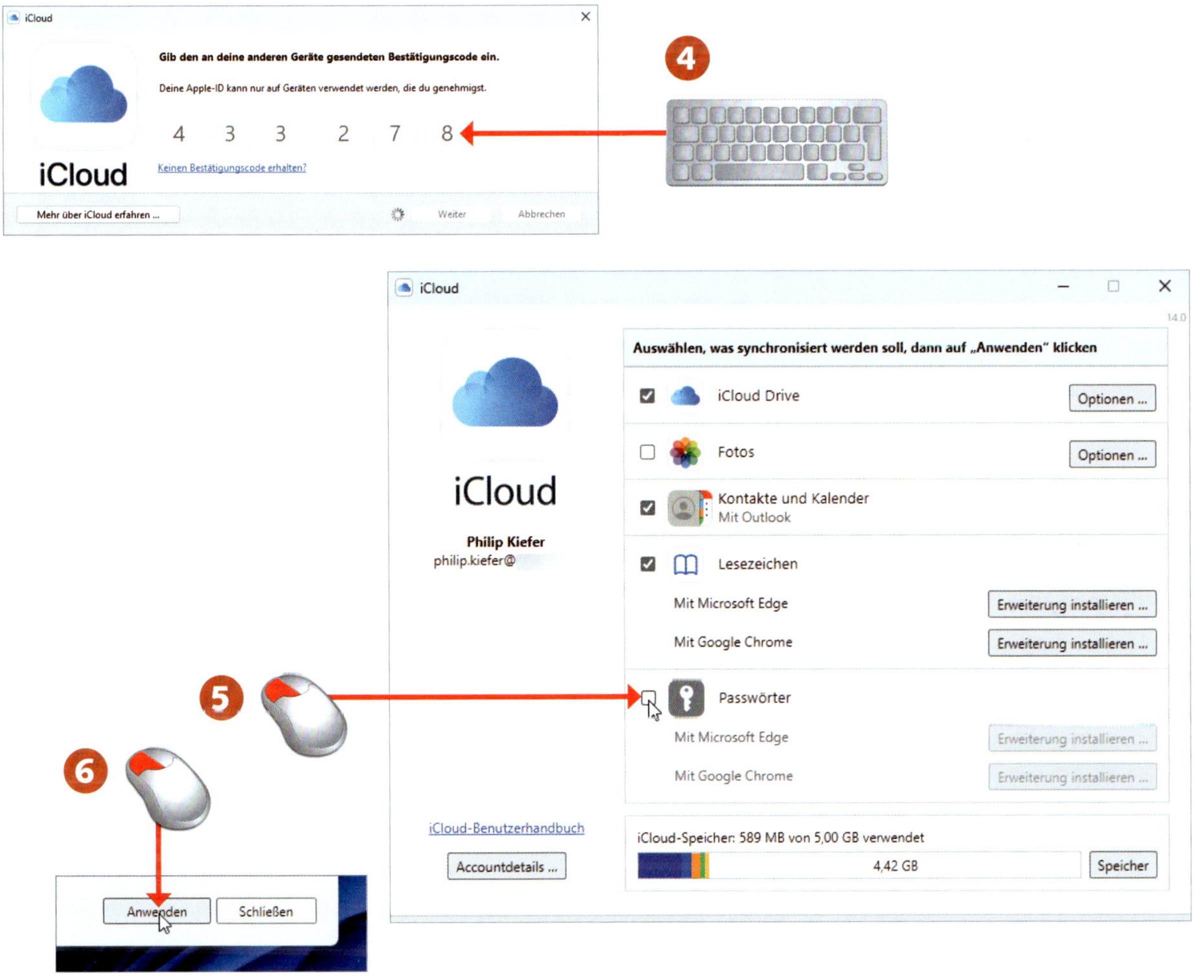

4 In diesem Fall muss noch ein Code eingegeben werden, der Ihnen auf ein Apple-Gerät geschickt wird.

5 Bestimmen Sie per Kontrollkästchen, welche iCloud-Funktionen Sie unter Windows nutzen möchten und welche nicht. Bei einigen Funktionen nehmen Sie unter *Optionen* ein Feintuning vor.

6 Bestätigen Sie Ihre Auswahl mit *Anwenden*. Die Synchronisierung der ausgewählten Daten erfolgt automatisch im Hintergrund.

Ende

HINWEIS

iCloud wird automatisch mit Windows gestartet. Die iCloud-Einstellungen lassen sich jederzeit im Infobereich unter dem Symbol aufrufen.

TIPP

Für den schnellen Datenaustausch zwischen Mac und Windows-PC nutzen Sie am einfachsten iCloud Drive. Ein entsprechender Eintrag wird der Navigationsleiste des Windows-Explorers hinzugefügt.

Start

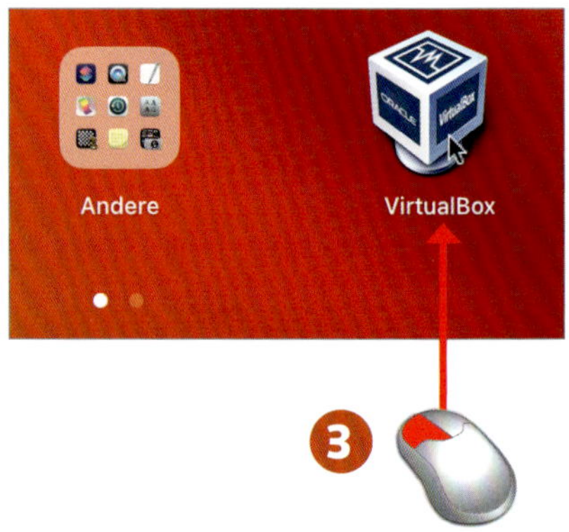

1. Laden Sie im ersten Schritt eine ISO-Datei von Windows auf Ihren Mac herunter, z. B. Windows 10 unter der Webadresse *https://www.microsoft.com/de-de/software-download/windows10*.
2. VirtualBox finden Sie unter der Webadresse *https://www.virtualbox.org*. Installieren Sie die Software nach dem Herunterladen.
3. Starten Sie VirtualBox, sobald sich auch die ISO-Datei von Windows auf dem Mac befindet, im Launchpad.

WISSEN

Eventuell vorhandene Windows-Programme können Sie auch auf dem Mac weiternutzen – installieren Sie einfach Windows in einer virtuellen Maschine. Laden Sie dazu beispielsweise die kostenlose Virtualisierungssoftware VirtualBox auf Ihren Mac. Die Vorgehensweise skizziere ich auf dieser Doppelseite.

HINWEIS

Mit VirtualBox lassen sich bei Bedarf auch mehrere virtuelle Maschinen anlegen und verwalten. Außer Windows lassen sich ferner Linux, macOS und weitere Betriebssysteme nutzen.

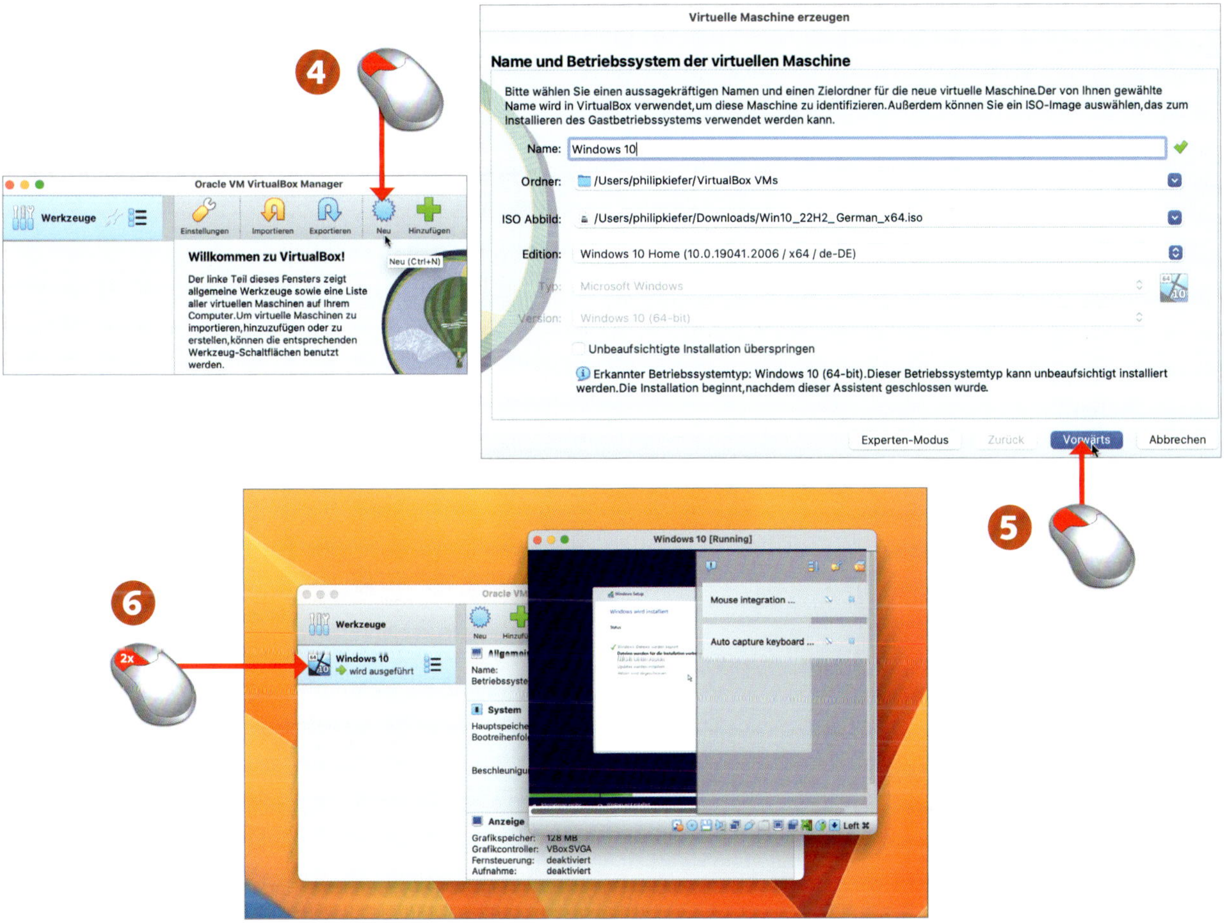

4 Entscheiden Sie sich in der Schaltzentrale von VirtualBox für die Schaltfläche *Neu*.

5 Machen Sie im folgenden Assistenten Angaben zum Betriebssystem, das Sie installieren möchten. Wenn Sie als Name in diesem Fall »Windows 10« eingeben, können Sie in vielen Fällen die weiteren Vorgaben einfach übernehmen.

6 Nachdem Sie den Assistenten abgeschlossen haben, wird die Installation ausgeführt. Später doppelklicken Sie auf den Eintrag in VirtualBox, um Windows zu starten.

Ende

TIPP

Möchten Sie Windows wirklich parallel zu macOS nutzen? Das gelingt komfortabel mit der Software Parallels, die allerdings recht teuer ist (bei Redaktionsschluss rund 100 Euro, Upgrades kosten dann jeweils noch mal rund 70 Euro). Siehe unter *www.parallels.com*.

HINWEIS

VDI ist das **V**irtualBox-Format und steht für **V**irtual **D**isk **I**mage. Ein ebenfalls gängiges Format für virtuelle Festplatten ist **VMDK** (**V**irtual **M**achine **D**isk).

Sie haben bereits im ersten Kapitel dieses Buches die Diktierfunktion Ihres Macs kennengelernt. Lassen Sie Satzzeichen von macOS Ventura automatisch setzen oder sprechen Sie diese mit. Der folgenden Tabelle entnehmen Sie die wichtigsten Sprachbefehle.

Befehl	Ergebnis	Befehl	Ergebnis
Neue Zeile	Erstellt eine neue Zeile	Geschweifte Klammer auf	{
Neuer Absatz	Erstellt einen neuen Absatz	Geschweifte Klammer zu	}
Punkt	.	Apostroph	´
Fragezeichen	?	Anführungszeichen unten	„
Ausrufezeichen	!	Anführungszeichen oben	“
Komma	,	Zitatanfang	»
Semikolon	;	Zitatende	«
Doppelpunkt	:	Auslassungszeichen	...
Bindestrich (diktieren Sie diesen bei zusammengesetzten Wörtern jeweils mit)	-	Eurosymbol, Sternchen, Paragrafzeichen, Pluszeichen, Klammeraffe etc. (nennen Sie jeweils das gewünschte Sonderzeichen)	€, *, §, +, @ etc.
Gedankenstrich	–	Smiley Gesicht	:-)
Klammer auf	(	Zwinkerndes Gesicht	;-)
Klammer zu	)	Trauriges Gesicht	:-(
Eckige Klammer auf	[	Lachendes Gesicht	:-D
Eckige Klammer zu	]	Elf Euro Achtunddreißig	11,38 €
Eintausendzweihundertneunundfünfzig	1259	Zehnter März Zweitausenddreiundzwanzig	10. März 2023
Römisch Eintausendzweihundertneunundfünfzig	MCCLIX	Zehn Uhr Fünfzehn (oder auch Viertel nach Zehn)	10:15 Uhr
Fünfzig Zentimeter	50 cm		

Wenn Sie auf Ihrem Mac in der Menüleiste ein Menü öffnen, werden Ihnen bei verschiedenen Einträgen Tastenkombinationen angezeigt, die Sie für den schnelleren Zugriff auf wichtige Funktionen nutzen können. Damit Sie die wichtigsten Tastenkombinationen nicht erst lange suchen müssen, habe ich diese für Sie in den folgenden Tabellen gesammelt.

Beim Systemstart

Tastenkombination	Ergebnis
⇧	Taste sofort nach dem Systemstart gedrückt halten, um macOS im sicheren Modus zu starten.
option	Taste sofort nach dem Systemstart gedrückt halten, um das Startvolume auszuwählen.
command+R	Tasten sofort nach dem Systemstart gedrückt halten, um macOS im Wiederherstellungsmodus zu starten.
linke Maustaste	Taste sofort nach dem Systemstart drücken, um Wechselmedien auszuwerfen

Die F-Tasten

Tastenkombination	Ergebnis
F1	Verringert die Displayhelligkeit.
F2	Erhöht die Displayhelligkeit.
F3	Ruft die Mission Control auf.
F4	Ruft das Launchpad auf.
F5	Verringert, wenn verfügbar, die Tastaturhelligkeit.
F6	Erhöht, wenn verfügbar, die Tastaturhelligkeit.
F7	Wechselt zum vorherigen Titel bzw. spult bei Gedrückthalten zurück.
F8	Pausiert die Medienwiedergabe bzw. setzt diese fort.
F9	Wechselt zum nächsten Titel bzw. spult bei Gedrückthalten vor
F10	Ton aus
F11	Verringert die Lautstärke.
F12	Erhöht die Lautstärke

Allgemeine Bedienung

Tastenkombination	Ergebnis
option + command + D	Blendet das Dock aus bzw. wieder ein.
command + Leer	Blendet die Spotlight-Suche ein bzw. wieder aus.
fn + C	Öffnet das Kontrollzentrum bzw. schließt es wieder.
fn + N	Öffnet die Mitteilungszentrale bzw. schließt sie wieder.
command + Leer	Tasten gedrückt halten, um Siri empfangsbereit zu machen.
control + ←	Wechselt, wenn verfügbar, zum Space links.
control + →	Wechselt, wenn verfügbar, zum Space rechts.
control + ↑	Blendet die Mission Control ein.
control + ↓	Blendet, wenn verfügbar, eine Fensterübersicht ein.
command + J	Blendet die Darstellungsoptionen ein.
control, control	Durch zweimaliges Drücken der control-Taste schnell hintereinander kann ein Diktat gestartet werden, aber auch durch fn, fn usw. Das Einrichten der Taste erfolgt in den *Einstellungen* unter *Tastatur* und dort im Abschnitt *Diktierfunktion*.
control	Beendet Diktat. Auch andere Tasten möglich, s. o.
command + Z	Macht die letzte Aktion rückgängig.
⇧ + command + Z	Wiederholt die letzte Aktion.
command + A	Alles auswählen
command + C	Kopieren
command + X	Ausschneiden
command + V	Einsetzen
control + command + Leer	Blendet in einem Textfeld eine Sonderzeichen- und Symbolauswahl ein.
control + command + Q	Sperrt den Bildschirm.
⇧ + command + Q	Meldet den aktuellen Benutzer ab.

App-Bedienung

Tastenkombination	Ergebnis
command+W	Schließt das gerade aktive Fenster.
command+M	Minimiert das gerade aktive Fenster ins Dock.
command+H	Blendet bei mehreren geöffneten Fenstern das gerade aktive Fenster aus.
option+command+H	Blendet bei mehreren geöffneten Fenstern alle Fenster außer dem gerade aktiven aus.
command+Q	Beendet eine App.
command+,	Öffnet die Einstellungen einer App.
command+tab	Zeigt die aktuell geöffneten Apps in einer Übersicht an; die Auswahl erfolgt durch weiteres Drücken der tab-Taste.
command+<	Wechselt, wenn verfügbar, zwischen mehreren Fenstern einer App.
⇧+Maustaste	Behält das Seitenverhältnis bei, wenn ein Fenster bei gedrückter Maustaste vergrößert oder verkleinert wird.
option+Maustaste	Passt ein App-Fenster bei Ziehen mit gedrückter Maustaste beidseitig an.
command+Maustaste	Erlaubt das Verschieben eines App-Fensters, ohne dieses dabei zu aktivieren.
option+command+esc	Ruft das Fenster zum sofortigen Beenden von Apps auf.
command+F	Aktiviert in vielen Apps eine Suchfunktion.
⇧+command+ß	Ruft die Hilfe zu einer App auf.

Bildschirmfotos

Tastenkombination	Ergebnis
⇧+command+3	Fotografiert den ganzen Bildschirm.
⇧+control+command+3	Fotografiert den ganzen Bildschirm, wobei die Aufnahme gleichzeitig in die Zwischenablage aufgenommen wird.
⇧+command+4	Auswahl für das Bildschirmfoto wird durch Ziehen bei gedrückter Maustaste festgelegt.
⇧+control+command+Leer+4	Fotografiert die Auswahl, wobei die Aufnahme gleichzeitig in die Zwischenablage aufgenommen wird.
⇧+command+5	Fotografiert den ganzen Bildschirm, jedoch erst nach Mausklick; zeigt weitere Optionen für Bildschirmfotos an.

Finder

Tastenkombination	Ergebnis
command+N	Ruft, wenn keine andere App aktiv ist, den Finder auf.
⇧+command+F	Öffnet den Finder in der Ansicht *Zuletzt benutzt*.
⇧+command+O	Öffnet den Finder in der Ansicht *Dokumente*.
⇧+command+D	Öffnet den Finder in der Ansicht *Schreibtisch*.
option+command+L	Öffnet den Finder in der Ansicht *Downloads*.
⇧+command+H	Öffnet den Finder in der Ansicht *Benutzerordner*.
⇧+command+C	Öffnet den Finder in der Ansicht *Computer*.
⇧+command+R	Öffnet den Finder in der Ansicht *AirDrop*.
⇧+command+K	Öffnet den Finder in der Ansicht *Netzwerk*.
⇧+command+I	Öffnet den Finder in der Ansicht *iCloud Drive*.
⇧+command+S	Öffnet den Finder in der Ansicht *Geteilt*.
⇧+command+A	Öffnet den Finder in der Ansicht *Programme*.
⇧+command+U	Öffnet den Finder in der Ansicht *Dienstprogramme*.
option+Maustaste	Zeigt in der Finder-Menüleiste unter *Gehe zu* den Eintrag *Library* an.
⇧+command+G	Öffnet einen beliebigen Ordner, der in das Eingabefeld getippt wird.
command+K	Stellt eine Serververbindung her.
⇧+command+N	Erstellt einen neuen Ordner am ausgewählten Speicherort.
option+command+N	Erstellt einen neuen intelligenten Ordner.
command+T	Öffnet im Finder-Fenster einen neuen Tab.
⇧+command+T	Blendet die Tableiste im Finder ein bzw. aus.
control+command+T	Fügt ein ausgewähltes Element der Seitenleiste des Finders hinzu.
command+O	Öffnet ein ausgewähltes Element mit der dafür vorgesehenen App.
command+I	Zeigt das Infofenster des ausgewählten Elements an.
command+D	Dupliziert das ausgewählte Element.
↩	Benennt das ausgewählte Element um.
control+command+A	Erzeugt ein Alias des ausgewählten Elements.
command+R	Zeigt die Originaldatei zu einem ausgewählten Alias an.
command+←	Legt das ausgewählte Element in den Papierkorb.
command+F	Aktiviert das Suchfeld.

Tastenkombination	Ergebnis
command + E	Wirft einen Datenträger aus.
command + 1	Wechselt zur Symbolansicht.
command + 2	Wechselt zur Listenansicht.
command + 3	Wechselt zur Spaltenansicht.
command + 4	Wechselt zur Galerie-Ansicht.
control + command + S	Blendet die Seitenleiste aus bzw. ein.
⇧ + command + P	Blendet die Vorschau ein bzw. aus.
command + ß	Blendet die Statusleiste ein bzw. aus.
option + command + P	Blendet die Pfadleiste ein bzw. aus.
option + command + T	Blendet die Symbolleiste aus bzw. ein.
Leer	Zeigt das ausgewählte Element im Übersichtsfenster an.
command +Maustaste	Bei gedrückter command-Taste können mehrere Elemente ausgewählt werden.
⇧ +Maustaste	Bei gedrückter ⇧-Taste können mehrere Elemente in einer Reihe ausgewählt werden.
Maustaste	Bei gedrückter Maustaste lässt sich ein ausgewähltes Element an den Zielort verschieben.
option +Maustaste	Bei gedrückter Maustaste und gleichzeitig gedrückter option-Taste lässt sich ein Element an den Zielort kopieren.
option + command +Maustaste	Bei gedrückter Maustaste und gleichzeitig gedrückten Tasten option + command lässt sich ein Alias des Elements am Zielort erstellen.

Safari

Tastenkombination	Ergebnis
command + N	Öffnet ein neues Fenster.
⇧ + command + N	Öffnet ein neues privates Fenster.
command + T	Öffnet einen neuen Tab.
control + command + N	Öffnet eine neue leere Tabgruppe.
command + O	Öffnet eine auf dem Mac befindliche Datei.
command + L	Aktiviert das Adressfeld.
command + S	Speichert eine Webseite als Datei.
command + I	Sendet eine Webseite per E-Mail.

Tastenkombination	Ergebnis
command + P	Bringt eine Webseite zu Papier.
⇧ + command + A	Füllt ein Formular automatisch aus.
option + command + F	Startet eine Websuche.
command + F	Blendet ein Suchfeld für die Suche innerhalb einer Webseite ein.
⇧ + command + F	Blendet das Suchfeld für die Suche innerhalb einer Webseite wieder aus.
command + G	Zeigt den nächsten gefundenen Treffer an.
command + J	Hebt einen auf einer Webseite markierten Begriff farblich hervor.
⇧ + command + Ü	Führt in einem Webformular eine Rechtschreibprüfung durch.
command + Ü	Zeigt das Fenster *Rechtschreibung und Grammatik* an.
⇧ + command + B	Blendet die Favoritenleiste ein bzw. wieder aus.
⇧ + command + L	Blendet die Seitenleiste ein bzw. wieder aus.
⇧ + command + #	Blendet die Tab-Übersicht ein bzw. wieder aus.
command + ß	Blendet die Statusleiste ein bzw. wieder aus.
control + command + 1	Blendet in der Seitenleiste direkt die Lesezeichen ein.
control + command + 2	Blendet in der Seitenleiste direkt die Leseliste ein.
⇧ + command + R	Blendet, sofern verfügbar, den Reader ein bzw. wieder aus.
option + command + L	Zeigt die Downloads an.
command + .	Stoppt das Laden einer Webseite.
command + R	Aktualisiert eine Webseite.
command + +	Vergrößert die Darstellung der Inhalte.
command + -	Verkleinert die Darstellung der Inhalte.
command + 0	Zeigt Inhalte in der Originalgröße an.
command + Ö	Blättert zurück.
command + Ä	Blättert vor.
⇧ + command + H	Ruft, sofern eingerichtet, die Startseite auf.
command + D	Fügt eine Webseite den Lesezeichen hinzu.
⇧ + command + D	Fügt eine Webseite der Leseliste hinzu.
option + command + B	Blendet Lesezeicheneditor ein bzw. wieder aus.
command + ↓	Springt zum Ende der geöffneten Webseite.
command + ↑	Springt zum Anfang der geöffneten Webseite.
Leer	Scrollt Webseite nach unten.

Musik

Tastenkombination	Ergebnis
option	Wird die Taste beim Anklicken des Symbols der App *Musik* gehalten, erscheint die Mediathek-Auswahl.
option + command	Werden beide Tasten beim Anklicken des Symbols der App *Musik* gehalten, startet die App im gesicherten Modus.
command + N	Erstellt eine neue Wiedergabeliste.
option + command + N	Erstellt eine neue intelligente Wiedergabeliste.
command + O	Öffnet das Dialogfenster *Importieren*.
command + U	Öffnet einen Stream.
command + I	Blendet das Infofenster zum ausgewählten Element ein.
⇧ + command + R	Zeigt einen ausgewählten Titel im Finder an.
command + P	Druckt den passenden CD-Einleger für eine gebrannte Audio-CD.
command + J	Blendet die Darstellungsoptionen ein.
option + command + U	Zeigt die „Als Nächstes"-Liste an.
command + ß	Blendet die Statusleiste ein bzw. wieder aus.
command + T	Blendet visuelle Effekte ein bzw. wieder aus.
Leer	Startet die Wiedergabe des ausgewählten Elements und pausiert Wiedergabe auch wieder.
↩	Gibt das ausgewählte Element von Anfang an wieder.
.	Beendet die Wiedergabe.
command + →	Wechselt zum nächsten Titel.
command + ←	Wechselt zum vorherigen Titel.
⇧ + command + M	Wechselt zwischen Fenster der App *Musik* und MiniPlayer.
command + 0	Blendet, wenn ausgeblendet, das Fenster der App *Musik* ein.
option + command + F	Blendet den Equalizer ein und wieder aus.
option + command + M	Blendet einen MiniPlayer ein und wieder aus.
option + command + A	Blendet das Fenster *Aktivität* ein.

Start

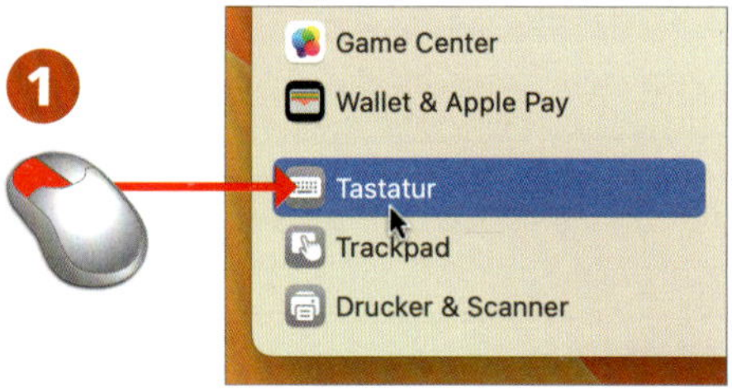

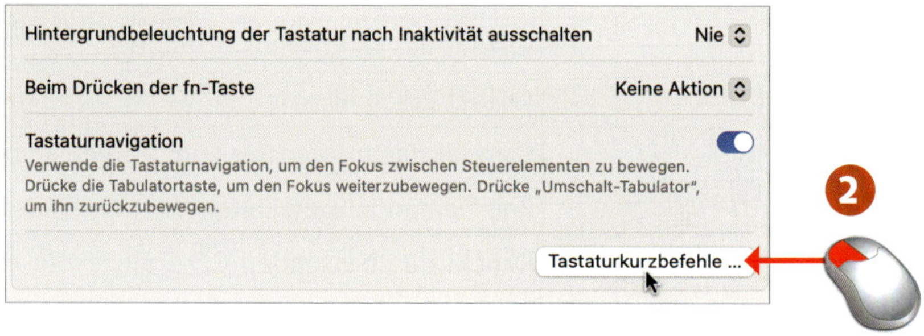

1. Um eigene Tastenkombinationen zu erstellen, öffnen Sie die *Systemeinstellungen* und wählen die Kategorie *Tastatur*.

2. Klicken Sie auf die Schaltfläche *Tastaturkurzbefehle*.

3. Entscheiden Sie sich nun in der Liste links für den Eintrag *App-Tastaturkurzbefehle*.

WISSEN

Sie vermissen eine für Sie wichtige Tastenkombination? Für Funktionen, die in der Menüleiste zur Verfügung stehen, lassen sich Tastenkombinationen mühelos einrichten. Wie Sie dazu vorgehen, lesen Sie im letzten Workshop dieses Buches.

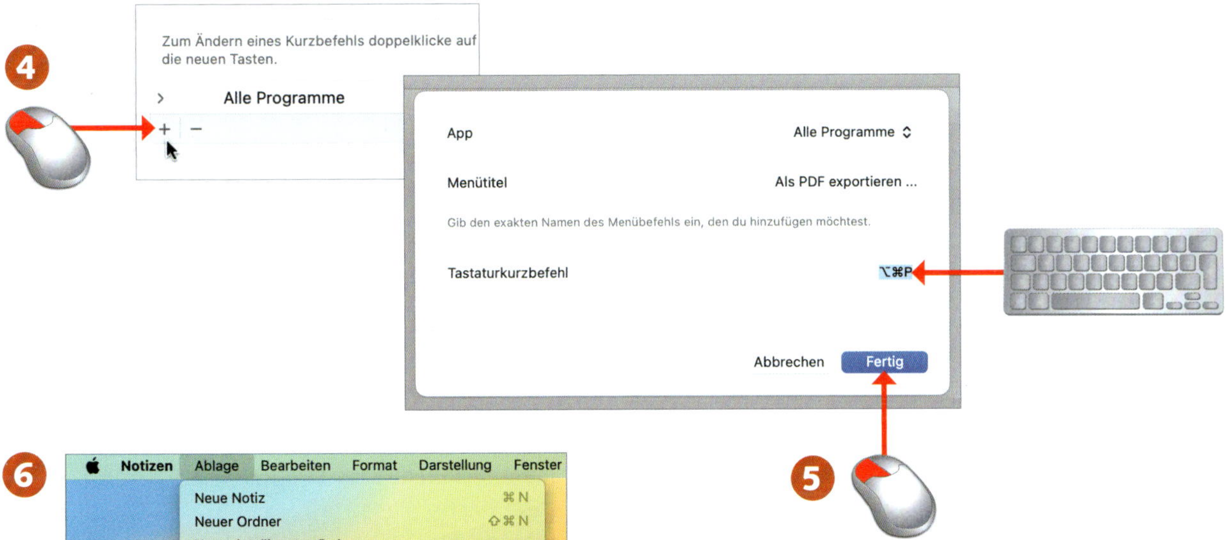

6

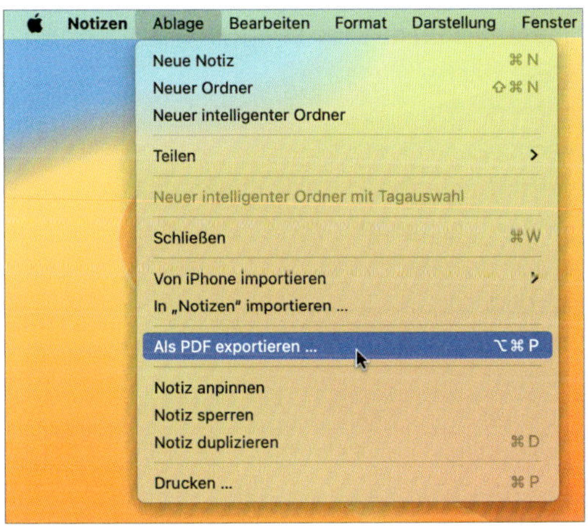

4 Um eine neue Tastenkombination anzulegen, klicken Sie auf das Plussymbol +.

5 Wählen Sie bei *App* die App aus, für die Sie eine Tastenkombination hinzufügen möchten. Unter *Menütitel* tragen Sie den entsprechenden Menüeintrag ein, und im Feld *Tastaturkurzbefehl* drücken Sie die gewünschten Tasten. Bestätigen Sie mit *Fertig*.

6 Wenn Sie das Menü erneut öffnen, stellen Sie fest, dass die Tastenkombination dem Menüeintrag hinzugefügt wurde. Die Tastenkombination lässt sich nun ebenfalls zum Aufrufen der Funktion einsetzen.

Ende

HINWEIS

Wichtig: Ein Menüeintrag muss in Schritt 5 genauso eingegeben werden, wie er im Menü steht, also etwa auch mit Auslassungszeichen (...).

TIPP

Eine bestehende Tastenkombination ändern: Klicken Sie dazu zweimal langsam nacheinander auf eine Tastenkombination und drücken Sie dann die gewünschten neuen Tasten.

A

B

C

D

E

F